Jura Übungen

Jura
Juristische Ausbildung

W DE G

Übungen

herausgegeben von
Prof. Dr. Dagmar Coester-Waltjen, München
Prof. Dr. Hans-Uwe Erichsen, Münster
Prof. Dr. Klaus Geppert, Berlin
Prof. Dr. Philip Kunig, Berlin
Prof. Dr. Dr. h. c. Harro Otto, Bayreuth
Prof. Dr. Klaus Schreiber, Bochum

Walter de Gruyter · Berlin · New York

Übungen in Kriminologie, Jugendstrafrecht, Strafvollzug

von

Ursula Schneider
Hans Joachim Schneider

Walter de Gruyter · Berlin · New York · 1995

Dipl.-Psych. Dr. jur. Ursula Schneider
ist Richterin am Landgericht Dortmund
und derzeit Referentin im Bundesministerium der Justiz in Bonn

Dipl.-Psych. Dr. jur. Dr. h. c. Hans Joachim Schneider
ist em. o. Professor an der Universität Münster/Westfalen

♾ Gedruckt auf säurefreiem Papier,
das die US-ANSI-Norm über Haltbarkeit erfüllt.

Die Deutsche Bibliothek – CIP-Einheitsaufnahme

Schneider, Ursula:
Übungen in Kriminologie, Jugendstrafrecht, Strafvollzug / von Ursula Schneider ; Hans Joachim Schneider. – Berlin ; New York : de Gruyter, 1995
(Jura : Übungen)
ISBN 3-11-005982-7
NE: Schneider, Hans Joachim:

Printed in Germany
Druck und Bindung: WB-Druck GmbH, 87669 Rieden am Forggensee

Vorwort

Mit diesem Studien- und Übungsbuch verfolgen wir drei Ziele:

– Auf der Grundlage der induktiven Fallmethode möchten wir die Anwendung des Wissens der Zeit auf den Gebieten „Kriminologie, Jugendstrafrecht, Strafvollzug“ für die Strafrechtspraxis fördern. Wir möchten nicht die Lektüre der systematischen Lehr- und Einführungswerke in diesen Gebieten ersetzen, sondern wir möchten die Lektüre durch Fälle und ihre Lösungen ergänzen und vertiefen.

– Anhand von Beispielen möchten wir einen wesentlichen Teil des Prüfungsstoffes in den drei obengenannten Gebieten wiederholen und zum vertieften Verständnis dieser drei Gebiete beitragen.

– Nicht zuletzt möchten wir auf die Universitätsübungen in „Kriminologie, Jugendstrafrecht, Strafvollzug“ ebenso vorbereiten wie auf die Examensklausur und die Examenshausarbeit. Für die Vorbereitung auf das Mündliche in diesen drei Gebieten im 1. juristischen Staatsexamen verweisen wir insoweit auf das Repetitorium des 2. Autors[1].

Das Studien- und Übungsbuch ist aufgrund der Erfahrungen beider Autoren im Rahmen ihrer Prüfungstätigkeit im 1. juristischen Staatsexamen und aufgrund der Erkenntnisse und Einsichten entstanden, die der 2. Autor in seinen kriminologischen Übungen mehr als zwanzig Jahre lang an der Universität Münster gesammelt hat. Es ist für Jura-Studentinnen und -Studenten bestimmt, die das Grundlagenfach „Kriminologie“ und/oder die Wahlfachgruppe „Kriminologie, Jugendstrafrecht, Strafvollzug“ gewählt haben. Es kann allerdings auch von Studierenden der Soziologie, Psychologie, Pädagogik und Sozialpädagogik zum Zwekke ihrer schriftlichen Examensvorbereitung benutzt werden. Schließlich kann es in der Lehre an Fachhochschulen und zur Vorbereitung auf die Berufe der Kriminalbeamten und Strafvollzugsbediensteten nützliche Dienste leisten. Gesetzgebung, Rechtsprechung und Literatur sind bis

---

[1] H.J.Schneider 1992a, 1992b.

zum März 1995 einschließlich berücksichtigt. Der Bedeutung der drei Fächer gemäß haben wir die Gewichtung vorgenommen: Mehr als die Hälfte nimmt der kriminologische Teil ein. Je ein knappes Viertel entfallen auf das Jugendstrafrecht und den Strafvollzug. Der kriminologische Teil ist vom 2. Autor, die Teile Jugendstrafrecht und Strafvollzug sind von der 1. Autorin bearbeitet worden.

Die Fälle und Lösungen gehen in Länge und vertiefter Bearbeitung bewußt über Muster-Klausuren und -Hausarbeiten hinaus. Sie übertreffen das, was vom Studierenden in Übungsarbeiten und im Examen erwartet wird. Wir haben diesen Weg deshalb beschritten, um dem Studierenden über den Trainingseffekt bei der Bearbeitung der Fälle hinaus einen Zugewinn an fundiertem Wissen, an Erkenntnis und an Verständnis zu verschaffen. Jedem Gutachten ist eine Gliederung vorangestellt, um den Lösungsweg und den Gedankengang deutlich zu machen. Aus Raumgründen sind den Hausarbeiten keine gesonderten Abkürzungs- und Literaturverzeichnisse beigegeben. Alle Abkürzungen können vielmehr im zentralen Abkürzungsverzeichnis und alle Zitate im zentralen Literaturverzeichnis nachgesehen werden. Auch die Klausuren enthalten Anmerkungen, damit ihre Probleme vertieft erarbeitet werden können.

An der Erstellung des Sachregisters und des Abkürzungsverzeichnisses haben Frau Assessorin Sabine Nienstedt-Jost-Westendorf und Frau Jutta Mettenborg mitgearbeitet. Bei der Zusammenstellung des Literaturverzeichnisses hat Frau Hildegard Schneider mitgeholfen. Sie hat auch einen großen Teil des Manuskripts geschrieben. Allen Genannten danken die Autoren sehr herzlich für ihre Mithilfe. Unser besonderer Dank gilt freilich Frau Jutta Mettenborg dafür, daß sie die gesamte Druckvorlage dieses Buches erstellt hat. Die Autoren widmen dieses Buch dankbar Frau Hildegard Schneider, Ehefrau des 2.Autors und Mutter der 1. Autorin.

Bonn, Münster im März 1995

Ursula Schneider
Hans Joachim Schneider

Inhaltsverzeichnis

Abkürzungsverzeichnis und Verzeichnis der abgekürzt zitierten Literatur

a.A.	anderer Ansicht
Abs.	Absatz
AIDS	Acquired Immune Deficiency Syndrome
AK-StVollzG	Alternativkommentar zum Strafvollzugsgesetz s. R. Wassermann 1990.
Alt.	Alternative
Anm.	Anmerkung
Art.	Artikel
AöR	Archiv des Öffentlichen Rechts
Aufl.	Auflage
AVdJM	Allgemeine Verfügung des Justizministers
b.	bei
BayObLG	Bayerisches Oberstes Landesgericht
Bearb.	Bearbeiter/Bearbeiterin
Begr.	Begründung
BewHi	Bewährungshilfe
BGB	Bürgerliches Gesetzbuch
BGH	Bundesgerichtshof
BGHSt	Entscheidungen des Bundesgerichtshofs in Strafsachen
BSeuchG	Gesetz zur Verhütung und Bekämpfung übertragbarer Krankheiten (Bundes-Seuchengesetz)
BT-Dr.	Drucksachen des Deutschen Bundestages
BVerfG	Bundesverfassungsgericht
BVerfGE	Entscheidungen des Bundesverfassungsgerichts
BZRG	Gesetz über das Zentralregister und das Erziehungsregister (Bundeszentralregistergesetz)
ca.	circa
Calif.	California
Conn.	Connecticut
DAR	Deutsches Autorecht
d.h.	das heißt
DM	Deutsche Mark
EGGVG	Einführungsgesetz zum Gerichtsverfassungsgesetz
Eisenberg	Eisenberg, Ulrich: Jugendgerichtsgesetz. 6.Aufl., München 1995.
f.	folgende (Seite)

ff.	folgende (Seiten)
Fn.	Fußnote
GA	Goltdammer's Archiv für Strafrecht
gem.	gemäß
GG	Grundgesetz für die Bundesrepublik Deutschland
ggf.	gegebenenfalls
Grdl.	Grundlagen
GVG	Gerichtsverfassungsgesetz
HIV	Human Immune Deficiency Virus
Hrsg.	Herausgeber
hrsg.	herausgegeben
Hs.	Halbsatz
i.E.	im Ergebnis
i.H.v.	in Höhe von
Ill.	Illinois
insbes.	insbesondere
i.S.	im Sinne
i.S.d.	im Sinne des
i.V.m.	in Verbindung mit
JGG	Jugendgerichtsgesetz
JGH	Jugendgerichtshilfe
JM	Justizministerium
JMBl.NW	Justizministerialblatt für das Land Nordrhein-Westfalen
JR	Juristische Rundschau
Jura	Juristische Ausbildung
JuS	Juristische Schulung
Justiz	Die Justiz
JVA	Justizvollzugsanstalt
JZ	Juristenzeitung
KG	Kammergericht
KJHG	Gesetz zur Neuregelung des Kinder- und Jugendhilferechts (Kinder- und Jugendhilfegesetz), jetzt Sozialgesetzbuch, 8. Buch
KK	Karlsruher Kommentar zur Strafprozeßordnung s. G.Pfeiffer 1993.
km	Kilometer
Krim	Kriminalistik
Ky	Kentucky
Lfg.	Lieferung
LG	Landgericht

LK	Leipziger Kommentar zum Strafgesetzbuch s. B.Jähnke u.a. 1992 ff.
LR	Löwe-Rosenberg: Strafprozeßordnung und Gerichtsverfassungsgesetz s. P.Rieß 1984 ff.
m	Meter, mit
Mass.	Massachusetts
MDR	Monatsschrift für Deutsches Recht
MRK	Europäische Konvention zum Schutze der Menschenrechte und Grundfreiheiten
MschrKrim	Monatsschrift für Kriminologie und Strafrechtsreform
m.w.N.	mit weiteren Nachweisen
N.J.	New Jersey
NJW	Neue Juristische Wochenschrift
Nr.	Nummer
NRW (NW)	Nordrhein-Westfalen
NStZ	Neue Zeitschrift für Strafrecht
N.Y.	New York
OLG	Oberlandesgericht
Ostendorf	Ostendorf, Heribert: Jugendgerichtsgesetz. 3.Aufl., Köln-Berlin-Bonn-München 1994.
PdW	Prüfe dein Wissen
Pkw	Personenkraftwagen
RdJ	Recht der Jugend und des Bildungswesens
Rdn.	Randnummer
RegE	Regierungsentwurf
RV	Rundverfügung
Rz.	Randzahl, Randzeichen
S.	Seite, Satz
s.	siehe
s.a.	siehe auch
Sch-Sch	Schönke/Schröder u.a.: Strafgesetzbuch
SGB	Sozialgesetzbuch
SH	Schleswig-Holstein; Sonderheft
sog.	sogenannte
StA	Staatsanwalt(schaft)
StGB	Strafgesetzbuch
StPO	Strafprozeßordnung
StV	Strafverteidiger
StVG	Straßenverkehrsgesetz
StVollzG	Gesetz über den Vollzug der Freiheitsstrafe und der freiheitsentziehenden Maßregeln der Besserung und Sicherung (Strafvollzugsgesetz)

u.	und
U.-	Untersuchungs-
u.a.	und andere, unter anderem
U.S.	United States
USA	United States of America
vgl.	vergleiche
VwGO	Verwaltungsgerichtsordnung
VwVfG	Verwaltungsverfahrensgesetz
z.	zu
z.B.	zum Beispiel
ZfJ	Zentralblatt für Jugendrecht und Jugendwohlfahrt
ZfRV	Zeitschrift für Rechtsvergleichung
ZfStrVo	Zeitschrift für Strafvollzug und Straffälligenhilfe
Ziff.	Ziffer
zit.	zitiert
ZStW	Zeitschrift für die gesamte Strafrechtswissenschaft
z.T.	zum Teil

Literaturverzeichnis

Abadinsky, Howard: Organized Crime. 3.Aufl., Chicago 1990.

Abel, Maria Henriette: Vergewaltigung. Weinheim-Basel 1988.

Adler, Freda: Sisters in Crime. New York-Düsseldorf-London-Sydney 1975.

Adler, Freda/Gerhard O.W.Mueller/William S.Laufer: Criminology. 2.Aufl., New York-London-Singapore-Sydney-Tokyo 1995.

Adler, Patricia A.: Wheeling and Dealing: An Ethnography of an Upper-Level Drug Dealing and Smuggling Community. New York 1985.

Albanese, Jay S.: Organized Crime in America. 2.Aufl., Cincinnati/Ohio 1989.

– Organized Crime: The Mafia Mystique. In: Joseph F.Sheley (Hrsg.): Criminology. Belmont/Calif. 1991, 201-218.

Albini, Joseph L.: The American Mafia: Genesis of a Legend. New York 1971.

– Reactions to the Questioning of the Mafia Myth. In: Israel L.Barak-Glantz/ C.Ronald Huff (Hrsg.): The Mad, the Bad, and the Different. Lexington/Mass.-Toronto 1981, 125-134.

– Donald Cressey's Contributions to the Study of Organized Crime: An Evaluation. In: Crime and Delinquency 34 (1988), 338-354.

Albrecht, Peter-Alexis: Die strafrechtliche Auffälligkeit des „Ausländers": Kriminologische Verarbeitung und kriminalpolitische Verwendung. In: StV 10 (1990), 272-279.

– Jugendstrafrecht. 2.Aufl., München 1993.

Albrecht, Peter-Alexis/Siegfried Lamnek: Jugendkriminalität im Zerrbild der Statistik. München 1975.

Albrecht, Peter-Alexis/Christian Pfeiffer: Die Kriminalisierung junger Ausländer. München 1979.

Amir, Menachem: Organized Crime and Organized Criminality among Georgian Jews in Israel. In: Robert J.Kelly (Hrsg.): Organized Crime: A Global Perspective. Totowa/N.J. 1986, 172-191.

Aptekar, Lewis: Street Children of Cali. Durham-London 1988.

Araji, Sharon/David Finkelhor: Abusers: A Review of the Research. In: David Finkelhor (Hrsg.): A Sourcebook on Child Sexual Abuse. Beverly Hills-London-New Delhi 1986, 89-142.

Arlacchi, Pino: Mafiose Ethik und der Geist des Kapitalismus: Die unternehmerische Mafia. Frankfurt/M. 1989.

Arnold, Harald/Raymond H.C.Teske/László Korinek: Viktimisierung, Verbrechensfurcht und Einstellungen zur Sozialkontrolle in West und Ost. In: Günther Kaiser/Helmut Kury/Hans-Jörg Albrecht (Hrsg.): Kriminologische Forschung in den 80er Jahren. Freiburg i.Br. 1988, 909-942.

Aronowitz, Alexis A.: Germany's Xenophobic Violence: Criminal Justice and Social Responses. In: Mark S.Hamm (Hrsg.): Hate Crime: International Perspectives on Causes and Control. Highland Heights/Ky-Cincinnati 1994, 37-69.

Arzt, Gunther/Albin Eser/Gerald Grünwald/Armin Kaufmann/Ernst-Joachim Lampe/Theodor Lenckner/Peter Noll/Wolfgang Schöne/Walter Stree/Klaus Tiedemann: Entwurf eines Gesetzes gegen Ladendiebstahl. Tübingen 1974.

Askew, Sue: Aggressive Behaviour in Boys: To what Extent is it Institutionalised? In: Delwyn P.Tattum/David A.Lane (Hrsg.): Bullying in Schools. Hanley/Stoke-on-Trent 1989, 59-70.

Attorney General's Task Force on Family Violence (Hrsg.): Final Report. Washington D.C. 1984.

Bach, Heinz/Rolf Knöbel/Angelika Arenz-Morch/Anton Rosner: Verhaltensauffälligkeiten in der Schule. Mainz 1984.

Balvig, Flemming: Fear of Crime in Scandinavia – New Reality, New Theory? In: Annika Snare (Hrsg.): Criminal Violence in Scandinavia. Oslo 1990, 89-127.

Bandura, Albert: Sozial-kognitive Lerntheorie. Stuttgart 1979.

Barlow, Hugh D.: Introduction to Criminology. 6.Aufl., New York/N.Y. 1993.

Bartol, Curt R.: Criminal Behavior. 4.Aufl., Englewood Cliffs/N.J. 1995.

Bassiouni, M.Cherif (Hrsg.): International Protection of Victims. Syrakus 1988.

Baurmann, Michael C./Wolfram Schädler: Das Opfer nach der Straftat – seine Erwartungen und Perspektiven. Wiesbaden 1991.

Becker, Howard S.: Außenseiter: Zur Soziologie abweichenden Verhaltens. Frankfurt/M. 1973.

Beirne, Piers/James Messerschmidt: Criminology. 2. Aufl., New York-London-Sydney-Toronto 1995.

Belson, William A.: Television Violence and the Adolescent Boy. Westmead-Farnborough-Hampshire 1978.

Bennett, Trevor: Evaluating Neighborhood Watch. Aldershot-Brookfield-Hongkong-Singapore-Sydney 1990.

Berkowitz, Leonard: Aggression: Its Causes, Consequences, and Control. Philadelphia 1993.

Besag, Valerie E.: Bullies and Victims in Schools. Milton Keynes-Philadelphia 1994.

Best, Joel/David F.Luckenbill: Organizing Deviance. 2.Aufl., Englewood Cliffs/N.J. 1994.

Blok, Anton: The Mafia of a Sicilian Village, 1860-1960. Oxford 1974.

Blumenberg, Hans-Jürgen: Jugendliche in der Untersuchungshaft. In: ZfStrVo 1978, 139-145.

Böhm, Alexander: Einführung in das Jugendstrafrecht. 2.Aufl., München 1985.

– Strafvollzug. 2.Aufl., Frankfurt/M. 1986.

Boers, Klaus: Kriminalitätsfurcht. Pfaffenweiler 1991.

Bohnert, Joachim: Die Reichweite der staatsanwaltschaftlichen Einstellung im Jugendstrafrecht. In: NJW 1980, 1927-1931.

Bottke Wilfried: Zur Ideologie und Teleologie des Jugendstrafverfahrens. In: ZStW 95 (1983), 69-103.

– Strafrechtliche Probleme von AIDS und AIDS-Bekämpfung. In: Bernd Schünemann/Gerd Pfeiffer (Hrsg.): Die Rechtsprobleme von AIDS. Baden-Baden 1988, 171-247.

Braithwaite, John: Corporate Crime in the Pharmaceutical Industry. London-Boston-Melbourne-Henley 1984.

Brantingham, Paul J./Frederic L.Faust: A Conceptual Model of Crime Prevention. In: Crime and Delinquency. 22 (1976), 284-296.

Brauneck, Anne-Eva: Die Jugendlichenreife nach § 105 JGG. In: ZStW 77 (1965), 209-219.

Brillon, Yves: Ethnocriminologie de l'Afrique Noire. Paris-Montreal 1980.

– Victimization and Fear of Crime among the Elderly. Toronto-Vancouver 1987.

Bringewat, Peter: Das Absehen von Erziehungsmaßregeln: ein Absehen von Strafe? In: NStZ 1992, 315-318.

Brockhaus, Ulrike/Maren Kolshorn: Sexuelle Gewalt gegen Mädchen und Jungen. Frankfurt/M.-New York 1993.

Bromberg, Walter: Crime and the Mind. Westport/Conn. 1948.

Browne, Angela: When Battered Women Kill. New York-London 1987.

Bruinsma, Gerben J.N./Jan P.S.Fiselier: The Poverty of Victimology. In: Hans Joachim Schneider (Hrsg.): The Victim in International Perspective. Berlin-New York 1982, 87-95.

Brunner, Rudolf: Jugendgerichtsgesetz. 9.Aufl., Berlin-New York 1991.

Bruns, Manfred: AIDS und Strafvollzug. In: StV 1987, 504-507.

Bundesamt für Statistik: Statistisches Jahrbuch der Schweiz 1990. Zürich 1991.

Bundeskriminalamt: Polizeiliche Kriminalstatistik Bundesrepublik Deutschland 1972, 1988, 1989, 1990, 1991, 1992, 1993. Wiesbaden 1973, 1989, 1990, 1991, 1992, 1993, 1994.

Bundesministerium für Inneres: Polizeiliche Kriminalstatistik 1993. Wien 1994.

Burgess, Robert L.: Social and Ecological Issues in Violence toward Children. In: Robert T.Ammerman/Michel Hersen (Hrsg.): Case Studies in Family Violence. New York-London 1991, 15-38.

Burgess, Ann Wolbert/Lynda Lytle Holmstrom: Rape Trauma Syndrome. In: Duncan Chappell/Robley Geis/Gilbert Geis (Hrsg.): Forcible Rape. The Crime, the Victim, and the Offender. New York 1977, 315-328.

– Rape Typology and the Coping Behavior of Rape Victims. In: Sharon L.McCombie (Hrsg.): The Rape Crisis Intervention Handbook. New York-London 1980, 27-40.

– Rape Trauma Syndrome and Post Traumatic Stress Response. In: Ann Wolbert Burgess (Hrsg.): Rape and Sexual Assault. New York-London 1985, 46-60.

Calliess, Rolf-Peter: Urlaub aus der Haft – Zur Auslegung von § 13 StVollzG. In: ZfStrVo 1977, 197.

Calliess, Rolf-Peter/Heinz Müller-Dietz: Strafvollzugsgesetz. 6.Aufl., München 1994.

Campbell, Anne: Men, Women, and Aggression. New York 1993.

Canter, Rachelle J.: Sex Differences in Self-Report Delinquency. In: Criminology 20 (1982), 373-393.

Chambliss, William J.: On the Take. 2.Aufl., Bloomington-London 1988 (Deutsch: Eine kriminelle Vereinigung. Tübingen 1978).

Chappell, Duncan: From the Rum Rebellion to Nugan Hand: Perspectives on 'Australian Roguery' and Organised Crime. In: Duncan Chappell/Paul Wilson (Hrsg.): The Australian Criminal Justice System: The Mid 1980s. Sydney-Melbourne-Brisbane-Adelaide-Perth-Canberra-Hobart 1986, 274-293.

Chesney-Lind, Meda/Randall G.Shelden: Girls, Delinquency, and Juvenile Justice. Pacific Grove/Calif. 1992.

Christie, Nils: Conflicts as Property. In: British Journal of Criminology. 17 (1977), 1-15.

Clinard, Marshall B./Robert F.Meier: Sociology of Deviant Behavior. 9.Aufl., Philadelphia-Montreal-London-Sydney-Tokyo 1995.

Clinard, Marshall B./Peter C.Yeager: Corporate Crime. New York-London 1980.

Cohen, Stanley: Folk Devils and Moral Panics. New York 1980.

Conte, Jon R.: The Incest Offender: An Overview and Introduction. In: Anne L.Horton/Barry L.Johnson/Lynn M.Roundy/Doran Williams (Hrsg.): The Incest Perpetrator. Newbury Park-London-New Delhi 1990, 19-28.

– The Nature of Sexual Offenses against Children. In: Clive R.Hollin/Kevin Howells (Hrsg.): Clinical Approaches to Sex Offenders and their Victims. Chichester-New York-Brisbane-Toronto-Singapore 1991, 11-34.

Costigan, Frank: Organized Crime and a Free Society. In: Australian and New Zealand Journal of Criminology 17 (1984), 7-19.

Council of Europe: The Position of the Victim in the Framework of Criminal Law and Procedure. Strasbourg 1985a.

– Foreign Prisoners. Strasbourg 1985b.

– Violence in the Family. Strasbourg 1986.

– Assistance to Victims and Prevention of Victimisation. Strasbourg 1988.

Cressey, Donald R.: Theft of the Nation: The Structure and Operations of Organized Crime in America. New York-Evanston-London 1969.

– Criminal Organization: Its Elementary Forms. London-Toronto-Singapore-New Delhi 1972.

Daly, Kathleen: Gender and Varieties of White-Collar Crime. In: Criminology 27 (1989), 769-794.

Dargel, Helmut: Ist eine rechtliche Grundlage für HIV-Reihentests bei Gefangenen zur AIDS-Prophylaxe in den Justizvollzugsanstalten notwendig? In: ZfStrVo 1988, 148-153.

Darke, Julie: The Violent Female Offender. In: James M.MacLatchie (Hrsg.): Insights into Violence in Contemporary Canadian Society. Ottawa 1987, 140-145.

Dijk, Jan J.M. van: Die Bereitschaft des Opfers zur Anzeige: eine Funktion der Strafverfolgungspolitik? In: Hans Joachim Schneider (Hrsg.): Das Verbrechensopfer in der Strafrechtspflege. Berlin-New York 1982, 331-338.

Dijk, Jan J.M. van/Pat Mayhew/Martin Killias: Experiences of Crime across the World. Key Findings from the 1989 International Crime Survey. Deventer-Boston 1990.

Dijk, Jan J.M. van/Jaap de Waard: A Two-Dimensional Typology of Crime Prevention Projects. In: Criminal Justice Abstracts. 23 (1991), 483-503.

Donnerstein, Edward/Daniel Linz: The Media. In: James Q.Wilson/Joan Petersilia (Hrsg.): Crime. San Francisco 1995, 237-264.

Dreher, Eduard/Herbert Tröndle: Strafgesetzbuch. 47.Aufl., München 1995.

Dünkel, Frieder: Täter-Opfer-Ausgleich und Schadenswiedergutmachung. In: Erich Marks/Dieter Rössner (Hrsg.): Täter-Opfer-Ausgleich. Bonn 1990, 371-430.

Eastman, Mervyn: Gewalt gegen alte Menschen. Freiburg i.Br. 1985.

Eberbach, Wolfram: AIDS im Strafvollzug. In: Bernd Schünemann/Gerd Pfeiffer (Hrsg.): Die Rechtsprobleme von AIDS. Baden-Baden 1988, 250-270.

Ebert, Udo: Verbrechensbekämpfung durch Opferbestrafung? In: JZ 38 (1983), 633-643.

Eck, John E./William Spelman: Problem-Solving: Problem-Oriented Policing in Newport News. In: Roger G.Dunham/Geoffrey P.Alpert (Hrsg.): Critical Issues in Policing. Prospect Heights/Ill. 1989, 425-439.

Egger, Steven A.: Serial Murder: A Synthesis of Literature and Research. In: Steven A.Egger (Hrsg.): Serial Murder – An Elusive Phenomenon. New York-Westport/Conn.-London 1990, 3-34.

Eisenberg, Ulrich: Kriminologie. 3.Aufl., Köln-Berlin-Bonn-München 1990.

– Kriminologie, Jugendstrafrecht, Strafvollzug. 4.Aufl., Köln-Berlin-Bonn-München 1994.

– Jugendgerichtsgesetz. 6.Aufl., München 1995.

Eisenberg, Ulrich/Ferenc Tóth: Über Verhängung und Vollzug von Untersuchungshaft bei Jugendlichen und Heranwachsenden. In: GA 140 (1993), 292-317.

Eitzen, D.Stanley/Doug A.Timmer: Criminology: Crime and Criminal Justice. New York-Chichester-Brisbane-Toronto-Singapore 1985.

Elias, Robert: Victims Still. The Political Manipulation of Crime Victims. Newbury Park-London-New Delhi 1993.

Elliott, Delbert S.: Criminal Justice Procedures in Family Violence Crime. In: Lloyd Ohlin/Michael Tonry (Hrsg.): Family Violence. Chicago-London 1989, 427-480.

Fagan, Jeffrey: Cessation of Family Violence: Deterrence and Dissuasion. In: Lloyd Ohlin/Michael Tonry (Hrsg.): Family Violence. Chicago-London 1989, 377-425.

Farrington, David P.: Understanding and Preventing Bullying. In: Michael Tonry (Hrsg.): Crime and Justice. Band 17, Chicago-London 1993, 381-458.

Fattah, Ezzat A.: Victims and Victimology: The Facts and the Rhetoric. In: International Review of Victimology 1 (1989), 43-66.

– Understanding Criminal Victimization. Scarborough/Ontario 1991.

– The Need for a Critical Victimology. In: Ezzat A.Fattah (Hrsg.): Towards a Critical Victimology. Houndmills-Basingstoke-Hampshire-London 1992, 3-26.

– Research on Fear of Crime: Some Common Conceptual and Measurement Problems. In: Wolfgang Bilsky/Christian Pfeiffer/Peter Wetzels (Hrsg.): Fear of Crime and Criminal Victimization. Stuttgart 1993, 45-70.

Fattah, Ezzat A./Vincent F.Sacco: Crime and Victimization of the Elderly. New York-Berlin-Heidelberg-London-Paris-Tokyo 1989.

Feltes, Thomas: Gewalt in der Schule. In: Hans-Dieter Schwind/Jürgen Baumann u.a. (Hrsg.): Ursachen, Prävention und Kontrolle von Gewalt. Band III: Sondergutachten, Berlin 1990, 317-341.

Ferracuti, Franco: European Migration and Crime. In: Marvin E.Wolfgang (Hrsg.): Crime and Culture. New York-London-Sydney-Toronto 1968, 189-219.

Finkelhor, David: Sexually Victimized Children. New York-London 1979.

– Child Sexual Abuse. New York-London 1984.

– The Trauma of Child Sexual Abuse. In: Gail Elizabeth Wyatt/Gloria Johnson Powell (Hrsg.): Lasting Effects of Child Sexual Abuse. Newbury Park-London-New Delhi 1988, 61-82.

Finkelhor, David/Larry Baron: High-Risk Children. In: David Finkelhor (Hrsg.): A Sourcebook on Child Sexual Abuse. Beverly Hills-London-New Delhi 1986, 60-88.

Finkelhor, David/Angela Browne: Assessing the Long-Term Impact of Child Sexual Abuse: A Review and Conceptualization. In: Lenore E.A.Walker (Hrsg.): Handbook on Sexual Abuse of Children. New York 1988, 55-71.

Finkelhor, David/I.A.Lewis: An Epidemiologic Approach to the Study of Child Molestation. In: Robert A.Prentky/Vernon L.Quinsey (Hrsg.): Human Sexual Aggression: Current Perspectives. New York 1988, 64-78.

Finkelhor, David/Kersti Yllö: Vergewaltigung in der Ehe: Eine soziologische Perspektive. In: Jürgen Heinrichs (Hrsg.): Vergewaltigung: Die Opfer und die Täter. Braunschweig 1986, 65-75.

– Licence to Rape. New York 1987.

Fischhoff, Joseph/Charles F. Whitten/Marvin G.Pettit: A Psychiatric Study of Mothers of Infants with Growth Failure Secondary to Maternal Deprivation. In: Joanne Valiant Cook/Roy Tyler Bowles: Child Abuse: Commission and Omission. Toronto 1980, 149-157.

Fox, James Alan/Jack Levin: Overkill – Mass Murder and Serial Killing Exposed. New York-London 1994.

Frehsee, Detlev: Schadenswiedergutmachung als Instrument strafrechtlicher Sozialkontrolle. Berlin 1987.

Freud, Anna: Das Ich und die Abwehrmechanismen. Wien 1936.

Frisch: Zur Einheitsstrafe des § 31 JGG. In: NJW 1959, 1669-1671.

Fujimoto, Tetsuya: Problems of Juveniles in Schools in Japan. Cultural and Social Centre for the Asian and Pacific Region (Hrsg.): Proceedings of the Second Asian-Pacific Conference on Juvenile Delinquency. Seoul 1983, 144-155.

– Crime Problems in Japan. Tokyo 1994.

Furniss, Tilman: The Multi-Professional Handbook of Child Sexual Abuse. London-New York 1991.

Garbarino, James: An Ecological Approach to Child Maltreatment. In: Leroy H.Pelton (Hrsg.): The Social Context of Child Abuse and Neglect. New York-London 1981, 228-267.

– The Incidence and Prevalence of Child Maltreatment. In: Lloyd Ohlin/Michael Tonry (Hrsg.): Family Violence. Chicago-London 1989, 219-261.

Garbarino, James/Gwen Gilliam: Understanding Abusive Families. Lexington-Toronto 1981.

Gebhard, Paul H./John H.Gagnon/Wardell B.Pomeroy/Cornelia V.Christenson: Sex Offenders. New York 1965.

Geißler, Rainer/Norbert Marißen: Kriminalität und Kriminalisierung junger Ausländer. In: Kölner Zeitschrift für Soziologie und Sozialpsychologie 42 (1990), 663-687.

Gelles, Richard J./Claire Pedrick Cornell: Intimate Violence in Families. 2.Aufl., Newbury Park-London-New Delhi 1990.

Giles-Sims, Jean: Wife Battering: A Systems Theory Approach. New York-London 1983.

Gilgun, Jane F./Teresa M.Connor: Isolation and the Adult Male Perpetrator of Child Sexual Abuse: Clinical Concerns. In: Anne L.Horton/Barry L.Johnson/Lynn M.Roundy/Doran Williams (Hrsg.): The Incest Perpetrator. Newbury Park-London-New Delhi 1990, 74-87.

Gillham, James R.: Preventing Residential Burglary. New York-Berlin-Heidelberg-London-Paris-Tokyo-Hongkong-Barcelona-Budapest 1992.

Gipser, Dietlinde: Kriminalität der Frauen und Mädchen. In: Hans Joachim Schneider (Hrsg.): Die Psychologie des 20. Jahrhunderts. Band XIV: Auswirkungen auf die Kriminologie. Zürich 1981, 437-451.

Glogauer, Werner: Kriminalisierung von Kindern und Jugendlichen durch Medien. Baden-Baden 1991.

Gössel, Karl Heinz: Über die Rechtmäßigkeit befugnisloser strafprozessualer rechtsgutsbeeinträchtigender Maßnahmen. In: JuS 1979, 162-166.

Goffman, Erving: Asylums: Essays on the Social Situation of Mental Patients and other Inmates. Garden City/N.Y. 1961.

Goldstein, Arnold P./Berj Harootunian/Jane Close Conoley: Student Aggression. New York-London 1994.

Goldstein, Herman: Improving Policing: A Problem-Oriented Approach. In: Crime and Delinquency 25 (1979), 236-258.

– Problem-Oriented Policing. San Francisco-London-Singapore-Tokyo 1990.

Gomez-Schwartz, Beverly/Jonathan M.Horowitz/Albert P.Cardarelli: Child Sexual Abuse. Newbury Park-London-New Delhi 1990.

Goode, William J.: Force and Violence in the Family. In: Journal of Marriage and the Family 33 (1971), 624-636.

Gosita, Arif: The Prevention of Child Exploitation and Abuse. A Community Responsibility. In: Heather Strang/Julia Vernon (Hrsg.): International Trends in Crime: East Meets West. Canberra 1992, 31-39.

Gottfredson, Gary D./Denise C.Gottfredson: Victimization in Schools. New York 1985.

Gottfredson, Michael R./Travis Hirschi: A General Theory of Crime. Stanford/California 1990.

– A Control Theory Interpretation of Psychological Research on Aggression. In: Richard B.Felson/James T.Tedeschi (Hrsg.): Aggression and Violence. Washington D.C. 1993, 47-68.

Granados Téllez, Marcos F.: Gamines. 2.Aufl., Bogotá 1976.

Grunau, Theodor/Eberhard Tiesler: Strafvollzugsgesetz. 2.Aufl., Köln-Berlin-Bonn-München 1982.

Hagan, Frank E.: Introduction to Criminology. 3.Aufl., Chicago 1994.

Hanks, Helga G.I./Jacqui Saradjian: Frauen, die Kinder sexuell mißbrauchen. In: Oliver Schubbe (Hrsg.): Therapeutische Hilfen gegen sexuellen Mißbrauch an Kindern. Göttingen-Zürich 1994, 198-216.

Hanson Frieze, Irene/Angela Browne: Violence in Marriage. In: Lloyd Ohlin/Michael Tonry (Hrsg.): Family Violence. Chicago-London 1989, 163-218.

Harrison Moore, Mark: Problem-Solving and Community Policing. In: Michael Tonry/Norval Morris (Hrsg.): Modern Policing. Chicago-London 1992, 99-158.

Hartfiel, Günter/Karl-Heinz Hillmann: Wörterbuch der Soziologie. 3.Aufl., Stuttgart 1982.

Heide, Kathleen M.: Why Kids Kill Parents. Child Abuse and Adolescent Homicide. Columbus/Ohio 1992.

– Adolescent Parricide Offenders: Synthesis, Illustration and Future Directions. In: Anna Victoria Wilson (Hrsg.): Homicide – The Victim/Offender Connection. Cincinnati/Ohio 1993, 115-134.

Heinz, Wolfgang: Jugendkriminalität und strafrechtliche Sozialkontrolle. In: Schriftenreihe der Polizei-Führungsakademie. 1985, 35-55.

– Jugendgerichtshilfe in den 90er Jahren. In: BewHi 1988, 261-307.

Hentig, Hans von: Remarks on the Interaction of Perpetrator and Victim. In: Journal of Criminal Law, Criminology, and Police Science. 31 (1941), 303-309.

– The Criminal and his Victim. New Haven/Conn. 1948.

– Das Verbrechen. 3 Bände. Berlin-Göttingen-Heidelberg 1961, 1962, 1963.

Hentig, Hans von/Theodor Viernstein: Untersuchungen über den Inzest. Heidelberg 1925.

Herold, Georg: Untersuchungshaft bei Jugendlichen und Heranwachsenden. In: RdJ 1957, 103-106.

Herrenkohl, Ellen C./Roy C.Herrenkohl/Lori J.Toedter: Perspectives on the Intergenerational Transmission of Abuse. In: David Finkelhor/Richard J.Gelles/Gerald T.Hotaling/Murray A.Straus (Hrsg.): The Dark Side of Families. Beverly Hills-London-New Delhi 1983, 305-316.

Hickey, Eric W.: Serial Murderers and their Victims. Pacific Grove/California 1991.

Hillenkamp, Thomas: The Influence of Victim Behaviour on the Dogmatic Judgement of the Offence: Some Remarks on the Relationship between Victimology and the Dogmatics of Penal Law. Koichi Miyazawa/Minoru Ohya (Hrsg.): Victimology in Comparative Perspective. Tokyo 1986, 111-143.

Hindelang, Michael/Michael R.Gottfredson/James Garofalo: Victims of Personal Crime: An Empirical Foundation for a Theory of Personal Victimization. Cambridge/Mass. 1978.

Hindelang, Michael J./Travis Hirschi/Joseph G.Weis: Correlates of Delinquency: The Illusion of Discrepancy between Self-Report and Official Measures. In: American Sociological Review 44 (1979), 995-1014.

Hirsch, Hans Joachim: Zur Behandlung der Bagatellkriminalität in der Bundesrepublik Deutschland. In: ZStW 92 (1980), 218-254.

Hoffman-Bustamante, Dale: The Nature of Female Criminality. In: Issues in Criminology 8 (1973) 117-136.

Hollin, Clive R./Kevin Howells: Sex Offenders and Victims: The Scope of a Clinical Approach. In: Clive R.Hollin/Kevin Howells (Hrsg.): Clinical Approaches to Sex Offenders and their Victims. Chichester-New York-Brisbane-Toronto-Singapore 1991, 1-7.

Holmes, Ronald M./James DeBurger: Serial Murder. Newbury Park-Beverly Hills-London-New Delhi 1988.

Holmes, Ronald M./Stephen T.Holmes: Murder in America. Thousand Oaks/California-London-New Delhi 1994.

Holmstrom, Lynda Lytle/Ann Wolbert Burgess: The Victim of Rape. New York-Chichester-Brisbane-Toronto 1978.

Holtappels, Heinz Günter: Schülerprobleme und abweichendes Verhalten aus der Schülerperspektive. Zeitschrift für Sozialisationsforschung und Erziehungssoziologie 5 (1985), 291-323.

Holtz, Günter: Aus der Rechtsprechung des Bundesgerichtshofs in Strafsachen. In: MDR 1982, 100-105.

Holyst, Brunon: Westöstlicher Transfer. Zur Kriminalität polnischer Staatsbürger. In: Krim 1992, 323-326.

Hough, Mike/Pat Mayhew: Taking Account of Crime: Key Findings from the Second British Crime Survey. London 1985.

Hudson, Margaret F.: Elder Mistreatment: Current Research. In: Karl A.Pillemer/ Rosalie S.Wolf (Hrsg.): Elder Abuse. Dover/Mass. 1986, 125-166.

Hügel, Christine: Es geht auch ohne JGH. In: BewHi 1988, 308-313.

Huesmann, L.Rowell/Laurie S.Miller: Long-Term Effects of Repeated Exposure to Media Violence in Childhood. In: L.Rowell Huesmann (Hrsg.): Aggressive Behavior: Current Perspectives. New York-London 1994, 153-186.

Hurrelmann, Klaus: Gewalt in der Schule. In: Hans-Dieter Schwind/Jürgen Baumann u.a. (Hrsg.): Ursachen, Prävention und Kontrolle von Gewalt. Band III: Sondergutachten, Berlin 1990, 363-379.

Ianni, Francis A.J./Elizabeth Reuss-Ianni: A Family Business. Kinship and Social Control in Organized Crime. London 1972.

– Organized Crime. Overview. In: Sanford H.Kadish (Hrsg.): Encyclopedia of Crime and Justice. Band 3, New York-London 1983, 1094-1107.

Iwai, Hiroaki: Organized Crime in Japan. In: Robert J.Kelly (Hrsg.): Organized Crime: A Global Perspective. Totowa/N.J. 1986, 208-233.

Jähnke, Burkhard/Heinrich Wilhelm Laufhütte/Walter Odersky (Hrsg.): Leipziger Kommentar – Strafgesetzbuch. 11.Aufl., Berlin-New York 1992 ff. (zit.: LK-Bearb.).

Johnson, Robert: Institutions and the Promotion of Violence. In: Anne Campbell/ John J.Gibbs (Hrsg.): Violent Transactions. Oxford-New York 1986, 181-205.

Joy, Lesley A./Meredith M.Kimball/Merle L.Zabrack: Television and Children's Aggressive Behavior. In: Tannis MacBeth Williams (Hrsg.): The Impact of Television. New York-London-Sydney-Tokyo-Toronto 1986, 303-360.

Jung, Heike: Einführung in das Studium der Wahlfachgruppe „Kriminologie, Jugendstrafrecht, Strafvollzug". In: Heike Jung (Hrsg.): Fälle zum Wahlfach Kriminologie, Jugendstrafrecht, Strafvollzug. 2.Aufl., München 1988, 1-28.

Kaiser, Günther: Entkriminalisierende Möglichkeiten des jugendstrafrechtlichen Sanktionenrechts und ihre Ausschöpfung in der Praxis. In: NStZ 1982a, 102-107.

– Jugendkriminalität. 3.Aufl., Weinheim/Basel 1982b.

– Kriminologie in der Juristenausbildung. In: Christian Broda/Erwin Deutsch/ Hans-Ludwig Schreiber/Hans-Jochen Vogel (Hrsg.): Festschrift für Rudolf Wassermann. Neuwied-Darmstadt 1985, 589-604.

– Kriminologie. 2.Aufl., Heidelberg 1988.

Kaiser, Günther/Hans-Jürgen Kerner/Heinz Schöch: Strafvollzug. 4.Aufl., Heidelberg 1992 (zit.: Kaiser/Kerner/Schöch).

Kaiser, Günther/Heinz Schöch: Kriminologie, Jugendstrafrecht, Strafvollzug. 4.Aufl., München 1994 (zit.: Kaiser/Schöch).

Karger, Thomas/Peter Sutterer: Polizeilich registrierte Gewaltdelinquenz bei jungen Ausländern. In: MschrKrim. 73 (1990), 369-383.

Karpman, Benjamin: The Sexual Offender and his Offenses. New York 1954.

Katz, Jack: Seductions of Crime. New York 1988.

Katz, Sedelle/Mary Ann Mazur: Understanding the Rape Victim. New York-Chichester-Brisbane-Toronto 1979.

Kaufmann, Hilde: Das Bild der Frau im älteren kriminologischen Schrifttum. In: MschrKrim 50 (1967), 143-153.

Kelkar, Govind: Women and Structural Violence in India. In: Jill Radford/Diana E.H.Russell (Hrsg.): Femicide. The Politics of Woman Killing. Buckingham 1992, 117-122.

Keller, Rainer: Ermessensgrenzen bei der Gewährung von Urlaub nach dem Strafvollzugsgesetz. In: JZ 1979, 167-171.

Kelsey, Jane/Warren Young: The Gangs: Moral Panic as Social Control. Wellington 1982.

Kerner, Hans-Jürgen: Professionelles und organisiertes Verbrechen. Wiesbaden 1973.

– Fear of Crime and Attitudes towards Crime. Comparative Criminological Reflections. In: International Annals of Criminology 17 (1978), 83-99.

– Kriminalitätseinschätzung und innere Sicherheit. Wiesbaden 1980.

Kerner, Stefan R.: Nichtdeutsche Tatverdächtige in der polizeilichen Kriminalstatistik. In: Die Polizei 85 (1994), 105-109.

Killias, Martin: Diskriminierendes Anzeigeverhalten von Opfern gegenüber Ausländern. In: MschrKrim. 71 (1988), 156-165.

– Les Suisses Face au Crime. Grüsch 1989.

Kilpatrick, Dean G./Connie L.Best/Benjamin E.Saunders/Lois J.Veronen: Rape in Marriage and in Dating Relationships: How bad is it for Mental Health? In: Robert A.Prentky/Vernon L.Quinsey (Hrsg.): Human Sexual Aggression: Current Perspectives. New York 1988, 335-344.

Kirchhoff, Gerd Ferdinand: Selbstberichtete Delinquenz. Göttingen 1975.

Kleinknecht, Theodor/Lutz Meyer-Goßner: Strafprozeßordnung. 41.Aufl., München 1993.

Kooistra, Paul: Criminals as Heroes: Structure, Power and Identity. Bowling Green/Ohio 1989.

Kopp, Ferdinand O.: Verwaltungsverfahrensgesetz (VwVfG). 5.Aufl., München 1991.

Kozlov, J.G.: Was ist organisierte Kriminalität? (Russisch). In: A.I.Dolgova/S.V.Djakov (Hrsg.): Organisierte Kriminalität. Moskau 1989, 63-73.

Krafczyk, Horst: Gewalt im Zusammenhang mit organisierter Kriminalität. In: Bundeskriminalamt (Hrsg.): Gewalt und Kriminalität. Wiesbaden 1986, 152-155.

Krahn, Harvey/Timothy F.Hartnagel/John W.Gartrell: Income Inequality and Homicide Rates: Cross-National Data and Criminological Theories. In: Criminology. 24 (1986), 269-295.

Kreuzer, Arthur: Untersuchungshaft bei Jugendlichen und Heranwachsenden. In: RdJ 1978, 337-356.

– Kinderdelinquenz und Jugendkriminalität. In: Zeitschrift für Pädagogik. 29 (1983), 49-70.

– Cherchez la femme? In: Hans Joachim Hirsch/Günther Kaiser/Helmut Marquardt (Hrsg.): Gedächtnisschrift für Hilde Kaufmann. Berlin-New York 1986, 291-308.

– Regeln zur Bearbeitung von Hausarbeiten im kriminologischen Wahlfach. JuS 1991, 830-833, 930-933; 1992, 42-44, 220-222.

– Jugendkriminalität. In: Günther Kaiser/Hans-Jürgen Kerner/Fritz Sack/ Hartmut Schellhoss (Hrsg.): Kleines Kriminologisches Wörterbuch. 3.Aufl., Heidelberg 1993, 182-191.

Kreuzer, Arthur/Michael Hürlimann: Alte Menschen in Kriminalität und Kriminalitätskontrolle – Plädoyer für eine Alterskriminologie. In: Arthur Kreuzer/Michael Hürlimann (Hrsg.): Alte Menschen als Täter und Opfer. Freiburg i.Br. 1992, 13-85.

Kube, Edwin/Karl-Friedrich Koch: Zur Kriminalität jugendlicher Ausländer aus polizeilicher Sicht. In: MschrKrim. 73 (1990), 14-24.

Kunz, Karl-Ludwig: Ausländerkriminalität in der Schweiz – Umfang, Struktur und Erklärungsversuch. In: Schweizerische Zeitschrift für Strafrecht 116 (1989), 373-392.

Kury, Helmut: Kriminalität und Viktimisierung in Ost- und Westdeutschland. In: Helmut Kury (Hrsg.): Gesellschaftliche Umwälzung. Freiburg i.Br. 1992, 141-228.

LaFree, Gary D.: Rape and Criminal Justice. Belmont/Calif. 1989.

Lamnek, Siegfried: Wider den Schulenzwang: ein sekundäranalytischer Beitrag zur Delinquenz und Kriminalisierung Jugendlicher. München 1985.

– Ausländerfeindlichkeit als Syndrom – Multidimensionalität des Phänomens und Interdisziplinarität der Analyse. In: Peter-Alexis Albrecht/Alexander P.F.Ehlers/ Franziska Lamott/Christian Pfeiffer/Hans-Dieter Schwind/Michael Walter (Hrsg.): Festschrift für Horst Schüler-Springorum. Köln-Berlin-Bonn-München 1993, 91-110.

Landesco, John: Organized Crime in Chicago (1929). Chicago-London 1968.

Landeskriminalamt: Polizeiliche Kriminalstatistik Nordrhein-Westfalen 1991, 1993. Düsseldorf 1992, 1994a.

– Jugendkriminalität und Jugendgefährdung Nordrhein-Westfalen 1993. Düsseldorf 1994b.

Lange, Richard: Terrorismus kein Notstandsfall? Zur Anwendung des § 34 StGB im öffentlichen Recht. In: NJW 1978, 784-786.

Law Reform Commission of Canada: Diversion. Ottawa 1975.

Lawson, Darlene: The Violent Female Offender. In: James M.MacLatchie (Hrsg.): Insights into Violence in Contemporary Canadian Society. Ottawa 1987, 137-145.

Lempp, Reinhart: Jugendliche Mörder. Bern-Stuttgart-Wien 1977.

Levi, Ken: Becoming a Hit Man: Neutralization in a very Deviant Career. In: Delos H.Kelly (Hrsg.): Deviant Behavior. 3.Aufl., New York 1989, 447-458.

Levin, Jack/James Alan Fox: Mass Murder – America's Growing Menace. New York-London 1985.

Levin, Jack/Jack McDevitt: Hate Crimes. New York-London 1993.

Levinson, David: Family Violence in Cross-Cultural Perspective. In: Vincent B. van Hasselt/Randall L.Morrison/Alan S.Bellack/Michel Hersen (Hrsg.): Handbook of Family Violence. New York-London 1988, 435-455.

Lewis, Dan A./Greta Salem: Fear of Crime. New Brunswick-Oxford 1986.

Licht, Maren: Vergewaltigungsopfer. Pfaffenweiler 1989.

Loschelder, Wolfgang: Gesundheitsrechtliche Aspekte des AIDS-Problems. In: NJW 1987, 1467-1470.

Luckenbill, David F.: Criminal Homicide as a Situated Transaction. In: Social Problems. 25 (1977), 176-186.

Luckenbill, David F./Daniel P.Doyle: Structural Position and Violence: Developing a Cultural Explanation. In: Criminology. 27 (1989), 419-436.

Lüthke, Albrecht: Vorläufige Maßnahmen nach §§ 71, 72 JGG, insbesondere die Unterbringung in offenen Einrichtungen als Alternative zur Untersuchungshaft bei Jugendlichen. In: ZfJ 69 (1982), 125-134.

Luz Lima Malvido, María de la: Criminalidad Femenina. Mexico 1991.

Maass, Günther: Die Gefährdung der Bevölkerung durch AIDS nach dem gegenwärtigen Stand der medizinischen Erkenntnis. In: Bernd Schünemann/Gerd Pfeiffer (Hrsg.): Die Rechtsprobleme von AIDS. Baden-Baden 1988, 15-36.

Mack, John A.: The Crime Industry. Westmead-Farnborough-Hants-Lexington/Mass. 1975.

Mansel, Jürgen: Ausländische Frauen und Mädchen unter Tatverdacht. In: MschrKrim. 71 (1988), 166-177.

– Kriminalisierung als Instrument zur Ausgrenzung und Disziplinierung oder „Ausländer richten ihre Kinder zum Diebstahl ab". In: Kriminalsoziologische Bibliographie 17 (1990), 47-65.

Marek, Andrzej E.: Organisierte Kriminalität, Grundriß der Problematik (Polnisch). In: Andrzej E.Marek/Wieslaw Plywaczewski (Hrsg.): Kriminologische und strafrechtliche Aspekte des organisierten Verbrechens. Szczytno 1992, 21-36.

Mawby, Rob I./Martin L.Gill: Crime Victims. London-New York 1987.

Mayhew, Pat/Mike Hough: The British Crime Survey: The First Ten Years. In: Günther Kaiser/Helmut Kury/Hans-Jörg Albrecht (Hrsg.): Victims and Criminal Justice. Band 1. Freiburg i.Br. 1991, 305-331.

McCaghy, Charles H./Stephen A.Cernkovich: Crime in American Society. 2.Aufl., New York 1987.

McConville, Mike/Dan Shepherd: Watching Police – Watching Communities. London-New York 1992.

McIntosh, Mary: The Organisation of Crime. London-Basingstoke 1975.

Mead, George Herbert: Sozialpsychologie. Darmstadt 1976.

Meloff, William/Robert A.Silverman: Canadian Kids who Kill. In: Canadian Journal of Criminology 34 (1992), 15-34.

Mendelsohn, Beniamin: Victimology and Contemporary Society's Trends. In: Victimology 1 (1976), 8-28.

Meyer Williams, Linda/David Finkelhor: The Characteristics of Incestuous Fathers. In: W.L.Marshall/D.R.Laws/H.E.Barbaree (Hrsg.): Handbook of Sexual Assault. New York-London 1990, 231-255.

Mezey, Gillian: Reactions to Rape: Effects, Counselling and the Role of Health Professionals. In: Mike Maguire/John Pointing (Hrsg.): Victims of Crime: A New Deal? Milton Keynes-Philadelphia 1988, 66-73.

Mohr, J.W./R.E.Turner/M.B.Jerry: Pedophilia and Exhibitionism. Toronto 1964.

Molketin, Rüdiger: Generelle Überwachung des Schriftwechsels aller Gefangenen aus Gründen der Sicherheit und Ordnung der Anstalt. In: MDR 1981, 192-194.

Mooij, Ton: Working towards Understanding and Prevention in The Netherlands. In: Delwyn Tattum (Hrsg.): Understanding and Managing Bullying. Oxford-London-Madrid-Sydney-Singapore-Tokyo 1993, 31-44.

Murakami, Yoshio: Bullies in the Classroom. In: James J.Shields (Hrsg.): Japanese Schooling. University Park-London 1989, 145-151.

Murrin, Mary R./D.R.Laws: The Influence of Pornography on Sexual Crimes. In: W.L.Marshall/D.R.Laws/H.E.Barbaree (Hrsg.): Handbook of Sexual Assault. New York-London 1990, 73-91.

Naffine, Ngaire/Fay Gale: Testing the Nexus: Crime, Gender, and Unemployment. In: British Journal of Criminology 29 (1989), 144-156.

National Committee on Violence: Violence: Directions for Australia. Canberra 1990.

National Police Agency, Government of Japan: White Paper on Police 1986, 1991. Tokyo 1986, 1991.

Neibecker, Brigitte: Strafvollzug und institutionelle Garantie von Ehe und Familie. In: ZfStrVo 1984, 335-343.

Niggli, Marcel Alexander: Kriminalität von Ausländern – Kriminologische Erklärungsansätze und ihre Aussagekraft. In: Stefan Bauhofer/Nicolas Queloz (Hrsg.): Ausländer, Kriminalität und Strafrechtspflege. Chur-Zürich 1993, 119-167.

Nothacker, Gerhard: Das Absehen von der Verfolgung im Jugendstrafverfahren. In: JZ 1982, 57-64.

Olweus, Dan: Aggression in the Schools. Washington-London-New York-Sydney-Toronto 1978.

– Bully/Victim Problems among Schoolchildren: Basic Facts and Effects of a School Based Intervention Program. In: Debra J.Pepler/Kenneth H.Rubin (Hrsg.): The Development and Treatment of Childhood Aggression. Hillsdale/N.J.-Hove-London 1991, 411-448.

– Bullying among Schoolchildren: Intervention and Prevention. In: Ray DeV.Peters/Robert J.McMahon/Vernon L.Quinsey (Hrsg.): Aggression and Violence throughout the Life Span. Newbury Park-London-New Delhi 1992, 100-125.

– Bullying at School. Oxford-Cambridge/Mass. 1993.

– Bullying at School. Long-Term Outcomes for the Victims and an Effective School-Based Intervention Program. In: L.Rowell Huesmann (Hrsg.): Aggressive Behavior. New York-London 1994, 97-130.

Ossenbühl, Fritz: Die Verwaltungsvorschriften in der verwaltungsgerichtlichen Praxis. In: AöR 92 (1967), 1-33.

Ostendorf, Heribert: Mit Strafrecht lassen sich soziale Probleme nicht lösen. In: Neue Kriminalpolitik 1993, 26-29.

– Jugendgerichtsgesetz. 3.Aufl., Köln-Berlin-Bonn-München 1994.

Pace, Denny F./Jimmie C.Styles: Organized Crime: Concepts and Controls. 2.Aufl., Englewood Cliffs/N.J. 1983.

Palandt, Otto/Peter Bassenge/Uwe Diederichsen/Wolfgang Edenhofer/Helmut Heinrichs/Andreas Heldrich/Hans Putzo/Heinz Thomas (Bearb.): Bürgerliches Gesetzbuch. 54.Aufl., München 1995 (zit.: Palandt-Bearb.).

Pallone, Nathaniel J./James J.Hennessy: Criminal Behavior. New Brunswick-London 1992.

Pandya, Bhanuprasad: Discrimination against Harijans and Dowry Deaths: Examples of Ongoing Victimization in India. In: Emilio Viano (Hrsg.): The Victimology Handbook. New York-London 1990, 197-209.

Parsons, Talcott: Certain Primary Sources and Patterns of Aggression in the Social Structure of the Western World (1947). In: Talcott Parsons (Hrsg.): Essays in Sociological Theory. New York-London 1966, 298-322.

Pelton, Leroy H.: Child Abuse and Neglect: The Myth of Classlessness. In: Leroy H.Pelton (Hrsg.): The Social Context of Child Abuse and Neglect. New York-London 1981, 23-38.

Pfeiffer, Gerd (Hrsg.): Karlsruher Kommentar zur Strafprozeßordnung. 3.Aufl., München 1993 (zit.: KK-Bearb.).

Phillips, Linda R.: Theoretical Explanations of Elder Abuse: Competing Hypotheses and Unresolved Issues. In: Karl A.Pillemer/Rosalie S.Wolf (Hrsg.): Elder Abuse. Dover/Mass. 1986, 197-217.

Pick, Alexander: Reduktion des Tatvorwurfs bei nichtdeutschen Beschuldigten. In: Krim 1994, 617-622.

Pillemer, Karl A.: Risk Factors in Elder Abuse: Results from a Case-Control Study. In: Karl A.Pillemer/Rosalie S.Wolf (Hrsg.): Elder Abuse. Dover/Mass. 1986, 239-263.

Pillemer, Karl/J.Jill Suitor: Elder Abuse. In: Vincent B. van Hasselt/Randall L.Morrison/Alan S.Bellack/Michel Hersen (Hrsg.): Handbook of Family Violence. New York-London 1988, 247-270.

Pinderhughes, Howard: The Anatomy of Racially Motivated Violence in New York City: A Case Study of Youth in Southern Brooklyn. In: Social Problems 40 (1993), 478-492.

Polk, Kenneth/David Ranson: Homicide in Victoria. In: Duncan Chappell/Peter Grabosky/Heather Strang (Hrsg.): Australian Violence: Contemporary Perspectives. Canberra 1991, 53-118.

Pongratz, Lieselotte/Peter Jürgensen: Kinderdelinquenz und kriminelle Karrieren. Pfaffenweiler 1990.

Pongratz, Lieselotte/Maria Schäfer/Peter Jürgensen/Dirk Weiße: Kinderdelinquenz. 2.Aufl., München 1977.

Potrykus: Zur Einbeziehung im Jugendstrafrecht (§ 31 JGG). In: NJW 1959, 1064-1067.

President's Commission on Organized Crime: The Impact: Organized Crime Today. Washington D.C. 1986.

Prinz, Heinrich: Aspekte der Ausländerkriminalität. In: Krim 1990, 657-661.

Rasko, Gabriella: Crimes against Life Committed by Women in Hungary. In: Freda Adler (Hrsg.): The Incidence of Female Criminality in the Contemporary World. New York 1981, 145-157.

Rathbone-McCuan, Eloise: Elderly Victims of Family Violence and Neglect. In: Margaret Elbow (Hrsg.): Patterns in Family Violence. New York 1980, 30-38.

Rautenberg, E.C.: Eintragung in das Erziehungsregister beim Absehen von der Verfolgung nach § 45 Abs. 2 Nr. 2 JGG? In: ZfJ 71 (1984), 507-509.

Redeker, Konrad/Hans Joachim von Oertzen: Verwaltungsgerichtsordnung. 11.Aufl., Stuttgart-Berlin-Köln-Mainz 1994.

Reichertz, Jo: Zur Definitionsmacht der Polizei. In: Krim 1994, 610-616.

Reid, Sue Titus: Crime and Criminology. 7.Aufl., Philadelphia-Toronto-London-Sydney-Tokyo 1994.

Reiss, Albert J./Jeffrey A.Roth: Understanding and Preventing Violence. Washington 1993.

Remschmidt, Helmut/Gerd Höhner/Reinhard Walter: Kinderdelinquenz und Frühkriminalität. In: Hans Göppinger/Rainer Vossen (Hrsg.): Humangenetik und Kriminologie – Kinderdelinquenz und Frühkriminalität. Stuttgart 1984, 87-105.

Ressler, Robert K./Ann W.Burgess/John E.Douglas: Sexual Homicide – Patterns and Motives. New York-Toronto-Oxford-Singapore-Sydney 1988.

Reuter, Peter: Disorganized Crime. Cambridge/Mass.-London 1983.

Rieß, Peter (Hrsg.): Die Strafprozeßordnung und das Gerichtsverfassungsgesetz. Großkommentar. Begründet von Löwe, Rosenberg. 24.Auflage. Berlin-New York 1984 ff. (zit.: LR-Bearbeiter).

Rigby, Ken/Phillip T.Slee: Bullying among Australian School Children: Reported Behavior and Attitudes toward Victims. In: Journal of Social Psychology 131 (1991), 615-627.

– Children's Attitudes towards Victims. In: Delwyn Tattum (Hrsg.): Understanding and Managing Bullying. Oxford-London-Madrid-Sydney-Singapore-Tokyo 1993, 119-135.

Rigby, Ken/Philip Slee/Cecilia Conolly: Victims and Bullies in School Communities. In: Journal of the Australasian Society of Victimology 2 (1991), 25-31.

Rios, José Arthur: Street Children: The Situation in Latin America. International Review of Criminal Policy 1990, 131-137.

Rißе, Manfred/Eberhard Lignitz/Klaus Püschel/Gunther Geserick: Tötung von Kindern durch Kinder und Jugendliche – ein seltenes Delikt. Archiv für Kriminologie 191 (1993), 129-138.

Rodríguez Manzanera, Luis: Victimología. Mexico 1988.

Roland, Erling: Bullying: A Developing Tradition of Research and Management. In: Delwyn Tattum (Hrsg.): Understanding and Managing Bullying. Oxford-London-Madrid-Sydney-Singapore-Tokyo 1993, 15-30.

Rothfischer, Jürgen: Wieviele Tage hat der Urlaub? Vollzugspraktische Anmerkungen zum Beschluß des BGH vom 24.November 1987. In: ZfStrVo 1988, 80-83.

Roxin, Claus: Strafverfahrensrecht. 23.Aufl., München 1993.

Russell, Diana E.H.: Rape in Marriage. Bloomington-Indianapolis 1990.

Schafer, Stephen: Victimology: The Victim and his Criminal. Reston/Virginia 1977.

Schaffstein, Friedrich/Werner Beulke: Jugendstrafrecht. 11.Aufl., Stuttgart-Berlin-Köln 1993.

Schick, Peter J.: Ausländerkriminalität in Österreich. In: Stefan Bauhofer/Nicolas Queloz (Hrsg.): Ausländer, Kriminalität und Strafrechtspflege. Chur, Zürich 1993, 219-237.

Schneider, Anne L.: Deterrence and Juvenile Crime. New York-Berlin-Heidelberg-London-Paris-Tokyo-Hongkong 1990.

Schneider, Hans Joachim (Hrsg.): Die Psychologie des 20. Jahrhunderts. Band XIV: Auswirkungen auf die Kriminologie. Zürich 1981.

– (Hrsg.): Kriminalität und abweichendes Verhalten. 2 Bände. Weinheim-Basel 1983a.

– Organisiertes Verbrechen. In: Hans Joachim Schneider (Hrsg.): Kriminalität und abweichendes Verhalten. Band 1, Weinheim-Basel 1983b, 367-380.

– Das organisierte Verbrechen. In: Jura 6 (1984), 169-183.

– Frauenkriminalität und Frauenstrafvollzug. In: Hans Joachim Hirsch/Günther Kaiser/Helmut Marquardt (Hrsg.): Gedächtnisschrift für Hilde Kaufmann. Berlin-New York 1986, 267-290.

– Kriminologie. Berlin-New York 1987.

– Zusammenfassende Darstellung und kritische Auswertung der Arbeit der „National Commission on the Causes and Prevention of Violence“ (USA) und Untersuchung über die weitere Entwicklung und die Auswirkungen der Arbeit der U.S. Violence Commission. In: Hans-Dieter Schwind/Jürgen Baumann u.a. (Hrsg.): Ursachen, Prävention und Kontrolle von Gewalt. Band III: Sondergutachten, Berlin 1990a, 155-292.

– Berücksichtigung viktimologischer Gesichtspunkte bei der Reform des Strafrechts, des Strafverfahrens und des Strafvollzugs. In: Österreichische Juristenzeitung 45 (1990b), 10-20.

– The Media World of Crime: A Study of Social Learning Theory and Symbolic Interaction. In: William S.Laufer/Freda Adler (Hrsg.): Advances in Criminological Theory. Band 2, New Brunswick-London 1990c, 115-143.

– Gewalt in der Schule. In: Krim 1991a, 15-24.

– Massenmedien. In: Rudolf Sieverts/Hans Joachim Schneider (Hrsg.): Handwörterbuch der Kriminologie. 5.Band, 2.Aufl., Berlin-New York 1991b, 301-324.

– Kriminologie. PdW Band 20/1. 3.Aufl., München 1992a.

– Jugendstrafrecht, Wirtschaftsstrafrecht, Strafvollzug. PdW 20/2. 3.Aufl., München 1992b.

– Einführung in die Kriminologie. 3.Aufl., Berlin-New York 1993.

– Kriminologie der Gewalt. Stuttgart-Leipzig 1994.

Schneider, Kurt: Die psychopathischen Persönlichkeiten (1923). 9.Aufl. Wien 1950.

Schneider, Ursula: Körperliche Gewaltanwendung in der Familie. Berlin 1987.

Schnitzerling, Manfred: Die rechtliche Sonderstellung des minderjährigen motorisierten Verkehrsteilnehmers. In: DAR 1963, 208/209.

Schöch, Heinz: Kriminologie in der Juristenausbildung. In: Schriftenreihe der Polizei-Führungsakademie. 1981, 52-62.

Schöch, Heinz/Michael Gebauer: Ausländerkriminalität in der Bundesrepublik Deutschland. Baden-Baden 1991.

Schönke, Adolf/Horst Schröder/Theodor Lenckner/Peter Cramer/Albin Eser/Walter Stree: Strafgesetzbuch. 24.Aufl., München 1991 (zit.: Sch-Sch-Bearb.).

Schoreit, Armin: Der in Zusammenhang mit dem Alternativentwurf eines Strafgesetzbuches vorgelegte Entwurf eines Gesetzes gegen Ladendiebstahl im Lichte der Kriminalstatistik 1974 und moderner Opferforschung. In: JZ 1976, 49-58.

Schreckling, Jürgen: Bestandsaufnahmen zur Praxis des Täter-Opfer-Ausgleichs in der Bundesrepublik Deutschland. Bonn 1991.

Schumann, Karl F.: Schutz der Ausländer vor rechtsradikaler Gewalt durch Instrumente des Strafrechts? In: StV 1993, 324-330.

Schünemann, Bernd: Zur Stellung des Opfers im System der Strafrechtspflege. In: NStZ 1986, 193-200, 439-443.

Schütze, Gerd: Jugendliche und Heranwachsende in der Untersuchungshaft. In: MschrKrim 63 (1980), 148-153.

Schwabe-Höllein, Marianne: Hintergrundanalyse zur Kinderkriminalität. Göttingen 1984.

Schwarzenegger, Christian: Die Einstellungen der Bevölkerung zur Kriminalität und Verbrechenskontrolle. Freiburg i.Br. 1992.

Schwind, Hans-Dieter: Definition und Geschichte der organisierten Kriminalität im kurzen Überblick. In: Hans-Dieter Schwind/Gernot Steinhilper/Edwin Kube (Hrsg.): Organisierte Kriminalität. Heidelberg 1987, 17-40.

– Hörfunk und Fernsehen im Strafvollzug. In: ZfStrVo 1990, 361/362.

– Kriminologie. 6. Aufl., Heidelberg 1995a.

– Aggression at German Schools – The Example of Bochum. In: Hans Joachim Schneider/Brunon Holyst (Hrsg.): EuroCriminology. Band 8. Lodz 1995b (im Erscheinen).

Schwind, Hans-Dieter/Wilfried Ahlborn/Rüdiger Weiß: Dunkelfeldforschung in Bochum 1986/87. Wiesbaden 1989.

Schwind, Hans-Dieter/Jürgen Baumann/Ursula Schneider/Manfred Winter: Gewalt in der Bundesrepublik Deutschland – Endgutachten der Unabhängigen Regierungskommission zur Verhinderung und Bekämpfung von Gewalt. In: Hans-Dieter Schwind/Jürgen Baumann u.a. (Hrsg.): Ursachen, Prävention und Kontrolle von Gewalt. Band I: Endgutachten und Zwischengutachten der Arbeitsgruppen. Berlin 1990, 1-285.

Schwind, Hans-Dieter/Alexander Böhm: Strafvollzugsgesetz. 2.Aufl., Berlin-New York 1991 (zit.: Schwind-Böhm).

Seligman, Martin E.P.: Erlernte Hilflosigkeit. 4.Aufl., Weinheim 1992.

Sellin, Thorsten: Culture Conflict and Crime. New York 1938.

Senatsverwaltung für Inneres (Hrsg.): Endbericht der Unabhängigen Kommission zur Verhinderung und Bekämpfung von Gewalt in Berlin. Berlin 1994.

Sessar, Klaus: Wiedergutmachen oder strafen. Einstellungen in der Bevölkerung und der Justiz. Pfaffenweiler 1992.

– Ausländer als Opfer. In: Peter-Alexis Albrecht/Alexander P.F.Ehlers/Franziska Lamott/Christian Pfeiffer/Hans-Dieter Schwind/Michael Walter (Hrsg.): Festschrift für Horst Schüler-Springorum. Köln-Berlin-Bonn-München 1993a, 111-121.

– Kriminalität von und an Ausländern. In: Stefan Bauhofer/Nicolas Queloz (Hrsg.): Ausländer, Kriminalität und Strafrechtspflege. Chur-Zürich 1993b, 187-217.

Shapland, Joanna/Jon Willmore/Peter Duff: Victims in the Criminal Justice System. Aldershot/Hants-Brookfield/Vermont 1985.

Shoham, Shlomo: Crime and Social Deviation. Chicago 1966.

– Research in Criminology in a Country of Social Change. In: Shlomo Shoham (Hrsg.): Israel Studies in Criminology. Band 1. Tel Aviv 1970, 9-34.

Siegel, Larry J.: Criminology. 5.Aufl., St.Paul-New York-Los Angeles-San Francisco 1995.

Sieverts, Rudolf/Hans Joachim Schneider (Hrsg.): Handwörterbuch der Kriminologie. Bände 1, 2, 3, 4, 5 (die ersten beiden Lieferungen). Berlin-New York 1966, 1975, 1977, 1979, 1983, 1991.

Silverman, Robert/Leslie Kennedy: Deadly Deeds – Murder in Canada. Scarborough/Ontario 1993.

Simmel, Georg: Soziologie. 6.Aufl. Berlin 1983.

Simon, Rita James: Women and Crime. Lexington/Mass.-Toronto-London 1975.

– Women and Crime Revisited. In: Criminal Justice Research Bulletin. 5 (1990), 1-11.

Simons, Dietrich: Tötungsdelikte als Folge mißlungener Problemlösungen. Stuttgart 1988.

Singer, Dorothy G./Jerome L.Singer: Television Viewing and Aggressive Behavior in Preschool Children: A Field Study. In: Fred Wright/Charles Bahn/Robert W.Rieber (Hrsg.): Forensic Psychology and Psychiatry. New York 1980, 289-303.

Skogan, Wesley G.: The Various Meanings of Fear. In: Wolfgang Bilsky/Christian Pfeiffer/Peter Wetzels (Hrsg.): Fear of Crime and Criminal Victimization. Stuttgart 1993, 131-140.

Skogan, Wesley G./Michael G.Maxfield: Coping with Crime. Beverly Hills-London 1981.

Smith, Dwight C.: Organized Crime and Entrepreneurship. In: International Journal of Criminology and Penology 6 (1978), 161-177.

– Paragons, Pariahs, and Pirates: A Spectrum-Based Theory of Enterprise. In: Crime and Delinquency 26 (1980), 358-386.

– The Mafia Mystique. Lanham-New York-London 1990.

Sparks, Richard F.: Surveys of Victimization – An Optimistic Assessment. In: Michael Tonry/Norval Morris (Hrsg.): Crime and Justice. Band 3, Chicago-London 1981, 1-60.

Statistisches Bundesamt: Ausgewählte Zahlen für die Rechtspflege 1988, 1989. Stuttgart 1990, 1992.

– Strafverfolgung 1989, 1991. Stuttgart 1991, 1993a.

– Statistisches Jahrbuch 1993 für die Bundesrepublik Deutschland. Stuttgart 1993b.

– Strafvollzug – Demographische und kriminologische Merkmale der Strafgefangenen am 31.03.1991. Stuttgart 1993c.

Steele, Brandt F./Carl B.Pollock: Eine psychiatrische Untersuchung von Eltern, die Säuglinge und Kleinkinder mißhandelt haben. In: Ray E.Helfer/C.Henry Kempe (Hrsg.): Das geschlagene Kind. Frankfurt/M. 1978, 161-243.

Steffen, Wiebke: Ausländerkriminalität in Bayern. München 1992.
– Ausländerkriminalität in Bayern. In: NStZ 1993, 462-467.

Steffensmeier, Darrell/Emilie Allan: Gender, Age, and Crime. In: Joseph F.Sheley (Hrsg.): Criminology. Belmont/Calif. 1991, 67-93.

Steinmetz, Suzanne K.: Dependency, Stress, and Violence between Middle-Aged Caregivers and their Elderly Parents. In: Jordan I.Kosberg (Hrsg.): Abuse and Maltreatment of the Elderly. Boston-Bristol-London 1983, 134-149.

Stephenson, Pete/Dave Smith: Bullying in the Junior School. In: Delwyn P.Tattum/ David A.Lane (Hrsg.): Bullying in Schools. Hanley/Stoke-on-Trent 1989, 45-57.

Stilz, Eberhard: Zum Urlaub aus der Haft. In: ZfStrVo 1979, 67-72.

Straus, Murray A./Richard J.Gelles: Societal Change and Change in Family Violence from 1975 to 1985 as Revealed by Two National Surveys. In: Journal of Marriage and the Family 48 (1986), 465-479 (auch in: Murray A.Straus/Richard J.Gelles (Hrsg.): Physical Violence in American Families. New Brunswick-London 1990, 113-131).

Straus, Murray A./Richard J.Gelles/Suzanne K.Steinmetz: Behind Closed Doors: Violence in the American Family. Garden City/N.Y. 1980.

Sumner, Chris J.: Victim Participation in the Criminal Justice System. In: Australian and New Zealand Journal of Criminology 20 (1987), 195-217.

Surette, Ray: Media, Crime, and Criminal Justice: Images and Realities. Pacific Grove/ Calif. 1992.

Sutherland, Edwin H./Donald R.Cressey/David F.Luckenbill: Principles of Criminology. 11.Aufl., Dix Hills/N.Y. 1992.

Sutherland, Sandra/Donald J.Scherl: Crisis Intervention with Victims of Rape. In: Duncan Chappell/Robley Geis/Gilbert Geis (Hrsg.): Forcible Rape. New York 1977, 329-338.

Sykes, Gresham M./Francis T.Cullen: Criminology. 2.Aufl., Philadelphia-New York-Sydney-Tokyo 1992.

Sykes, Gresham M./David Matza: Techniken der Neutralisierung: Eine Theorie der Delinquenz. In: Fritz Sack/René König (Hrsg.): Kriminalsoziologie. Frankfurt/M. 1968, 360-371.

Tattum, Delwyn: Violence and Aggression in Schools. In: Delwyn P.Tattum/David A.Lane (Hrsg.): Bullying in Schools. Hanley/Stoke-on-Trent 1989, 7-19.
– What is Bullying? In: Delwyn Tattum (Hrsg.): Understanding and Managing Bullying. Oxford-London-Madrid-Sydney-Singapore-Tokyo 1993, 3-14.

Tattum, Delwyn P./David A.Lane (Hrsg.): Bullying in Schools. Hanley/Stoke-on-Trent 1989.

Taylor, Ralph B./Margaret Hale: Testing Alternative Models of Fear of Crime. In: Journal of Criminal Law and Criminology 77 (1986), 151-189.

Toby, Jackson: Violence in School.In: Michael Tonry/Norval Morris (Hrsg.): Crime and Justice. Band 4, Chicago-London 1983, 1-47.

– The Schools. In: James Q.Wilson/Joan Petersilia (Hrsg.): Crime. San Francisco 1995, 141-170.

Toch, Hans: Violent Men. An Inquiry into the Psychology of Violence. Washington D.C. 1993.

Tomasevski, Katarina: Foreigners in Prison. Helsinki 1994.

Traulsen, Monika: Bedeutung und Entwicklung der Kinderdelinquenz in der Bundesrepublik Deutschland. In: Hans Göppinger/Rainer Vossen (Hrsg.): Humangenetik und Kriminologie – Kinderdelinquenz und Frühkriminalität. Stuttgart 1984, 107-119.

– Zur Einstiegsfunktion der Kinderdelinquenz. MschrKrim 68 (1985), 117-120.

– Gefährlich oder gefährdet? Zur Kriminalität der Asylbewerber. In: Krim 1990a, 415-419.

– Delinquenz und soziale Benachteiligung der Ausländerinnen. In: MschrKrim. 73 (1990b), 256-265.

– Nimmt die Ausländerkriminalität zu? In: Jörg-Martin Jehle/Werner Maschke/Denis Szabo (Hrsg.): Strafrechtspraxis und Kriminologie. 2.Aufl. Bonn 1990c, 197-220.

– Differenzieren statt Diskriminieren. In: Krim 1991, 627-632.

– Die Gewaltkriminalität der Ausländer. In: MschrKrim. 76 (1993), 295-305.

Triffterer, Otto: Kriminologische Erscheinungen des Machtmißbrauchs und Möglichkeiten zu ihrer Bekämpfung. In: ZfRV 32 (1991), 184-210; 262-287.

Trojanowicz, Robert/Bonnie Bucqueroux: Community Policing. Cincinnati/Ohio 1990.

Trube-Becker, Elisabeth: Kinder töten Kinder. In: Jörg Schuh (Hrsg.): Gewalt im Alltag. Grüsch 1990, 261-289.

Ule, Carl Hermann: Verwaltungsprozeßrecht. 9.Aufl. München 1987.

United Nations: Violence against Women in the Family. New York 1989.

U.S. Department of Health, Education and Welfare. National Institute of Education (Hrsg.): Violent Schools – Safe Schools: The Safe School Study Report to the Congress. Washington D.C. 1978.

U.S. Department of Justice: Criminal Victimization in Urban Schools. Washington D.C. 1979.

– Juvenile Court Statistics 1985, 1988. Pittsburgh/Pa. 1989, 1990.

– School Crime – A National Crime Victimization Survey Report. Washington D.C. 1991.

– Sourcebook of Criminal Justice Statistics – 1993. Washington D.C. 1994.

Venkatramani, S.H.: Female Infanticide: Born to Die. In: Jill Radford/Diana E.H.Russell (Hrsg.): Femicide. The Politics of Woman Killing. Buckingham 1992, 125-132.

Villmow, Bernhard: Umfang und Struktur der Jugendkriminalität. In: Horst Wollenweber (Hrsg.): Kinderdelinquenz und Jugendkriminalität. Paderborn-München-Wien-Zürich 1980, 49-73.

– Reaktionen von Polizei und Justiz auf Ausländerdelinquenz. In: Bundeskriminalamt (Hrsg.): Ausländerkriminalität in der Bundesrepublik Deutschland. Wiesbaden 1989, 35-50.

– Ausländerkriminalität. In: Günther Kaiser/Hans-Jürgen Kerner/Fritz Sack/Hartmut Schellhoss (Hrsg.): Kleines Kriminologisches Wörterbuch. 3.Aufl. Heidelberg 1993, 39-48.

Vito, Gennaro F./Ronald M.Holmes: Criminology. Belmont/Calif. 1994.

Vold, George B./Thomas J.Bernard: Theoretical Criminology. 3.Aufl., New York-Oxford 1986.

Walker, Lenore E.: The Battered Woman Syndrome Study. In: David Finkelhor/Richard J.Gelles/Gerald T.Hotaling/Murray A.Straus (Hrsg.): The Dark Side of Families. Beverly Hills-London-New Delhi 1983, 31-48.

Walter, Michael: Untersuchungshaft und Erziehung bei jungen Gefangenen. In: MschrKrim 1978, 337-350.

– Strafvollzug. München-Hannover 1991.

Walter, Michael/Angelika Pitsela: Ausländerkriminalität in der statistischen (Re-)Konstruktion. In: Kriminalpädagogische Praxis 21 (1993), 6-19.

Walter, Reinhard/Helmut Remschmidt: Katamnesen kindlicher und jugendlicher Tötungsdelinquenten. In: Hans Göppinger/Rainer Vossen (Hrsg.): Humangenetik und Kriminologie – Kinderdelinquenz und Frühkriminalität. Stuttgart 1984, 145-156.

Ward, David A./Maurice Jackson/Renee E.Ward: Crimes of Violence by Women. In: Freda Adler/Rita James Simon: The Criminology of Deviant Women. Dallas-Geneva/Ill.-Hopewell/N.J.-Palo Alto-London 1979, 114-138.

Wassermann, Rudolf (Hrsg.): Kommentar zum Strafvollzugsgesetz (Reihe Alternativkommentare). 3.Aufl., Neuwied-Darmstadt 1990 (zit.: AK-Bearb.).

Watkins, Bill/Arnon Bentovim: Male Children and Adolescents as Victims: A Review of Current Knowledge. In: Gillian C.Mezey/Michael B.King (Hrsg.): Male Victims of Sexual Assault. Oxford-New York-Tokyo 1993, 27-66.

Webber, Marlene: Street Kids. Toronto-Buffalo-London 1991.

Weber, Max: Wirtschaft und Gesellschaft. 5.Aufl., Tübingen 1982.

Weigend, Thomas: Deliktsopfer und Strafverfahren. Berlin 1989.

West, D.J.: Sexual Crimes and Confrontations. Aldershot-Brookfield-Hongkong-Singapore-Sydney 1987.

Wetzels, Peter: Sexueller Mißbrauch: Neue Zahlen. In: Psychologie heute 21 (1994), Heft 7, 66.

Wiese, Annegret: Mütter, die töten. München 1993.

Williams, Kirk R./Robert L.Flewelling: The Social Production of Criminal Homicide: A Comparative Study of Disaggregated Rates in American Cities. In: American Sociological Review. 53 (1988), 421-431.

Wolf, Rosalie S./Edward R.McCarthy: Elder Abuse. In: Robert T.Ammerman/Michel Hersen (Hrsg.): Case Studies in Family Violence. New York-London 1991, 357-377.

Wolff, Hans J./Otto Bachof: Verwaltungsrecht I. 9.Aufl., München 1974.

Wolfgang, Marvin E.: Patterns in Criminal Homicide. New York 1958.

– Victim Intimidation, Resistance and Injury: A Study of Robbery. In: Koichi Miyazawa/Minoru Ohya (Hrsg.): Victimology in Comparative Perspective. Tokyo 1986, 3-29.

Wolfgang, Marvin E./Franco Ferracuti: The Subculture of Violence. London-New York-Sydney-Toronto-Wellington 1967.

Wright, Logan: The „Sick but Slick" Syndrome as a Personality Component of Parents of Battered Children. In: Joanne Valiant Cook/Roy Tyler Bowles: Child Abuse: Commission and Omission. Toronto 1980, 159-164.

Wyl, Hans Erich de: Die Wirkungen der Untersuchungshaft bei Jugendlichen und Heranwachsenden In: RdJ 1958a, 305-308.

– Der Vollzug der Untersuchungshaft bei Jugendlichen und Heranwachsenden. In: RdJ 1958b, 329-332.

Wyss, Rudolf: Unzucht mit Kindern. Berlin-Heidelberg-New York 1967.

Yllö, Kersti/David Finkelhor: Marital Rape. In: Ann Wolbert Burgess (Hrsg.): Rape and Sexual Assault. New York-London 1985, 146-158.

Zauberman, Renée: Sources of Information about Victims and Methodological Problems in this Field. In: Council of Europe (Hrsg.): Research on Victimization. Strasbourg 1985, 19-63.

Zimbardo, Philip G.: Psychologie. 4.Aufl., Berlin-Heidelberg-New York-Tokyo 1983.

1. Teil
Kriminologie

Einleitung

Kriminologie ist an deutschen Universitäten Grundlagen- und Wahlfach. Sie soll dazu beitragen, die human- und sozialwissenschaftlichen Grundlagen des Straf-, des Strafverfahrens- und des Strafvollzugsrechts aufzuarbeiten und eine sachgerechte Anwendung der Normen dieser Rechtsgebiete zu ermöglichen, die kriminologische Gesichtspunkte berücksichtigt. Im ersten juristischen Staatsexamen wird sie in Klausuren, Hausarbeiten und im Mündlichen geprüft. An den Universitäten wird sie in Vorlesungen, Übungen, Kolloquien, Seminaren und Examinatorien gelehrt. Die folgenden acht Aufgaben sollen dazu dienen, den Erwerb des Grundlagen- und des Wahlscheins in den kriminologischen Übungen an der Universität zu erleichtern und die Erarbeitung der Examensklausur und der Examenshausarbeit im 1. juristischen Staatsexamen vorzubereiten. Der kriminologische Teil dieses Studien- und Übungsbuches enthält deshalb zwei Übungsklausuren für die Grundlagenübung, zwei Übungsklausuren für die Wahlfachübung, zwei Examensklausuren, eine Übungshausarbeit für die Wahlfachübung und eine Examenshausarbeit. Anhand der Fälle mit Lösungen, die im Mittelpunkt der Darstellung stehen, soll die konkrete Anwendung empirisch-kriminologischen Erfahrungswissens geübt werden. Damit soll dem Grundsatz des exemplarischen Lernens Rechnung getragen werden. Der junge Jurist und die junge Juristin sollen sich aneignen, Informationen aus den Erfahrungswissenschaften kritisch und selbständig zu verarbeiten[1]. Dieses Lernziel soll nicht nur die spätere erfolgreiche Zusammenarbeit mit den psychologischen und psychiatrischen Sachverständigen im Rahmen des Strafverfahrens ermöglichen. Es hat durchaus auch Bedeutung für alle Juristen, selbst außerhalb der Strafrechtsberufe, erlangt[2]. Denn über grundlegende kriminologische und kriminalpolitische Erkenntnisse zu Verbrechen und Verbrechern sollten jeder Jurist und jede Juristin Bescheid wissen. Schließlich sollen die Studierenden im Rahmen ihrer kriminologischen Studien internationale empirisch-kriminologische Grundlagen kennenlernen; sie sollen über den Tellerrand deutschen Denkens, deutscher Literatur und deutschen Quellenmaterials

---

[1] G.Kaiser 1985, 595.

[2] H.Schöch 1981, 56.

hinausschauen; sie sollen insbesondere die englischsprachige Literatur zu Rate ziehen[3].

Die Kriminologie ist ideologieanfällig. Sie erschöpft sich nur allzu oft in Richtungsstreitigkeiten. In den folgenden acht Problemkomplexen werden Ideologie- und Richtungsstreitigkeiten keine Rolle spielen. Es wird vielmehr rein pragmatisch versucht, wirkliche aktuelle Fälle mit dem kriminologischen Wissen der Zeit zu lösen. Kriminologische Probleme der Zeit sind ausgewählt worden, um die Studierenden zu motivieren, sich in diese Probleme hineinzudenken. Alle Aufgaben stammen ausnahmslos aus der Wirklichkeit. Sie sind nicht ersonnen und gedanklich konstruiert. Sie sind überall da, wo es notwendig erschien, zum Schutz der Persönlichkeit verfremdet. Jede Ähnlichkeit mit lebenden oder toten Personen und wirklichen Begebenheiten wäre deshalb rein zufällig und völlig unbeabsichtigt. Jedem Gutachten ist eine Gliederung vorangestellt, um den Lösungsweg und den Gedankengang deutlich zu machen. Aus Raumgründen sind den Hausarbeiten keine gesonderten Abkürzungs- und Literaturverzeichnisse beigegeben. Alle Abkürzungen können vielmehr im zentralen Abkürzungsverzeichnis und alle Zitate im zentralen Literaturverzeichnis nachgesehen werden. Auch die Klausuren enthalten Anmerkungen, damit ihre Probleme vertieft erarbeitet werden können. Sechs Problemkomplexe bestehen aus zwei Teilen; sie werden mit zwei verschiedenen Sachverhalten eingeleitet, um die Probleme von verschiedenen Seiten zu beleuchten und zu veranschaulichen. In einem Problemkomplex[4] wird nur ein Fall bearbeitet, während sich der achte und letzte Problemkomplex aus drei Teilen zusammensetzt. Alle Lösungen gehen in ihrer Länge und Tiefgründigkeit über Musterklausuren und Musterhausarbeiten hinaus; von den Studierenden wird „im Ernstfall" nicht so viel erwartet. Die Lösungen sind so lang und so ausführlich begründet, um den Studierenden über den Trainingseffekt hinaus einen Zugewinn an fundiertem Wissen, an Erkenntnis und Verständnis zu verschaffen. Die Fallprobleme werden in der Regel in größere kriminologische Zusammenhänge gestellt. In der Kriminologie ist es nicht wie in den Rechtsgebieten möglich, von Gesetzesnormen auszugehen und die Fälle mit Hilfe der Auslegung und Abgrenzung dieser Normen zu lösen. In der Kriminologie müssen vielmehr regelmäßig zunächst allgemeine Beurteilungsgesichtspunkte aus

[3] A.Kreuzer 1992, 43; H.Jung 1988, 66.

[4] Die 2. Übungsklausur für die Grundlagenübung.

der empirisch-kriminologischen Forschung erarbeitet werden, um dann die konkreten Fallprobleme entdecken und durchschauen zu können.

Bei der Bearbeitung der Problemkomplexe sind erst einmal die Sachverhalte und die Aufgaben sorgfältig zu durchdenken. Es muß stets fallnah gearbeitet werden. Danach müssen Literatur und Quellen (z.B. Kriminalstatistiken) zu den Problemen gesammelt und gesichtet werden. Die neueste und wichtigste kriminologische Literatur ist auszuwählen. Dabei ist von den großen kriminologischen Lehrbüchern[5] und Nachschlagewerken[6] auszugehen. Nach der Literatursammlung und -sichtung muß ein eigenständiges Konzept zur Lösung der Aufgabe entworfen werden. Hierin besteht die geistige, schöpferische Leistung der Fallbearbeitung. Der Lösung muß Gestalt gegeben, Akzente müssen gesetzt werden. Es genügt nicht, das Gelesene unter einigen Gesichtspunkten geordnet wiederzugeben. Die Probleme des Falles müssen erkannt, der Forschungs- und Streitstand genau erarbeitet und eine eigene konkrete Stellungnahme abgegeben werden. Stets kommt es auf sachverständige Argumentation und auf kriminologisches Verständnis an. Nach der Definition der Schlüsselbegriffe ist auf Umfang, Erscheinungsformen und Entwicklung des Problems einzugehen. Die Ursachen sind eingehend zu erarbeiten. Hierbei ist in der Regel eine Vielzahl von Forschungsansätzen zu berücksichtigen. Ziel allen kriminologischen Denkens ist Verhütung und Kontrolle der Kriminalität. Beim Entwurf und bei der Überarbeitung des Textes ist schließlich auf eine gründliche Dokumentation zu achten. Die Formalien müssen in Ordnung sein.

Folgende Themen sind in den acht Problemkomplexen abgehandelt worden: Tötungsdelikte, Serien- und Massenmord, Amoklauf, organisiertes Verbrechen, Ausländerkriminalität, Gewalt gegen Ausländer, Kriminalität (Gewalt) in den Massenmedien, Kinderdelinquenz, Tötungsdelikte von Kindern, sexueller Mißbrauch an Kindern, Gewalt in der Schule, im Seniorenheim und im Krankenhaus, Frauenkriminalität, Gewalt in der Familie und Viktimologie (Wissenschaft vom Verbrechensopfer).

---

[5] Z.B. H.J.Schneider 1987; G.Kaiser 1988; U.Eisenberg 1990.

[6] Z.B. H.J.Schneider 1981; 1983a; R.Sieverts, H.J.Schneider 1966, 1975, 1977, 1979, 1983, 1991.

Übungsklausur (Grundlagenübung)

1. Problemkomplex: Tötungsdelikte – Ihr Umfang, ihre Erscheinungsformen und ihre Ursachen – Definitionen des Serien- und Massenmords – Typologie des Serienmörders – Karriere des Serien-Sexualmörders – Amokläufer-Karriere – Darstellung von Serien-Sexualmördern in den Massenmedien

1. Teil

I. Sachverhalt: Massaker nach dem Urteil
Wegen eines tätlichen Angriffs auf seine Ehefrau war der 39jährige M durch einen Strafbefehl zu einer Geldstrafe von 90 Tagessätzen zu je 80,– DM (7.200,– DM) verurteilt worden. Hiergegen hatte M Einspruch eingelegt. Am 09.03.1994 kam es zur mündlichen Verhandlung vor dem Strafrichter beim Amtsgericht in E. Zur Sache wollte M allerdings keine Aussagen machen. Der Verteidiger des M legte daraufhin noch während der Sitzung sein Mandat nieder und verließ den Saal. Dem Richter blieb nur, den Einspruch des M zurückzuweisen und das Urteil zu bestätigen.

Nach dem Urteilsspruch verließ M zunächst den Gerichtssaal, kehrte aber sehr bald mit einer Pistole zurück. Noch vor dem Gerichtssaal gab er 10 bis 12 Schüsse ab. Dabei traf er einen 47jährigen Mann im Treppenhaus und eine 72jährige Frau vor dem Sitzungssaal tödlich. Anschließend erschoß er im Gerichtssaal seine Exfreundin und ihre Mutter sowie den 32jährigen Richter S. Eine Protokollführerin und eine Referendarin konnten noch rechtzeitig hinter der Richterbank Deckung suchen. Einige der im Saal befindlichen Personen konnten sich mit einem Sprung aus dem Fenster retten, als die Schüsse fielen. Die Staatsanwältin, auf die M ebenfalls geschossen hatte, überlebte schwerverletzt.

Anschließend zündete M einen von ihm in einem Rucksack mitgebrachten selbstgebastelten Sprengsatz. Bei der Explosion wurde er selbst durch die Fensterscheiben des Gerichtssaals geschleudert und getötet.

Augenzeugen berichteten von einem riesigen Trümmerfeld in der Umgebung des Gebäudes. Sieben Tote und acht z. T. Schwerverletzte waren Opfer dieses Amoklaufs.

Der Bruder des M hatte die Polizei vor dem M gewarnt und ihn als „abartig veranlagt" geschildert. Die Klassenkameraden des M meinten demgegenüber, M sei „kein Psychopath" gewesen. Sie beschreiben ihn allerdings als Einzelgänger, der seine Frau und seine Freundin schwer mißhandelt habe.

Aufgaben:

1. Wie häufig sind die Tötungsdelikte in der Bundesrepublik Deutschland?
2. Stellen Sie die Erscheinungsformen und die Ursachen der Tötungsdelikte dar!
3. Was versteht man unter einem Massenmord?
4. Entwickeln Sie das Modell einer Amokläufer-Karriere!

2. Teil

II. Sachverhalt: Die Karriere eines Sexualmörders

Zwischen dem 24. Oktober 1989 und dem 5. April 1991 ermordete der 26jährige X in der Nähe des märkischen Städtchens B fünf Frauen und einen Säugling; er unternahm in drei weiteren Fällen Tötungsversuche. Er überfiel mehr ältere als junge Frauen. Er erstach, erwürgte und erschlug seine Opfer, nachdem er sie sexuell mißbraucht hatte. Man stellte bei X keine hirnorganische Persönlichkeitsveränderung, keine psychische Erkrankung und keine Erkrankung seines zentralen Nervensystems fest.

Der X wuchs in einer instabilen, zerrütteten Familie auf, die weitgehend sozial isoliert war. Er entfaltete keinerlei persönliche Beziehungen zu seinem Vater. Seine Beziehungen zu seiner ihn zurückweisenden

Mutter waren ambivalent. Seine Mutter entwickelte ihm und ihrer Familie gegenüber eine alles beherrschende Einstellung. Mit sieben Jahren begann er, die Unterwäsche seiner Mutter anzuziehen. Er hatte dabei überwältigende, wohlige Gefühle, die sich noch steigerten, wenn er die Wäsche beschmutzte, sie also naß machte und einkotete. Das Ritual erweiterte sich später über die mit ihm verbundene Masturbation hinaus. Sexuelle Gewaltphantasien der völligen Beherrschung anderer Menschen, meist Frauen, waren mit ihm verknüpft.

Nachdem seine Eltern entdeckt hatten, daß er die Unterwäsche seiner Mutter anzog und beschmutzte, prügelten sie ihn; er bekam Stubenarrest. Seine Gewaltphantasien schliffen sich mehr und mehr ein; sie bildeten für ihn einen Ersatz für menschliche Begegnungen und Beziehungen. Seine Gewaltneigung kam darin zum Ausdruck, daß er jüngere Kinder schikanierte und tyrannisierte und daß er Eichhörnchen lebend zerstückelte und Hunde mit Knüppeln quälte. Er fiel wegen Alkoholmißbrauchs, Nazi-Verherrlichung, Diebstahls am Arbeitsplatz und häufigen Stellenwechsels zwischen Tankstelle, Stahlwerk und landwirtschaftlicher Produktionsgenossenschaft auf.

Aus seinem Gefühl der Macht- und Wertlosigkeit entwickelte sich ein übermächtiger Dominanzwunsch, ein Streben nach Überlegenheit, ein Eroberungswunsch durch Zerstörung: „Ich war völlig besessen, die Frau unter meiner Kontrolle zu haben." Seine Opfer hatten für ihn symbolische Bedeutung: Er folterte sie sexuell, er mißhandelte sie körperlich, und er verstümmelte sie, um sie zu demütigen. Nach der Tötung seines ersten Opfers verlor er jede Tötungshemmung.

Aufgaben:

1. Was versteht man unter einem Serienmord? Wie unterscheidet sich ein Serienmord von einem Massenmord?
2. Welche unterschiedlichen Typen von Serienmördern gibt es?
3. Zu welchem Typ des Serienmörders gehört X? Stellen Sie anhand des Falles das Karriereprofil des Serien-Sexualmörders dar!
4. Boulevardblätter bezeichneten X als „Bestie von B."; sie stellten ihn als bedrohliches, gefühlloses, brutales Monster, als Tier in Menschengestalt dar. Warum charakterisiert ein Teil der Massenmedien Serien-Sexualmörder in dieser Weise?

Lösung

Gliederung

I. Fall: Massaker nach dem Urteil
   1. Häufigkeit der Tötungsdelikte in der Bundesrepublik Deutschland
   2. Erscheinungsformen und Ursachen der Tötungsdelikte
      a. Erscheinungsformen
         - Kriminelle Tötungen im sozialen Nahraum
         - Kriminelle Tötungen zwischen Fremden (verbunden mit anderen Straftaten, z.B. Raubmord)
         - Kriminelle Tötungen zwischen Fremden (nicht verbunden mit anderen Delikten)
      b. Ursachen
         - Psychopathologische Ursachen
         - Sozialstrukturelle Ursachen
         - Subkulturelle Ursachen
         - Sozialisationstheorie
         - Situative Ursachen
   3. Definition des Massenmords
   4. Amokläufer-Karriere

II. Fall: Die Karriere eines Sexualmörders
   1. Definition des Serienmords (Unterschied zum Massenmord)
   2. Typen von Serienmördern
      a. Geistes- und hirnorganisch Kranke
      b. „Sendungsbewußte" Serienmörder
      c. Hedonistische Serienmörder
      d. Machtorientierte Serienmörder
   3. X als Serienmörder und Karriereprofil des Seriensexualmörders
      a. X als Serienmörder
      b. Karriereprofil des Seriensexualmörders
   4. Der Seriensexualmörder in den Massenmedien

Gutachten

I. Fall: Massaker nach dem Urteil

1. Häufigkeit der Tötungsdelikte in der Bundesrepublik Deutschland

Kriminelle Tötung ist die ungerechtfertigte, vorsätzliche Verursachung des Todes eines Menschen durch einen anderen Menschen. Sie ist selten. Im Jahre 1993 sind bei einem Gesamtkriminalitätsvolumen von 6,7 Millionen Fällen 4.230 Tötungsdelikte polizeilich registriert worden[1]. Sie haben einen Anteil von 0,1% an den Straftaten. Das Dunkelfeld der nichtangezeigten, verborgen gebliebenen Tötungskriminalität ist unbekannt. Wahrscheinlich werden nicht wenige kriminelle Tötungen als Unfälle oder Selbstmorde deklariert. Ein großer Teil der polizeilich registrierten Tötungsdelikte wird im Laufe des offiziellen Reaktionsprozesses auf Kriminalität von der Staatsanwaltschaft oder vom Gericht als Körperverletzung mit Todesfolge oder als fahrlässige Tötung umdefiniert[2]. Im Jahre 1991 wurden 2.708 Fälle von Tötungsdelikten angezeigt[3], aber nur 496 wegen Tötungsdelikten Angeklagte verurteilt[4].

Im internationalen Vergleich stehen bei der Häufigkeit krimineller Tötungen süd- und mittelamerikanische Länder (zum Beispiel Mexiko, Kolumbien, Venezuela) und afrikanische Staaten (zum Beispiel Nigeria) an der Spitze. Ihnen folgen in der Häufigkeit die USA, Kanada, Australien und die europäischen Länder. Japan und die Schweiz haben niedrige Häufigkeitszahlen. Im Jahre 1992 hatten die Vereinigten Staaten eine Häufigkeitszahl (Zahl der Fälle auf 100.000 Einwohner) von 9,3[5], wäh-

---

[1] Bundeskriminalamt 1994, 16.
[2] G.Kaiser 1988, 630.
[3] Bundeskriminalamt 1992, 15.
[4] Statistisches Bundesamt 1993a, 17.
[5] U.S. Department of Justice 1994, 352.

rend die Häufigkeitszahl in der Bundesrepublik Deutschland 1,4[6] betrug.

2. Erscheinungsformen und Ursachen der Tötungsdelikte

a. Erscheinungsformen

Kriminelle Tötungen im sozialen Nahraum

In der Mehrzahl der Fälle entwickelt sich die kriminelle Tötung in einem Interaktionsprozeß zwischen Täter und Opfer, die in einer engen sozialen und persönlichen Beziehung zueinander stehen. Sie gehören überwiegend demselben sozialen Nahraum an. Sie teilen zum Beispiel Familienzugehörigkeit, Verwandtschaft, Nachbarschaft, enge Freundschaft, Liebschaft, homosexuelle Partnerschaft miteinander[7]. Kriminelle Tötungen entstehen aus alltäglichen Streitigkeiten und zwischenmenschlichen Konflikten, die den Konfliktparteien außer Kontrolle geraten und im Tod eines der Beteiligten enden. Zwischen Menschen, die intime Beziehungen miteinander verbinden, entstehen häufig Spannungen. Personen des sozialen Nahraums, Ehepartner, Freunde, Liebhaber, sind die Hauptquellen der Freude im Leben; sie sind aber gleichzeitig auch für die Mehrzahl der Frustrationen verantwortlich[8].

Bei kriminellen Tötungen zwischen Freunden und Bekannten ist der Täter in der Regel daran gewöhnt, in Problemsituationen gewaltsam zu reagieren. Er hat nämlich in seiner Kindheit und Jugend gelernt, daß sich Gewalt auszahlt. Von ihm als demütigend empfundene Beleidigungen und Drohungen für sein Ansehen und seinen Status sind Hauptfaktoren, die im Interaktionsprozeß zwischen Täter und Opfer zur kriminellen Tötung führen. Ein Schlag gegen das Selbstwertgefühl einer Person, die geringe Fähigkeiten entwickelt hat, Auseinandersetzungen

---

[6] Bundeskriminalamt 1993, 116.

[7] M.E.Wolfgang 1958.

[8] G.M.Sykes, F.T.Cullen 1992, 176.

und Konflikte friedlich und mit Worten auszutragen, ist regelmäßig der Hauptgrund bei der Entstehung einer kriminellen Tötung[9].

Kriminelle Tötungen zwischen Fremden (verbunden mit anderen Straftaten, z.B. Raubmord)
Nur in einer Minderheit der Fälle krimineller Tötung sind sich Täter und Opfer fremd. Im Rahmen von Raubdelikten oder Vergewaltigungen verliert der Täter – wegen eines außergewöhnlichen, unerwarteten Widerstands des Opfers oder anderer unvorhergesehener Ereignisse – nicht selten in der Tatsituation den Überblick und die Tatherrschaft, so daß die dann fehllaufende Soziodynamik der Tat im Tod des Opfers endet[10].

Kriminelle Tötungen zwischen Fremden (nicht verbunden mit anderen Delikten)
Tötungsdelikte unter Fremden, die nicht mit anderen Straftaten verbunden sind, bestehen z.B. aus Tötungen, die zum Zwecke innerer Erregung (Thrill), aus Spaß am Töten[11] (Serienmord) oder zum Zwecke des finanziellen Profits (Berufsmord) begangen werden. Jugendliche werfen beispielsweise einen Steinblock von einer Autobahnüberführung auf ein vorbeifahrendes Auto, um Menschen zu verletzen oder gar zu töten und um dadurch einmal in der Zeitung zu stehen. Tötungen aus psychischen Erwerbszielen ereignen sich auch bei gewaltsamen Auseinandersetzungen zwischen jugendlichen Banden. Kult-Tötungen werden begangen, wenn Mitglieder religiöser Sekten, die dem „Satan" dienen, den Befehl zum Töten von ihren Führern erhalten[12]. Berufsmörder werden im Rahmen krimineller Organisationen oder unabhängig und selbständig tätig[13]. Sie lernen Neutralisationstechniken, die es ihnen ermöglichen, ohne Reue und ohne ein schlechtes Gewissen zu töten. Die Vereinbarung über die Tötung eines Opfers wird regelmäßig

---

9 C.R.Bartol 1995, 266.
10 M.E.Wolfgang 1986, 3-18.
11 J.Katz 1988.
12 L.J.Siegel 1995, 308.
13 K.Levi 1989, 447-458.

telefonisch zwischen Menschen geschlossen, die sich nicht kennen und die sich persönlich nicht begegnen. Der Berufsmörder verneint seine Verantwortlichkeit, indem er sich auf seine „vertraglichen" Verpflichtungen beruft. Tötung wird zur Routine; sie wird als Beruf verstanden. Der Berufsmörder sieht sich nur als Werkzeug. Er sagt sich: „Wenn ich es nicht tue, tut es ein anderer." Die Opfer sind für ihn keine Menschen mehr, sondern nur noch „Ziele". Der Berufsmörder gewöhnt sich an das Töten, indem er die beschämenden Aspekte des Tötens in seinem Gewissen neutralisiert.

b. Ursachen

Psychopathologische Ursachen

Nur etwa 3% aller Mörder sind geisteskrank[14]. Kriminalbiologische Gesichtspunkte geben simple Antworten[15]; sozialpsychologische Erklärungen krimineller Tötungen sind freilich einleuchtender[16]. Insbesondere ist die psychopathologische Interpretation eine Scheinerklärung. Psychopathen sind – nach Kurt Schneider[17] – abnorme Persönlichkeiten, die infolge ihrer Persönlichkeitsabnormität mehr oder weniger in jeder Lebenssituation, unter allen Verhältnissen zu inneren und äußeren Konflikten kommen müssen. Selbstunsichere, fanatische, geltungsbedürftige, gemüt- und willenlose Psychopathen sollen angeblich kriminelle Tötungen begehen. Hier erhält der Täter ein Stigma; es wird aber nicht gesagt, warum die Tat geschehen ist. Gemütskälte, Willens- und Haltschwäche sind keine Erklärungen; denn es wird nicht verdeutlicht, woher sie rühren. Die Täterpersönlichkeit wird vielmehr lediglich der Tat angepaßt.

---

[14] D.Simons 1988, 2.
[15] Vgl. z.B. N.J.Pallone, J.J.Hennessy 1992, 137-204.
[16] So R.Silverman, L.Kennedy 1993, 54.
[17] 1950, 5.

Sozialstrukturelle Ursachen

Neben extrem ungleichen ökonomischen Bedingungen sind für die sozialstrukturelle Erklärung[18] gewaltorientierte Normen und Werte bedeutsam, die im gesellschaftlichen Lernprozeß von Generation zu Generation weitergegeben werden. Aus ökonomischer Randständigkeit, aus relativem Entzug (Deprivation), aus Arbeitslosigkeit und schlechten Wohnverhältnissen entstehen Frustrationen, die die Spannungen in den sozialen Gruppen (in den Familien, Nachbarschaften, Berufs- und Freizeitgruppen) erhöhen und die die Konfliktneigung zwischen den Gruppenmitgliedern steigern. Zur Frustration trägt insbesondere der Widerspruch einer äußerst hohen materiellen Ungleichheit mit einem auf Gleichheit gerichteten Wertsystem bei. Soziale Desorganisation, mangelnde Werteübereinstimmung und fehlender zwischenmenschlicher Zusammenhalt infolge ethnischer Ungleichartigkeit, Familienzusammenbruch und hoher Bevölkerungsmobilität, ist ein weiterer wichtiger Gesichtspunkt zur Erklärung krimineller Tötungen im Rahmen des sozialstrukturellen Ansatzes.

Subkulturelle Ursachen

Aus sozialer Desorganisation gehen Subkulturen der Gewalt[19] (z.B. gewaltorientierte Familien und Gruppen junger Männer der Unterschicht) hervor, die eigene gewaltfreundliche Verhaltensstile, Einstellungen und Wertvorstellungen vertreten und unterstützen. Der Gewalttäter besitzt ein übertriebenes Selbstwertstreben, das sich auf die eigene männliche Unsicherheit gründet. In der Gewalt-Subkultur der jungen Männer der Unterschicht[20] ist man empfindlich in Fragen der Männlichkeit und der Ehre, der Wertschätzung der eigenen Person in den eigenen Augen und in den Augen der Mitglieder der Subkultur. Man ist bereit, Verachtung, Verdrossenheit und andere feindliche Gefühle in der zwischenmenschlichen Interaktion durch die Anwendung körperlicher Gewalt auszudrücken.

---

[18] K.P.Williams, R.L.Flewelling 1988, 421-431; H.Krahn, T.F.Hartnagel, J.W.Gartrell 1986, 269-295.

[19] M.E.Wolfgang, F.Ferracuti 1967.

[20] D.F.Luckenbill, D.P.Doyle 1989, 419-436.

Sozialisationstheorie

Gewalthandlungen werden von unzureichend sozialisierten Personen verübt, die unter einem Mangel an Selbstkontrolle leiden[21]. Die Täter begeben sich oder sie geraten in Situationen, die sie nicht mehr übersehen und denen sie emotional wegen ihrer sozialen Unreife und ihrer affektiven Instabilität nicht gewachsen sind[22]. Zerbrechliche Selbstbilder, mangelnde Selbstsicherheit und zwischenmenschliche Unreife sind durch die Art und Weise entstanden, mit der Erziehungspersonen das aufwachsende Kind in seinen persönlichkeitsbildenden Jahren mangelhaft emotional unterstützt und unzureichend sozial kontrolliert haben[23]. Die Mehrheit der gewaltgeneigten Personen hat nicht gelernt, ihre Gefühle im Zaum zu halten und Konflikte im Wege des Ausgleichs, des Gebens und Nehmens, zu lösen. Statt dessen hat man sich an gewaltorientierte Selbstregulierungsmechanismen und einen risikoreichen Lebensstil gewöhnt. Aggression wird zur Quelle der Belohnung und des Stolzes; sie bildet den inneren Maßstab für das Verhalten. Die Opfer werden enthumanisiert.

Situative Ursachen

Die kriminelle Tötung ist schließlich ein Prozeß-Verbrechen, das meist aus einer ungeplanten Folge von Ereignissen besteht, die außer Kontrolle geraten. Alkohol und Drogen tragen zur Eskalation des Konflikts und zur Verminderung von Hemmungen bei. Menschen mit einem zerbrechlichen Selbstwertgefühl sind schnell bei der Hand, das Verhalten einer Person als eine Beschimpfung und als eine herausfordernde Bedrohung ihres Selbstwertgefühls zu empfinden. Der Interaktionsprozeß zwischen Täter, Opfer und dritten Personen stellt sich als ein „Charakter-Wettbewerb" dar, in dem Täter und Opfer versuchen, auf Kosten des anderen ihr „Gesicht" zu wahren[24]:

– Eine Person macht – absichtlich oder unabsichtlich – eine aggressive Bewegung, Bemerkung oder Geste.

---

[21] M.E.Gottfredson, T.Hirschi 1990; 1993, 47-68.
[22] R.Lempp 1977.
[23] H.Toch 1993.
[24] D.F.Luckenbill 1977, 176-186.

– Die angegriffene Person nimmt den Angriff als einen Affront gegen ihr „Gesicht“, gegen ihre Ehre wahr und wird ärgerlich.
– Die angegriffene Person erwidert den Angriff mit einer verbalen oder körperlichen Herausforderung, um ihr „Gesicht“ zu wahren und um zu zeigen, daß sie ein „starker Charakter“ ist.
– Beide Parteien „einigen sich“ darauf, den Konflikt mit körperlicher Gewalt auszutragen.
– Der Kampf endet mit dem Tod eines der beiden Kämpfer. Die Person, die überlebt, bleibt – freiwillig oder gezwungenermaßen – am Tatort, um auf die Polizei zu warten, oder sie flüchtet.

3. Definition des Massenmords

Von einem Massenmord spricht man, wenn ein Mensch zahlreiche Menschen gleichzeitig, plötzlich und unverdeckt an einem Ort tötet. Der Täter wird entweder noch am selben Ort getötet, oder er begeht Selbstmord, oder er stellt sich der Polizei[25].

Ein Massenmord ist auch der Amoklauf, ein krimineller Selbstmord, bei dem der Selbstmörder so lange tötet, bis er selbst getötet wird, oder bei dem er zahlreiche Menschen tötet, bevor er Selbstmord begeht.

Vom Massenmord ist der Völkermord[26] (Genozid, Genocidium, Holocaust) zu unterscheiden, der eine Überordnung einer täteranfälligen, mächtigen, mit formeller Autorität ausgestatteten Mehrheitsgruppe und die Unterordnung einer opferanfälligen machtlosen Minderheitsgruppe voraussetzt und der auf die Tötung der Menschen der Minderheitsgruppe wegen ihrer bloßen Gruppenzugehörigkeit abzielt. Völkermord wird begangen, wenn eine Gesellschaft verhetzt ist, wenn eine Gruppe von Menschen ihn durch Indoktrination propagiert und wenn

---

[25] Vgl. zur Abgrenzung zwischen Serien- und Massenmord: S.A.Egger 1990, 3-34; C.R.Bartol 1995, 247.

[26] Vgl. hierzu näher H.J.Schneider 1987, 886-913.

autoritäre Gehorsamstäter ihn ausführen, die mangelhaft sozialisiert worden sind.

4. Amokläufer-Karriere

Der Amoklauf ist in seltenen Fällen auf eine akute Psychose oder einen Hirntumor zurückzuführen. Die Ursachen liegen meist in einem Prozeß zunehmender Isolation des Amokläufers von bedeutungsvollen, primären zwischenmenschlichen Beziehungen. Sein Leben ist überbelastet mit Frustration und Mißerfolg. Er hat nicht gelernt, Krisen beim Übergang von einer Lebensphase in die nächste psychisch und sozial zu verarbeiten und zu meistern. Die Amokläufer-Karriere entwickelt sich in einem fortlaufenden, sich selbst ständig verstärkenden Prozeß symbolischer Interaktion: Der Amokläufer verneint sich selbst. Er entwikkelt das Selbstbild eines Versagers und Aussteigers. Er ist ständig auf der Flucht; alle seine Bemühungen scheitern. Er ist unfähig, „Trauerarbeit" zu leisten; einen Verlust, einen Rückschlag, eine Enttäuschung kann er nicht verschmerzen. Die Amokläufer-Karriere entwickelt sich in fünf Phasen[27]:

– In seiner Kindheit erlebt er häufig schwere Traumatisierungen: körperlichen und seelischen Mißbrauch, Tod eines Familienmitglieds, Zusammenbruch der Familie durch Scheidung und Trennung, Alkoholismus eines Elternteils. Er wird vernachlässigt und emotional zurückgewiesen. Er ist unfähig, die erlittenen Traumatisierungen psychisch zu verarbeiten.

– In seiner Jugend weiten sich seine Probleme aus. Alte Schwierigkeiten bleiben ungelöst oder kehren wieder; neue Probleme kommen hinzu. Seine Belastungen türmen sich in unerträglicher Weise auf.

– Er isoliert sich zunehmend selbst, und er wird isoliert. Er leidet unter Vereinsamung und unter zwischenmenschlichen Beziehungen, die sich für ihn unerfreulich, unangenehm, leidvoll und schmerzlich entwickeln (negative Interaktion). Er rebelliert gegen diese Entwicklung, oder er

[27] J.Best, D.F.Luckenbill 1994, 100-104.

zieht sich völlig zurück. Seine Rebellion oder sein Rückzug sind Schreie nach Verständnis und Hilfe. Die Personen in seinem sozialen Nahraum reagieren indessen mit Unverständnis und Kritik. Er empfindet solche Reaktionen als unfair, als einen Beweis emotionaler Zurückweisung (Lieblosigkeit). Seine soziale Isolation schreitet fort.

– Bei zunehmender Hoffnungslosigkeit erleidet er einen Fehlschlag in einer wichtigen sozialen Sphäre. Beispiele hierfür sind: Entlassung von seiner Arbeitsstelle, Verlassen durch den Ehepartner, Verurteilung durch ein Gericht. Das unvorhergesehene Ereignis hat für ihn Symbolwert; es ist Gewalt-Katalysator und -Transformator. Er definiert das Ereignis als untragbar; für ihn sind die Grenzen des Ertragbaren erreicht. Es kommt zur Explosion seiner lange aufgestauten Aggression.

– Vor seinem Amoklauf hat er seine Gewaltanwendung neutralisiert. Er sagt sich: „Ich habe meine Gewalttätigkeit nicht zu verantworten. Meine Schwierigkeiten waren stärker. Niemand hat mir geholfen. Meine Probleme können auf andere Weise nicht gelöst werden."

Die Hälfte der Massenmorde sind Familienmorde. Der Selbstmörder nimmt seine Familienmitglieder mit in den Tod, um sie vor untragbarem Leiden und unannehmbarem Schmerz zu bewahren.

II. Fall: Die Karriere eines Sexualmörders

1. Definition des Serienmords (Unterschied zum Massenmord)

Unter Serienmord versteht man die Tötung zahlreicher Menschen (für gewöhnlich von mehr als zwei) durch einen Menschen (manchmal auch durch mehrere) über einen längeren Zeitraum, über Monate und Jahre, hinweg. Täter und Opfer haben keinerlei vorherigen zwischenmenschlichen Beziehungen; sie sind einander fremd. Die Tötungen, die nacheinander und insgeheim verübt werden, stehen in keinem Zusammenhang zueinander; ihre Aufklärung ist manchmal recht schwierig und kostspielig[28]. Im Unterschied zum Serienmord werden beim Massenmord zahlreiche Menschen gleichzeitig, plötzlich und unverdeckt an einem Ort getötet[29].

2. Typen von Serienmördern

Man hat vier Typen von Serienmördern gefunden[30]:

a. Geistes- und hirnorganisch Kranke

Der Serienmord durch Geistes- und hirnorganisch Kranke ist selten.

b. „Sendungsbewußte" Serienmörder

Sie leiden unter keiner Geisteskrankheit, möchten aber eine Gruppe von Menschen, zum Beispiel Prostituierte und Homosexuelle, vernichten, die ihnen „unerwünscht" und lebensunwert erscheinen (Haßverbrechen).

c. Hedonistische Serienmörder

Für hedonistische Serienmörder ist das Töten ein aufregendes Erlebnis, ein Vergnügen. Eine Unterkategorie dieses Typs bildet der Sexualmörder, der um seiner sexuellen Befriedigung willen tötet.

---

[28] J.A.Fox, J.Levin 1994; E.W.Hickey 1991.
[29] J.Levin, J.A.Fox 1985.
[30] R.M.Holmes, J.DeBurger 1988, 55-60.

d. Machtorientierte Serienmörder

Schließlich bringt der machtorientierte Serienmörder seine Opfer, gegen die er mit unerhörter Brutalität vorgeht, nicht aus sexuellen Motiven, sondern deshalb um ihr Leben, damit er ihnen gegenüber bedingungslose Vorherrschaft und vollständige Kontrolle über Leben und Tod ausüben kann. Es kommt ihm darauf an, daß ihm seine Opfer absolut ausgeliefert sind.

3. X als Serienmörder und Karriereprofil des Seriensexualmörders

a. X als Serienmörder

Der X ist ein Serienmörder. Denn er hat fünf Frauen und einen Säugling über einen längeren Zeitraum hinweg, nacheinander und insgeheim getötet. Seine Opfer waren ihm fremd. Der X ist ein machtorientierter Serienmörder. Denn aus seinem Gefühl der Macht- und Wertlosigkeit entwickelte er einen übermächtigen Dominanzwunsch, ein Streben nach Überlegenheit, einen Eroberungswunsch durch Zerstörung. Er sagte: „Ich war völlig besessen, die Frau unter meiner Kontrolle zu haben." Seine Opfer hatten für ihn symbolische Bedeutung. Er fühlte sich durch seine Mutter, die ihn zurückgewiesen und die ihm gegenüber eine alles beherrschende Einstellung entwickelt hatte, viktimisiert (zum Opfer gemacht). Deshalb wählte er mehr ältere als junge Frauen zu seinen Opfern aus. Er entpersonalisierte sie. Er folterte sie sexuell und mißhandelte sie körperlich, um sie zu demütigen und zu entwürdigen. In seinen Taten realisierte er seinen übermächtigen Dominanzwunsch.

b. Karriereprofil des Seriensexualmörders

Die kriminologische Forschungsabteilung des „Federal Bureau of Investigation" (Bundeskriminalamt) in Washington D.C. hat 36 Serien-

Sexualmörder untersucht[31], die insgesamt 118 Opfer getötet hatten. Die Forscher der Abteilung haben die Strafakten der Täter ausgewertet und mit ihnen Interviews geführt.

Aufgrund der Forschungsergebnisse des Bundeskriminalamtes in Washington D.C. wird das Karriereprofil des X, eines Seriensexualmörders, dargestellt. Es hat sich in fünf Phasen entwickelt:

– Die Herkunftsfamilie des X war instabil und zerrüttet; sie war weitgehend sozial isoliert; sie besaß keinerlei Beziehungen zur Gemeinschaft. Die Bindungen der Familienmitglieder untereinander waren gestört. X hatte keinerlei persönliche Beziehungen zu seinem Vater; seine emotionale Einstellung zu seiner Mutter war ambivalent. Auf der einen Seite wollte er ihr nahe sein; auf der anderen Seite haßte er sie wegen ihrer zurückweisenden und beherrschenden Haltung ihm gegenüber.

– Der X erlebte in seiner Kindheit direkte Traumatisierungen. Er litt unter der ihn zurückweisenden und beherrschenden Einstellung seiner Mutter. Nachdem seine Eltern entdeckt hatten, daß er die Unterwäsche seiner Mutter anzog und beschmutzte, prügelten sie ihn; er bekam Stubenarrest.

– In seiner Jugend zog sich X in seine sexuellen Gewaltphantasien zurück. Diese Phantasien waren unbewußte Wiederholungen seiner eigenen Traumatisierung: Lediglich die Rollen wurden vertauscht; das Opfer wurde selbst zum Täter. Seine ambivalente Einstellung seiner Mutter gegenüber zeigte sich darin, daß er einerseits ihre Unterwäsche anzog und dabei wohlige Gefühle hatte und daß er andererseits ihre Unterwäsche beschmutzte und dadurch seinen Haß ihr gegenüber bekundete. In seinen sexuellen Gewaltphantasien, die mit Masturbation verbunden waren, beherrschte er andere Menschen, meist Frauen, völlig. Hierdurch wollte er sich für die Beherrschung und emotionale Zurückweisung durch seine Mutter entschädigen. Seine sexuellen Gewaltphantasien bildeten für ihn einen Ersatz für menschliche Begegnungen und Beziehungen.

– In seiner Kindheit und Jugend schikanierte und tyrannisierte er jüngere Kinder. Er legte gegenüber Tieren ein sadistisches Verhalten an den

---

[31] R.K.Ressler, A.W.Burgess, J.E.Douglas 1988.

Tag, indem er Eichhörnchen lebend zerstückelte und Hunde mit Knüppeln quälte. Seine Eltern übten keinerlei positiven Einfluß auf ihn aus; sie ignorierten seine Schwierigkeiten.

– Der X wählte ältere Frauen, verwundbare Opfer, aus, die er leicht beherrschen konnte. In seinen Taten realisierte er seine sexuellen Gewaltphantasien, die sich bei ihm eingeschliffen hatten. Mit seinen Tötungen, bei denen er seinen Haß gegenüber seiner Mutter auf seine Opfer übertrug, wollte er sich für die emotionale Zurückweisung und Beherrschung durch seine Mutter rächen, die ihn psychisch tief verletzt hatten.

4. Der Seriensexualmörder in den Massenmedien

Die Boulevardblätter stellten den X deshalb als bedrohliches, gefühlloses, brutales Monster, als Tier in Menschengestalt, dar, um ihre Auflage zu erhöhen. Diese Darstellung der Boulevardblätter trifft nämlich auf die Neigung der Gesellschaft, die eigene Mitverantwortung zu verneinen und die gesamte Verursachungslast dem Täter zuzuschieben[32]. Die Seriensexualmorde werden nicht verständlich gemacht, sondern sie werden der Leserschaft dieser Blätter entfremdet. Durch diese Distanzreaktion wird eine Projektion der öffentlichen Meinung ermöglicht, durch die eigene kriminelle Wünsche auf die „Außengruppe" der Seriensexualmörder gerichtet werden können, die der Gesellschaft ihre Untaten antun und die man deshalb aus der Gesellschaft ausschließen kann. Die Mitverursachung der Personen im sozialen Nahraum des Täters wird nicht sozial sichtbar. Der Seriensexualmord entsteht nicht aus der Gesellschaft heraus, sondern er wird Personen der „Innengruppe", der Gesellschaft, von außen angetan. Durch eine solche Darstellung wird das kriminelle Geschehen sozial und psychisch fehlverarbeitet.

[32] H.J.Schneider 1991b.

Übungsklausur (Grundlagenübung)

2. Problemkomplex: Organisiertes Verbrechen – Definition und charakteristische Kriterien – Sozialer Prozeß der Entstehung und des Zerfalls einer kriminellen Organisation – Gesellschaftliche und subkulturelle Ursachen – Kriminelle Karriere des organisierten Verbrechers – Rolle der Gewalt im organisierten Verbrechen – Rückhalt des organisierten Verbrechens in der Gesellschaft – Interesse der deutschen Kriminologie am organisierten Verbrechen in Kolumbien – Vermögensstrafe als Kontrollmaßnahme gegen das organisierte Verbrechen

Sachverhalt: Der Aufbau und Niedergang des Medellin-Kartells
Der Führer des Medellin-Kartells, der zeitweise größten Gruppe von Kokain-Händlern in Kolumbien, Pablo Escobar, wurde im Jahre 1949 als Sohn eines Farmers und einer Lehrerin geboren. Er entwickelte keine Gefühle der Zuneigung zu seinen Eltern und Lehrern. Nach dem Besuch der Höheren Schule wurde er Leibwächter eines Schmugglers. Mitte der 60er Jahre besuchte er illegal die USA und entdeckte den riesigen Markt für Kokain. Ende der 60er Jahre nach Kolumbien zurückgekehrt, ernährte er sich von Autodiebstählen und vom Schmuggel der Koka-Paste von Peru nach Medellin. Er stieg zum Führer einer Gruppe von Maultiertreibern auf, die den Kokain-Grundstoff von Peru nach Medellin schmuggelten. Im Jahre 1976 wurde er beim Schmuggel gefaßt. Er versuchte erfolglos, die beiden Polizisten zu bestechen, die ihn überführt hatten. Es lief ein Ermittlungsverfahren gegen ihn: Seine Strafakten verschwanden; die beiden Polizisten, die ihn gefaßt hatten, wurden ermordet.

Systematisch und mit großem Erfolg baute er nun den illegalen Kokain-Handel in die USA aus, indem er mit der Zeit eine Flotte von Flugzeugen kaufte, die das Kokain illegal in die USA schafften. In den 80er Jahren besaß er zahlreiche große Farmen und eine Fahrradfabrik. Er wohnte auf seiner Ranch Hacienda Napoles, die einen privaten Zoo, 24 künstliche Seen und ein Straßennetz von sechzig Meilen hatte. Er nannte zwei Villen am Meer in Miami sein eigen. Sein Vermögen wurde auf zweieinhalb bis fünf Milliarden US-Dollar geschätzt. In Medellin entwickelte er für sich mit Hilfe seiner Zeitung Medellin Civico eine Art Robin Hood Image: Für arme Leute ließ er fünfhundert Häuser bauen; er ließ die Kanalisation der Stadt reparieren; er ließ achtzig Fußballfelder sowie zahlreiche Schulen und Kliniken in Kolumbien errichten.

Seit 1984 lebte Escobar im Untergrund. In diesem Jahr deckte der damalige Justizminister Rodrigo Lara Bonilla die kriminellen Aktivitäten des Medellin-Kartells auf. Kurze Zeit später wurde Bonilla ermordet. Von dem Wahn befallen, seiner Macht seien keine Grenzen gesetzt, erwiderte Escobar die Repressionsversuche der Regierung immer offener mit Terror. Am 18. August 1989 erschossen fünf bezahlte Mörder auf einer Wahlkampfveranstaltung in Soacha bei Bogotá den Präsidentschaftskandidaten Senator Luis Carlos Galan vor 12.000 Menschen mit Maschinenpistolen, weil er sich gegen die kriminellen Umtriebe Escobars gewandt hatte. Hunderte von Polizisten und Richtern, die ihm auf den Fersen waren, ließ Escobar töten; Hunderte von Zivilpersonen kamen bei Bombenanschlägen ums Leben.

Am 19. Juni 1991 stellte sich Escobar der kolumbianischen Justiz, weil ihm Präsident César Gaviria Strafminderung versprochen hatte. Er wurde mit dem Hubschrauber in eine eigens für ihn in seiner Heimatstadt Envigado gebaute, komfortabel mit Bädern und Freizeitanlagen eingerichtete Strafanstalt gebracht. Zuvor hatte die kolumbianische Verfassungsversammlung die Auslieferung von Kolumbianern an andere Staaten in der Verfassung verboten.

Am 23. Juli 1992 brach Escobar mit neun Komplizen aus seinem luxuriösen Gefängnis aus und verschwand wieder im Untergrund. Er sollte in ein Militärgefängnis verlegt werden, nachdem die Regierung herausgefunden hatte, daß er aus seiner Zelle Befehle für Morde und

Folterungen erteilte. Escobar und seine Mithäftlinge überwältigten die Wachmannschaften, brachten ihre Waffen an sich und nahmen drei Regierungsbeamte als Geiseln. In der Nacht umstellten vierhundert Soldaten die Anlage. Im Morgengrauen drang ein Stoßtrupp ein, und es kam zu einem heftigen Feuergefecht, in dessen Verlauf zwei Vollzugsbeamte getötet wurden. Mit Hilfe von fünf bestochenen Wachleuten gelang Escobar und neun seiner Komplizen die Flucht, die seinen Niedergang einleitete.

Eine Sondereinheit von 3.000 Mann wurde unter der Bezeichnung „Suchblock" aufgestellt, um ihn aufzuspüren. Für seine Ergreifung wurden insgesamt 9,5 Millionen US-Dollar ausgesetzt. Tonnen von Dynamit und Tausende von Feuerwaffen wurden sichergestellt; Hunderte von Funkgeräten und Fahrzeugen wurden konfisziert; sieben Autobomben konnten rechtzeitig entschärft werden; fünfzehn weitere explodierten und richteten schweren Schaden an. 1.700 Mitglieder des Medellin-Kartells fielen den Sicherheitskräften in die Hände, unter ihnen 140 „Kernmitglieder". Die „Verfolgten des Pablo Escobar", eine paramilitärische Organisation, hinter der sich ehemalige Mitarbeiter, Mitglieder der Konkurrenz, Polizisten und Militärs verbargen, machten Jagd auf Escobar-Vertraute und -Familienangehörige. Im Jahr 1993 verging kaum eine Woche, in der nicht Freunde und Verwandte des Drogenbosses ermordet aufgefunden wurden.

Vergebens versuchte Escobar, seine Frau, seinen 16 Jahre alten Sohn und seine 9 Jahre alte Tochter ins Ausland zu bringen. Ein großer Teil des Escobar-Clans befand sich im November 1993 auf der Flucht. Argentinien, Chile und Deutschland verweigerten ihnen Asyl. Einen fatalen Fehler beging Escobar, als er am 30. November 1993 von seinem Versteck aus einen Rundfunksender in Medellin anrief, um sich öffentlich ausführlich über die Abschiebung seiner Familie aus Deutschland aufzuregen, der man die Einreise verweigert hatte. Spezialisten der Polizei konnten seinen Unterschlupf orten. 500 schwerbewaffnete Beamte umstellten sein Versteck, ein zweistöckiges Haus im Zentrum von Medellin. Im Feuerschutz seines Leibwächters und seines Schwagers versuchte er, übers Dach zu einem Nachbarhaus zu flüchten. Selbst aus zwei Pistolen feuernd, trafen ihn am Abend des 2. Dezember 1993 im Kugelhagel der Polizisten sechs tödliche Schüsse. Stoppelbärtig, barfuß und in Jeans endete der derzeit gesuchteste, brutalste und mächtigste Verbrecher der Welt. Er überlebte seinen 44. Geburtstag um einen Tag. Das Medellin-Kartell ist zerfallen; seine Gründer sind tot oder hinter Gittern.

80% des Kokain-Handels werden heute von der kolumbianischen Stadt Cali aus abgewickelt. Das Cali-Kartell hat eine andere Taktik als das Medellin-Kartell gewählt. Es vermeidet Anschläge, Morde und eine direkte Herausforderung des Staates. Es setzt auf Bestechung und Unterwanderung, auf die Tarnung seiner kriminellen Operationen mit legalen und halblegalen Geschäften, während Escobar sich auf Waffen und Drohungen verlassen hatte.

Aufgaben:

1. Was versteht man unter dem organisierten Verbrechen?
2. Welche zehn Kriterien sind für das organisierte Verbrechen charakteristisch?
3. Das organisierte Verbrechen ist ein sozialer Prozeß. Was bedeutet das? Stellen Sie die Entwicklung und den Zerfall des Medellin-Kartells unter Führung von Pablo Escobar dar!
4. Welche gesellschaftlichen und subkulturellen Ursachen hat das organisierte Verbrechen?
5. Der organisierte Verbrecher entwickelt sich in einer kriminellen Karriere. Stellen Sie die kriminelle Karriere des Pablo Escobar dar!
6. In welcher Weise pflegt das organisierte Verbrechen Gewalt einzusetzen? In welcher Weise hat das Medellin-Kartell unter Führung von Pablo Escobar Gewalt angewandt?
7. Das organisierte Verbrechen sucht Rückhalt in der Gesellschaft. In welcher Weise hat Pablo Escobar versucht, die Unterstützung durch die Gesellschaft zu gewinnen?
8. Warum interessiert sich die deutsche Kriminologie für die Entstehung und die Kontrolle des illegalen Kokainhandels in Kolumbien?
9. Durch das Gesetz zur Bekämpfung des illegalen Rauschgifthandels und anderer Erscheinungsformen der organisierten Kriminalität vom 15. Juli 1992 ist § 43a in das Strafgesetzbuch eingefügt worden. Nach dieser Vorschrift kann das Gericht neben einer lebenslangen oder einer zeitigen Freiheitsstrafe von mehr als zwei Jahren auf

Zahlung eines Geldbetrages erkennen, dessen Höhe durch den Wert des Vermögens des Täters begrenzt ist (Vermögensstrafe). Halten Sie die Einführung der Vermögensstrafe zur Bekämpfung der organisierten Kriminalität für wirksam?

Lösung

Gliederung

Fall: Aufbau und Niedergang des Medellin-Kartells
1. Definition des organisierten Verbrechens
2. Zehn Kriterien des organisierten Verbrechens
   a. Bedürfnisbefriedigung nach illegalen Gütern und Dienstleistungen
   b. Auswahl krimineller Aktivitäten nach niedrigem Entdeckungs- und Verurteilungsrisiko
   c. Kernkriminalität
   d. Solidarische Interessengemeinschaft
   e. Strategisches und taktisches Planen, rationales Handeln und Rollenverteilung
   f. Ungeschriebenes Gesetzbuch
   g. Gewaltanwendung und -androhung
   h. Verknüpfung illegaler und legaler Aktivitäten
   i. Unterstützung der kriminellen Gruppe
   j. Internationale Orientierung und überregionale Mobilität
3. Das organisierte Verbrechen als sozialer Prozeß
   a. Das organisierte Verbrechen als Kontinuum
   b. Aufbau des Medellin-Kartells
   c. Zerfall des Medellin-Kartells
4. Gesellschaftliche und subkulturelle Ursachen des organisierten Verbrechens
   a. Gesellschaftliche Ursachen
   b. Subkulturelle Ursachen
5. Kriminelle Karriere des Pablo Escobar

6. Gewaltanwendung
    a. Gewalt als allerletztes Mittel
    b. Gewaltanwendung durch das Medellin-Kartell
7. Rückhalt in der Gesellschaft
8. Das Interesse der deutschen Kriminologie am illegalen Kokainhandel in Kolumbien
9. Die Wirksamkeit der Vermögensstrafe zur Kontrolle der organisierten Kriminalität

Gutachten

Fall: Aufbau und Niedergang des Medellin-Kartells

1. Definition des organisierten Verbrechens

Die neueste Definition hat die „Kommission des Präsidenten zur Untersuchung des organisierten Verbrechens“[1] im Jahre 1986 herausgearbeitet. Diese Kommission unterscheidet die folgenden drei Komponenten des organisierten Verbrechens:
– die kriminellen Gruppen, deren Kern jeweils aus Personen besteht, die durch rassische, sprachliche, ethnische oder andere Bande verknüpft sind,
– die Förderer, Personen, die die Interessen einer Gruppe schützen, und
– die Unterstützung durch die Gesellschaft und durch Spezialisten, die wissentliche Dienste auf einer ad-hoc-Basis leisten, um den Nutzen der Gruppe zu mehren.

Unter krimineller Gruppe versteht die Kommission[2] „ein dauerhaftes strukturiertes Kollektiv von Personen, die Kriminalität, Gewalt und Korruptionsbereitschaft nutzen, um Macht und Profit zu erlangen und

---

[1] President's Commission on Organized Crime 1986.
[2] President's Commission 1986, 25.

zu erhalten. Die Kennzeichen der kriminellen Gruppe, die gleichzeitig bewiesen werden müssen, bestehen in folgenden Merkmalen: Beständigkeit, Struktur, Kriminalität, Gewalt, Mitgliedschaft, die sich auf eine allen gemeinsame Basis stützt, Korruptionsneigung und ein Macht-Profit-Ziel."

Nach der Meinung der Kommission[3] vervollständigen die Förderer die kriminelle Gruppe. Es handelt sich bei ihnen um „korrupte öffentliche Bedienstete, Rechtsanwälte und Geschäftsleute, die einzeln oder gemeinsam die kriminelle Gruppe durch Mißbrauch ihres Status und/ oder ihrer Privilegien und durch Gesetzesverletzung unterstützen. Zu den Förderern gehören Anwälte, Richter, Politiker, Finanzberater, Geldinstitute und Wirtschaftsunternehmen in den Vereinigten Staaten und weltweit. Als Ergebnis ihrer Bemühungen bleibt die kriminelle Gruppe von zivilrechtlichen Ansprüchen und strafrechtlichen Verfolgungen verschont."

Gehören die Beschützer noch zur kriminellen Gruppe, weil sie sich deren kriminellen Zielen verpflichtet fühlen, so unterstützen die Gesellschaft, die Opfer des organisierten Verbrechens und einzelne Mitglieder der Gesellschaft als Gehilfen zwar seine Aktivitäten, sie bilden aber – so die Kommission[4] – keinen Bestandteil der verbrecherischen Organisation. „Gesellschaftliche Unterstützung leisten einzelne und Organisationen, die dem organisierten Verbrechen allgemein und bestimmten kriminellen Gruppen und ihren Mitgliedern im besonderen Macht und das Flair der Legalität verleihen. Soziale Hilfe besteht darin, daß öffentliche Bedienstete Figuren des organisierten Verbrechens stützen, daß Wirtschaftsführer mit ihm Geschäfte machen, daß führende Mitglieder der Gesellschaft und des Gemeinwesens organisierte Verbrecher zu gesellschaftlichen Anlässen einladen und daß Personen die kriminelle Gruppe oder das organisierte Verbrechen in einem günstigen oder strahlenden Licht erscheinen lassen." Die Opfer des organisierten Verbrechens helfen ihm, indem sie seine illegalen Waren und Dienste in Anspruch nehmen, z.B. die Drogensüchtigen oder die Kunden illegaler Buchmacher. Schließlich verläßt sich das organisierte Verbrechen von

[3] President's Commission 1986, 29.
[4] President's Commission 1986, 31/2.

Fall zu Fall auf die Dienste von Spezialisten, z.B. von Piloten und Chemikern, die seine kriminellen Machenschaften ermöglichen oder erleichtern.

2. Zehn Kriterien des organisierten Verbrechens

a. Bedürfnisbefriedigung nach illegalen Gütern und Dienstleistungen

Das organisierte Verbrechen befriedigt die Bedürfnisse eines Teils der Bevölkerung nach illegalen Gütern und Dienstleistungen, die durch Gesetze verboten sind, die ein Teil der Bevölkerung nicht akzeptiert[5]. Deshalb besteht in der Gesellschaft eine Nachfrage nach solchen illegalen Gütern und Dienstleistungen, die das organisierte Verbrechen anbietet. Die Verbrechensindustrie (Crime Industry) ist eingebettet in die Bedürfnisstruktur der jeweiligen Gesellschaft, die ihrerseits von ihrer Wirtschafts-, Sozial- und Legalstruktur bestimmt wird.

b. Auswahl krimineller Aktivitäten nach niedrigem Entdeckungs- und Verurteilungsrisiko

Das organisierte Verbrechen sucht sich seine kriminellen Aktivitäten nach den Gesichtspunkten des niedrigsten Entdeckungs- und Verurteilungsrisikos, des niedrigsten Aufwandes und der geringsten Kosten sowie des höchsten schnell- und leichterzielbaren Gewinns aus[6]. Zum Zwecke seiner Risikoverminderung wählt es seine Opfer aus. Es spezialisiert sich beispielsweise auf kriminelle Aktivitäten, die scheinbar kein Opfer haben (z.B. Rauschgift- und Waffenhandel), an denen das Opfer heimlich mitwirkt, das deshalb keine Anzeige erstattet (z.B. verbotenes Glücksspiel, organisierte Prostitution, Darlehnsgewährung zu Wucherzinsen, Pornographiehandel), bei denen eingeschüchterte Opfer aus

[5] J.S.Albanese 1991, 202.
[6] J.G.Kozlov 1989.

Furcht vor Repressalien keine Anzeige machen (z.B. Schutzgelderpressungen) und bei denen das Opfer unpersönlich und anonym ist (z.B. organisierter Versicherungsbetrug durch systematische Brandstiftungen), so daß die kriminelle Aktivität weniger Furcht und Entsetzen bei der Bevölkerung verursacht und so daß das Opfer seinerseits den ihm entstehenden Schaden auf eine anonyme Masse abwälzen kann (z.B. die betrogenen Versicherungen auf die Versicherungsnehmer durch Erhöhung der Versicherungsprämien).

c. Kernkriminalität

Die organisierte Kriminalität ist Kernkriminalität, um die herum sich weitere Kriminalität bildet[7]. So wird es von Begleitkriminalität umgeben. Um sein verbrecherisches Verhalten zu sichern, werden einige der eigenen Leute geschädigt oder gar ermordet, falls sie sich nicht mehr botmäßig verhalten oder polizeiverdächtig erscheinen, falls sie zu mächtig oder zu schwach werden, falls sie sich im Sinne geistiger oder gefühlsmäßiger Labilität entwickeln. Das organisierte Verbrechen verursacht weiterhin Beschaffungsdelikte, Vermögensstraftaten, die sich auf Geld und Sachwerte richten und die zu dem Zweck begangen werden, seine teuren illegalen Waren oder Dienste in Anspruch zu nehmen. Es führt schließlich Folgekriminalität herbei. Hierzu zählen beispielsweise Straftaten, die von Rauschmittelkonsumenten unter Drogeneinfluß begangen werden. In der Regel sind dies Straßenverkehrsdelikte, Sachbeschädigungen, Körperverletzungen, Sexualstraftaten und Brandstiftungen.

d. Solidarische Interessengemeinschaft

Die kriminelle Gruppe hat sich zum Zwecke illegaler Dienstleistungen und der Herstellung, des Transports und der Verteilung illegaler Waren

---

[7] H.J.Schneider 1983b, 372; 1984, 176/7.

zusammengeschlossen. Sie bildet eine solidarische Interessengemeinschaft, die wechselseitig voneinander abhängig ist und die sich zum Zwecke gegenseitigen Nutzens und gegenseitiger Hilfe zusammengetan hat. Sie strebt wirtschaftlichen Gewinn, Macht und Status an und wird durch ein Zusammengehörigkeitsgefühl, durch Gewaltandrohung und äußerstenfalls durch Gewaltanwendung zusammengehalten. Die Gruppe ist mehr als nur ein Zusammenschluß einzelner Mitglieder. Sie hat eigene Gruppeninteressen. Sie ist auf Dauer angelegt und verfolgt ihre Ziele über eine Zeitspanne hinweg, die über die Lebenszeit einzelner Mitglieder hinausgeht und die den Wechsel in der Führung überdauert[8]. Es handelt sich um einen Zusammenschluß von Berufsverbrechern, also von Personen, die aus ihrer kriminellen Tätigkeit auf Dauer ihren Lebensunterhalt bestreiten, die kriminelle Techniken, mitunter Spezialtechniken, meisterhaft beherrschen, die ausgeprägte kriminelle Karrieren hinter sich haben, die kriminelle Selbstbilder und Wertvorstellungen und die Fähigkeit entwickelt haben, die Entdeckung ihrer Straftaten zu vermeiden und so dem Zugriff der Instanzen der formellen Sozialkontrolle, z.B. der Kriminalpolizei, zu entgehen.

e. Strategisches und taktisches Planen, rationales Handeln und Rollenverteilung

Innerhalb jeder kriminellen Gruppe herrscht strategisches und taktisches Planen, rationales Handeln und Rollenverteilung (Arbeitsteilung) vor[9]. Jeder hat sich auf eine bestimmte Planungs- und Ausführungshandlung spezialisiert. Die kriminelle Tätigkeit ist z.B. bei der organisierten Falschgeldherstellung und -verbreitung auf den Initiator und Planer der Fälschung, auf den Finanzier, den Fotografen, den Drucker und diejenigen aufgeteilt, die den Absatz des Falschgeldes betreiben.

---

[8] J.S.Albanese 1989, 4-6.
[9] H.-J.Schwind 1995a, 460.

f. Ungeschriebenes Gesetzbuch

Die kriminellen Gruppen folgen subkulturellen Normen, einer Art „ungeschriebenem Gesetzbuch“[10]. Es wird eine „Ganovenehre-Atmosphäre“ verbreitet. Jedes Mitglied schuldet dem Syndikat unbedingte Loyalität. Es ist keinem Mitglied erlaubt, in irgendeiner Angelegenheit die Polizei oder sonstige Behörden zu informieren oder gar Schutz und Rat bei den Behörden zu suchen. Kein Mitglied darf Aufsehen bei den Behörden oder beim Publikum erregen. Die soziale Sichtbarkeit des organisierten Verbrechens ist stark eingeschränkt, damit seine Aktivitäten und seine Akteure möglichst unauffällig und unentdeckt im sozialen Dunkel wirken können.

g. Gewaltanwendung und -androhung

Gewalt ist zwar das letzte Mittel, um kriminelle Gruppennormen aufrechtzuerhalten. Meist versucht man, mit der Gewaltandrohung auszukommen, um möglichst wenig sozial sichtbar zu werden. Gleichwohl sind Gewaltanwendung und hauptsächlich ihre ausgesprochene oder meist unausgesprochene Androhung wesentliche Bestandteile der kriminellen Gruppe[11]. Gewaltanwendung und -androhung werden als Mittel zur Kontrolle und zum Schutz sowohl gegen die Mitglieder der Gruppe, die ihre Verpflichtungen verletzen, als auch gegen Außenstehende angewandt, um die Gruppe zu schützen und ihre Macht zu vergrößern. Gewalt kann benutzt werden als direkte Kontrollmethode, um z.B. einen potentiellen Zeugen zum Schweigen zu bringen, oder als indirekte Kontrollmaßnahme, um jemanden für die Übertretung von Gruppennormen exemplarisch zu bestrafen und um potentielle Verletzer auf diese Weise abzuschrecken.

---

[10] H.D.Barlow 1993, 273-276.

[11] H.Krafczyk 1986.

h. Verknüpfung illegaler und legaler Aktivitäten

Ein eng miteinander verknüpftes Netz illegaler und legaler Aktivitäten strebt das organisierte Verbrechen an, das auch auf den legalen Markt setzt, um ein „zweites Standbein“ zu haben, um seine illegalen Geschäfte tarnen und verschleiern zu können und um eine wirtschaftliche „Grauzone“ auszunutzen[12]. Da es häufig durch die Zoll- und Steuerfahndung überführt wird, versucht es, große Mengen illegal erworbenen Geldes in legalen Geldinstituten zu waschen (Money Laundering) oder auf legalen Bankkonten zu verbergen. Um das illegal erlangte Geld möglichst gewinnbringend in legalen Unternehmen anlegen zu können, ist es bestrebt, möglichst viele Arten solcher gewinnbringender legaler Wirtschaftszweige unter seine völlige Kontrolle zu bringen.

i. Unterstützung der kriminellen Gruppe

Beschützer, Berater und Förderer in Polizei, Justiz, Politik und Wirtschaft bilden einen Puffer um die kriminelle Gruppe herum[13]. Ohne sie könnte das organisierte Verbrechen nicht existieren. Sie benutzen den Einfluß und das Ansehen ihres Amtes und ihrer Stellung, um Mitglieder der kriminellen Gruppe vor wirkungsvoller Strafverfolgung zu schützen. Polizeibeamte versorgen die kriminelle Gruppe z.B. mit Informationen über geplante Strafverfolgungsmaßnahmen. Rechtsanwälte schüchtern Belastungszeugen ein, damit sie ihre Zeugenaussage ändern. Förderer in der Wirtschaft waschen illegale Gewinne in Geldinstituten, Spielkasinos und legalen Geschäften. Sie verbergen solche Gewinne auf ihren legalen Bankkonten. Öffentliche Funktionsträger werden vom organisierten Verbrechen systematisch überredet, eingeschüchtert und bestochen. Die gesamte Bandbreite rechtsstaatlicher, liberaler Vorschriften wird voll ausgenutzt, um den Rechtsstaat zu unterminieren. Viele datenschutzrechtliche Bestimmungen kommen ihm gelegen.

---

[12] F.A.J.Ianni/E.Reuss-Ianni 1983, 1096, 1104/5; D.F.Pace/J.C.Styles 1983, 14.
[13] G.B.Vold/T.J.Bernard 1986, 325/6; D.Chappell 1986, 286; D.S.Eitzen/D.A.Timmer 1985, 276/7.

j. Internationale Orientierung und überregionale Mobilität

Das organisierte Verbrechen ist international orientiert und mit großer Mobilität überregional tätig[14]. Es benutzt moderne Verkehrs- und Kommunikationsmittel: Datenverarbeitung, Funk, Flugverbindungen. Seine Verbrechenstechnologie wendet es flexibel an; es nutzt die moderne wirtschaftliche und soziale Infrastruktur voll aus. Die Kommunikationsmittel, Telefon, Telegraf, Fernschreiber und Funk, setzt es mit großer Virtuosität für seine Zwecke ein. Für den organisierten Verbrecher ist es heute kein Problem, weite räumliche Entfernungen schnell zu überwinden. Staatsgrenzen kann er mit Leichtigkeit überschreiten, wenn er sich die modernen Formen des Tourismus geschickt zunutze macht, der eine wirksame Grenzkontrolle erschwert.

3. Das organisierte Verbrechen als sozialer Prozeß

a. Das organisierte Verbrechen als Kontinuum

Das Konzept „organisiertes Verbrechen" ist ein Idealtyp, eine Verallgemeinerung, die wahrscheinlich in reiner Form nicht vorkommt, die aber nichtsdestoweniger ein nützliches, heuristisches Hilfsmittel zum Zweck der Analyse darstellt[15]. Das Problem liegt weniger in dem Begriff „Verbrechen" als in dem Begriff „Organisation". Es ist schwierig, den Grad der Organisiertheit und der Organisierung festzustellen. Die kriminelle Organisation ist nämlich ein Kontinuum: Es gibt geringorganisierte, halborganisierte und hochorganisierte Gruppen. In den verschiedenen Weltregionen, Ländern und Landesteilen besitzt das organisierte Verbrechen in der Realität unterschiedliche Ausprägungen. Der Idealtyp ist nur modifiziert vorhanden. Die Entwicklung und der Zerfall des organisierten Verbrechens sind soziale Lern- und Interaktionsprozesse, bei denen die Gesellschaft auf die Aktionen der kriminellen

---

[14] H.-D.Schwind 1987, 18.

[15] F.E.Hagan 1994, 449; A.Marek 1992.

Organisation reagiert und bei denen sich die kriminelle Organisation auf die gesellschaftlichen Reaktionen einstellt. Verbrecherorganisationen befinden sich stets im Auf- und im Abbau. Nach dem jeweiligen Stand des gesellschaftlichen Prozesses gibt es Vorformen, Formen und auslaufende Nachformen verbrecherischer Organisationen. Das organisierte Verbrechen ist ein Lernprozeß, an dem nicht nur die kriminellen Gruppen teilnehmen, sondern der sich auch auf die Gesellschaft und insbesondere auf die Kriminaljustiz erstreckt.

b. Der Aufbau des Medellin-Kartells

Die Führer einer kriminellen Organisation wie Pablo Escobar sind kriminelle Unternehmer. Sie müssen zunächst durch Eigeninitiative alle die Schwierigkeiten bestehen, die auch legale Unternehmer zu überwinden haben. Sie müssen z.B. geeignetes Personal rekrutieren und die Herstellung, den Transport und die Verteilung ihres Produkts organisieren. Sie müssen z.B. die Absatzchancen ihres Produkts einschätzen, um die Nachfrage nach ihrer illegalen Ware zu sichern (Analyse der illegalen Bedürfnisstruktur einer Gesellschaft). So entdeckte z.B. Pablo Escobar Mitte der 60er Jahre den riesigen Kokain-Markt der USA. Sie müssen sodann ihre kriminelle Organisation, z.B. durch den Aufbau einer Privatarmee, vor Zerschlagungsversuchen der Kriminaljustiz schützen. Sie müssen z.B. die politischen und wirtschaftlichen Machtstrukturen einer Gesellschaft durch Korruption unterwandern.

Um das Medellin-Kartell aufzubauen, war es notwendig, die folgenden drei Bestandteile des organisierten Verbrechens zu verwirklichen:

– Berufsverbrecher mußten sich zu einer kriminellen Organisation, zu einem dauerhaften strukturierten Kollektiv von Personen, zusammenschließen, die Kriminalität, Gewalt und Korruptionsbereitschaft nutzen wollten, um Macht und Profit zu erlangen und zu erhalten.

– Es mußte ferner dafür gesorgt werden, daß Beschützer, Berater und Förderer in Polizei, Justiz, Politik und Wirtschaft einen Puffer um die kriminelle Gruppe bildeten und daß sie ihren Einfluß und das Ansehen

ihres Amtes und ihrer Stellung nutzten, um die Mitglieder der kriminellen Gruppe vor wirkungsvoller Strafverfolgung zu schützen.
– Es mußte schließlich die gesellschaftliche Unterstützung der kriminellen Organisation gesichert werden. Sie bestand darin, daß öffentliche Bedienstete Figuren der kriminellen Organisation stützten, daß Wirtschaftsführer mit ihm Geschäfte machten, daß führende Mitglieder der Gesellschaft organisierte Verbrecher zu gesellschaftlichen Anlässen einluden und daß die Massenmedien das organisierte Verbrechen in einem günstigen Licht erscheinen ließen. Die Opfer des organisierten Verbrechens, z.B. die Kokain-Süchtigen in den USA, halfen dem Medellin-Kartell, indem sie seine illegale Ware, das Kokain, konsumierten.

Zur Entwicklung des Medellin-Kartells mußten folgende Aktivitäten organisiert werden: Der Anbau der Kokapflanze in Peru und Bolivien mußte geplant werden. Für den Transport der Kokain-Paste von Peru und Bolivien nach Kolumbien mußte gesorgt werden. Ein Netz von Kokain-Raffinerien in Kolumbien mußte aufgebaut werden. Der Transport des Kokains von Kolumbien nach Nordamerika, Europa und Japan mußte organisiert werden. In den Absatzländern mußte ein Netz von Groß- und Einzelhändlern eingerichtet werden. Eine große Zahl spezialisierten Personals mußte angeworben werden: Aufkäufer der Kokain-Paste, Chemiker, Piloten, Großhändler, Leibwächter, Berufsmörder. Der Transport und die Verteilung des Kokains mußte durch Korruption geschützt werden.

c. Zerfall des Medellin-Kartells

Der Zerfall einer kriminellen Organisation geht in vier Schritten vor sich:
– Zunächst werden der Gesellschaft der kriminelle Charakter und die Sozialschädlichkeit der Aktionen der kriminellen Organisation klar bewußt.

– Sodann verliert die kriminelle Organisation die gesellschaftliche Unterstützung. Die Verwaltung unterstützt sie nicht mehr; die Wirtschaft macht mit ihr keine Geschäfte mehr.
– Ferner büßt die kriminelle Organisation die Hilfe ihres sozialen Puffers ein, der sich um sie gebildet hat. Beschützer, Berater und Förderer in Polizei, Justiz, Politik und Wirtschaft ziehen sich von der kriminellen Organisation zurück.
– Schließlich löst sich die kriminelle Organisation selbst auf, da sie kein Aktionsfeld in der Gesellschaft mehr hat. Ihre kriminellen Mitglieder verlassen die Organisation oder wenden sich sogar gegen sie. Die Kriminaljustiz hat nun Erfolg, da die Öffentlichkeit ihre Aktionen unterstützt und da sie sich vom organisierten Verbrechen abgewandt hat.

Der Zerfallsprozeß konnte auch beim Medellin-Kartell beobachtet werden:
– Zunächst wurden die kriminellen Aktivitäten des Medellin-Kartells durch den kolumbianischen Justizminister Rodrigo Lara Bonilla aufgedeckt. Pablo Escobar wurde in den Untergrund gedrängt.
– Nach einem Fehlschlag des Versuchs eines Kompromisses des kolumbianischen Staates mit dem Medellin-Kartell verlor es die gesellschaftliche Unterstützung. Die Bevölkerung war der gewaltsamen Auseinandersetzungen und der Herausforderungen des staatlichen Gewaltmonopols überdrüssig.
– Das Medellin-Kartell büßte die Hilfe durch die politische und wirtschaftliche Machtstruktur Kolumbiens ein. Die Gesellschaft aktivierte ihre Gegenkräfte. Eine Sondereinheit zum Aufspüren des Pablo Escobar wurde unter der Bezeichnung „Suchblock“ aufgestellt. Eine paramilitärische Selbsthilfeorganisation „Die Verfolgten des Pablo Escobar“ bildete sich.
– Das Medellin-Kartell löste sich auf, da es kein Aktionsfeld in der kolumbianischen Gesellschaft mehr hatte. Viele ehemalige Mitglieder verließen die kriminelle Organisation, flüchteten ins Ausland oder wendeten sich gegen das Medellin-Kartell. Zahlreiche ehemalige Mitglieder wurden ermordet.

4. Gesellschaftliche und subkulturelle Ursachen des organisierten Verbrechens

a. Gesellschaftliche Ursachen

Das organisierte Verbrechen entwickelt sich in einem gesellschaftlichen Interaktionsprozeß, der durch soziale Desorganisation (Zerstörung mitmenschlicher Beziehungen) und durch eine Schwäche des staatlichen oder großstädtischen Machtapparates (Unwirksamkeit des Kriminaljustizsystems, systematischer Gebrauch privater Gewalt) gekennzeichnet werden kann[16]. Soziale Desorganisation und Schwäche des legalen Machtapparates können darauf beruhen, daß die wirtschaftliche und gesellschaftliche Entwicklung wegen zu großer Schnelligkeit und zu vieler Störfaktoren (Heterogenität der Gesellschaft) außer Kontrolle geraten ist. Staatliche und großstädtische Verwaltung können sich nicht mehr angemessen durchsetzen. Die legale Kontrolle wird für Machtmißbrauch (Korruption) anfällig. Der legale Machtapparat kann sich allerdings auch dadurch selbst schwächen, daß er seine Kontrollbefugnisse überspannt (Prohibition), die er dann nicht mehr angemessen zu realisieren vermag. Organisierte Kriminalität verbreitet sich insbesondere in einer Gesellschaft, in der der materielle Gewinn überbetont wird, in der indessen wenig darauf geachtet wird, ob der materielle Erfolg mit legitimen Mitteln erreicht worden ist, und in der es weiterhin viele Zugänge zu illegitimen Möglichkeiten und Gelegenheiten gibt[17]. In den Massenmedien wird das organisierte Verbrechen mystifiziert und romantisiert; seine zentralen Figuren werden wie Helden verehrt, wenn sie auch Negativhelden sein mögen[18].

---

[16] J.Landesco 1929; B.Blok 1974.
[17] H.Abadinsky 1990, 46/7.
[18] P.Kooistra 1989.

b. Subkulturelle Ursachen

Aufgrund der Strukturmängel in der Gesellschaft entstehen Subkulturen, in denen kriminelle Wertvorstellungen, Leitbilder und Verhaltensstile geduldet, ja sogar unterstützt werden. Mit der Zeit bilden sich alternative kriminelle Strukturen, subkulturelle Systeme heraus. Hierbei sind die Gebiete (Großstädte) besonders gefährdet und anfällig, die eine Tradition im illegalen Verhalten haben (z.B. Palermo, New York, Chikago, Medellin). Darüber, wie die subkulturellen Systeme aussehen, gibt es drei unterschiedliche Auffassungen:

– Die erste Ansicht[19] befürwortet ein bürokratisches, körperschaftliches Modell. Das organisierte Verbrechen ist ein zentralisiertes, geheimes, monolithisches Sozialsystem, ein lebendiger sozialer Organismus mit festem bürokratischem Aufbau. Es besitzt ein hierarchisches Gefüge mit autoritärem Führungsstil; seine Entstehung geht rational geplant und durchstrukturiert vor sich.

– Nach der zweiten Auffassung besteht das organisierte Verbrechen aus mehreren selbständigen kriminellen Gruppen[20]. Über die Erscheinungsform dieser Gruppen gibt es wiederum verschiedene Vorstellungen und Erfahrungen: Nach einer Meinung handelt es sich um informelle Netze von Beziehungen zwischen Schutzherren und Klienten; innerhalb dieser Netze sind „Connections“ (Verbindungen) die alles bestimmenden Faktoren[21]. Eine andere Ansicht bevorzugt das Modell einer eng miteinander verknüpften, sozial und wirtschaftlich integrierten Großfamilie. Die kriminellen Gruppen sind Verbrecherfamilien süditalienischer Tradition, die nicht nur Verwandtschafts-, sondern auch Geschäftseinheiten bilden, Gesetze ignorieren und an kriminellen Aktivitäten teilnehmen[22]. Nach einer weiteren Auffassung wird das organisierte Verbrechen aus lockeren Zusammenschlüssen von Geschäftsleuten, Politikern, Gewerkschaftlern und Polizisten gebildet, die zusammenarbeiten, um die Herstellung und Verteilung illegaler Güter und Dienste zu koordi-

---

[19] D.R.Cressey 1969, 1972.
[20] F.Costigan 1984; M.Amir 1986; H.Iwai 1986.
[21] J.L.Albini 1971, 1981, 1988.
[22] F.A.J.Ianni 1972.

nieren, für die eine substantielle Nachfrage besteht[23]. Einer davon abweichenden Ansicht zufolge ist das organisierte Verbrechen schließlich eine Unterweltberufsgemeinschaft. Vom Berufskriminellen, der – unmittelbar handelnd – Straftaten begeht, unterscheiden sich Berufskriminelle, die im Hintergrund diesen unmittelbar Handelnden eine Fülle von Diensten gegen Beteiligung am kriminellen Gewinn zur Verfügung stellen. Organisierte Verbrecher sind Hintergrundunternehmer, die das Risiko der kriminalpolizeilichen Entdeckung berechenbar machen. Die Rechtsbrecher benötigen Berater, Beschützer, Planer, die ihnen ihre Verbrechen erleichtern[24].

– Die dritte und letzte Meinung vertritt ein Unternehmensmodell. Sie geht von einem Spektrum der Legitimität von Wirtschaftsunternehmen aus: Am einen Ende des Spektrums befinden sich legale Unternehmen, am anderen Ende kriminelle. Organisierte Verbrecher sind kriminelle Unternehmer. Das organisierte Verbrechen ist – seinem Wesen nach – eine Ausweitung und Ausdehnung der Prinzipien des legitimen Geschäfts auf illegitime Gebiete[25].

5. Kriminelle Karriere des Pablo Escobar

Die kriminelle Karriere von Pablo Escobar hat sich in fünf Phasen[26] entwickelt:

– In seiner Kindheit mangelte es ihm an sozialen Bindungen zu seiner Familie und zu seiner Schule. Er entwickelte keine Gefühle der Zuneigung zu seinen Eltern und Lehrern. Deshalb konnte er auch nicht sozialkonform sozialisiert werden.

– In seiner Jugend und frühen Erwachsenenzeit lernte er kriminelle Verhaltensstile, Einstellungen und Wertvorstellungen im subkulturellen System. Er wurde Leibwächter eines Schmugglers. Er ernährte sich von Autodiebstählen und vom Schmuggel der Koka-Paste von Peru nach

---

[23] W.J.Chambliss 1988.
[24] M.McIntosh 1975; J.A.Mack 1975; H.-J.Kerner 1973.
[25] D.C.Smith 1978, 1980; 1990; P.Arlacchi 1989; P.A.Adler 1985; P.Reuter 1983.
[26] Vgl. zur kriminellen Karriere grundsätzlich: H.S.Becker 1973, 22-35.

Medellin. Er stieg zum Führer einer Gruppe von Maultiertreibern auf, die den Kokain-Grundstoff von Peru nach Medellin schmuggelten.

– In der dritten Phase entwickelte er die Selbst- und Fremddefinition eines organisierten Verbrechers. Er wurde beim Schmuggel gefaßt. Es liefen Ermittlungen gegen ihn. Er machte einen vergeblichen Bestechungsversuch. Seine Strafakten verschwanden; die beiden Polizisten, die ihn gefaßt hatten, wurden ermordet. Im Rahmen des Zusammenstoßes mit dem Kriminaljustizsystem erwies sich der Rechtsapparat bei seinen Ermittlungen als unfähig, ihn wegen seiner Gesetzesverstöße zu belangen. Er hatte eine von ihm abhängige Klientel aufgebaut, die für ihn Gewalt anwandte. Er hatte sich ein Netz von Beziehungen zu Trägern institutionalisierter Macht geschaffen, die in seinem Interesse handelten.

– In der Phase der sich selbst erfüllenden Prophezeiung erwarb er die Fähigkeit, im Medellin-Kartell eine wesentliche Rolle zu spielen und ein kriminelles Unternehmen zu leiten. Systematisch und mit großem Erfolg baute er den illegalen Kokain-Handel in die USA aus, indem er mit der Zeit eine Flotte von Flugzeugen kaufte, die das Kokain illegal in die USA schafften.

– Im fünften und letzten Schritt entwickelte er das Selbst- und Fremdverständnis eines Überzeugungstäters. Er war davon überzeugt, daß seine kriminellen Aktivitäten richtig seien. Er identifizierte sich völlig mit seiner kriminellen Organisation und hatte keine Freunde mehr, die sich sozialkonform verhielten.

6. Gewaltanwendung

a. Gewalt als allerletztes Mittel

Das organisierte Verbrechen ist eine solidarische Interessengemeinschaft. Es wird durch Eigennutz, Gewährung von Vergünstigungen und Vorteilen und durch wechselseitige Abhängigkeiten zusammengehalten. Gewalt ist keineswegs symptomatisch für das organisierte Verbrechen, sondern im Gegenteil das Vermeiden von Gewalt. Meist versucht man, mit Gewaltandrohung auszukommen, um möglichst wenig sozial sichtbar zu werden und um die Aufmerksamkeit der Kriminaljustiz nicht zu erregen. Gewalt ist das allerletzte Mittel, um kriminelle Gruppennormen aufrechtzuerhalten. Sie wird nur bis zu einer gewissen Schwelle benutzt, um die Gegenwehr des Staates und der Gesellschaft nicht hervorzurufen. Im Einzelfall kann die Gewaltanwendung zwar sehr spektakulär sein, um weit sichtbar ein Exempel zu statuieren und um die Kriminaljustiz einzuschüchtern. Dennoch wird sie äußerst sparsam angewandt, damit die kriminelle Organisation im gesellschaftlichen Dunkel oder Halbdunkel ihre kriminellen Aktivitäten ungestört ausführen kann.

b. Gewaltanwendung durch das Medellin-Kartell

Unter Führung von Pablo Escobar hat das Medellin-Kartell die Gewalt konfrontativ gegen die kolumbianische Regierung und den kolumbianischen Staat eingesetzt. Der Präsidentschaftskandidat Luis Carlos Galan wurde vor 12.000 Menschen mit Maschinenpistolen umgebracht. Hunderte von Polizisten und Richtern ließ Escobar töten; Hunderte von Zivilpersonen kamen bei Bomenanschlägen ums Leben. Auf einen friedlichen Kompromiß ließ sich Escobar nicht ein. Er brach gewaltsam aus dem luxuriösen Gefängnis aus, das ihm die kolumbianische Regierung zur Verfügung gestellt hatte. Das Medellin-Kartell wollte unter Führung von Pablo Escobar nicht nur den Staat durch Bestechung und Bedrohung unterwandern, sondern es strebte danach, die staatliche Macht zu brechen, um seine kriminellen Aktivitäten mehr oder weniger offen praktizieren zu können. Das Medellin-Kartell hat den Staat unmittelbar herausgefordert und damit die Gegenwehr des Staates und der Gesellschaft provoziert. Es hat damit seine Möglichkeiten als illegale Organisation innerhalb der Gesellschaft überspannt; es ist aus dem sozialen Dunkel oder Halbdunkel herausgetreten.

7. Rückhalt in der Gesellschaft

In Medellin und darüber hinaus in Kolumbien versuchte Pablo Escobar, die Unterstützung durch die Gesellschaft zu gewinnen. Er entwickelte für sich mit Hilfe seiner Zeitung Medellin Civico eine Art Robin-Hood-Image. Er versuchte, die Öffentlichkeit glauben zu machen, er nehme nur von den Reichen und gebe es den Armen. Für arme Leute ließ er fünfhundert Häuser bauen; er ließ die Kanalisation der Stadt reparieren; er ließ achtzig Fußballfelder sowie zahlreiche Schulen und Kliniken in Kolumbien errichten. Seine eigene „Öffentlichkeitsarbeit" machte er durch seine extensive Gewaltanwendung zunichte.

8. Das Interesse der deutschen Kriminologie am illegalen Kokainhandel in Kolumbien

Die deutsche Kriminologie ist an der Entstehung und Kontrolle des illegalen Kokainhandels in Kolumbien deshalb interessiert, weil der Kokain-Konsum in Deutschland zunimmt und weil die Entwicklungen in Kolumbien Auswirkungen auf Deutschland haben. Drehscheibe für den Schmuggel von Kokain aus Kolumbien nach Deutschland sind die Niederlande. Der Handel von Kokain liegt weitgehend in den Händen von Kolumbianern. Spanien und Portugal sind wichtige Durchgangsländer für den illegalen Kokainhandel von Kolumbien nach Deutschland. Der schwer kontrollierbare Containerverkehr per Schiff spielt hier eine große Rolle. Kokain wird freilich auch per Luftfrachtsendungen geschmuggelt. Es wird schließlich drei- bis vierhundert Seemeilen vor der spanischen oder portugiesischen Küste von Seeschiffen auf Fischkutter umgeladen, die das Rauschgift – unbemerkt – an Land bringen, weil sie wegen ihrer großen Zahl unkontrollierbar sind[27]. Wegen dieser Transportverbindungen, die für den Kokain-Handel von Kolumbien nach Deutschland günstig sind, empfiehlt es sich, den Kokain-Handel in Kolumbien selbst zu bekämpfen.

---

[27] H.J.Schneider 1993, 142.

9. Die Wirksamkeit der Vermögensstrafe zur Kontrolle der organisierten Kriminalität

Da sich die Vermögensstrafe auf das Vermögen eines einzelnen organisierten Verbrechers und nicht auf das Vermögen der kriminellen Organisation bezieht, wird sie bei der Kontrolle des organisierten Verbrechens nicht sehr wirksam sein. Denn bei dieser täterorientierten Ermittlungs- und Kontrollstrategie bleibt die ökonomische Infrastruktur (Logistik) der kriminellen Organisation grundsätzlich intakt. Sie arbeitet mit neuen Zentralfiguren weiter. Das Vermögen eines einzelnen organisierten Verbrechers wird mit Leichtigkeit innerhalb der kriminellen Organisation verschoben, noch ehe die Kriminaljustiz zugreifen kann.

Bei der Ermittlung und Verurteilung des organisierten Verbrechens muß man sich deshalb auf die kriminelle Organisation und die Identifikation ihrer ökonomischen Infrastruktur konzentrieren. Im Rahmen der Kontrolle des organisierten Verbrechens muß man auf zwei Ziele hinarbeiten:

– Zerschlagung der kriminellen Organisation und ihrer Verflechtung mit der legalen Wirtschaft,
– rechtliche Trennung der Zentralfiguren des organisierten Verbrechens von ihrer ökononmischen Infrastruktur.

In einem einzigen Verfahren müssen die gesamten unmittelbaren und mittelbaren kriminellen Aktivitäten einer kriminellen Organisation und deren Unterstützung durch Berater und Helfer ermittelt, angeklagt und verurteilt werden. Die Vermögensstrafe muß sich auf das gesamte Vermögen der kriminellen Organisation und ihrer Mitglieder beziehen. Bereits vor dem Strafgerichtsverfahren muß es möglich sein, gerichtliche Einschränkungsanordnungen (Vermögenssperrung) strafrechtlicher oder zivilrechtlicher Art zu erlassen, um Vermögensverschiebungen durch das organisierte Verbrechen zu vermeiden.

Übungsklausur (Wahlfachübung)

3. Problemkomplex: Ausländerkriminalität – Ihre kriminalstatistischen Verfälschungseinflüsse – Ihr Umfang, ihre Erscheinungsformen, ihre Ursachen und ihre Verhütung – Überdurchschnittlich mit Kriminalität belastete Ausländergruppen – Gewalt gegen Ausländer – Ihr Umfang, ihre Erscheinungsformen, ihre Ursachen, ihre Vorbeugung und Kontrolle – Anwendung des Jugendstrafrechts auf Heranwachsende

1. Teil

I. Sachverhalt: Ausländerkriminalität in der Bundesrepublik Deutschland

Im Jahre 1991 lebten in Deutschland rund 5,8 Millionen Ausländer (7,3 % der Bevölkerung)[1]. Im selben Jahr waren von 1,46 Millionen Tatverdächtigen in den alten Bundesländern rund 405.000 nichtdeutsche (27,6 %), im Jahre 1993 im gesamten Bundesgebiet von 2,05 Millionen Tatverdächtigen 689.920 (33,6 %). Über diesen durchschnittlichen Tatverdächtigenanteil hinaus waren die Nichtdeutschen u.a. an folgenden Delikten beteiligt: Urkundenfälschung 64,8 %, Vergewaltigung 36,9 %, illegaler Handel mit und Schmuggel von Rauschgiften 39,4 % und Raub 33,7 %[2].

Im Land Nordrhein-Westfalen wuchs der Anteil der registrierten nichtdeutschen Personen an der Gesamtbevölkerung von 1989 bis 1993

---

[1] Statistisches Bundesamt 1993b, 72.

[2] Bundeskriminalamt 1994, 94, 98, 99.

von 8,3 % auf 10,3 %. Im selben Zeitraum nahm der Anteil der ermittelten nichtdeutschen Tatverdächtigen an deren Gesamtzahl von 20,6 % auf 31,4 % zu[3]. An den 14- bis 18jährigen Jugendlichen waren die Nichtdeutschen im Jahre 1993 mit 17,6 %, an den Tatverdächtigen derselben Altersgruppe mit 32,5 % beteiligt. Der Anteil der Nichtdeutschen an den 18- bis 21jährigen Heranwachsenden betrug 19,3 %, ihr Anteil an den Tatverdächtigen derselben Altersgruppe 43,1 %[4].

In der Schweiz und in Österreich[5] sind die Ausländer ebenfalls kriminalstatistisch überrepräsentiert. Während ihr Bevölkerungsanteil in der Schweiz mit 18 % angegeben wird[6], sind sie mit einem Kriminalitätsanteil von 40,6 % belastet[7]. Im europäischen Strafvollzug sind die Ausländer im Jahre 1991 mit 25 % vertreten gewesen, während ihr Bevölkerungsanteil nur 7 % ausmachte[8]. Im deutschen Strafvollzug waren im Jahre 1991 14,9 % Ausländer[9].

Aufgaben:

1. Welche kriminalstatistischen Verfälschungseinflüsse (Verzerrungsfaktoren) müssen bei der Frage der Kriminalitätsbelastung der Ausländer berücksichtigt werden?
2. Sind die Ausländer in der Bundesrepublik Deutschland mit Kriminalität höher belastet als die Deutschen? Wenn Sie die Frage bejahen: Welche Ausländergruppen sind besonders belastet? Welche Delikte begehen diese Gruppen in vermehrtem Umfang?
3. Wie hat sich die Ausländerkriminalität in jüngster Zeit entwickelt?
4. Welche Kriminalitätstheorien werden zur Erklärung der Ausländerkriminalität herangezogen? Welche Kriminalitätstheorien erklären Art, Höhe und Ursachen der Ausländerkriminalität am besten?
5. Wie kann man der Ausländerdelinquenz und -kriminalität am besten vorbeugend begegnen?

---

[3] Landeskriminalamt 1994a, 126.
[4] Landeskriminalamt 1994b, 92.
[5] P.J.Schick 1993, 219-237.
[6] K.Sessar 1993b, 191.
[7] M.A.Niggli 1993, 120.
[8] K.Tomasevski 1994, 75.
[9] Statistisches Bundesamt 1993c, 9.

2. Teil

II. Sachverhalt: Brandanschläge auf Ausländer- und Asylbewerber-Häuser

In der Nacht zum 23. November 1992 wurden in der schleswig-holsteinischen Stadt M. auf zwei nicht weit voneinander in der R.- und in der M.-Straße liegende Mehrfamilienhäuser Brandanschläge verübt. In den Häusern wohnten Asylbewerber und Ausländer, die bereits seit mehreren Jahren in Deutschland ansässig waren. In dem Haus in der M.-Straße wurde das Feuer im Vorflur gelegt. Vom Vorflur hat es sich rasch im gesamten Mehrfamilienhaus ausgebreitet, weil das Treppenhaus wie ein Kamin wirkte. Kurz nach den Anschlägen ging ein Telefonanruf bei der Polizeistation in M. ein: „In der R.-Straße brennt es. Heil Hitler!“ Wenig später meldete sich ein anonymer Anrufer bei der Feuerwehr in M. mit den Worten: „In der M.-Straße brennt es. Heil Hitler!“ Als Folge der Brandstiftungen sind in dem Haus in der M.-Straße eine 51jährige Türkin, ihre zehnjährige Enkelin und ihre 14jährige Nichte ums Leben gekommen. Sie starben an schwersten Brandverletzungen und an Rauchvergiftungen. Weitere acht Bewohner wurden bei den Bränden zum Teil schwer verletzt.

Als Täter wurden der 25jährige P. und der 19jährige C. ermittelt. Beide stammten aus der rechtsextremen Szene in M. In Geständnissen gaben die beiden jungen Männer zu, sich am 23. November 1992 kurz vor Mitternacht in M. getroffen zu haben und anschließend mit dem Auto des C. in die R.-Straße und dann in die M.-Straße gefahren zu sein. Nach den Anschlägen habe P. die Brände bei der Polizeistation und bei der Feuerwehr in M. gemeldet. Das Gericht verurteilte den zur Tatzeit 25jährigen P. zu einer lebenslangen Freiheitsstrafe und den zur Tatzeit 19jährigen C. zu einer zehnjährigen Jugendstrafe. In der Urteilsbegründung heißt es: Fremdenfeindlichkeit der Angeklagten spielt eine maßgebliche, aber vermutlich nur eine „vordergründige“ Rolle. „Die Taten haben ihre Wurzeln in den persönlichen Schicksalen“ der Angeklagten, aber sie geschahen auch in einer „besonderen Zeit“, die von der Asyldebatte und den fremdenfeindlichen Krawallen in Rostock bestimmt war.

Der P. wuchs in seiner Kindheit unter einem jähzornigen und fast ständig betrunkenen Vater auf, der ihn häufig mißhandelte und der in P.s früher Jugend starb. Seine Mutter hatte als Alleinerziehende Geldsorgen. Sie nahm ihren Sohn in Schutz: „P. ist halt ein richtiger Junge, der sich mit anderen rumschlägt." P. besuchte die Sonderschule. Eine handwerkliche Lehre stand er nicht durch. Zwar interessierte er sich für das Tischlerhandwerk. Indessen gab er bereits im ersten Ausbildungsjahr auf. Er lebte von Sozialhilfe und Gelegenheitsarbeiten.

Der C. bemühte sich als Kind vergeblich um Liebe und Anerkennung seiner leiblichen Mutter, die ihm stets den älteren Sohn vorzog. Seine leibliche Mutter beging Selbstmord, als er neun Jahre alt war. Seine Stiefmutter und sein Vater bemühten sich zwar um ihn, konnten ihn jedoch nicht erreichen. Er sonderte sich ab, und nur seine Skinheadgruppe hatte Einfluß auf ihn. Am Mittagstisch äußerte er seinen Eltern gegenüber: „Die Ausländer nehmen uns die Wohnungen und die Arbeitsplätze weg." Mit Ach und Krach schaffte er die Realschule. Seine Mitschüler sagten über ihn: „Er fand die Hitler-Zeit gut." Im Anschluß an die Realschule begann er eine Lehre als Einzelhandelskaufmann. In der Berufsschule und am Arbeitsplatz fiel sein Desinteresse an mitmenschlichen Kontakten auf. Seine Eltern waren darüber bekümmert, daß er die Wände seines Zimmers mit rechtsradikalen Plakaten tapezierte, daß aus seinem Zimmer Lieder mit gemeinen fremdenfeindlichen Texten klangen und daß er Zeichnungen mit brutalen Skinhead-Motiven anfertigte. Sie unternahmen jedoch nichts dagegen. C. versuchte, sich in der Untersuchungshaft das Leben zu nehmen.

Der P. und der C. suchten in der Kameraderie einer Gruppe von Skinheads, die sich regelmäßig in der Wohnung des P. in einem kleinen Dorf nahe der Stadt M. traf, Anerkennung und „Nestwärme". Man trank viel Bier und übte nationalsozialistische Parolen ein. Auf vorwiegend emotionaler Basis war man davon überzeugt, daß in der Politik, insbesondere in der Ausländer- und Asylpolitik, deutsche Interessen nur mangelhaft berücksichtigt würden. Man fühlte sich durch den Zustrom von Ausländern und Asylbewerbern bedroht und äußerte die Ansicht, Deutsche seien Fremde im eigenen Land. Gelegentlich pflegte die Gruppe mit Randale hervorzutreten. Man sang „deutsche Lieder" und beschmierte Häuserwände mit ausländerfeindlichen Parolen. In den letzten Monaten vor den Brandanschlägen nahm die Skinhead-Gruppe den P. und den C. nicht mehr für voll. P. galt als „Penner“, C. als „Schlaffi“. Von beiden erwartete man, sie sollten mal etwas tun.

Ein Teil der Bevölkerung in M. war der Ansicht, der P. und der C. seien nicht die Täter, man traute ihnen die Brandanschläge nicht zu; man war vielmehr der Auffassung, die Anschläge seien aus dem Hamburger „Rot-Licht-Milieu“ verübt worden.

Aufgaben:

1. Wie häufig wird Gewalt gegen Ausländer in der Bundesrepublik Deutschland verübt? Wie hoch ist die Aufklärungsquote? Wer begeht hauptsächlich Gewalttaten gegen Ausländer?
2. Welche Erscheinungsformen der Gewalttätigkeit gegen Ausländer kommen hauptsächlich vor?
3. Welche Theorien werden zur Verursachung der Gewalt gegen Ausländer in der Bundesrepublik Deutschland vertreten? Wenden Sie die Theorien auf vorliegenden Fall an!
4. In welcher Weise sollte der Gewalttätigkeit in der Bundesrepublik Deutschland gegen Ausländer vorgebeugt werden?
5. Der zur Tatzeit 19jährige Heranwachsende C. ist vom Gericht nach Jugendstrafrecht verurteilt worden. In der Politik ist diskutiert worden, auf Gewalttaten von Heranwachsenden gegenüber Ausländern nur noch nach Erwachsenenstrafrecht zu reagieren, um Abschreckungsgesichtspunkte besser zum Tragen zu bringen und um Anschluß- und Nachahmungstaten besser zu verhindern. Wie ist kriminalpolitisch für die Zukunft zu entscheiden? Begründen Sie Ihre Auffassung!

Lösung

Gliederung

I. Fall: Ausländerkriminalität in der Bundesrepublik Deutschland
   1. Kriminalstatistische Verfälschungseinflüsse

2. Kriminelle Belastung der Ausländer und der verschiedenen Ausländergruppen sowie Deliktsstruktur dieser Gruppen
   a. Kriminelle Belastung der Ausländer
   b. Kriminelle Belastung und Deliktsstruktur der verschiedenen Ausländergruppen
3. Entwicklung der Ausländerkriminalität in jüngster Zeit
4. Kriminalitätstheorien zur Erklärung der Ausländerkriminalität und differenzierte Anwendung dieser Theorien auf verschiedene Ausländergruppen
   a. Labeling-Theorie
   b. Theorie der sozialstrukturellen Benachteiligung und der sozialen Randständigkeit
   c. Kulturkonflikttheorie
5. Vorbeugung gegen Ausländerdelinquenz und -kriminalität

II. Fall: Brandanschläge auf Ausländer- und Asylbewerber-Häuser
1. Ausmaß fremdenfeindlicher Straftaten, Aufklärungsquote und Täterkriterien
   a. Ausmaß fremdenfeindlicher Straftaten
   b. Aufklärungsquote
   c. Täterkriterien
2. Erscheinungsformen der Gewalttätigkeit gegen Ausländer
3. Theorien zur Verursachung der Gewalt gegen Ausländer und Anwendung der Theorien auf vorliegenden Fall
   a. Theorie der Sozialisationsmängel
   b. Deprivationstheorie
   c. Konzept des Haßverbrechens
   d. Theorie der nationalen Identitätskrise
   e. Marginalisationstheorie
4. Verhütung der Gewalttätigkeit gegen Ausländer
5. Bestrafung heranwachsender Gewalttäter nach Jugend- oder Erwachsenenstrafrecht

Gutachten

I. Fall: Ausländerkriminalität in der Bundesrepublik Deutschland

1. Kriminalstatistische Verfälschungseinflüsse

Es ist irreführend, aus den amtlichen kriminalstatistischen Zahlen allein den Schluß zu ziehen, daß die Ausländer in der Bundesrepublik Deutschland überdurchschnittlich hoch mit Kriminalität belastet sind. Es müssen vielmehr folgende kriminalstatistische Verfälschungseinflüsse (Verzerrungsfaktoren) Berücksichtigung finden:

– Ein großer Teil der Ausländerkriminalität besteht in ausländerspezifischen Straftaten, die in der Regel nur von Ausländern begangen werden können: Straftaten gegen das Ausländer- und Asylverfahrensgesetz.

– Viele ausländische Tatverdächtige sind Durchreisende, Touristen, Angehörige der Stationierungsstreitkräfte und Personen, die sich illegal in der Bundesrepublik aufhalten. Sie sind im Anteil der registrierten nichtdeutschen Personen an der Gesamtbevölkerung nicht enthalten.

– Die Alters- und Geschlechtsstruktur der ausländischen Bevölkerung ist von der der deutschen verschieden. Der ausländische Bevölkerungsanteil enthält mehr junge Männer, die mit einer höheren Zahl von Straftaten belastet zu sein pflegen.

– Die kriminalstatistische Ausfilterung (Schwundquote) ist bei ausländischen Tatverdächtigen infolge kriminalpolizeilicher Ermittlungsschwierigkeiten[10] größer als bei deutschen. Die Wahrscheinlichkeit, nicht abgeurteilt und verurteilt zu werden, ist für Ausländer höher als für Deutsche[11].

---

[10] J.Reichertz 1994, 610-616; A.Pick 1994, 617-622.

[11] M.Walter, A.Pitsela 1993, 17; S.R.Kerner 1994, 107.

Der Argumentation, Ausländer unterlägen im Vergleich zu Deutschen einer verschärften sozialen Kontrolle, was sich in einer vermehrten Anzeigeerstattung bei Rechtsbrüchen von Ausländern äußere[12], kann indessen nicht gefolgt werden. Eine mögliche erhöhte Anzeigebereitschaft der deutschen Bevölkerung bei Straftaten von Ausländern gegenüber Deutschen wird nämlich durch eine geringere Anzeigeneigung der Ausländer bei Delikten unter Landsleuten ausgeglichen[13].

2. Kriminelle Belastung der Ausländer und der verschiedenen Ausländergruppen sowie Deliktsstruktur dieser Gruppen

a. Kriminelle Belastung der Ausländer

Wenn man die kriminalstatistischen Verfälschungseinflüsse berücksichtigt, so kommt man zu dem Ergebnis, daß die Ausländer zwar geringer kriminell belastet sind, als es die amtlichen Zahlen ausweisen, daß sie aber gleichwohl höhere Kriminalitätsquoten haben als die deutsche Vergleichspopulation[14]. Das gilt freilich nicht für ausländische Arbeitnehmer, die keine erheblich höhere Deliktsrate als die deutsche Vergleichspopulation haben[15]. Die Delinquenzbelastung der nachwachsenden Ausländergenerationen, der ausländischen Kinder, Jugendlichen, Heranwachsenden und Jungerwachsenen, ist allerdings beträchtlich und übertrifft die der deutschen Vergleichsgruppen[16]. Dies trifft insbesondere für die Gewaltdelinquenz zu.

---

[12] B.Villmow 1993, 40; gegen eine verstärkte Anzeigeneigung bei Straftaten von Ausländern: M.Killias 1988, 156-165.

[13] H.Schöch, M.Gebauer 1991, 40.

[14] So für Bayern: W.Steffen 1993, 465; 1992, 186/7.

[15] G.Kaiser 1988, 567, § 66 Rdn. 12.

[16] T.Karger, P.Sutterer 1990, 369-383; M.Traulsen 1993, 295-305; P.-A.Albrecht, C.Pfeiffer 1979. R.Geißler, N.Marißen 1990, 663-387 kommen zwar zu dem Ergebnis, daß junge Ausländer geringer mit Straftaten belastet sind als junge Deutsche, werten aber Verursachungsfaktoren (z.B. Schichtzugehörigkeit, großstädtischen Wohnsitz) als kriminalstatistische Verzerrungseinflüsse.

b. Kriminelle Belastung und Deliktsstruktur der verschiedenen Ausländergruppen

Die einzelnen Ausländergruppen, die sich aus verschiedenen Gründen in Deutschland aufhalten, haben nicht nur eine unterschiedlich hohe Kriminalitätsbelastung, sondern auch eine höchst verschiedene Deliktsstruktur. Insbesondere muß man zwischen Rechtsbrüchen ausländischer Täter unterscheiden, die im Inland wohnen, und Delikten solcher Täter, die ihren Wohnsitz im Ausland haben[17] (Differenzierung zwischen ausländischer Wohn- und Nichtwohnbevölkerung). Im einzelnen kann man folgende ausländische Tätergruppen voneinander trennen:

– Die Asylbewerber bildeten im Jahre 1993 die größte Teilgruppe unter den nichtdeutschen Tatverdächtigen (37,1 %). Sie begingen hauptsächlich Rechtsbrüche gegen das Ausländer- und das Asylverfahrensgesetz. Über zwei Fünftel (42,3 %) aller tatverdächtigen Asylbewerber wurden wegen Ladendiebstahls ermittelt. Allerdings stellten Asylbewerber auch etwa jeden achten Tatverdächtigen (Deutsche eingeschlossen) bei den Tötungsdelikten, bei Vergewaltigung, Raub, Wohnungseinbruch oder Handel und Schmuggel von Heroin. Bei Handel und Schmuggel von Kokain war jeder sechste und bei Betäubungsmittelanbau, -herstellung und -handel als Mitglied einer Bande fast jeder dritte ein Asylbewerber[18].

– Arbeitnehmer (15,6 % der nichtdeutschen Tatverdächtigen) waren zwar in den vergangenen Jahren nicht wesentlich höher als die deutsche Vergleichspopulation mit Kriminalität belastet, sie standen aber an der Spitze aller ausländischen Tätergruppen bei der Gewaltkriminalität[19].

– Ausländer, die sich illegal in der Bundesrepublik aufhalten, machten im Jahre 1993 14,5 % aller nichtdeutschen Tatverdächtigen aus. Sie begingen am meisten Verstöße gegen das Ausländer- und Asylverfahrensgesetz, Urkundenfälschung und Diebstahl.

– Touristen und Durchreisende (7,3 % der nichtdeutschen Tatverdächtigen) begingen in jüngster Vergangenheit hauptsächlich Vermögens- und

[17] K.-L.Kunz 1989, 373-392.

[18] Bundeskriminalamt 1994, 109.

[19] M.Traulsen 1993, 300.

Fälschungsdelikte sowie Rauschgiftkriminalität (Handel und Schmuggel von Rauschgift)[20].

– Ausländische Studenten und Schüler, die 5,8 % aller nichtdeutschen Tatverdächtigen bildeten, beteiligten sich vor allem am Warenhaus- und Einbruchsdiebstahl[21].

– Die ausländischen Kinder, Jugendlichen und Heranwachsenden waren höher mit Delinquenz, insbesondere Gewaltdelinquenz, belastet als ihre deutschen Vergleichsgruppen[22].

– Die Ausländerinnen schließlich hatten höhere Deliktsquoten als deutsche Frauen und Mädchen. Sie verübten insbesondere häufig Diebstahlsdelikte in Warenhäusern und Selbstbedienungsläden, vorsätzliche leichte Körperverletzungen und Beleidigung[23]. Lediglich 2,8 % ihrer Taten entfielen auf Gewaltdelikte.

3. Entwicklung der Ausländerkriminalität in jüngster Zeit

Illegale, Touristen, Durchreisende und Asylbewerber kommen in jüngster Zeit in vermehrtem Umfang aus osteuropäischen Staaten. Aus der „Gastarbeiterkriminalität" früherer Jahre ist in zunehmendem Maße „Zuwandererkriminalität"[24] und „Kriminalitätstourismus" geworden. Zahlreiche Ausländer sind am organisierten Verbrechen beteiligt und halten sich nur in der Bundesrepublik auf, um Straftaten zu begehen. Sie sind z.B. auf organisierte Tageswohnungseinbrüche[25], organisierten Rauschgifthandel und organisierten Kraftfahrzeugdiebstahl[26] spezialisiert.

---

[20] M.Traulsen 1990c, 203.
[21] M.Traulsen 1990c (Anm. 20).
[22] W.Steffen 1993 (Anm. 14); M.Traulsen 1991, 630/1;
E.Kube, K.-F.Koch 1990, 14-24.
[23] M.Traulsen 1990b, 256-265; vgl. auch J.Mansel 1988, 166-177.
[24] W.Steffen 1993, 463.
[25] H.Prinz 1990, 657-661.
[26] B.Holyst 1992, 323-326.

4. Kriminalitätstheorien zur Erklärung der Ausländerkriminalität und differenzierte Anwendung dieser Theorien auf verschiedene Ausländergruppen

a. Labeling Theorie

Sie argumentiert folgendermaßen:
Die deutsche Gesellschaft ruft durch Status-Zuweisung ihren Konflikt mit den Ausländern selbst hervor. Die soziale Kontrolle gegenüber Nichtdeutschen ist verstärkt, die Anzeigebereitschaft gegenüber Ausländern vergrößert[27]. Die Öffentlichkeit, die Massenmedien und die Instanzen formeller sozialer Kontrolle sind von Vorurteilen der Andersartigkeit, der Minderwertigkeit, der Gefährlichkeit der Ausländer beherrscht. Wie allem Fremdem werden den Ausländern kriminelle Merkmale zugeordnet und zugeschrieben. Nichtdeutsche werden im Kriminalitätskontrollprozeß dadurch in mannigfaltiger Weise benachteiligt, daß sie einen zu geringen „sozialen Puffer", also zu wenig Verteidigungsmöglichkeiten, besitzen.

Dieser reaktionstheoretische Ansatz wurde seit der Mitte der siebziger Jahre für plausibel gehalten; er wird indessen in jüngster Zeit in Zweifel gezogen. Die Staatsanwaltschaft stellt mehr Strafverfahren gegen Ausländer ein als gegen Deutsche[28]. Sie tut dies nicht, weil Deutsche vermehrt Ausländer anzeigen oder weil die Kriminalpolizei wegen ausländerfeindlicher Gesinnung ihre Ermittlungstätigkeit auf Ausländer konzentriert. Die wahren Gründe liegen vielmehr darin, daß die kriminalpolizeiliche Ermittlungsarbeit gegen Ausländer außergewöhnliche Schwierigkeiten bereitet (z.B. Übersetzerprobleme, geringere Geständnisbereitschaft der Ausländer, zeitraubender, schwerfälliger, bürokratischer internationaler Rechtshilfeverkehr), daß diese Ermittlungstätigkeit deshalb oberflächlicher als bei deutschen Tatverdächtigen ausfällt und

[27] B.Villmow 1989, 35-50; J.Mansel 1990, 47-65.
[28] J.Reichertz 1994, 613.

daß die Staatsanwaltschaft dann viele Strafverfahren gegen Ausländer wegen Beweisschwierigkeiten einstellt[29].

b. Theorie der sozialstrukturellen Benachteiligung und der sozialen Randständigkeit

Sie kann die Kriminalität der Asylbewerber und der Personen erklären, die sich illegal in der Bundesrepublik aufhalten[30]. Diese Ausländergruppe ist von gesellschaftlichen Teilhabechancen weitgehend ausgeschlossen und in mannigfaltiger Weise sozialstrukturell benachteiligt, so daß sie sich illegal verschafft, was man ihr legal verweigert. Sie gehört zum großen Teil der Unterschicht an. In Deutschland besitzt sie schlechte Ausbildungs- und Aufstiegschancen. Sie ist häufig arbeitslos, und ihre Wohnsituation ist schlecht. Ihre Lebensperspektive ist negativ, und ihr Selbstbild ist niedrig. Sie hat zu hohe Erwartungen an ihren Lebensstandard in Deutschland, die nicht erfüllt werden können. Gegenüber der deutschen Bevölkerung fühlt sie sich zurückgesetzt und zu kurz gekommen.

c. Kulturkonflikttheorie

Sie ist am besten geeignet, die Besonderheit der Kriminalität der ausländischen Arbeitnehmer und die hohe Delinquenzbelastung der nachwachsenden Ausländergenerationen (andersartige Kriminallitätsstruktur, größere Häufigkeit und Schwere der Jugenddelinquenz) zu analysieren[31]. Sie kann unschwer mit der Anomie-, der Subkultur- und der sozialen Lerntheorie sowie der Theorie der sozialen Desorganisation kombiniert werden. Die Kulturkonflikttheorie unterschied von vornherein zwischen äußeren und inneren Wertkonflikten (External and

---

[29] A.Pick 1994, 620.
[30] K.Sessar 1993b, 199-201; P.-A.Albrecht 1990, 272-279.
[31] T.Sellin 1938; F.Ferracuti 1968, 189-219.

Internal Culture Conflicts)[32]. Kulturkonflikte entstehen, wenn Ausländer in der Bundesrepublik leben, aber weiterhin in ihrem Verhalten den Normen ihrer Heimatländer folgen (Außenkonflikte) oder wenn sie sich weder für die Verhaltensstile und Wertvorstellungen des Gastlandes noch für die ihres Heimatlandes entscheiden noch beide sinnvoll psychisch verarbeiten können (Innenkonflikte). Der Delinquenz und Kriminalität verursachende Kulturkonflikt ist der geistig-seelische, verinnerlichte, personalisierte Verhaltens- und Normkonflikt[33]. Der äußere Wertkonflikt verursacht zwar auch (mitunter spektakuläre) Straftaten, aber keine Massenkriminalität. Denn der ausländische Täter hat sich mit den Gesetzes- und Verhaltensnormen seines Gastlandes noch überhaupt nicht geistig-seelisch auseinandergesetzt; er folgt einfach noch den Sitten und Bräuchen seines Heimatlandes.

Äußere Konflikte zwischen Rechts- und Verhaltensnormen sind nicht Hauptanwendungsfälle der Kulturkonflikttheorie. Sie können lediglich die andersartige Struktur der Kriminalität der ausländischen Arbeitnehmer erklären: Die Erhöhung der Gewalt- und Sexualkriminalität der Ausländer macht den Export kultureller und subkultureller Normen aus ost- und südeuropäischen Ländern in den mitteleuropäischen Raum deutlich[34]. Die Ausländer haben die Verhaltensmuster ihrer Heimatländer mitgebracht. Die Art der Delikte ist nach ihrer Herkunft aus verschiedenartigen Kulturkreisen unterschiedlich[35]. Die südeuropäischen Arbeitnehmer haben z.B. die mitteleuropäische Werthaltung des Gewaltverzichts bei der Lösung zwischenmenschlicher Konflikte einfach noch nicht gelernt. Die Einwanderer der 1. Generation (die ausländischen Arbeitnehmer) haben nach der Kulturkonflikttheorie noch keine sehr viel höhere Kriminalitätsrate, da sie noch nicht gezwungen waren, sich mit den Verhaltensstilen, Werten und Leitbildern ihres Aufnahmelandes aktiv geistig-seelisch auseinanderzusetzen. Die Gesellschaft des Gastlandes gibt sich regelmäßig mit einer äußerlichen Anpassung der Ausländer im beruflichen Bereich zufrieden. Das gilt

---

[32] T.Sellin 1938, 67, 69.
[33] T.Sellin 1938, 67.
[34] F.Ferracuti 1968, 217.
[35] M.Traulsen 1991, 628; 1990a, 418.

insbesondere für die Arbeitnehmer, von denen man noch nicht weiß und die selbst noch nicht wissen, ob sie im Gastland bleiben oder in ihre Heimat zurückkehren wollen. Deshalb ist die Wahrscheinlichkeit der Kriminalität nicht im Zeitpunkt des Aufenthaltsbeginns im Gastland am größten; vielmehr wächst die Verbrechenswahrscheinlichkeit mit der Annäherung des Ausländers an die Wertvorstellungen seines Aufnahmelandes[36]. Denn mit dieser Annäherung nimmt auch die Wahrscheinlichkeit eines inneren Wertkonflikts zu.

Die kriminogene Wirkung des Innenkonflikts entfaltet sich erst richtig in der 2. und 3. Ausländergeneration[37]. Er führt dann zur Familien- und Persönlichkeitsdesorganisation. Die widerstreitenden Normen werden in die Familie hineingetragen und in der Persönlichkeit des Ausländerkindes verinnerlicht. Auf den Ausländerkindern lastet ein sich widersprechender Sozialisationsdruck: Unter Führung der Eltern, insbesondere des Vaters, folgt die Familie traditionellen Sitten und Bräuchen des Heimatlandes. Die gesellschaftlichen Erwartungshaltungen, denen die Kinder in Schule, Gleichaltrigengruppe, Massenmedien begegnen, stehen diesen Leitbildern entgegen. Die Einstellungen der Eltern kommen mit denen ihrer Kinder in Konflikt. Die Kinder können sich nicht mehr mit ihren Eltern identifizieren. Es entstehen Spannungen und Streitigkeiten in der Familie. Die elterliche Autorität wird in Frage gestellt. Der Familienzusammenhalt zerbricht. Zahlreiche Kinder sind unfähig, die widerstreitenden Normen psychisch zu verarbeiten und in ihre Persönlichkeit einzuordnen. Sie verlieren die Orientierung; sie folgen weder den Normen des Heimat- noch denen des Gastlandes; sie haben ihre Muttersprache verlernt, ohne die Sprache des Gastlandes ausreichend zu beherrschen. Sie kommen in einen anomischen Zustand (doppelte Norm- und Sprachlosigkeit). Die Eltern verlieren die Kontrolle über ihre Kinder, die sich einer delinquenten Gleichaltrigengruppe anschließen, in der sie delinquente Verhaltensstile und Vorbilder kennenlernen. Freilich verarbeitet die Mehrheit der ausländischen Arbeitnehmerkinder den Kulturkonflikt psychisch und sozial recht gut.

---

[36] F.Ferracuti 1968, 207.

[37] T.Sellin 1938, 71, 78,79; S.Shoham 1966, 80; 1970, 9-34.

Aber eine beträchtliche Minderheit scheitert an ihm; sie wird vermehrt delinquent.

5. Vorbeugung gegen Ausländerdelinquenz und -kriminalität

Zur Vorbeugung gegen Ausländerdelinquenz und -kriminalität sind nicht nur wirtschaftliche und soziale Eingliederungshilfen notwendig. Auf der Seite der In- und Ausländer müssen vielmehr Aufnahme- und Einordnungsbereitschaft gestärkt werden. Eine maßvolle Ausländerpolitik, die Ausmaß und Schnelligkeit der Einwanderung begrenzt und weder In- noch Ausländer benachteiligt, ist hierfür Voraussetzung. Wenn die ausländischen Asylbewerber und Arbeitnehmer auf Dauer in der Bundesrepublik bleiben wollen, müssen sie sich nicht nur rein äußerlich anpassen, sondern – wie in jedem anderen Einwanderungsland auch – die deutsche Sprache und die deutschen Sitten und Bräuche lernen. An die Stelle des gesellschaftlichen Ausgliederungsdrucks muß ein sozialer Eingliederungswille treten. Die Ausländer, die bleiben wollen, dürfen zwar nicht zur Annahme eines deutschen Lebensstils gezwungen werden. Die Einordnung muß aber in gemeinsamer Anstrengung zwischen ausländischer und einheimischer Bevölkerung geleistet werden. Hierbei können Kulturanteile der Ausländer die deutsche Kultur durchaus bereichern[38]. Im Kriminaljustizsystem muß jeder Diskriminierung der ausländischen Arbeitnehmer und ihrer Kinder entgegengearbeitet werden[39]. Die ausländischen Straftäter dürfen Untersuchungshaft nicht in höherem Maße erhalten als deutsche Rechtsbrecher. Vollzugslockerungen und die Einweisung in offene Strafanstalten dürfen ihnen nicht versagt bleiben. Ihren Sprachschwierigkeiten und ihrer Isolation muß sowohl im Strafverfahren als auch im Strafvollzug Rechnung getragen werden. Über ihre mögliche Ausweisung muß sich die Ausländerbehörde möglichst bald schlüssig werden, damit die ausländischen Strafge-

---

[38] Vgl. G.Simmel 1983, 509, der das Fremdsein als eine "ganz positive Beziehung, eine besondere Wechselwirkungsform" bezeichnet.

[39] Council of Europe 1985b.

fangenen wissen, ob es sinnvoll ist, an Einordnungsbemühungen in der Strafanstalt teilzunehmen.

II. Fall: Brandanschläge auf Ausländer- und Asylbewerber-Häuser

1. Ausmaß fremdenfeindlicher Straftaten, Aufklärungsquote und Täterkriterien

a. Ausmaß fremdenfeindlicher Straftaten

Im Jahre 1993 sind 6.721 ausländerfeindliche Straftaten begangen worden[40]. Davon waren: zwei vollendete Tötungsdelikte (mit sechs Opfern), 18 versuchte Tötungsdelikte, 727 Körperverletzungen, drei Sprengstoffdelikte, 284 Brandanschläge oder Brandstiftungen und 5.687 weitere fremdenfeindliche Rechtsbrüche. Bei einem Gesamtkriminalitätsvolumen von 6,7 Millionen Fällen im Jahre 1993 sind 6.721 ausländerfeindliche Straftaten rein zahlenmäßig nicht viel. Man muß allerdings bedenken, daß das Dunkelfeld der Gewaltanwendung gegen Ausländer hoch ist. Denn fremdenfeindliche Straftaten pflegt man nicht häufig anzuzeigen[41]. Zudem handelt es sich qualitativ um besonders schwere und verabscheuungswürdige Rechtsbrüche.

b. Aufklärungsquote

Im Jahre 1993 betrug die Aufklärungsquote bei ausländerfeindlichen Straftaten 23,8%. Diese Quote ist angesichts einer Gesamtaufklärungsquote von 43,8% im Jahr 1993 ziemlich niedrig. Die Aufklärungsquote

---

[40] Die fremdenfeindlichen Straftaten wurden auf der Grundlage der Ermittlungen des Bundeskriminalamtes registriert.

[41] National Committee on Violence 1990, 39.

ist ein Maß, das über die Strafverfolgungsintensität bei angezeigten Straftaten Auskunft gibt. Die deutsche Kriminaljustiz und die deutsche Bevölkerung sind anscheinend gegenüber ausländerfeindlichen Rechtsbrüchen nicht sehr empfindlich.

c. Täterkriterien

Fremdenfeindliche Gewaltaktionen werden zu über 95% von Männern, und zwar meist von jungen Männern mit niedrigem Bildungsniveau, verübt. Häufig handelt es sich um Gruppendelikte.

2. Erscheinungsformen der Gewalttätigkeit gegen Ausländer

Folgende Erscheinungsformen kommen vor: Man wirft Brandsätze und Molotowcocktails in Unterkünfte von Ausländern. Man legt Brände im Gebäudeinnern. Man verschießt Silvesterraketen und Signalmunition auf Unterkünfte von Asylbewerbern. Man schlägt Ausländer mittels körperlicher Gewalt und unter Anwendung von Hilfsmitteln zusammen. Man wirft sie aus fahrenden U- und S-Bahnen. Man dringt in ihre Unterkünfte ein und zerstört die Inneneinrichtung. Man wirft Gegenstände durch Scheiben und Türen. Man zersticht Auto-, Motorrad- und Fahrradreifen. Man zerkratzt Lack und schlägt Scheiben an Fahrzeugen ein. Man begeht Sachbeschädigungen durch Sprüh-, Schmier- und Klebeaktionen. Man verteilt und versendet volksverhetzende Schreiben. Man beleidigt durch verbale Äußerungen (Drohanrufe).

3. Theorien zur Verursachung der Gewalt gegen Ausländer und Anwendung der Theorien auf vorliegenden Fall

a. Theorie der Sozialisationsmängel

Nach dieser Theorie liegen die Ursachen darin, daß die jugendlichen Gewalttäter aus hochgradig gestörten Elternhäusern stammen. Die Familien sind zerrüttet, die sozialen Bindungen aufgelöst; man lebt beziehungslos nebeneinander her. Aufgrund von Sozialisationsmängeln wird Gewaltbereitschaft in Familie, Schule, Gleichaltrigengruppe, Berufs- und Freizeitgruppe (Gewalttransfer) gelernt. Gewalt wird als Konfliktlösungsmechanismus in Subkulturen der Gewalt[42] akzeptiert und gerechtfertigt. Gewaltgeneigte Personen suchen in der Gewalttat Abenteuer, Stärkung ihrer sozialen Wertschätzung (ihres Selbstwertgefühls) und ihre soziale Identität. Häufig besitzen sie mangelhafte Verbalisierungsfähigkeiten; sie haben nicht gelernt, mit zwischenmenschlichen Konflikten friedlich und mit Worten umzugehen. Durch die außergewöhnliche Medienbeachtung der Gewalttaten gegen Ausländer wird ihr beschädigtes Selbstwertgefühl aufgebessert.

Der P. und der C. kommen aus hochgradig gestörten Elternhäusern. P. ist von einem jähzornigen Vater, der fast ständig betrunken gewesen ist, häufig mißhandelt worden. Er wuchs mit einer alleinerziehenden Mutter auf, die seine Gewaltneigung beschönigte und rechtfertigte. Der C. hatte in seiner Kindheit unter der emotionalen Abneigung seiner leiblichen Mutter zu leiden, die Selbstmord beging, als er neun Jahre alt war. Seine Stiefmutter und sein Vater bemühten sich zwar um ihn, er sonderte sich aber ab, und seine Eltern hatten wenig Einfluß auf ihn. Sie mißbilligten zwar seine rechtsradikalen Aktivitäten, unternahmen jedoch nichts dagegen.

In ihren ausländerfeindlichen Gewalttaten suchten der P. und der C. die soziale Wertschätzung (durch ihre Skinhead-Gruppe) und die Stärkung ihres Selbstwertgefühls, die ihnen im normalen gesellschaftlichen Leben versagt geblieben waren. Der P. besuchte die Sonderschule, und

---

[42] M.E.Wolfgang, F.Ferracuti 1967.

er brach seine Lehre ab. Er lebte von Sozialhilfe und Gelegenheitsarbeiten. Der C. schaffte mit Ach und Krach die Realschule. In der Berufsschule und am Arbeitsplatz fiel er – im Rahmen seiner Lehre als Einzelhandelskaufmann – durch sein Desinteresse an mitmenschlichen Kontakten auf. Die Skinhead-Gruppe, deren Anerkennung der P. und der C. suchten, nahm beide in den letzten Monaten vor den Brandanschlägen nicht mehr für voll. Sie erwartete spektakuläre Straftaten von ihnen.

b. Deprivationstheorie

Aufgrund der Deprivationstheorie sind relativer sozioökonomischer Mangel (Deprivation) und psychische Versagung (Frustration) enttäuschter Erwartungen für die Entstehung der Gewalt gegen Ausländer verantwortlich. Die jugendlichen Gewalttäter aus der Unterschicht fühlen sich durch den Zustrom von Aussiedlern und Asylbewerbern bedroht. Sie haben Angst vor der verschärften Konkurrenz um knappe Güter, um Arbeitsplätze, Wohnraum und Sozialhilfe, und um gesellschaftliche Positionen und sozialen Status[43]. Ihre Erwartungen sind zu hoch geschraubt; sie fühlen sich materiell benachteiligt. Sie sagen: „Deutsche sind Fremde in ihrem eigenen Land. Bei der Verteilung knapper Güter verdienen Deutsche den Vorzug." In der sozioökonomischen Krise spielen Ausländer eine Sündenbockrolle.

In der Skinhead-Gruppe, in deren Mitte P. und C. Anerkennung und „Nestwärme" suchten, war man auf vorwiegend emotionaler Basis davon überzeugt, daß in der Politik, insbesondere in der Ausländer- und Asylpolitik, deutsche Interessen nur mangelhaft berücksichtigt würden. Man fühlte sich durch den Zustrom von Ausländern und Asylbewerbern bedroht und benachteiligt. Der C. äußerte am Mittagstisch seinen Eltern gegenüber, die Ausländer nähmen den Deutschen die Wohnungen und Arbeitsplätze weg.

---

[43] Vgl. auch die Ursachen rassistischer Gewalt in New York City: H.Pinderhughes 1993, 478-492.

c. Konzept des Haßverbrechens

Haßverbrechen („Hate Crimes") sind durch den symbolischen Status des Verbrechensopfers charakterisiert. Das Opfer gehört einer Außengruppe an, die das symbolisiert, was die Innengruppe, der die Täter angehören, nicht sein will[44]. Die Straftaten dienen der Solidarität und Identität der Innengruppe (der Gesellschaft) und gleichzeitig der Stärkung des Selbstwertgefühls ihrer Mitglieder. Die jugendlichen Rechtsbrecher denken ethnozentrisch[45]. Gegenüber dem „Anderssein", gegenüber Fremdgruppen (Randgruppen) entwickeln sie Vorurteile und eine abwertende Einstellung. In nationaler Überheblichkeit wird das deutsche Volk in seinem Wert überschätzt. Man versucht, die eigene schwache deutsche Identität durch Straftaten zu stärken und unter Beweis zu stellen.

Haßverbrechen können stets auf eine Ideologie und auf folgenden Innen-Außen-Gruppen-Mechanismus zurückgeführt werden[46]: Menschen werden angegriffen, weil sie anders als die Mehrheitsgruppe (die Innengruppe), weil sie der Innengruppe fremd sind, der die Täter angehören. Haßverbrechen werden von Gruppen jugendlicher und heranwachsender Rechtsbrecher verübt, die sich mit den Mächtigen innerhalb der Gesellschaft (der Innengruppe) identifizieren, die sich aber benachteiligt und zurückgesetzt fühlen und die glauben, eine „Mission" zu erfüllen, indem sie die Gesellschaft von einem Übel befreien. Die Opfer, meist Angehörige einer an den Rand der Gesellschaft gedrängten, verletzbaren Außengruppe, werden für minderwertig und kriminell gehalten und enthumanisiert. Sie werden von den Tätern als Bedrohung der Gesellschaft (der Innengruppe) und ihres eigenen Selbstwertgefühls angesehen und für die Benachteiligung der Täter verantwortlich gemacht. Die Täter erleben die Leiden der Opfer als aufregend. Die Freunde der Täter und ein großer Teil der Bevölkerung (stille Sympathisanten) stimmen den Haßverbrechen zu, weil sie der Auffassung sind, daß sie den Gruppenzusammenhalt und die Gruppensolidarität stärken.

---

[44] A.A.Aronowitz 1994, 37-69.

[45] S.Lamnek 1993, 91-110.

[46] J.Levin, J.McDevitt 1993.

Der P. und der C. dachten ethnozentrisch wie die Skinhead-Gruppe, der sie angehörten. Sie überbewerteten das deutsche Volk und verachteten die Ausländer. Sie fühlten sich durch die Ausländer, die sie als Bedrohung für das deutsche Volk empfanden, benachteiligt und zurückgesetzt.

d. Theorie der nationalen Identitätskrise

Nach dieser Theorie hat der rapide soziale Wandel seit der deutschen Wiedervereinigung zu gesellschaftlicher und politischer Labilität, Unsicherheit und Unentschlossenheit geführt, aufgrund deren sich bisher keine neue nationale Identität entwickeln konnte. In dieser unsicheren gesellschaftlichen Lage wird eine schnelle europäische Vereinigung angestrebt, ohne daß sich hierüber konkrete Schritte abzeichnen. Die nationale Identität ist einerseits verlorengegangen, eine europäische Identität ist aber andererseits noch nicht geschaffen worden[47]. Deutschland befindet sich auf dem Wege in eine multikulturelle Gesellschaft. In einem längeren sozialen Wandlungsprozeß müssen sich ein ausländerfreundliches, gewaltfreies Meinungsklima und eine neue, allem Fremden und Ungewohnten aufgeschlossene Mentalität entwickeln.

e. Marginalisationstheorie

Sie stellt es schließlich auf die Diskriminierung der Ausländer ab. Sie leben mit geringeren Ausbildungs- und Berufszugangschancen; ihre Arbeitslosigkeit ist höher als die der Deutschen; ihre Einkommens- und Wohnverhältnisse sind schlechter. Ausländer werden zu Objekten gemacht: Ihren Frauen und Kindern wird Wareneigenschaft zugemessen. Ausländer werden an ihr Opferwerden (Viktimisierung) gewöhnt. In den Gewalttaten der Jugendlichen schlägt sozialstrukturelle Gewalt in personale Gewalt um[48].

---

[47] H.Ostendorf 1993, 26-29.
[48] K.Sessar 1993a, 111-121.

4. Verhütung der Gewalttätigkeit gegen Ausländer

Im Rahmen der Vorbeugung der Viktimisierung von Ausländern hat man gesellschaftsorientierte Vorbeugung von opfer- und täterorientierter Verhütung zu unterscheiden. Ein Anti-Gewalt-Klima muß in der Gesellschaft geschaffen werden. Hierzu kann beispielsweise beitragen, daß familienrechtlich geregelt wird, daß Gewaltanwendung als Erziehungsmaßnahme unzulässig ist[49]. Friedliche Konfliktregulierung muß in den sozialen Gruppen, z.B. in der Familie, in der Schule, in der Nachbarschaft, in Berufs- und Freizeitgruppen, z. B. im Sport, gelernt werden. Eine Eltern- und Lehrerschulung in dieser Hinsicht hat sich als erfolgreich erwiesen[50]. Die Massenmedien sollten erheblich weniger Gewalt darstellen; ihre Gewaltabbildung sollte nicht verschönt werden[51]. Anti-Gewalt-Kampagnen sollten in Schulen und Sportvereinen durchgeführt werden.

Die multikulturelle, demokratische, rechtsstaatliche Orientierung der Gesellschaft muß gefördert werden. Ein ausländerfreundliches Klima sollte in der Gesellschaft entstehen. Toleranz gegenüber Fremden, Andersdenkenden sollte eingeübt werden. Über die jüngste deutsche Geschichte, z.B. über den Völkermord an den Juden, sollte nüchtern informiert werden, damit die jungen Leute die Unmenschlichkeit und die physischen, psychischen und sozialen Schäden rassischer und ethnischer Diskriminierung erkennen. Im Falle, daß Ausländer angegriffen werden, sollte es selbstverständlich sein, daß man ihnen hilft und ihnen beisteht. Alle Benachteiligungen der Ausländer sollten möglichst bald beseitigt oder wenigstens gemildert werden. Für die Ausländerintegration sollte etwas Durchgreifendes getan werden. Mit gewaltbereiten Jugendlichen und Heranwachsenden (Skinheads) sollte soziale Gruppenarbeit geleistet werden: Ihr geringes Selbstwertgefühl und ihre kompensatorische Selbstüberheblichkeit sollten angegangen werden. Man sollte sich darum

[49] Vgl. H.-D.Schwind, J.Baumann, U.Schneider, M.Winter 1990, 157/8.
[50] A.J.Reiss, J.A.Roth 1993, 388/9.
[51] H.J.Schneider 1994, 59-71.

bemühen, ihre Angst vor der Konkurrenz um knappe Ressourcen zu beseitigen.

5. Bestrafung heranwachsender Gewalttäter nach Jugend- oder Erwachsenenstrafrecht

Heranwachsende Gewalttäter sollten unter Berücksichtigung rechtsstaatlicher und pädagogischer Gesichtspunkte verurteilt werden. Nur der kann lernen, die Menschen- und Verfassungsrechte seiner Mitmenschen zu achten, dessen Menschen- und Verfassungsrechte Beachtung finden. Deshalb sollte von übertriebener Härte bei der Bestrafung heranwachsender Gewalttäter abgesehen werden[52]. Heranwachsende Gewalttäter sollten grundsätzlich nach Jugendstrafrecht und nicht nach Erwachsenenstrafrecht bestraft werden. Denn die Bestrafung nach Jugendstrafrecht trägt den persönlichen und sozialstrukturellen Ursachen der Gewalt gegen Ausländer besser Rechnung. Sie berücksichtigt die pädagogische Beeinflußbarkeit der Heranwachsenden. Sie beachtet die begrenzte Wirkung der Abschreckung, der negativen Generalprävention, vor allem bei emotional verursachten Gewalttaten gegen Ausländer. Sie nimmt auf die Umstände Bedacht, daß repressive Strafen des Erwachsenenstrafrechts kontraproduktiv wirken, daß sie die kriminelle Karriere nur noch vertiefen und daß sie die Gewaltbereitschaft fördern. Eine Bestrafung nach Erwachsenenstrafrecht schiebt die Verursachungslast allein dem heranwachsenden Täter zu, ohne die Ursachen im sozialen Nahraum und in der Gesellschaft zu berücksichtigen. Sie verhindert auf diese Weise vorbeugende Maßnahmen im sozialen Nahraum und in der Gesellschaft.

[52] K.F.Schumann 1993, 324-330.

Übungsklausur (Wahlfachübung)

4. Problemkomplex: Kriminalität in den Massenmedien – Darstellung des Täters, des Opfers und der Kriminaljustiz – Gewalt in den Massenmedien – Ihre kurz-, mittel- und langfristigen Wirkungen – Gewaltklima in der Gesellschaft – Nachahmungstaten – Vorbeugung gegen Mediengewalt – Massenmedieneinfluß im Zusammenwirken mit anderen Verbrechensursachen – Der Straftäter als Held der Massenmedien – Vermarktung von Verbrechen in den Massenmedien

1. Teil

I. Sachverhalt: Der Mord der Satanskinder
Die beiden 17jährigen Schüler H und A sowie der 18jährige Schüler S sind Satanskult-Anhänger: Sie beten „Luzifer" an und hören am liebsten „Death-Metal"-Musik mit blutrünstigen, brutalen Texten. Auf Videoabenden sehen sich die drei Gymnasiasten immer härtere Gewaltfilme an. Bis tief in die Nacht ergötzen sie sich am Abschlachten und Quälen von Menschen: „Texas Chainsaw Massacre, verboten", „Hügel der blutigen Augen, indiziert", „The Punisher, ungeschnitten". Sie sagen: „Wir wünschen den Tod, und zwar aller Lebewesen." Die ständige Beschäftigung mit dem Sterben auf dem Bildschirm veranlaßt sie, immer wieder zu überlegen, wie es denn wohl sei, wenn sie selber töten. Für die drei Gymnasiasten steht schließlich fest, daß irgendwann irgend jemand umgebracht werden müsse, „einfach nur so". „Es war in uns drin wie ein Zwang." Ihre soziale Umgebung nimmt ihre „Wichtigtuerei" und ihre „Spinnerei" nicht ernst.

Der 15jährige Schüler B, der sozial isoliert ist, sich einsam fühlt und als Außenseiter nach Anerkennung strebt, läßt nicht locker; er will sich der Gruppe anschließen, die ihn meidet, brandmarkt und verachtet. Am Abend des 29. April 1993 locken der H, der A und der S den B auf den „Totenberg" am Stadtrand der thüringischen Kleinstadt S. Der B äußert den Wunsch, zur Gruppe zu gehören. Das lehnen H, A und S ab. Daraufhin wagt B Kritik an der Gruppe, deren „wahnhafte Vorstellungen" er nunmehr als lächerlich empfindet. B wird zum Haßobjekt der Gruppe, die sich in ihrer Eitelkeit gekränkt und in ihrem Selbstwertgefühl beeinträchtigt sieht. Die drei Schüler H, A und S gehen erst ein Stück mit B durch den Wald und dann – angeblich wegen einer Aussprache über verschiedene Streitigkeiten – in eine Gartenlaube. B setzt sich auf einen Schaukelstuhl. Zunächst versuchen H, A und S, dem B das Genick zu brechen. So haben sie es in dem Film „1492" – Thema „Tötung auf dem Stuhl durch Genickbruch" – gesehen. Doch das Töten durch Genickbruch gelingt nicht. Als B zu fliehen versucht, fesseln sie ihn. B fleht um Gnade, er bietet seinen Mitschülern Geld und schreit um sein Leben. Daraufhin wird er geknebelt und anschließend mit einem Elektrokabel erdrosselt.

Die drei Täter kommen aus gutbürgerlichen Familienverhältnissen. S, der Anführer der Gruppe, gilt als intelligenter, künstlerisch begabter Schüler. Seine Eltern sind beide Lehrer. A, Schüler der 9. Klasse, lebt bei seiner geschiedenen Mutter und seinem Stiefvater ebenfalls in wirtschaftlich gesicherten Verhältnissen. H ist in einer achtköpfigen Familie aufgewachsen. Sein Vater ist Landtagsabgeordneter; ihm gehört die Gartenlaube, in der die Täter ihre Rituale zelebrierten und in der sie den Mord an B verübten.

Während ihrer polizeilichen Vernehmung geben die drei Täter in schamloser Nüchternheit den Mord zu. Vor Gericht zeigen sie keine Reue. Der psychiatrische Sachverständige sagt in seinem Gutachten, Massenmedieneinflüsse hätten bei der Verursachung des Mordes keinerlei Rolle gespielt. Die Jugendkammer des Landgerichts in M verurteilt wegen gemeinschaftlichen Mordes den S und den H zu je acht Jahren und den A zu sechs Jahren Jugendstrafe. Der Vorsitzende Richter weist darauf hin, daß die drei Gymnasiasten viele Horrorfilme voller Grausamkeiten gesehen hätten und daß dies ihre Hemmschwelle herabgesetzt habe. „Die Angeklagten hatten die Achtung vor dem Wert des Menschen und seiner Würde verloren.“ Nach der Urteilsverkündung rief H's Mutter dem H in dem Gerichtssaal zu: „Für uns bist du kein Mörder!“

Aufgaben:

1. Wirken Gewaltdarstellungen in den Massenmedien auf das Verhalten von Menschen, namentlich auf das junger Menschen, ein? Begründen Sie Ihre Auffassung! Wenn Sie die Frage bejahen: In welcher Weise wirken massenmediale Gewaltdarstellungen?
2. Welche Ursachen sind beim Mord an B durch H, A und S wirksam geworden? Hat das ständige Ansehen der Horrorfilme durch H, A und S ihren Mord an B mitverursacht? Begründen Sie Ihre Auffassung!
3. Welche kriminologische Bedeutung haben Satanskulte?
4. Falls Sie die Frage zu 1. bejahen: Auf welche Weise kann man den Wirkungen der Mediengewalt vorbeugen?

2. Teil

II. Sachverhalt: Dagobert, der witzige Bombenleger

Nach fast zweijähriger Fahndung ist der Kaufhauserpresser „Dagobert“ am 22.April 1994 von der Polizei festgenommen worden. „Ja, ich bin Dagobert,“ sagte der F kurz nach seiner Festnahme in die Kameras des ARD-Fernsehens. Mit der Festnahme des F ist das bisher größte Räuber- und Gendarm-Spiel der deutschen Polizeigeschichte zu Ende gegangen. Die Fahndungskosten werden auf zehn Millionen DM veranschlagt. Vorgeworfen wird dem 44jährigen F, die Erpressung der Kaufhauskette Karstadt um 1,4 Millionen DM versucht zu haben. Mit fünf Sprengstoffanschlägen hatte er seiner Forderung seit 1992 Nachdruck verliehen. Die Rohrbomben explodierten in Karstadt-Kaufhäusern kurz vor oder nach Geschäftsschluß. Er ließ eine Bombe allerdings auch zur Mittagszeit in einem Fahrstuhl explodieren. Durch glückliche Fügung befand sich niemand im Lift. Es entstand freilich Sachschaden in Millionenhöhe. Nach mißlungenen Geldübergaben konnte sich „Dagobert" immer wieder dem polizeilichen Zugriff entziehen.

Mit seiner philippinischen Frau und seinem dreijährigen Sohn bewohnte F eine Mansardenwohnung, drei Zimmer zur Miete. Bei seinen Nachbarn galt er als unauffälliger, freundlicher Mensch. Die Familie lebte von Sozialhilfe. F war seit langem arbeitslos. Gelegentlich verdiente er sich etwas Geld als Schildermaler. Die Rohrbomben und technischen Geräte, die er für die geplanten Geldübergaben benutzte, bastelte er in einer abgelegenen Gartenlaube in Brandenburg. Im Jahre 1988 hatte er bereits das Berliner Kaufhaus des Westens (Hertie) erfolgreich um eine halbe Million DM erpreßt.

In erheiternder, belustigender Berichterstattung schilderten die Massenmedien den F als „pfiffigen, listigen und komischen Erpresser", als „witzigen Bombenleger", der die Polizei an der Nase herumführte. Er genoß von Mal zu Mal mehr Sympathie und Beliebtheit bei der Bevölkerung. Der Täter wurde als „genialer Tüftler" dargestellt, während die Polizisten zu „Deppen der Nation" gestempelt wurden. In Berlin wurden T-Shirts mit der Aufschrift: „Ich bin Dagobert" verkauft. Im Jugendradio des Ostdeutschen Rundfunks Brandenburg lief ein Telefonquiz „Fang den Dagobert!". Man sprach von einer „bundesweiten Lachnummer". Die kriminellen Aktivitäten des F wurden in der Medienberichterstattung zu „raffinierten Tricks", zu einem „kecken Bomben und Erpressen" hochstilisiert. Obwohl die Polizei bei dieser Art der Berichterstattung keineswegs eine gute Figur machte, hielt sie es für richtig, Respekt vor den technischen Fertigkeiten des Täters und vor seinen phantasievollen Plänen zur Geldübergabe zu äußern. Ihre Vertreter, die mit „Hochachtung von Dagoberts Leistung" sprachen, wurden in Presse und Funk mit folgenden Aussprüchen zitiert: Der Täter ist „kein Mensch, der aus Vergnügen bombt, sondern nur, um Druck zu machen, als Mittel zum Zweck". Ein Kriminaldirektor sagte: „Das war gut gemacht." Später fügte er hinzu: „Fast schade eigentlich, daß es vorbei ist; so komisch das klingt, es hat auch Spaß gemacht."

Nun liegen dem Verteidiger des F, alias Dagobert, Millionen-Offerten für den Verkauf der Urheberrechte an Dagoberts Geschichte vor. Insider schätzen den Wert der Story für Film, Fernsehen, Zeitungen und Zeitschriften auf bis zu 17 Millionen DM. Die Film- und Medienverträge sollen mit der Ehefrau des F abgeschlossen werden, damit die Geschädigten, der Karstadt- und der Hertie-Konzern, nicht an das Honorar herankommen können. Die Lebensgeschichte der Ehefrau des F wurde bereits für 91.000.-DM an die Berliner „Super Illu" verkauft.

Aufgaben:

1. Wie stellen die Massenmedien den Täter, das Opfer und die Kriminalitätskontrolle dar? Warum stellen die Massenmedien den Täter, das Opfer und die Kriminalitätskontrolle in bestimmter Weise dar?
2. Unterscheidet sich die Darstellung des Täters, des Opfers und der Kriminalitätskontrolle im vorliegenden Fall von der sonst üblichen massenmedialen Verbrechensdarstellung? Wenn Sie die Frage bejahen: In welcher Weise und warum weicht die Darstellung des Täters, des Opfers und der Kriminalitätskontrolle im vorliegenden Fall von der sonst üblichen massenmedialen Verbrechensdarstellung ab? Warum machen die Massenmedien bestimmte Täter zu Helden?
3. Der Täter F hat anscheinend die Absicht, seine Verbrechen in den Massenmedien zu vermarkten. Warum ist ihm das möglich? Halten Sie es für richtig, daß der Täter die Urheberrechte an seiner Story an die Massenmedien verkaufen und das Geld selbst einstecken kann? Begründen Sie Ihre Meinung!
4. Der Staat New York und andere Staaten der USA haben Gesetze, die vorsehen, daß Gewinne aus der massenmedialen Vermarktung von Verbrechen beim Justizministerium hinterlegt werden müssen. Die Gesetze räumen Verbrechensopfern unter bestimmten Voraussetzungen Zugriffsmöglichkeiten auf solche hinterlegten Gewinne ein. Was halten Sie von einer solchen Regelung? Gibt es andere Möglichkeiten der Verhinderung der massenmedialen Vermarktung? Welche Gefahr besteht bei der Möglichkeit der Vermarktung von Verbrechen in den Massenmedien? Begründen Sie Ihre Ansicht!

Lösung

Gliederung

I. Fall: Der Mord der Satanskinder
1. Wirkung von Gewaltdarstellungen in den Massenmedien
   a. Nachahmung
   b. Gewaltklima
2. Ursachen des Mordes an B
   a. Sozialstrukturelle Ursachen
   b. Subkulturelle Ursachen
   c. Täterursachen (Sozialisationstheorie)
   d. Situative Ursachen
   e. Mitverursachung des Mordes an B durch das ständige Ansehen der Horrorfilme durch H, A und S
3. Kriminologische Bedeutung der Satanskulte
4. Vorbeugung gegen die Wirkungen der Mediengewalt

II. Fall: Dagobert, der witzige Bombenleger
1. Der Täter, das Opfer und die Kriminalitätskontrolle in den Massenmedien
   a. Die Darstellung
   b. Die Ursachen
2. Unterschiede in der Darstellung des Täters, des Opfers und der Kriminalitätskontrolle im vorliegenden Fall von der sonst üblichen massenmedialen Verbrechensdarstellung
   a. Darstellung des Täters, des Opfers und der Kriminalitätskontrolle im vorliegenden Fall
   b. Ursachen für die Heroisierung von Kriminellen
      – Massenmediale Situation
      – Der heroische Straftäter
      – Die Opfer des heroischen Straftäters
      – Die soziale Situation
      – Die Rolle der Massenmedien

3. Die massenmediale Vermarktung von Verbrechen durch den Täter
   a. Möglichkeit der Vermarktung
   b. Mangelnde Rechtfertigung der Vermarktung
4. Verhinderung der massenmedialen Vermarktung von Verbrechen durch den Täter
   a. Die Hinterlegungslösung
   b. Verweigerung der Annahme durch die Bevölkerung
   c. Gefahr von Anschluß- und Nachahmungstaten

Gutachten

I. Fall: Der Mord der Satanskinder

1. Wirkungen von Gewaltdarstellungen in den Massenmedien

In den Sozialwissenschaften hat sich die Mehrheitsmeinung herausgebildet, daß Mediengewalt zu aggressivem Verhalten und zur Annahme aggressiver Einstellungen und Verhaltensstile führt[1]. Diese Auffassung stützt sich auf Experimentalforschungen, auf Feldbeobachtungen und auf Langzeitstudien. Die Wirkung kann kurzfristig in einer Nachahmung von Straftaten[2] oder mittel- und langfristig in der Erzeugung eines Gewaltklimas in der Gesellschaft[3] bestehen. Der Massenmedieneinfluß bildet allerdings nur einen Verursachungsfaktor im Rahmen einer Vielzahl verursachender Elemente. Neben der Anregung aggressiven Verhaltens und der Annahme aggressiver Einstellungen sind folgende Wirkungen der Mediengewalt beobachtet worden:

---

[1] E.Donnerstein/D.Linz 1995, 247; A.J.Reiss/J.A.Roth 1993, 371.
[2] L.Berkowitz 1993, 199-239.
[3] L.R.Huesmann/L.S.Miller 1994, 153-186.

– Die aggressive Darstellung beseitigt Hemmungen gegen die Gewalt (Entinhibitionshypothese).
– Durch Mediengewalt gewöhnt sich der Rezipient an die Gewalt; er wird für Gewalt entsensibilisiert. Häufiges Anschauen von Gewalt vermindert die Wahrscheinlichkeit, daß man zugunsten eines Opfers eingreift, wenn es angegriffen wird (Verhaltensapathie) (Habitualisierungshypothese).
– Aufgrund häufigen Ansehens von Gewaltdarstellungen überschätzt der Rezipient die Gefahr; er nimmt die Welt als gefährlicher wahr, als sie in Wirklichkeit ist (Kultivierungshypothese).
– Das häufige Anschauen von Gewaltszenen fördert Gewaltphantasien, die aggressives Potential nicht abbauen (Ablehnung der Katharsishypothese), sondern aggressives Verhalten und Gewalteinstellungen unterstützen.

a. Nachahmung

Die Gewaltdarstellung in den Massenmedien hat kurzfristig einen geringen bis mittelstarken Einfluß auf das Verhalten der Rezipienten. Das Ansehen von Mediengewalt bringt sie auf aggressive Ideen, die gewaltsame Gedanken, Gefühle und Neigungen aktivieren, die von manchen Rezipienten in aggressives Verhalten umgesetzt werden[4]. Kurzfristig wirkt sich die Mediengewalt besonders auf Kinder und Jugendliche negativ aus. Sie geraten nämlich in die Gefahr, durch Imitation, durch modellhafte Nachahmung von Mediengewalt Straftaten zu begehen[5]. Das Anschauen von Mediengewalt kann zu aggressivem Verhalten führen; solches Benehmen erhöht wiederum die Neigung der Kinder und Jugendlichen, sich Mediengewalt anzusehen (Interaktionswirkung). Der kurzfristige Einfluß der Mediengewalt ist dann am größten, wenn sie auf dem Bildschirm belohnt und gerechtfertigt wird und wenn man den Rezipienten vor dem Anschauen ärgerlich und zornig gemacht hat. Ungünstige Bedingungen im sozialen Umfeld (Deprivationen, Frustra-

[4] L.Berkowitz 1993 (Anm. 2).
[5] W.Glogauer 1991.

tionen, Provokationen) und in der Persönlichkeit der Kinder und Jugendlichen tragen erheblich dazu bei, daß Mediengewalt nachgeahmt wird[6].

In einer kleineren Stadt im Westen Kanadas hat man das aggressive Verhalten von 45 Kindern zwei Jahre vor und zwei Jahre nach Einführung des Fernsehens beobachtet[7]. Vor und nach Einführung des Fernsehens verfolgte man das Verhalten der Kinder beim Spiel, nachdem sie sich Fernsehen angeschaut hatten. Die Einschätzung ihrer Lehrer und der Gleichaltrigen wurde eingeholt. Die verbale und physische Aggression nahm bei den Kindern nach Einführung des Fernsehens zu, bei Jungen mehr als bei Mädchen. Den Grund für die Zunahme sah man darin, daß das Fernsehen Aggression als schnelles und wirksames Konfliktlösungsmittel zeigt und daß es zu wenig prosoziales, friedliches Verhalten bei der Konfliktregulierung veranschaulicht.

b. Gewaltklima

Der unmittelbare kurzfristige Einfluß der Mediengewalt, nämlich ihre modellhafte Nachahmung, ist das geringere Problem. Ihre mittel- und langfristige mittelbare Wirkung hat wesentlich größeres Gewicht. Sie trägt nämlich dadurch zur Schaffung eines Gewaltklimas in der Gesellschaft bei, daß die Massenmedien durch Unterhaltungssendungen (Krimis) und Berichterstattung ständig die Botschaft verbreiten, gewaltsame Konfliktregulierung sei wirksam und – zumindest in zahlreichen Fällen – gerechtfertigt[8]. Die Massenmedien machen zwar nur einen Faktor bei der Gewaltverursachung aus; ihre Bedeutung wächst indessen mit der zunehmenden Desorganisation der Familie. Sie übernehmen nämlich immer mehr die Rolle, die früher den Schulen, den Kirchen und den Familien oblag, Einfluß auf die Werte, Zielsetzungen und Verhaltens-

---

[6] R.Surette 1992, 140.
[7] L.A.Joy/M.M.Kimball/M.L.Zabrack 1986, 303-339.
[8] H.-D.Schwind/J.Baumann/U.Schneider/M.Winter 1990, 82-86, 170-173; National Committee on Violence 1990, 80-83, 252-259.

stile der Gesellschaft zu nehmen. Hierbei beeinflussen sie nicht nur Kinder und Jugendliche, sondern auch Erwachsene.

Die Massenmedien tragen nicht in angemessener Weise zur friedlichen gesellschaftlichen und zwischenmenschlichen Verarbeitung von Konflikten bei, die der Gewaltanwendung zugrunde liegen. In ihrer Berichterstattung haften sie zu sehr an der Darstellung der Ereignisse selbst; sie emotionalisieren die Vorgänge, indem sie die außergewöhnlichen Aspekte des Außergewöhnlichen hervorheben. Sie gehen dabei zu wenig auf die gesellschaftlichen Ursachen der Vorkommnisse und auf ihre mögliche Bedeutung für soziale Veränderungen ein; sie analysieren die Ereignisse nicht, über die sie berichten; sie rechtfertigen und „schönen“ die Gewaltanwendung, indem sie ihre häßlichen und schädlichen Folgen zu wenig veranschaulichen.

Durch eine Langzeitstudie von über 22 Jahren und eine Untersuchung in fünf Ländern[9] ist nachgewiesen worden, daß das beständige Anschauen von Fernsehgewalt durch Kinder einen nachhaltig negativen Einfluß auf den gesamten Lebenslauf der Kinder hat und zu gewaltsamem und kriminellem Verhalten in deren Jugend- und Erwachsenenzeit führen kann. Weitere empirisch-psychologische Studien[10] unterstützen dieses Ergebnis. Das Fernsehen lehrt seine Zuschauer aggressive Verhaltensstile. Durch die ständige Wiederholung gewöhnen sie sich nicht nur daran, aggressiv zu reagieren, wenn provozierende Umstände in der Wirklichkeit oder in den Massenmedien (Auslösereize) dies zu erfordern scheinen, sondern die ständige Wiederkehr von Mediengewalt hat auch die Wirkung einer Verminderung emotionaler Reaktionsfähigkeit auf Gewalt und einer zunehmenden Akzeptierung aggressiver Einstellungen und Werte. Mediengewalt hat eine Übersättigung, Gewöhnung und Anpassung an die Aggression zur Folge, die zu kontinuierlich abnehmenden und schließlich ausbleibenden Reaktionen führt. Die ständigen Gewaltdarstellungen im Fernsehen schaffen ein Gewaltklima in der Gesellschaft. Man bleibt Gewalttaten gegenüber gleichgültig und unbeeindruckt.

---

[9] L.R.Huesmann/L.S.Miller 1994 (Anm. 3).

[10] D.G.Singer/J.L.Singer 1980, 289-303; W.A.Belson 1978.

2. Ursachen des Mordes an B

a. Sozialstrukturelle Ursachen

Nach der Vereinigung Deutschlands hat man in den neuen ostdeutschen Bundesländern eine Orientierungslosigkeit unter den Jugendlichen und Heranwachsenden beobachtet. Da die Zeit vorbei war, in der eine kommunistische Jugendorganisation ihnen vermittelte, welchen Leitbildern sie zu folgen hatten, und da der Pluralismus der westlichen Gesellschaft ihnen chaotisch erschien, machte die nun entstehende Anomie (der Wertezusammenbruch) anfällig für die Horrorgeschichten der westlichen Massenmedien.

b. Subkulturelle Ursachen

Der H, der A und der S bildeten eine Gewalt-Subkultur, in der gewaltfreundliche Verhaltensstile, Einstellungen und Wertvorstellungen hoch geschätzt und wechselseitig unterstützt wurden. Die Aggression war die Quelle ihrer Belohnung und ihres Stolzes; sie war der Maßstab für ihr Verhalten. In einer Gartenlaube zelebrierten sie gewaltsame Rituale. Der kurzfristige Medieneinfluß muß im Zusammenhang mit der aggressiven Gruppendynamik gesehen werden. Sie hörten am liebsten „Death-Metal"-Musik mit brutalen, blutrünstigen Texten. Auf Videoabenden sahen sie sich immer härtere Gewaltfilme an.

c. Täterursachen (Sozialisationstheorie)

Ursachen für den Mord an B können in einer mangelhaften Sozialisation des H, des A und des S liegen. Denn die Gutbürgerlichkeit der Familienverhältnisse und die wirtschaftliche Sicherung sagen noch nichts darüber aus, ob die Familien funktional intakt waren und ob die Eltern-Kinder-Beziehungen warm und herzlich gewesen sind. Das schwache Selbstwertgefühl der drei Täter spricht eher dafür, daß sie in ihren persönlichkeitsbildenden Jahren durch ihre Erziehungspersonen nicht genügend emotionale Unterstützung erfahren haben und nicht ausreichend sozial kontrolliert worden sind. Ihre Sozialisation kann auch insofern defekt sein, als mittel- bis langfristig wirksame aggressive Massenmediendarstellungen sie in ihrer Kindheit beeinflußt haben.

d. Situative Ursachen

Das Opfer, der Schüler B, dessen soziale Isolation ihn opferanfällig machte, kritisierte die Gruppe und machte ihre „wahnhaften Vorstellungen“ lächerlich. Das konnte die Gruppe wegen ihres schwachen Selbstwertgefühls nicht ertragen. Es entstand ein Konflikt, der mit der Ermordung des B endete.

e. Mitverursachung des Mordes an B durch das ständige Ansehen der Horrorfilme durch H, A und S

Das ständige Ansehen der Horrorfilme durch H, A und S hat ihren Mord an B mitverursacht. Denn die ständige Beschäftigung mit dem Sterben auf dem Bildschirm veranlaßte sie, immer wieder zu überlegen, wie es wohl sei, wenn sie selber töteten. Für die drei Täter stand schließlich fest, daß irgendwann irgend jemand umgebracht werden mußte, „einfach nur so“. Sie sagten: „Es war in uns drin wie ein Zwang.“ Bei dem Mord an B handelte es sich um eine Nachahmungstat. Das folgt allein schon daraus, daß sie dem B zunächst das Genick zu brechen versuchten, wie sie es im Film gesehen hatten. Der Medieneinfluß ist allerdings nur im Zusammenhang mit den anderen negativen gesellschaftlichen, subkulturellen, persönlichen und situativen Einflüssen wirksam geworden.

3. Kriminologische Bedeutung der Satanskulte

Satanskulte sind Gruppen von Menschen, die den Teufel verehren und anbeten und die danach streben, einige seiner machtvollen Eigenschaften zu besitzen. Dämonologie ist seit dem Mittelalter mit dem Verbrechen eng verbunden, das die Satanskulte angeblich in Geheimzeremonien und nächtlichen Ritualen verüben. Der Satansglaube ist in Nordamerika weiter verbreitet als in allen anderen Ländern der westlichen Welt[11]. Im Jahre 1990 glaubten 60% der Nordamerikaner, daß es den Teufel gebe. 97% waren der Auffassung, daß Satanskulte existieren, und 23% meinten, daß sie Menschenopfer in Satansmessen darbringen. Es gibt drei Typen[12] von Satanskulten:

– Die unterste Ebene bilden Gruppen junger Leute, die mit satanischem Material experimentieren, das sie aus der „Death-Metal"-Rock-Musik und aus Computer-Spielen entnehmen. Sie tragen manchmal billigen „Teufelsschmuck" und geben ihren Banden satanische Namen. Sie wollen die Bevölkerung beunruhigen und einschüchtern. Dieser Typ eines Satanskultes ist im vorliegenden Fall gegeben.

– Auf der mittleren Ebene werden satanische Symbole und Themen benutzt, um kriminelles Verhalten zu rechtfertigen. Serienmörder und andere Gewaltverbrecher nehmen bisweilen Zuflucht zu der Behauptung, sie seien Satanskult-Anhänger.

– Auf der dritten und letzten Stufe stehen traditionelle, organisierte Satanskulte. Es handelt sich um hochorganisierte, geheime Netze von Personen, die menschliche Opfer, namentlich Kinder, sexuell foltern, sie erschlagen, ihnen Glieder abschneiden, ihr Blut trinken und ihr Fleisch essen.

Die Frage, wie häufig Satanskulte vorkommen, ist umstritten. Einige nordamerikanische Polizeisprecher behaupten, daß 95% der Kindesentführungen auf die Aktivitäten von Satanskulten zurückzuführen sind. Die blonde, blauäugige Jungfrau soll angeblich das ideale Opfer

---

[11] C.R.Bartol 1995, 258.
[12] C.R.Bartol 1995, 258/9.

sein, weil sie ein Symbol für Unschuld, Reinheit und Schönheit verkörpert[13]. Der satanische rituelle sexuelle Kindesmißbrauch soll – wie man behauptet – weit verbreitet sein. Der Ansicht von Experten, daß die Vereinigten Staaten und die westliche Welt bis zum Jahr 2000 mit einer schweren Kriminalitätswelle noch nie dagewesenen Ausmaßes konfrontiert sein werden, die auf Satanismus zurückzuführen sein wird[14], steht die Meinung gegenüber, daß es zwar einige Satanskulte gibt, daß ihre Bedeutung von den Massenmedien aber maßlos übertrieben wird[15]. Viele Menschen glauben an Teufel, Vampire und Werwölfe, um der Langeweile des Alltags zu entgehen. Die Regenbogenpresse („Yellow Press") nutzt die Angst vieler Eltern um ihre Kinder aus, um schnellen Profit zu machen.

4. Vorbeugung gegen die Wirkungen der Mediengewalt

Den negativen Einflüssen der Mediengewalt kann am besten durch freiwillige Selbstkontrolle der Massenmedien entgegengewirkt werden. Eine unmittelbare staatliche Beeinflussung kommt wegen der Pressefreiheit nicht in Frage. An die „Selbstheilungskräfte" des Journalismus sollte man aber keine zu optimistischen Erwartungen stellen. Die Versprechungen der verantwortlichen Programmacher in den Massenmedien, die Gewaltdarstellungen zu verringern, haben sich bisher immer als „Lippenbekenntnisse" erwiesen. Folgende Maßnahmen werden deshalb erwogen:

– Es soll gesetzlich geregelt werden[16], daß Mediengewalt nicht mehr zu Sendezeiten ausgestrahlt werden darf, wenn Kinder am Bildschirm sitzen. Es wird ferner diskutiert, daß alle gewaltsamen Sendungen mit akustischen und visuellen Warnungen (Inserts) ausgestattet werden sollten. Ein unabhängiger Medienrat soll in einem Vierteljahresbericht

[13] C.R.Bartol 1995, 259.
[14] C.R.Bartol 1995, 262 m.w.N.; G.F.Vito/R.M.Holmes 1994, 300.
[15] M.B.Clinard/R.F.Meier 1995, 22.
[16] E.Donnerstein/D.Linz 1995, 263.

die fünfzig gewaltsamsten Sendungen, ihre Produzenten und Sponsoren, veröffentlichen.

– Ein solcher Medienrat soll zwischen Programmachern und Informationsempfängern vermitteln. Er soll Mediengewalt analysieren und kritisieren[17].

– Eltern und Lehrer sollen in Medienerziehung geschult werden. Die Kinder und Jugendlichen sollen in Familie und Schule den angemessenen Gebrauch der Massenmedien lernen[18].

– In staatlichen Aufklärungskampagnen soll über Alltagsgewalt (z.B. Gewalt in der Familie, in der Schule und im Sport) und die Möglichkeiten friedlicher Konfliktregulierung informiert werden. Die Gewaltanwendung soll als unannehmbar dargestellt werden. Eine nationale Kampagne, die über Gewalt in der Schule im Jahre 1983 in allen norwegischen Schulen durchgeführt worden ist, hat sich als erfolgreich erwiesen[19].

II. Fall: Dagobert, der witzige Bombenleger

1. Der Täter, das Opfer und die Kriminalitätskontrolle in den Massenmedien

a. Die Darstellung

In zahlreichen Inhaltsanalysen sind TV-Nachrichten, Berichte, Dokumentationen, Magazinbeiträge, Fahndungs- und Unterhaltungssendungen im Fernsehen, seriöse und Boulevardzeitungen, insbesondere auch Karikaturen, Comics und die Gerichtsberichterstattung, auf Art und Inhalt ihrer Kriminalitätsdarstellung untersucht worden[20]. Aus diesen

---

[17] H.-D.Schwind/J.Baumann/U.Schneider/M.Winter 1990, 173.
[18] A.J.Reiss/J.A.Roth 1993, 388/9; National Committee on Violence 1990, 147.
[19] A.J.Reiss/J.A.Roth 1993, 391.
[20] H.J.Schneider 1990c, 1991b.

Inhaltsanalysen ergibt sich ein ziemlich einheitliches Kriminalitätsbild der Massenmedien über Täter, Opfer und Kriminalitätskontrolle:

In der „Medienwelt der Kriminalität" ist der Täter unfair, unsympathisch, rücksichtslos und egoistisch. Er ist häufig vorbestraft und geht bei seinen Straftaten planvoll vor. Seine Motive bleiben im dunkeln oder sind als bloße Habgier und Rachsucht oberflächlicher Natur. Die tieferen sozialstrukturellen und zwischenmenschlichen Ursachen der Rechtsbrüche kommen nicht ins Bild. Auf die Persönlichkeitsentwicklung und die kriminelle Karriere des Täters wird nicht differenziert genug eingegangen. Über seine Herkunft, die soziale Schicht seiner Eltern, die Wohnverhältnisse in seinem Elternhaus oder seine Schulleistungen werden keine Angaben gemacht.

In der „Medienwelt der Kriminalität" ist das Verbrechensopfer ahnungslos und wird von der Straftat völlig überrascht. Das Delikt – regelmäßig ein schweres Gewaltverbrechen – entwickelt sich in keinem Wechselwirkungsprozeß zwischen Täter und Opfer, die einander nicht kennen und keine Beziehung zueinander haben. Das Opfer gefährdet sich niemals selbst; es begibt sich in keine viktimogenen Situationen, in denen es leicht Opfer einer Straftat werden kann. Es ist passiv und provoziert den Täter fast nie. Es ist völlig schuldlos, an der Tat unbeteiligt, hilflos und dem Täter vollkommen ausgeliefert. Im Gegensatz zum Täter ist es sympathisch und sozial nützlich, so daß der Rezipient ihm gegenüber Sympathie empfinden kann. Gleichwohl wird es in seiner Persönlichkeit als farb- und gesichtslos geschildert, sein sozialer Hintergrund vernachlässigt. Wenn es einen Schaden durch die Straftat erleidet, ist dies fast immer der Tod. Soziale und psychische Opferschäden werden in den Massenmedien nicht sichtbar gemacht, weshalb sie in der Bevölkerung so gut wie unbekannt sind und sich als kein ernsthaftes Problem darstellen.

In der „Medienwelt der Kriminalität" wird die Verbrechenskontrolle fast ausschließlich durch die formelle Sozialkontrolle der Polizei, der Gerichte, und des Strafvollzugs ausgeübt. Verglichen mit den Ermittlern, den Privatdetektiven und Kriminalkommissaren, werden Richter, Staatsanwälte und Strafanstalten allerdings selten gezeigt. Auf jeden Fall hat die informelle Sozialkontrolle durch Familie, Schule, Berufs- und Freizeitgruppe keine Funktion. Ebenso wie die gesellschaftliche

Verursachung bei der Entstehung des Verbrechens wird auch die soziale Mitverantwortung für die Verbrechensverhütung nicht thematisiert. Kriminalitätsbekämpfung ist immer repressive Spezialistentätigkeit, die als äußerst erfolgreich geschildert wird. Die dargestellten Verbrechen werden fast alle aufgeklärt. Da der Medienrezipient über das große Dunkelfeld der verborgen gebliebenen, nicht angezeigten Kriminalität und über die niedrige Aufklärungsquote ermittelter Täter von Eigentumsdelikten im unklaren gelassen wird, wiegt er sich in einer trügerischen Scheinsicherheit. Die Medien versäumen es, ihren Rezipienten deutlich zu machen, daß die formelle Sozialkontrolle, z.B. die Polizei, nur dann erfolgreich arbeiten kann, wenn die informelle Sozialkontrolle, z.B. die Familie, die Nachbarschaft, grundsätzlich intakt ist und ungestört funktioniert.

b. Die Ursachen

Die Kommunikatoren der Massenmedien versuchen, Spannung und Unterhaltung dadurch zu erzielen, daß sie die Kriminalität als etwas Unerhörtes, Unverständliches, Unheimliches, Außergewöhnliches und Rätselhaftes schildern. Kriminalität wird ansprechend und verschönt dargestellt. Das kriminelle Ereignis ist skurril; es regt zum wohligen Gruseln an; es ermöglicht die moralische Selbstzufriedenheit, Anmaßung und Überheblichkeit des „Nichtkriminellen", der sich vom Straftäter abheben kann. Die Medien folgen in ihren Kriminalitätsdarstellungen immer noch einer überholten Kriminalitätstheorie, die im Rechtsbrecher einen Psychopathen, einen seelisch abnormen Menschen, sieht, der sich in seinem andersartigen Wesen vom „Normalmenschen" unterscheidet. Sie erreichen mit dieser Kriminalitätsdarstellung dreierlei:

– Einmal benutzen sie die Darstellung der Kriminalität zur reinen Unterhaltung. Würden sie das Verbrechen wirklichkeitsgetreu veranschaulichen, könnten sie damit keinen Unterhaltungseffekt erzielen.

– Zum anderen tragen sie mit ihrer Verbrechensdarstellung zur Verdrängung der gesellschaftlichen Kriminalitätsursachen bei. Die Gesellschaft erkennt die Kriminalität nicht als **ihr** Problem, sondern sie glaubt, das Verbrechen werde ihr von einer Außengruppe, den Kriminellen, angetan.

– Zum dritten ermöglicht die Kriminalitätsdarstellung in den Massenmedien, diffuse gesellschaftliche Ängste und Zukunftssorgen, z.B. wegen wirtschaftlicher Schwierigkeiten, wegen Inflation und Arbeitslosigkeit, auf „die Kriminellen“ zu projizieren und an ihnen abzureagieren. Die Medienkriminalität dient hierdurch ein weiteres Mal der gesellschaftlichen Entlastung und Erleichterung; sie verhindert allerdings gleichzeitig die Auseinandersetzung der Gesellschaft mit ihren wahren Problemen.

2. Unterschiede in der Darstellung des Täters, des Opfers und der Kriminalitätskontrolle im vorliegenden Fall von der sonst üblichen massenmedialen Verbrechensdarstellung

a. Darstellung des Täters, des Opfers und der Kriminalitätskontrolle im vorliegenden Fall

Mit der sonst üblichen massenmedialen Verbrechensschilderung stimmt die Darstellung des Täters, des Opfers und der Kriminalitätskontrolle im vorliegenden Fall teilweise überein, von ihr weicht sie aber auch teilweise ab.

Die tieferen sozialstrukturellen und zwischenmenschlichen Ursachen der Erpressung werden auch hier nicht veranschaulicht. Die Persönlichkeitsentwicklung und die kriminelle Karriere des Täters werden ebenfalls nicht thematisiert. Im Gegensatz zur sonst üblichen Verbrechensschilderung wird der Täter aber als relativ sympathisch dargestellt. Er zeigt Geschicklichkeit, Beherztheit und Schlauheit. Er entzieht sich immer wieder erfolgreich dem polizeilichen Zugriff. Er ist ein Tüftler, ein „pfiffiger, komischer, lustiger Erpesser“. Er gilt – auch bei der Polizei – nicht eigentlich als Krimineller. Denn er bombt nicht „aus Vergnügen“, sondern „um Druck zu machen, als Mittel zum Zweck“.

Auch im vorliegenden Fall werden die sozialen und psychischen Opferschäden nicht sozial sichtbar gemacht. Das gilt insbesondere für die Mitopfer, die Kunden der Kaufhauskette Karstadt, die der Täter durch seine Sprengstoffanschläge in Angst und Schrecken versetzt hat. Im Unterschied zur sonst üblichen Verbrechensdarstellung sind die Opfer (der Karstadt- und der Hertie-Konzern) keine natürlichen Personen, sondern anonym und entpersonalisiert. In der Opfer-Darstellung verflüchtigt sich ihre Opfereigenschaft: „Die Versicherung zahlt alles." In der Massenmedien-Darstellung ist eigentlich niemand so recht geschädigt. Die breite Masse der Bevölkerung gilt als nicht verletzt (Neutralisationsmechanismus: Verneinung der Verletzung).

Schließlich stimmt mit der sonst üblichen Verbrechensschilderung überein, daß – auch im vorliegenden Fall – der Schwerpunkt der Verbrechenskontrolle auf die formelle Kriminalitätskontrolle gelegt wird. Sie wird indessen hier als ineffektiv geschildert. Die Polizei läßt sich vom Täter immer wieder hinters Licht führen und täuschen. Die Sympathie liegt beim Täter. Die Kriminalitätskontrolle in einem Erpressungsfall wird zum „Räuber- und Gendarm-Spiel" verniedlicht. Die Polizei unterstützt noch dieses falsche Medienbild. Sie äußert Respekt vor den technischen Fähigkeiten und Fertigkeiten des Täters und seinen phantasievollen Plänen zur Geldübergabe. Die Polizisten werden zu „Deppen der Nation" gestempelt, und der Kriminelle wird zu einem Helden gemacht.

b. Ursachen für die Heroisierung von Kriminellen

Die Ursachen für die Heroisierung von Kriminellen sind tiefschürfend herausgearbeitet und zusammengestellt worden[21].

Massenmediale Situation
Die Verbrechensdarstellung ist keine Widerspiegelung der Realität, sondern eine Konstruktion der Wirklichkeit, mit der die Massenmedien in den gesellschaftlichen Lernprozeß eingreifen[22]. In Zeiten ökonomischer Depression werden sozial konstruierte Verbrechen gerechtfertigt

---

[21] P.Kooistra 1989.
[22] H.J.Schneider 1991b, 304.

und Rechtsbrecher verherrlicht. Die Massenmedien verwenden das Verbrechen zum Zwecke der Unterhaltung, um Gewinn daraus zu erzielen. Der Kriminelle als Held ist ein soziales Produkt, das die Massenmedien konstruieren. Er stellt das dar, was die Menschen über ihn glauben wollen, und nicht das, was er tatsächlich ist und tut. Die Massenmedien sind eine Ansammlung bürokratischer Organisationen, die beständig neue kulturelle Produkte produzieren müssen, um überleben zu können. Die organisatorischen Bedürfnisse der Massenmedien machen die Produktion heroischer Krimineller in Zeiten wahrscheinlich, in denen die Bevölkerung für die Darstellung solcher Rechtsbrecher empfänglich ist.

Der heroische Straftäter

Heroische Kriminelle sind Symbolfiguren; sie repräsentieren die Gerechtigkeit außerhalb des Rechtssystems. Soziale Banditen sind Rechtsbrecher, die gesellschaftlich geschätzte Werte verkörpern: Geschicklichkeit, Mut, Beherztheit, Schlauheit, Mitgefühl Unterdrückten gegenüber, Loyalität Freunden gegenüber, Mut im Angesicht der Gefahr. Der romantisierte, glorifizierte Kriminelle darf nicht zur kriminellen Subkultur gehören. Sexualstraftäter faszinieren; sie eignen sich aber nicht zur Heroisierung. Als Held ist am besten der Räuber[23] brauchbar, der seinem Opfer mutig entgegentritt. Erpresser – wie im vorliegenden Fall – dienen schon weniger als Helden, da sie feige und hinterhältig vorzugehen pflegen. Der heroische Kriminelle wird durch Kräfte zur Kriminalität „getrieben", die jenseits seiner Kontrolle liegen (Neutralisationsmechanismus: Verneinung der Verantwortlichkeit)[24]. Keiner ist wirklich geschädigt. Robin-Hood-Kriminelle verletzen die breite Masse niemals (Neutralisationsmechanismus: Verneinung der Verletzung). Sie schädigen andere nur im Falle der Selbstverteidigung oder wenn die soziale Gerechtigkeit es erfordert[25]. Soziale Banditen sind Kriminelle, mit denen sich große Menschenmassen identifizieren können. Sie dürfen nicht nur im eigenen Interesse tätig werden, sondern man muß sie so

---

[23] G.Kaiser 1988, 642, § 71 Rz. 3.

[24] Vgl. zu den Neutralisationsmechanismen: G.M.Sykes/D.Matza 1968.

[25] P.Kooistra 1989, 27.

darstellen, als ob sie im Interesse des einfachen Volkes handelten. Der heroische Kriminelle ist ein moralisch aufrechter Mann, der das Opfer gesetzlicher Ungerechtigkeit geworden ist (Michael-Kohlhaas-Typ). Im Konzept des heroischen Kriminellen werden die kollektiven Phantasien einer enttäuschten Bevölkerung verwirklicht. Heroische Kriminelle stehlen nicht. Sie nehmen Eigentum nur von den Korrupten, um es an die Armen „umzuverteilen“, denen es rechtmäßig gehört.

Die Opfer des heroischen Straftäters

Im vorliegenden Fall sind die Opfer des F. entpersonalisiert; es handelt sich um Kaufhäuser. An sich ist das zur Kreation eines heroischen Kriminellen nicht ausreichend. Die Opfer eines sozialen Banditen sind für gewöhnlich Individuen und Institutionen, die leicht als „Volksfeinde“, als Feinde der breiten Masse der Bevölkerung, dargestellt werden können[26]. Die Opfer sind Unterdrücker, Bestecher, Symbole organisierter Ungerechtigkeit, sozialer Mißstände. Die Opfer verdienen ihr Opferwerden (Neutralisationsmechanismus: Verneinung des Opfers). Die Verbrechen werden als Bestrafungen der Opfer dargestellt, die diese Bestrafungen verdienen.

Die soziale Situation

Der heroische Kriminelle wird von den Massenmedien „erfunden“, wenn die Öffentlichkeit für ihn empfänglich ist (Rezeptivität der Öffentlichkeit). Sozialstrukturelle Bedingungen sind weitverbreitete ökonomische Depression und Legitimationskrise der Mächtigen. In Zeiten, in denen das Gesetz die öffentlichen Vorstellungen über Gerechtigkeit nicht mehr wiedergibt, in denen große Teile der Bevölkerung mit den Repräsentanten des politischen und wirtschaftlichen Systems unzufrieden sind, wird die Richtigkeit der gesetzlichen und politischen Ordnung durch bedeutende Teile der Bevölkerung in Frage gestellt[27]. Plötzlich werden der Öffentlichkeit politische Korruption und soziale Mißstände (Skandale) sichtbarer und verhaßter. Das politische System und seine Repräsentanten (Polizei) werden äußerst kritisch betrachtet (Neutralisa-

---

[26] P.Kooistra 1989, 39.

[27] P.Kooistra 1989, 33, 142, 177.

tionsmechanismus: Verdammung der Verurteiler). Der heroische Kriminelle wird zum Anwalt der Unterdrückten (Neutralisationsmechanismus: Berufung auf höhere Loyalität). Die Polizei wird – wie im vorliegenden Fall – als ineffektiv dargestellt.

Die Rolle der Massenmedien

In Zeiten der sozialen Krise konstruieren „moralische Unternehmer"[28] heroische Kriminelle, indem sie Rechtsbrecher in einen Robin-Hood-Mythos pressen oder indem sie historische Robin-Hood-Figuren wiederbeleben. Der heroische Straftäter wird mit noblen Merkmalen ausgestattet, die bewunderte Züge des Wertsystems widerspiegeln und weniger wünschbare Aspekte seiner Kriminalität verneinen. Hinter jedem heroischen Kriminellen steht eine Gruppe geschickter Manipulateure (Autoren, Produzenten). Der Robin-Hood-Kriminelle ist der Nutznießer von Gestaltern der öffentlichen Meinung. Die meisten Autoren und Produzenten machen sich die populäre Nachfrage nach Robin-Hood-Kriminellen zunutze, um Profit zu machen[29].

3. Die massenmediale Vermarktung von Verbrechen durch den Täter

a. Möglichkeit der Vermarktung

Hier ist dem Täter die Vermarktung seiner Straftaten in den Massenmedien möglich geworden, weil die Massenmedien ihn – mit Hilfe der Polizei – „als Helden" aufgebaut haben und weil die Gesellschaft in der Situation der ökonomischen Rezession und der Legitimationskrise der Politiker für das Bild des heroischen Kriminellen rezeptiv ist.

---

[28] H.S.Becker 1973, 133-148.

[29] P.Kooistra 1989, 177.

b. Mangelnde Rechtfertigung der Vermarktung

Es ist aus folgenden Gründen nicht richtig, daß der Täter seine Verbrechen in den Massenmedien vermarkten und das so eingenommene Geld für sich verbrauchen kann:

– Er hat erhebliche Fahndungskosten in Höhe von zehn Millionen DM verursacht und ansehnliche Polizeikräfte während langer Zeit (fast zwei Jahre lang) gebunden.

– Durch ihn sind Sachschäden beim Karstadt-Konzern in Millionenhöhe entstanden.

– Er hat das Berliner Kaufhaus des Westens (Hertie) im Jahre 1988 bereits erfolgreich um eine halbe Million DM erpreßt.

– Er hat mit fünf Sprengstoffanschlägen – auch zur Mittagszeit in einem Fahrstuhl – die Kunden des Kaufhauses Karstadt (Mitopfer) erheblich an Leben und Gesundheit gefährdet. Daß bei der breiten Masse der Bevölkerung keine Verletzungen an Leben und Gesundheit entstanden sind, ist nicht ihm zu danken. Vielmehr hat er Glück gehabt.

– Der Täter ist – wie alle Erpresser – feige und hinterlistig vorgegangen. Er hat – wie alle Erpresser – eine beträchtliche kriminelle Energie.

4. Verhinderung der massenmedialen Vermarktung von Verbrechen durch den Täter

Wenn irgend jemandem Gewinne aus der Vermarktung von Verbrechen in den Massenmedien zustehen, ist es das Verbrechensopfer, das unter dem Verbrechen gelitten hat und das von seinem Täter häufig keine Wiedergutmachung erhält, weil beim Täter nichts zu holen ist.

a. Die Hinterlegungslösung

Die Lösung des Problems, daß Gewinne aus der Vermarktung von Verbrechen in den Massenmedien beim Justizministerium hinterlegt werden müssen und daß Verbrechensopfern unter bestimmten Umständen Zugriffsmöglichkeiten auf solche hinterlegten Gewinne eingeräumt werden, ist aus folgenden Gründen von zweifelhaftem Wert:

– Die Täter werden ihre Verbrechen in den Massenmedien nicht vermarkten, wenn sie ihren Gewinn abgeben müssen. Das Verbrechensopfer hat aufgrund dieser gesetzlichen Regelung keinen wesentlichen Vorteil.
– Die Täter, ihre Anwälte und die Programmacher der Massenmedien werden auch bei der Hinterlegungslösung nach Umgehungsmöglichkeiten suchen.

b. Verweigerung der Annahme durch die Bevölkerung

Der erfolgreichste Weg, die Vermarktung von Verbrechen in den Massenmedien zu verhindern, ist die Weigerung der Bevölkerung, die Verbrechensdarstellung in den Massenmedien anzunehmen, durch die Täter aus ihren Straftaten Gewinn zu ziehen versuchen. Damit ist freilich nicht zu rechnen, da die Massenmedien-Organisationen mächtig sind, da sie die beschriebene Rezeptivität der Bevölkerung ausnutzen und da sie Profit machen wollen.

c. Gefahr von Anschluß- und Nachahmungstaten

Wenn die Täter ihre Straftaten in den Massenmedien für sich erfolgreich vermarkten können, besteht die Gefahr von Anschluß- und Nachahmungstaten. Nicht wenige Menschen werden auf den Gedanken kommen, durch originelle, aber nicht ungefährliche Verbrechensausführungsarten die Sympathie der Öffentlichkeit zu gewinnen, um anschließend in den Massenmedien ihre Verbrechen zu vermarkten.

Examensklausur

5. Problemkomplex: Kinderdelinquenz – Umfang, Wesen und Struktur – Tötungsdelikte von Kindern – Ihr Umfang und ihre Ursachen – Reaktion auf Tötungsdelikte an Kindern – Sexueller Mißbrauch von Kindern – Begriff, Umfang und Entwicklung – Inzest-Tabu – Ursachen, Opferanfälligkeit und Aufdeckung des sexuellen Mißbrauchs an Kindern – Opferschäden und kriminalpolitische Vorschläge

1. Teil

I. Sachverhalt: Ein Kind tötet zwei Kinder

Der 12jährige A erdrosselte den 10jährigen B am 31. März 1991 im Hinterhof eines Mietshauses in der mitteldeutschen Großstadt X. Im Mund des toten Kindes stellten Gerichtsmediziner Sperma fest. Am 14. Februar 1992 erwürgte der inzwischen 13jährige A den achtjährigen C, nachdem er ihn von einem Spielplatz fortgelockt und in einem Schrottauto zum Oral- und Analverkehr gezwungen hatte. Vor diesen beiden Tötungsdelikten hatte A in neun Fällen Kinder sexuell mißbraucht, aber nicht getötet.

Der A stammt aus einer zerrütteten Familie. Er wuchs in einem emotionalen Mangelmilieu auf. Es gab eine Krise in der Ehe seiner Eltern, die ihm gegenüber unterschiedliche Erziehungsstile („Pendelerziehung") anwandten. Er fiel schon als Kindergartenkind auf; er biß und kratzte die Erzieher; er schlug wild um sich; er zerstörte die Spielsachen seiner Geschwister. In der Schule verstärkten sich die Auffälligkeiten; er störte den Unterricht und lernte nicht, riß häufig aus (im Jahr 1991 allein 22mal) und streunte tage- und nächtelang ziellos umher. Wegen Lernschwierigkeiten kam er in die Sonderschule. Er begann zu stehlen. Man wies ihn zunächst in ein Kinderheim, danach in ein Heim für Schwererziehbare ein. Hier wurde er erstmalig und regelmäßig von älteren Jungen sexuell mißbraucht. Er hatte sexuellen Kontakt (Oral- und Analverkehr) mit etwa dreißig Kindern. Er war stets der Unterlegene, der Unterdrückte. Bei ungebührlichem Verhalten verlegte die Heimleitung ihn für 24 Stunden in eine Arrestzelle ohne Licht. Da auch die Heimerziehung nichts nützte, holten ihn seine Eltern wieder nach Hause.

Die psychologischen und psychiatrischen Gutachter fanden bei ihm weder einen frühkindlichen Hirnschaden noch eine sonstige jugendpsychiatrisch erhebliche Auffälligkeit. Er hatte sich lediglich zu einem gemütsarmen und emotional gestörten Kind entwickelt.

Aufgaben:

1. Erläutern Sie Umfang, Wesen und Struktur der Kinderdelinquenz! Wie häufig sind Tötungsdelikte von Kindern?
2. Welches sind die Ursachen der Tötungsdelikte der Kinder? Erläutern Sie diese Ursachen etwas näher am Fall des A!
3. Mitunter töten Kinder ihre Eltern. Welches sind die Ursachen für solche Taten?
4. In welcher Weise reagiert man in der Bundesrepublik Deutschland auf Tötungsdelikte, die von Kindern begangen worden sind?

2. Teil

II. Sachverhalt: Ein Vater mißbraucht seine minderjährige Tochter sexuell

Der nicht vorbestrafte 47jährige Maurer Karl K. ist Vater von drei Kindern: dem Sohn Michael sowie den Töchtern Sabine und Karin. Er hat bereits mit seiner älteren Tochter Sabine zu einem Zeitpunkt, als sie 12 bis 13 Jahre alt war, sexuelle Beziehungen aufgenommen. Da Sabine sich innerhalb der Familie „alles herausnehmen konnte" und da sie vom Vater bevorzugt wurde, kam es zu einem Familienstreit, im Rahmen dessen Sabine ihre Mutter, die Ehefrau des Karl K., über diese Vorfälle informierte. Der Täter entschuldigte sich für sein Verhalten. Er und seine Ehefrau gaben daraufhin ihren Kindern zu verstehen, daß die

Familie zusammenhalten müsse und man es nicht zulassen dürfe, daß Sabine die Familie zerstöre. Man dürfe es nicht darauf ankommen lassen, daß jemand von der Sache erfahre. So wurde es auch gehalten.

Am Spätnachmittag des 03.08.1991, kurz vor ihrem 13. Geburtstag, begab sich Karin K., nachdem sie vom Schwimmen gekommen war, zwischen 17.00 und 18.00 Uhr in ihr Zimmer, um sich umzuziehen. Sie hatte noch den Badeanzug an. Als sie ihn gerade ausziehen wollte, betrat ihr Vater ihr Zimmer und sagte: „Sei mal ein bißchen lieb zu deinem Papa." Er warf seine überraschte Tochter auf das Bett und zog ihr den Badeanzug herunter. Karin wehrte sich, indem sie mit den Händen auf ihren Vater einschlug und schrie. Da ihre Mutter sich an ihrer Arbeitsstelle befand und auch ihre Geschwister nicht zu Hause waren, wurde ihr Schreien nicht gehört. Karl K. hielt seine Tochter auf dem Bett fest, legte sich auf sie und drang mit seinem Glied in ihre Scheide ein. Karin K. verspürte starke Schmerzen. Sie hatte zu diesem Zeitpunkt noch keine sexuellen Beziehungen gehabt. Nach Beendigung des Geschlechtsverkehrs stand Karl K. auf, zog seine Hose wieder hoch, begab sich hinaus und ließ seine Tochter auf dem Bett liegen. Sie lag dort aufgrund des Schocks noch eine Zeitlang. Als sie hörte, daß ihr Bruder Michael K. nach Hause gekommen war, lief sie zu ihm hin und erzählte ihm von dem Vorfall. Michael K. reagierte bestürzt, wußte aber auch nicht, wie er helfen sollte. Insbesondere riet er seiner Schwester davon ab, die Mutter zu informieren, da diese sowieso nichts tun werde.

In der Folgezeit ließ Karl K. seine Tochter zunächst in Ruhe, bis diese Mitte 1992 ihren Freund, den F., kennenlernte. Karl K. näherte sich seiner Tochter dann mit den Worten: „Wenn du das mit deinem Freund machst, kannst du es ja auch mit mir machen." Danach kam es bis etwa Anfang des Jahres 1993 in weiteren sechs Fällen zum Geschlechtsverkehr zwischen dem Vater und seiner Tochter Karin. Dies geschah immer dann, wenn die Ehefrau des Täters zur Arbeit war. Die Vorgänge vollzogen sich im Elternschlafzimmer. Die Geschwister der Karin K. befanden sich zu diesen Zeitpunkten ebenfalls an ihren Arbeitsstellen. Karin ließ den Geschlechtsverkehr ohne Widerstand, jedoch widerwillig geschehen. Sie fand nicht den Mut, mit ihrem Vater über ihre Ekelgefühle zu sprechen. Etwa Anfang des Jahres 1994 kam es zum letzten Mal zum Beischlaf zwischen dem Karl K. und seiner Tochter Karin. Dabei sagte Karin ihrem Vater, daß sie das nicht länger mitmachen werde. Ihr Vater sah sie daraufhin nur verwundert an und versuchte auch in der Folgezeit nicht mehr, sich ihr zu nähern. Er sprach jedoch seit diesem Zeitpunkt kaum noch mit ihr.

Anläßlich eines Streits der Karin K. mit ihrer Mutter teilte sie ihrer Mutter mit, daß ihr Vater auch mit ihr mehrfach den Geschlechtsverkehr vollzogen habe. Als Karl K. davon erfuhr, machte er seiner Tochter Vorwürfe, der Mutter etwas gesagt zu haben. Die Situation in der Familie wurde zunehmend unerträglich für Karin, da beide Eltern nur noch das Nötigste mit ihr sprachen. Über ihre sexuelle Beziehung zu ihrem Vater wurde nicht mehr gesprochen. Dadurch wurde Karin dazu veranlaßt, sich ihrem Freund, dem F., zu offenbaren. Dieser riet ihr, sich an eine Frau A. vom Sozialamt katholischer Frauen zu wenden. Dies geschah auch. Es kam daraufhin zu einem Gespräch der Frau A. mit dem Karl K. und seiner Ehefrau, auf das hin Karin K. zunächst für 3 bis 4 Tage in das Landeskrankenhaus X gebracht wurde. Ihre Mutter holte sie dann wieder ab. Karl K. hatte sich zu diesem Zeitpunkt auf Druck der Frau A. von seiner Familie getrennt und eine gesonderte Wohnung genommen. Da die Mutter ihrer Tochter jedoch immer wieder vorwarf, daran schuld zu sein, daß ihr Ehemann nicht mehr bei seiner Familie leben dürfe, und es immer häufiger zu teilweise sogar gewalttätigen Auseinandersetzungen zwischen Mutter und Tochter kam, erstattete Karin K. Strafanzeige gegen ihren Vater. Sie wurde in einer Wohngruppe untergebracht. Ihr Vater lebte nunmehr wieder mit seiner Ehefrau zusammen.

In der Hauptverhandlung machten die Zeugen Karin K. und ihr Bruder Michael, der bei seiner polizeilichen Vernehmung die Angaben seiner Schwester, die der Anklage zugrunde lagen, bestätigt hatte, von ihrem Aussageverweigerungsrecht Gebrauch. Die Zeuginnen Magdalene K., Ehefrau des Angeklagten, und Sabine K. hatten bereits bei ihrer polizeilichen Vernehmung die Aussage verweigert. Der Angeklagte ließ sich nicht zur Sache ein. Er wurde daraufhin mangels Beweises freigesprochen.

Aufgaben:

1. Was versteht man unter sexuellem Mißbrauch an Kindern? Warum wird er bestraft?
2. Was versteht man unter dem Inzest? Ist das Inzest-Tabu instinktgebunden? Welchen Sinn hat es?
3. Während man früher annahm, beim sexuellen Mißbrauch an Kindern handele es sich um ein selten verübtes Delikt, neigt man heute eher dazu, diese Straftat als ein allgegenwärtiges, alltägliches Delikt mit epidemischen Ausmaßen zu dramatisieren. Wie häufig ist das Delikt? Wie hat es sich seit dem Jahre 1955 entwickelt?
4. Welche Ursachen hat der sexuelle Mißbrauch an Kindern?
5. Ist das Risiko des Opferwerdens unter Kindern gleichmäßig verteilt? Gibt es Mädchen und Jungen, die für sexuellen Mißbrauch anfälliger sind?
6. Wie pflegen der Täter, seine Familie und die Personen in ihrem sozialen Nahraum sowie die Kriminaljustiz auf die Enthüllung sexuellen Mißbrauchs an Kindern in der Familie zu reagieren?
7. Können durch den sexuellen Mißbrauch an Kindern und durch die informelle oder formelle Reaktion auf ihn Opferschäden entstehen? Wenn Sie die Frage bejahen: Erläutern Sie die Art der Opferschäden!
8. Sollte die Reaktion der Kriminaljustiz auf den sexuellen Mißbrauch an Kindern reformiert werden? Wenn Sie die Frage bejahen: In welcher Weise sollte die Reaktion der Kriminaljustiz reformiert werden?

Lösung

Gliederung

I. Fall: Ein Kind tötet zwei Kinder
   1. Umfang, Wesen und Struktur der Kinderdelinquenz, Häufigkeit der Tötungsdelikte von Kindern
      a. Umfang der Kinderdelinquenz
      b. Wesen der Kinderdelinquenz

- c. Struktur der Kinderdelinquenz
- d. Häufigkeit der Tötungsdelikte von Kindern

2. Ursachen der Tötungsdelikte von Kindern, Ursachen der Tötungsdelikte des A
   - a. Ursachen der Tötungsdelikte von Kindern
   - b. Ursachen der Tötungsdelikte des A
3. Ursachen der Tötung von Eltern durch ihre Kinder
4. Reaktion auf Tötungsdelikte von Kindern in der Bundesrepublik Deutschland

II. Fall: Ein Vater mißbraucht seine minderjährige Tochter sexuell

1. Begriff des sexuellen Mißbrauchs an Kindern und Gründe für seine Strafbarkeit
   - a. Begriff des sexuellen Mißbrauchs an Kindern
   - b. Gründe für die Strafbarkeit des sexuellen Mißbrauchs an Kindern
2. Begriff des Inzests und Sinn des Inzest-Tabus
   - a. Begriff des Inzests
   - b. Sinn des Inzest-Tabus
3. Umfang und Entwicklung des sexuellen Mißbrauchs an Kindern
   - a. Umfang im Hellfeld
   - b. Umfang im Dunkelfeld
   - c. Entwicklung im Hellfeld
   - d. Entwicklung im Dunkelfeld
4. Ursachen des sexuellen Mißbrauchs an Kindern
   - a. Psychopathologische Theorie
   - b. Sozioökonomische Theorie
   - c. Sozialstrukturelle Theorie
   - d. Familiensystemtheorie
   - e. Sozialisationstheorie
   - f. Soziale Lern- und Interaktionstheorie
   - g. Neutralisationstheorie
5. Opferanfälligkeit bei sexuellem Mißbrauch an Kindern
   - a. Emotionales Mangelmilieu
   - b. Abwesenheit, Krankheit, Drogen- und Alkoholabhängigkeit der Eltern

c. Soziale Isolation
d. Erlernte Hilflosigkeit
6. Aufdeckung des sexuellen Mißbrauchs an Kindern
7. Opferschäden beim sexuellen Mißbrauch an Kindern
a. Primärschäden
b. Sekundärschäden
8. Reform der Reaktion der Kriminaljustiz auf den sexuellen Mißbrauch an Kindern
a. Problematik des formellen Strafverfahrens
b. Informelles Ausgleichs- und Schlichtungsverfahren
c. Vernehmung des sexuell mißbrauchten Kindes durch einen Jugenduntersuchungsführer

Gutachten

I. Fall: Ein Kind tötet zwei Kinder

1. Umfang, Wesen und Struktur der Kinderdelinquenz, Häufigkeit der Tötungsdelikte von Kindern

a. Umfang der Kinderdelinquenz

Im Jahre 1993 waren im Hellfeld die bis 14jährigen Kinder in der Bundesrepublik Deutschland mit 4,3 % Anteil an den Tatverdächtigen beteiligt. Bei einer durchschnittlichen Kriminalitätsbelastungszahl (Tatverdächtige jeder Altersgruppe bezogen auf je 100.000 Einwohner derselben Altersgruppe) von 2.771 (ohne Kinder unter 8 Jahren) waren die 8- bis 14jährigen Kinder mit einer Delinquenzbelastungszahl von 1.568 unterrepräsentiert[1]. Im Lande Nordrhein-Westfalen hatten die 8- bis 14jährigen Kinder im Jahre 1993 einen Bevölkerungsanteil von 6,1 % und

[1] Bundeskriminalamt 1994, 71/3.

einen Tatverdächtigenanteil von 4,9 %[2]. Im Dunkelfeld begeht fast jedes Kind Handlungen, die gegen Strafrechtsnormen verstoßen[3]. Nur ein Bruchteil kommt zur Anzeige.

b. Wesen der Kinderdelinquenz

Die meiste Kinderdelinquenz, die im Dunkelfeld der verborgenen, nichtangezeigten Delinquenz verbleibt, ist leichterer Art (z.B. vandalistische Handlungen, Ladendiebstähle) und bildet sich spontan zurück (Episodenhaftigkeit). Da Kinder in die Rechtsordnung hineinwachsen und die Normen kennen und beachten lernen müssen, sind gelegentliche Grenzüberschreitungen normal. Durch entsprechende Zurechtweisungen wegen der Normverstöße lernen sie ihre Befolgung. In der kindlichen Vorstellung und Phantasie sind Märchenwelt und Wirklichkeit noch nicht so klar voneinander getrennt, wie das beim Erwachsenen der Fall ist. Da Kinder noch wenig Erfahrung besitzen, möchten sie mit delinquentem Experimentieren die Grenzen ihres Handelns ausloten. Kinderdelinquenz ist meist ungeplant und wird aus einer Augenblicksstimmung heraus unternommen. Sie erscheint deshalb auf den ersten Blick in ihrer Ausführung und in ihren schädlichen Folgen – verglichen mit der Erwachsenenkriminalität – leichter, einfacher und folgenloser, zumal die Kinder – infolge ihrer mangelnden Routine – von der Polizei schneller gefaßt und überführt werden und geständnisbereiter sind. Die Schwere der Kinderdelinquenz liegt indessen gerade häufig in ihrer Unberechenbarkeit und in ihrer Planlosigkeit. Es treten Schäden ein, die die kindlichen Täter nicht vorausgesehen und nicht gewollt haben. Man kann bei der Kinderdelinquenz eine Zweiteilung in Delinquente, die keine Straftaten oder leichtere Delikte seltener begehen und deren Delinquenz sich in ihrer Masse mit Wahrscheinlichkeit spontan zurückbildet (Episodenhaftigkeit), und in Delinquente vornehmen, deren Rechtsbrüche schwerer und hartnäckiger sind und die sich in der Gefahr befinden, als Jugendliche und Heranwachsende ihre Rechtsbrü-

---

[2] Landeskriminalamt 1994b, 20.

[3] H.Remschmidt/G.Höhner/R.Walter 1984, 90.

che fortzusetzen und sich als Erwachsene zu Rückfalltätern und Berufsverbrechern zu entwickeln (kriminelle Karriere)[4].

c. Struktur der Kinderdelinquenz

Kinder begehen zwar alle möglichen Straftaten, z.B. in seltenen Fällen auch Tötungsdelikte; die Struktur der Kinderdelinquenz ist aber noch sehr undifferenziert. Wie die Erwachsenen verüben sie häufig Diebstahl und Einbruch. Im übrigen sind sie allerdings nur noch an Sachbeschädigung und Brandstiftung in vermehrtem Umfang beteiligt. Die in sehr geringem Ausmaß delinquenzbelasteten Mädchen begehen fast ausschließlich Diebstahl. Drei Viertel der kindlichen Tatverdächtigen werden vor Erreichen der Strafmündigkeit nur einmal, die Hälfte wird sogar nur wegen einer einzigen Straftat polizeilich registriert[5].

d. Häufigkeit der Tötungsdelikte von Kindern

Tötungsdelikte von Kindern kommen sehr selten vor. Sie sind mit dem Spielerischen, der Episodenhaftigkeit und der Planlosigkeit der Masse der Kinderdelinquenz unvereinbar.

2. Ursachen der Tötungsdelikte von Kindern, Ursachen der Tötungsdelikte des A

a. Ursachen der Tötungsdelikte von Kindern

Wenn Kinder Gewaltdelikte, z.B. Tötungsdelikte, begehen, so sind ihre Opfer meist Familienmitglieder oder gleichaltrige oder jüngere Freunde

---

[4] L.Pongratz/M.Schäfer/P.Jürgensen/D.Weiße 1977; L.Pongratz/P.Jürgensen 1990.
[5] M.Traulsen 1984, 1985.

oder Spielkameraden[6]. Die Motive, die sie angeben, sind häufig trivial. Kindliche Psychopathie ist keine Erklärung[7]. Zwischenmenschliche Spannungen und Versagungen, die sie über lange Zeit ertragen mußten, sind die wahren Ursachen. Sie sind körperlich und seelisch vernachlässigt und mißhandelt worden und haben elterliche Liebe und Zuneigung entbehren müssen[8]. Viele delinquente Kinder sind mangelhaft von ihren Eltern betreut worden[9]. Kinder, die töten, stammen häufig aus Familien, in denen körperliche und sexuelle Gewalt angewandt wird. Sie haben früh Alkohol und Drogen mißbraucht, und sie machen große Erziehungsschwierigkeiten. Sie haben in der Regel Schulen besucht, in denen ein Gewaltklima herrschte. Sie ziehen sich aus der Realität zurück und flüchten sich in ihr gewaltsames Phantasieleben[10].

b. Ursachen der Tötungsdelikte des A

Der A mußte zwischenmenschliche Spannungen und Versagungen über längere Zeit ertragen. Er ist körperlich und seelisch vernachlässigt und mißhandelt worden. Er hat elterliche Liebe und Zuneigung entbehren müssen. Er wuchs in einer zerrütteten Familie und in einem emotionalen Mangelmilieu auf. Nach seiner Einweisung in ein Heim für Schwererziehbare wurde er häufig von älteren Jungen sexuell mißbraucht. Die Heimleitung betreute ihn nur unzulänglich. Bei Fehlverhalten wurde er einfach in eine Arrestzelle ohne Licht für 24 Stunden eingesperrt. Durch diese rein repressive Reaktion wurden ihm die Gründe für sein Fehlverhalten nicht klar. Durch die Frustration der Verlegung in die Arrestzelle wurde sein Fehlverhalten vielmehr noch verstärkt.

---

[6] M.Riße/E.Lignitz/K.Püschel/G.Geserick 1993; W.Meloff/R.A.Silverman 1992.
[7] So aber E.Trube-Becker 1990.
[8] H.Remschmidt/R.Walter 1984.
[9] M.Schwabe-Höllein 1984.
[10] R.M. und S.T.Holmes 1994, 185-187.

3. Ursachen der Tötung von Eltern durch ihre Kinder

Eine Kombination miteinander zusammenhängender Probleme schafft die Bedingungen, aus denen heraus Kinder ihre Eltern töten[11]:

– Die Kinder wachsen in Familien auf, in denen man Brutalität und Grausamkeit der Eltern untereinander und ihren Kindern gegenüber sowie Drogen- und Alkoholmißbrauch beobachtet hat.

– Die Kinder haben vergeblich versucht, ihre Familie zu verlassen. Sie sind mehrfach weggelaufen und haben an Selbstmord gedacht oder Selbstmordversuche unternommen. Sie haben sich erfolglos bemüht, Hilfe gegen die elterliche Gewaltanwendung zu erhalten.

– Die Kinder sind sozial isoliert. Sie sind schwer sexuell, körperlich und verbal mißhandelt worden.

– Die Familiensituation verschlechtert sich zunehmend. Die Gewalt in der Familie nimmt immer mehr zu.

– Die Kinder verlieren ihre Selbstkontrolle. Eine Schußwaffe ist leicht erreichbar.

4. Reaktion auf Tötungsdelikte von Kindern in der Bundesrepublik Deutschland

Begeht ein Kind, das noch nicht 14 Jahre alt ist, eine mit Strafe bedrohte, d.h. tatbestandsmäßig rechtswidrige Handlung, so können strafrechtliche Maßnahmen gegen das Kind nicht ergriffen werden (§ 19 StGB). Die Tat kann allerdings ein Zeichen dafür sein, daß das Kind nicht angemessen erzogen wird und daß es deshalb der Hilfe für seine sozialkonforme Entwicklung bedarf. Der Staatsanwalt wird die Personensorgeberechtigten und das Kind auf ihre Ansprüche auf Hilfe zur Erziehung gemäß §§ 27 ff. SGB VIII aufmerksam machen und das Jugendamt einschalten. Bei einer Strafanzeige gegen ein Kind hat der Staatsanwalt zu prüfen, ob der Vormundschaftsrichter und die Schulbehörde zu

---

[11] K.M.Heide 1992, 1993.

benachrichtigen sind und ob gegen den Aufsichtspflichtigen einzuschreiten ist. In Einzelfällen – wie hier bei Tötungsdelikten – wird der Vormundschaftsrichter Erziehungsmaßnahmen nach §§ 1666, 1666a BGB anordnen, die er aus §§ 27 ff. SGB VIII entnimmt. Im vorliegenden Fall wird Heimerziehung gemäß § 34 SGB VIII in Frage kommen.

II. Fall: Ein Vater mißbraucht seine minderjährige Tochter sexuell

1. Begriff des sexuellen Mißbrauchs an Kindern und Gründe für seine Strafbarkeit

a. Begriff des sexuellen Mißbrauchs an Kindern

Den sexuellen Mißbrauch eines Kindes (Pädophilie) definiert man als Interaktion zwischen einem Kind (bis 14 Jahre) und einem Erwachsenen, bei der das Kind als Objekt zur Befriedigung sexueller oder sexualisierter Bedürfnisse des Erwachsenen dient. Ausführungshandlungen umfassen die gesamte Bandbreite sexueller Aktivitäten. Die spielerisch-kindlichen Kontakte überwiegen allerdings. Die meisten Pädophilen gehen sanft vor. Physische Gewalt und ihre Androhung sind selten. Meist genügt es, wenn die Autorität des Erwachsenen ausgespielt wird.

Obszöne Reden, Zeigen pornographischer Bilder und Entblößen der Genitalien des Erwachsenen sind am einen Ende des Kontinuums leichte Begehungsweisen, die häufig vorkommen. Mittelschwere Ausführungshandlungen bestehen darin, daß der Täter die Genitalien des Kindes berührt, betastet und streichelt und vor dem Kind masturbiert. Oral-genitale Kontakte, simulierter Geschlechtsverkehr und Geschlechtsverkehr sind am anderen Ende des Kontinuums schwere Verfehlungen, die relativ selten sind[12].

---

[12] D.Finkelhor 1984, 83.

Die meisten Täter und Opfer sind einander vor der Tat bekannt (Beziehungsstraftaten)[13]. Täter sind zumeist Familienmitglieder (Väter, Großväter, Pflege- und Stiefväter, Lebensgefährten der Mutter), Verwandte (Onkel), Hausmitbewohner, Nachbarn, Freunde der Familie, Babysitter oder Erziehungs- und Autoritätspersonen (Lehrer, Pfarrer, Ärzte)[14]. Gegenüber den Beziehungsstraftätern fallen die Täter, die dem Kind fremd sind und die ihm auf dem Spielplatz, im Park oder im Personenkraftwagen auflauern, mit 3 % bis 4 % Kriminalitätsanteil kaum ins Gewicht[15].

b. Gründe für die Strafbarkeit des sexuellen Mißbrauchs an Kindern

Das Kind wird beim sexuellen Kindesmißbrauch zum Sexualobjekt erniedrigt. Der Täter nutzt seine dominante, bestimmende Position (Machtmißbrauch) aus; das Kind, das wegen seiner kindlichen Ohnmacht von ihm abhängig ist und dem gegenüber er Vertrauensbruch begeht, ist zur Ausführung der sexuellen Handlung weder körperlich noch emotional noch kognitiv ausreichend entwickelt.

2. Begriff des Inzests und Sinn des Inzest-Tabus

a. Begriff des Inzests

Inzest (Blutschande) ist im Zusammenhang mit dem sexuellen Kindesmißbrauch jede Form sexueller Aktivität zwischen einem Kind und einem Eltern- oder Stiefelternteil oder anderen Familienangehörigen (Großeltern, Onkel, Tanten) oder Elternersatzpersonen (Lebensgefährten eines Elternteils, Pflegeeltern).

---

[13] H.J.Schneider 1987, 687.
[14] D.J.West 1987, 55.
[15] J.R.Conte 1990, 19; B.Gomez-Schwartz/J.M.Horowitz/A.P.Cardarelli 1990, 155.

b. Sinn des Inzest-Tabus

Der Inzest ist nicht instinktgebunden; das Inzest-Tabu muß vielmehr gelernt werden, und es wird von Generation zu Generation weiter übertragen, weil sich der Inzest zerstörend auf die Familie, das Verwandtschaftssystem und die soziale Ordnung auswirkt.

3. Umfang und Entwicklung des sexuellen Mißbrauchs an Kindern

a. Umfang im Hellfeld

Im Hellfeld wurden im Jahre 1993 von 15.430 im gesamten Bundesgebiet erfaßten Fällen 63,4 % aufgeklärt. Dabei wurden 7.720 Tatverdächtige (97,5 % Männer, 2,5 % Frauen) ermittelt[16]. Die höchste Belastung zeigen die 30- bis 40jährigen Männer; deutlich unterrepräsentiert sind demgegenüber die über 60jährigen[17]. Von 14.397 Opfern des vollendeten sexuellen Mißbrauchs an Kindern im Jahre 1993 waren 90,5 % zwischen 6 und 14 Jahre alt, 76,2 % waren weiblich und 23,8 % männlich. Bei 13.196 in den alten Bundesländern im Jahre 1991 bekanntgewordenen Fällen wurden nur 1.684 Angeklagte verurteilt[18]. Die meisten Ermittlungsverfahren stellt die Staatsanwaltschaft ein, weil sich nahe Angehörige weigern, den Täter, dem sie sich verbunden fühlen, vor Gericht zu belasten.

b. Umfang im Dunkelfeld

Ein großer Teil des sexuellen Mißbrauchs an Kindern bleibt im Dunkelfeld verborgen. Die Bevölkerung behandelt sexuelle Handlungen an

---

[16] Bundeskriminalamt 1994, 123/4.
[17] G.Kaiser 1988, 691, § 78 Rz. 6.
[18] Statistisches Bundesamt 1993a, 21.

Kindern – falls sie sich im sozialen Nahraum ereignen – weitgehend als Privatsache. Man hat Mitleid mit dem Täter, dem man sich verpflichtet fühlt; man möchte ihm und sich selbst keine Schwierigkeiten machen. Man fürchtet, daß Polizisten und Sozialarbeiter das Kind verschrecken. Die Familien sollen aus eigener Kraft mit der Situation allein fertigwerden[19]. Deshalb ist die soziale Aufmerksamkeit, auch der potentiellen kindlichen Opfer, auf den sexuellen Mißbrauch an Kindern durch Fremde gerichtet. Es fällt dem Anzeigeerstatter wesentlich leichter, ein Strafverfahren gegen einen Fremden in Gang zu bringen, als jemandem empfindliche Schwierigkeiten zu bereiten, der ihm verwandtschaftlich oder freundschaftlich verbunden ist.

Aufgrund einer neueren Befragung nach dem Opferwerden[20] rechnet man damit, daß fünf bis acht Prozent der Frauen in den alten Bundesländern (Männer: 1,4 bis 3,5 %) und zwei bis sechs Prozent der Frauen in den neuen Bundesländern (Männer: 0,5 bis 2,5 %) sexuelle Mißbrauchserfahrungen mit Körperkontakt im Alter bis zu 14 Jahren hatten. Für das Jahr 1991 geht man von 82.000 Fällen in den alten Bundesländern aus. Eine Dunkelfelduntersuchung in den USA[21] hat freilich ergeben, daß 22 % der Befragten (27 % Frauen und 16 % Männer) über eine sexuelle Viktimisierung im Kindesalter berichteten. Es ist wahrscheinlich, daß Frauen mehr Täterinnen sind, als im Hellfeld in Erscheinung treten[22]. Auch die Zahl der sexuellen Übergriffe auf Jungen ist größer, als man bisher aufgrund der Kriminalstatistiken angenommen hatte[23]. Denn Jungen pflegen ihr Schweigen noch seltener zu brechen als Mädchen.

---

[19] D.Finkelhor 1984, 85.
[20] P.Wetzels 1994, 66.
[21] D.Finkelhor/J.A.Lewis 1988, 65.
[22] H.G.I.Hanks/J.Saradjian 1994, 198-216.
[23] B.Watkins/A.Bentovim 1993, 27-66.

c. Entwicklung im Hellfeld

Im Hellfeld ist das Delikt in den Jahren 1955 bis 1990 zurückgegangen: Einer Häufigkeitszahl (Zahl der bekanntgewordenen Fälle auf 100.000 Einwohner) von 31,9 im Jahre 1955 steht eine Häufigkeitszahl von 20,3 im Jahre 1990 gegenüber. Bei dieser Abnahme handelt es sich freilich nur um einen Scheinrückgang. Denn die schlechte Strafverfolgungsintensität wirkt sich negativ auf die Anzeigebereitschaft der Bevölkerung aus[24]. Der potentielle Anzeigeerstatter berücksichtigt bei seiner Entscheidung, ob die Staatsanwaltschaft mit großer Wahrscheinlichkeit Anklage erheben und ob das Gericht den Angeklagten verurteilen wird.

d. Entwicklung im Dunkelfeld

Im Dunkelfeld ist der sexuelle Mißbrauch an Kindern in den letzten Jahrzehnten wahrscheinlich mäßig angestiegen. Denn mit der Liberalisierung auf sexuellem Gebiet ist die Bevölkerung gegenüber der Straftat toleranter geworden, so daß die informelle Sozialkontrolle noch weitergehend als früher versagt.

4. Ursachen des sexuellen Mißbrauchs an Kindern

a. Psychopathologische Theorie

Nach dieser Theorie ist kein einziger pädophiler Täter psychisch normal. Alle pädophilen Rechtsbrecher sind entweder psychisch abnorm oder krank; sie sind insbesondere anlagemäßig psychopathisch, schwachsinnig, oder sie leiden unter hirnorganischen Schäden oder Psychosen[25]. Demgegenüber sind in der empirischen Forschung nur wenige

---

[24] J.J.M. van Dijk 1982, 331-338.

[25] R.Wyss 1967; H. von Hentig/T.Viernstein 1925.

pädophile Täter gefunden worden, die psychotisch oder hirnorganisch geschädigt waren[26].

b. Sozioökonomische Theorie

Sie geht davon aus, daß unzulängliches Einkommen, häusliche Enge, ärmliche Wohnverhältnisse, Arbeitslosigkeit, niedriges Bildungs- und Berufsniveau für den sexuellen Mißbrauch an Kindern, speziell für den Inzest, verantwortlich sind. Da in den wohlhabenden Mittel- und Oberschichten Kinder gleichfalls sexuell viktimisiert werden, erklärt diese Theorie die Entstehung der Pädophilie nicht ausreichend. Die Mittel- und Oberschichten können den sexuellen Mißbrauch an ihren Kindern besser verbergen, da sie über mehr sozioökonomische Ressourcen verfügen[27].

c. Sozialstrukturelle Theorie

Nach dieser Theorie ist der sexuelle Mißbrauch an Kindern auf die politischen und wirtschaftlichen Machtverhältnisse in der Gesellschaft, auf soziale Normen, Verhaltensstile und Leitbilder zurückzuführen. Männer beherrschen die Gesellschaft; Frauen sind weitgehend machtlos. Kinder werden von ihren Eltern wie Objekte, wie Eigentum benutzt. Die Eltern meinen, mit ihnen – speziell in der Familie – nach Belieben verfahren zu können. Väter sind nicht verpflichtet, sich an der Körperpflege des Kleinkindes in seiner frühen Kindheit zu beteiligen. Hierdurch mangelt es ihnen an Einfühlungsvermögen in ihr Kind. Es ist gesellschaftlich weniger streng verboten, Kinder sexuell zu mißbrauchen. Das soziale Tabu besteht vor allem darin, den sexuellen Kindesmißbrauch nicht aufzudecken und nicht darüber zu sprechen.

---

[26] C.R.Hollin/K.Howells 1991, 1-7; J.W.Mohr/R.E.Turner/M.B.Jerry 1964, 93.
[27] D.Finkelhor 1979, 112.

d. Familiensystemtheorie

Sie stellt darauf ab, daß die Risikofamilien, die in Gefahr stehen, ihre Kinder sexuell zu mißbrauchen, nicht hinreichend in Netze sozialer Beziehungen und Kontakte eingebettet sind. Es mangelt ihnen an normalen zwischenmenschlichen Interaktionen innerhalb der Familie und an dauerhaften sozialen Beziehungen und Verbindungen zu Personen außerhalb der Familie, z.B. zu Nachbarn und Freunden. Die Familienmitglieder sind in pathologischer Weise abhängig voneinander. Die Inzestfamilie ist ein geschlossenes soziales System, in dem es an klar definierten Grenzen zwischen den Generationen mangelt und das sich von seiner Umgebung sozial und psychisch abgeschottet hat. In dieser Familie herrscht eine Rollenverwirrung, so daß ihre sexuellen Verhältnisse chaotisch sind. Der sexuelle Mißbrauch an Kindern innerhalb der sozial isolierten Familie wird durch subkulturelle pädophile Wertvorstellungen zuweilen unterstützt.

e. Sozialisationstheorie

Sie ist ein täterorientierter Ansatz[28], der für die Frage der Verursachung des sexuellen Mißbrauchs an Kindern eine versagende, zurückweisende, das Selbstwertgefühl zerstörende Sozialisation des Täters in den Mittelpunkt seiner Betrachtungen stellt. Der pädophile Täter ist sozial scheu und schüchtern; es mangelt ihm an Behauptungsfähigkeit; er besitzt ein niedriges Selbstwertgefühl. Er ist häufig von seinem Vater körperlich mißhandelt oder sexuell viktimisiert worden, oder er hat die physische Mißhandlung oder die sexuelle Viktimisierung seiner Mutter oder seiner Geschwister miterleben müssen. Der Vater stellte für ihn deshalb kein Rollenmodell dar, mit dem er sich identifizieren konnte. Er entwickelt männliche Minderwertigkeitsgefühle und erlebt Frauen als Bedrohung. Er möchte wieder zum Kind werden (Regression)[29].

---

[28] L.Meyer Williams/D.Finkelhor 1990, 231-255; S.Araji/D.Finkelhor 1986, 89-118.
[29] B.Karpman 1954, 105/6; W.Bromberg 1948, 88.

f. Soziale Lern- und Interaktionstheorie

Nach dieser Theorie wird sexueller Mißbrauch an Kindern in fehllaufenden Prozessen symbolischer Interaktion zwischen Kindern und zwischen Erwachsenen und Kindern gelernt. Frühe befriedigende sexuelle Erfahrungen mit kindlichen Altersgenossen und spätere nicht zufriedenstellende sexuelle Beziehungen mit erwachsenen Partnern können die Ausbildung pädophiler Neigungen zur Folge haben[30]. Zur emotionalen und sexuellen Entwicklung des Kindes sind gefühlsmäßige Berührungen und Zuwendungen nicht nur erlaubt, sondern dringend notwendig und wünschenswert. Das Kind lernt auf diese Weise eheliche Zuwendung und die „Bemutterung“ und „Bevaterung“ seiner Kinder am Modell. Die Grenzen der Mutter- und Vaterrollen, die gesellschaftlich bestimmt werden, können leicht verletzt und überschritten werden. Aufgrund von Falschdefinitionen im Interaktionsprozeß zwischen Eltern und Kindern kann es immer wieder zu Überschreitungen der Grenzen der Mutter- und Vaterrollen kommen. Die Eltern können aus ihren Elternrollen fallen. In ihrer Jugend ziehen sich die Männer, die in ihrer Kindheit zu Opfern geworden sind und die nunmehr pädophile Neigungen haben, unter Verwendung von Kinderpornographie[31] in masturbatorische Phantasien zurück, die den sexuellen Kontakt mit Kindern zum Gegenstand haben. Sie erweisen sich als unfähig, ihre Sexualität mit Gleichaltrigen zu normalisieren.

g. Neutralisationstheorie

Sie geht davon aus[32], daß Straftäter Rationalisierungs- und Verleugnungsmechanismen erlernen, die sie in die Lage versetzen, sozialkonforme Werte und Einstellungen *vor* ihren Rechtsbrüchen zu neutralisieren, sie unwirksam zu machen. Die pädophilen Täter interpretieren z.B. das Opferverhalten falsch: Das Kind, das in Wirklichkeit Anlehnung

---

[30] P.H.Gebhard/J.H.Gagnon/W.B.Pomeroy/C.V.Christenson 1965, 74-77.
[31] M.R.Murrin/D.R.Laws 1990, 73-91; J.F.Gilgun/T.M.Connor 1990, 74-87.
[32] G.M.Sykes/D.Matza 1968, 360-371.

und Beachtung suchte, hat sie verführt; es hat sie herausgefordert. Sie suchen nach Ausflüchten in subkulturellen pädophilen Wertvorstellungen: Sie wollen ihr Kind z.B. sexuell „erziehen". Sie wollen es angeblich vor Promiskuität, vor Homosexualität, vor Sexualerfahrungen mit „verdorbenen" Männern bewahren.

5. Opferanfälligkeit bei sexuellem Mißbrauch an Kindern

Das Risiko des Opferwerdens ist unter Kindern nicht gleichmäßig verteilt. Es gibt Mädchen und Jungen, die für sexuellen Mißbrauch verwundbarer sind.

a. Emotionales Mangelmilieu

Kinder aus einem emotionalen Mangelmilieu neigen mehr dazu, sexuell mißbraucht zu werden[33]. Sie hungern nach Zuneigung und Anerkennung. Sie haben weniger Möglichkeiten, in ihren Familien Selbstvertrauen und Selbstsicherheit zu entwickeln. Täter wählen Mädchen und Jungen aus, die aus Familien kommen, in denen emotionaler Mangel herrscht.

b. Abwesenheit, Krankheit, Drogen- und Alkoholabhängigkeit der Eltern

Kinder, deren Eltern abwesend oder wegen Krankheit oder Drogen- und Alkoholabhängigkeit für sie unzugänglich sind, die von ihren Eltern zurückgewiesen werden oder deren Eltern in ehelichem Konflikt miteinander leben, und Mädchen, die einen Stiefvater haben, sind beson-

[33] U.Brockhaus/M.Kolshorn 1993, 64-66.

ders gefährdet[34]. Das Tabu gegen Stiefvater-Stieftochter-Sexualkontakte ist gesellschaftlich weniger ausgeprägt.

c. Soziale Isolation

Sie ist ein weiterer Faktor, der opferanfällig macht. Sexuell mißbrauchten Kindern hat es in der Regel an sozialer Nähe zu Gleichaltrigen und zu Geschwistern gefehlt. Wenn Kinder wenig Freunde(innen) haben, schafft dieser Umstand ein Bedürfnis nach Kontakt und Freundschaft, das sich pädophile Täter zunutze machen. Die soziale Isolation kann allerdings auch das Ergebnis sexueller Viktimisierung sein. Kinder, die sexuell mißbraucht worden sind, sondern sich von Gleichaltrigen ab, weil sie sich schämen und weil sie sich gebrandmarkt fühlen.

d. Erlernte Hilflosigkeit

Sie ist schließlich ein Konzept[35], das verstärkte Opferanfälligkeit erklärt. Man lernt durch Erfahrung, daß negative Folgen des Verhaltens eintreten, ohne daß man diese Folgen beeinflussen kann. Stellt ein Kind wiederholt fest, daß es auch durch gezieltes Verhalten auf eine negative Folge nicht einzuwirken vermag, so verhält es sich passiv und unternimmt selbst bei drohenden schädigenden Ereignissen nicht den Versuch, sie zu umgehen. Das Kind ist vom Täter oder einer anderen Person in seine Hilflosigkeit hineinsozialisiert worden; es hat die Zwecklosigkeit zielgerichteten Widerstandes verinnerlicht.

---

[34] D.Finkelhor/L.Baron 1986, 60-88.

[35] M.E.P.Seligman 1992.

6. Aufdeckung des sexuellen Mißbrauchs an Kindern

Obwohl die heutige Gesellschaft ein freieres, unverkrampfteres Verhältnis zur Sexualität zu haben meint, ist der sexuelle Mißbrauch an Kindern auch heute noch tabuisiert. Sexuelle Übergriffe in der Familie und durch Personen des sozialen Nahraums werden als Privatsache und nicht als Kriminalität betrachtet. Nach der Enthüllung eines sexuellen Kindesmißbrauchs entsteht nicht nur eine Familienkrise. Die behördlichen Reaktionssysteme, Polizei, Staatsanwaltschaft, Jugendamt, Beratungsdienste, Kliniken, lassen es häufig auch an professioneller Souveränität und Gelassenheit mangeln. Sie überreagieren und erschöpfen sich in gefühlsmäßigem Aktionismus. Das angeblich sexuell mißbrauchte Kind wird überstürzt aus seiner Familie genommen, was mit Recht als Opferbestrafung empfunden wird. Wenn jemand die Familie verlassen muß, so sollte es der potentielle Täter sein. Die Reaktionssysteme streben einerseits die Bestrafung des Täters, andererseits die Hilfe und Behandlung des Opfers an. Ihr Verhalten ist häufig zu wenig koordiniert, und sie behindern sich gegenseitig.

Der Täter kämpft mit allen Mitteln, um seiner Stigmatisation zu entgehen. Er fürchtet nicht nur seine Bestrafung, sondern das Unverständnis und die Empörung der Personen seines sozialen Nahraums, seiner Nachbarn und Freunde. Täter und Opfer werden durch die soziale Überreaktion (emotionale Dramatisierung) zu gesellschaftlichen Außenseitern, zu randständigen Personen. Der Täter wird gehaßt; das Opfer wird verachtet und als „verdorben“ angesehen. Kein Krimineller wird stärker gebrandmarkt als der „Kinderschänder“. Sogar in der Strafanstalt begegnet man ihm mit äußerster Geringschätzung. Er ist mannigfaltigen Degradierungen durch Mitgefangene und das Strafvollzugspersonal ausgesetzt.

Selbst nach Eröffnung des Ermittlungsverfahrens versucht der Täter, das Delikt zu unterdrücken und den Vorfall vergessen zu machen. Bei intrafamiliärem sexuellem Mißbrauch nutzt er seine Machtposition aus, um alle Familienmitglieder einzuschüchtern und das mißbrauchte Kind durch Drohungen dazu zu bewegen, seine Beschuldigungen als Lügen und Phantasiegebilde zurückzunehmen. Manchmal setzt die gesamte Familie das mißbrauchte Kind unter Druck. Die Strafverfolgungsbehörden sollten sich vergegenwärtigen, daß eine Einstellung des Ermittlungsverfahrens und ein gerichtlicher Freispruch mangels Beweises vom Täter als Rechtfertigung seines sexuellen Mißbrauchs fehlinterpretiert werden kann[36]. Der Täter setzt dann seinen sexuellen Mißbrauch an dem Kind unverändert fort.

7. Opferschäden beim sexuellen Mißbrauch an Kindern

Man unterscheidet zwischen Primärschäden, die durch den sexuellen Mißbrauch selbst entstehen, und Sekundärschäden, die durch die fehlende oder die verfehlte informelle oder formelle Reaktion auf den sexuellen Mißbrauch hervorgerufen werden.

a. Primärschäden

Körperliche Verletzungen wurden nur bei 7 % der kindlichen Opfer festgestellt[37]. Die psychischen und sozialen Opferschäden hat man[38] zusammengefaßt und in vier Entstehungsprozessen systematisiert:

– Traumatische Sexualisierung ist ein Prozeß, durch den die Sexualität eines Kindes entwicklungsmäßig unangemessen und zwischenmenschlich dysfunktional geformt wird. Sexuelle Störungen, Promiskuität, sexuelle Angst und niedriges sexuelles Selbstwertgefühl können die schädlichen Folgen eines solchen Prozesses sein.

– Stigmatisation ist eine soziale Eigendynamik, durch die der Persönlichkeit des Kindes von Personen seines sozialen Nahraums negative Merkmale, z.B. Schlechtigkeit, Schande, Schuld, zugeschrieben werden, die das Kind in einem niedrigen Selbstwertverständnis verinnerlicht. Schuldgefühle, soziale Isoliertheit, Drogen- und Alkoholmißbrauch,

---

[36] T.Furniss 1991, 98-100.

[37] J.R.Conte 1991, 11-34.

[38] D.Finkelhor/A.Browne 1988, 55-71.

Jugenddelinquenz und Erwachsenenkriminalität, Selbstmordgedanken und -versuche können sich aus dieser sozialen Eigendynamik ergeben.

– Der dritte Prozeß wird mit Verrat bezeichnet[39].In diesem Prozeß entdecken die Kinder, daß ein Erwachsener, von dem sie lebenswichtig abhängig waren, das in ihn gesetzte Vertrauen zu ihrem Nachteil ausgenutzt hat. Depression, Mißtrauen anderen gegenüber, Angst, Verletzbarkeit für weiteren sexuellen Mißbrauch, Unbehagen in Intimbeziehungen und Eheprobleme können ihre Ursache in diesem Prozeß haben.

– Die vierte und letzte Dynamik ist der Prozeß der Entmachtung des Opfers. In diesem Prozeß zerstört der Täter den Eigenwillen und die Wünsche seines Opfers. Die negativen Auswirkungen dieser Täter-Opfer-Interaktion können in der Annahme eines Opferselbstbildes, in Alpträumen, psychosomatischen Beschwerden, Weglaufen aus dem Elternhaus, Schul- und Berufsproblemen, Verwundbarkeit für weitere sexuelle Viktimisierungen und in aggressivem Verhalten bestehen. Die Identifikation mit seinem Aggressor kann ein Versuch des Kindes sein, seine eigene Ohnmacht zu überwinden.

b. Sekundärschäden

Sekundäre Traumatisierungen können durch fehlende oder verfehlte Reaktionen auf den sexuellen Kindesmißbrauch entstehen:

– Werden pädophile Handlungen verschwiegen und verheimlicht, bleiben die psychischen und sozialen Primärschäden der kindlichen Opfer unbehandelt. Jede Traumatisierung, die nicht therapiert wird, birgt indessen die Gefahr in sich, daß das Opfer sich im Erwachsenenalter weiterhin schädigt, z.B. durch Alkohol- und Rauschmittelmißbrauch, durch Prostitution, oder daß die Pädophilie aufgrund der Opfer-Täter-Abfolge auf die nächste Generation übertragen wird.

– Übertriebene emotionale Reaktionen der Familienmitglieder des Opfers und der Personen seines sozialen Nahraums und dramatisierende

[39] D.Finkelhor 1988, 61-82.

Reaktionen der Instanzen der Sozialkontrolle, z.B. der Polizei und der Gerichte, auf die sexuelle Viktimisierung können die soziale Fehlverarbeitung begünstigen und den Opferschaden erhöhen.
– Eine Sekundärviktimisierung kann ferner dadurch eintreten, daß man dem Kind weder in der Öffentlichkeit noch im Strafverfahren glaubt. Das formelle Strafverfahren ist auf den Schutz des Angeklagten ausgerichtet. Deshalb verkehren sich mitunter die Rollen zwischen Zeugen und Angeklagten: Der Angeklagte wird zum Opfer; das Opfer wird zum Angeklagten. Der Freispruch des Täters mangels Beweises wird vom Opfer häufig als zusätzliche Traumatisierung erlebt.
– Der psychische und soziale Schaden für das Opfer kann schließlich dadurch erheblich vergrößert werden, daß man sozialen Druck auf das Opfer ausübt, daß man es für den Zerfall seiner Familie verantwortlich macht und daß es in kriminalpolizeilichen Vernehmungen, bei der psychologischen Glaubhaftigkeitsbegutachtung und im Strafverfahren vor Gericht seinen sexuellen Mißbrauch ständig ein weiteres Mal durchleben muß. Während des Strafverfahrens wird es mit dem Täter konfrontiert. Man begegnet ihm mit Mißtrauen; es wird der Lüge und der Falschaussage bezichtigt.

8. Reform der Reaktion der Kriminaljustiz auf den sexuellen Mißbrauch an Kindern

a. Problematik des formellen Strafverfahrens

Die Strafrechtsvorschrift gegen den sexuellen Mißbrauch an Kindern muß wegen ihrer werteschaffenden und -erhaltenden Kraft bestehen bleiben. Das Strafverfahren ist aus rechtsstaatlichen Gründen erforderlich. Gleichwohl darf es nicht sofort und uneingeschränkt angewandt werden, weil es in seiner letzten Konsequenz die Familie zerschlägt, sie ihrer ökonomischen Grundlagen beraubt (Freiheitsstrafe für den Ernährer) und weil es die Kinder benachteiligt (Heimaufenthalte, Pflegefamilie).

b. Informelles Ausgleichs- und Schlichtungsverfahren

In geeigneten Fällen ist dem formellen Strafverfahren ein informelles Ausgleichs- und Schlichtungsverfahren vorzuschalten, das mit Zustimmung aller Beteiligten, des Angeklagten, des Opfers, des Staatsanwalts, des Richters, am runden Tisch stattfinden und dessen Schlichtungsspruch für alle Beteiligten verbindlich sein sollte. Diese Schlichtungsvereinbarung kann Behandlungsauflagen und Kontrollen für den Angeklagten und die mannigfaltigsten Hilfen für die Familie vorsehen. Kommt der Angeklagte seinen Verpflichtungen aus dem Schlichtungsspruch nicht nach, findet das Strafverfahren statt.

c. Vernehmung des sexuell mißbrauchten Kindes durch einen Jugenduntersuchungsführer

Nach israelischem Vorbild sollte für alle Vernehmungen des kindlichen Opfers im vorgerichtlichen Ermittlungsverfahren anstelle der Polizei ein Jugenduntersuchungsführer zuständig sein, der für seine Aufgabe besonders psychologisch und pädagogisch ausgebildet ist. Er befragt das sexuell mißbrauchte Kind in seiner gewohnten Umgebung und in kindgemäßer, undramatischer Weise. Wenn es zum Strafverfahren kommt, sagt er anstelle des Kindes vor Gericht aus. Wenn das Kind sozial reif und emotional stabil genug ist, seine Aussage vor Gericht zu machen, ohne psychische Schäden davonzutragen, gibt er seine Aussageerlaubnis für das Kind.

Examensklausur

6. Problemkomplex: Gewalt in der Institution – Gewalt in der Schule – Entstehung von Problembewußtsein – Ausmaß des Problems – Erscheinungsform, Täter- und Opferpersönlichkeit, Ursachen, Schäden, Kontrolle – Mißhandlung alter Menschen in der Familie, im Krankenhaus, im Seniorenheim – Ausmaß, Erscheinungsformen, Ursachen – Empfehlungen für die Institution zur Vermeidung von Gewalt

1. Teil

I. Sachverhalt: Gewalt in der Schule in der Darstellung des Fernsehens „Gewalt in der Schule" war am Abend des 12. Juni 1991 eines der Themen der Magazinsendung „Studio 1" des „Zweiten Deutschen Fernsehens". Die Sendung hatte – zusammengefaßt – folgenden Inhalt:

Die Gewalt an deutschen Schulen nimmt derartig zu, daß Maßnahmen wohl unumgänglich sind. Schüler bedrohen, überfallen und erpressen ihre Mitschüler, ja sogar die Lehrer. Dabei entwickeln die jungen Täter kaum Schuldbewußtsein, und aus Angst vor Racheakten schweigen die Schüler und auch die Eltern. Die Angst geht mit auf deutschen Schulwegen. Auf dem Schulhof wird ein Opfer willkürlich ausgesucht und mißhandelt, oftmals ohne ersichtlichen Grund. Ein Schüler, der mit 14 Jahren bereits wegen eines Raubüberfalls bestraft worden ist, sagt im Interview: An den Schulen werden Fahrräder abgenommen und Jacken abgerissen. Die Schüler bedrohen sich gegenseitig mit Messern, sie schießen sich mit Gaspistolen ins Gesicht. Die Täter sind manchmal erst acht Jahre alt. Zur Selbstverteidigung nehmen Schüler Messer und Pistolen mit in die Schule. Insbesondere die Schutzgelderpressung ist weit verbreitet.

Eine Befragung an Frankfurter Grundschulen – so die Sendung – hat ergeben, daß zwei Drittel der Schüler mit Gewalt in der Schule konfrontiert sind. Ein 16jähriges Opfer, das eine Gehirnerschütterung und Knochenanbrüche davontrug und das man interviewte, schildert seine Viktimisierung: Ich bin von drei Mitschülern brutal zusammengeschlagen worden. Man hat mir ins Gesicht getreten, so daß ich geblutet habe. In der Sendung werden Angaben der Universitätsklinik Frankfurt/Main zitiert, nach denen die Zahl der typischen Gesichtsverletzungen nach Schlägereien bei Kindern und Jugendlichen stark gestiegen ist.

Die Sendung macht weiterhin folgende Aussagen: Lehrer werden mit Waffen, insbesondere mit Messern, bedroht. Aus Angst vor Prügeln geben sie Noten, die die Schüler nicht verdient haben. Auf Fragen streiten die Lehrer die Gewalt an ihren Schulen ab: Sie wollen den Ruf ihrer Schule nicht gefährden. Auch die Eltern halten den Mund; sie bleiben aus Angst möglichst zu Hause und „verkriechen sich hinter einer Mauer".

Der Vertreter der Gewerkschaft „Erziehung und Wissenschaft" M.R. äußert im Interview die Auffassung: Gewalt an Schulen war schon immer ein Problem. Man darf es nicht zu hoch hängen. Heute gibt es nicht mehr Gewalt, als es früher schon gegeben hat. Diese Ansicht wird in der Sendung mit „ganz sicher eine Verharmlosung" kommentiert. Die nach den Ursachen für die „Schulgewalt" befragte Psychotherapeutin C.M. vertritt die Auffassung: Es handelt sich um ein Phänomen der Lebensform unserer Industriegesellschaft. Die Täter sind meist „seelisch verwundete Kinder", die in ihrer frühen Kindheit keine Liebe, keine Bindung und keine Behütung erfahren haben. Eine zweite Ursache liegt in den Gewaltvorbildern des Fernsehens und der Videos.

Aufgaben:

1. Worin besteht das Problem der Gewalt in der Schule? Seit wann ist dieses Problem den Gesellschaften der westlichen Welt bewußt geworden?
2. Welches Ausmaß hat das Problem der Gewalt in der Schule?
3. In welchem Verhalten besteht die Gewalt in der Schule? Wie kann man die Täterpersönlichkeit der Streithähne und die Opferpersönlichkeit der Prügelknaben charakterisieren? Wie reagiert man auf Gewalt in der Schule? Welche Schäden entstehen durch sie?

4. Welches sind die Ursachen für die Gewalt in der Schule?
5. Auf welche Weise kann man der Gewalt in der Schule am besten begegnen?
6. Stimmt die Fernsehdarstellung des ZDF über „Gewalt in der Schule" mit den Forschungsergebnissen der Kriminologie zu diesem Problem überein? Bitte erörtern Sie insbesondere folgende Fragen: Sieht die Sendung das Problem in der angemessenen Dimension? Stellt sie etwas falsch dar? Fehlt etwas in dieser Fernsehsendung über „Gewalt in der Schule"?

2. Teil

II. Sachverhalt: Tötung alter Menschen auf der Intensivstation

Im Jahre 1989 wurde die 31jährige Krankenschwester X wegen Totschlags in fünf Fällen zu elf Jahren Freiheitsentzug verurteilt. Sie hatte fünf schwerkranke und über 70 Jahre alte Patienten der Operativen Intensivstation des Krankenhauses der Stadt Y, auf der sie arbeitete, dadurch getötet, daß sie durch schnelle intravenöse Injektionen („Stoßinjektionen") bei ihnen Blutdruckabfälle und Kreislaufzusammenbrüche herbeiführte. Sie ließ sich dahingehend ein, sie habe aus Mitleid „humane Sterbehilfe" geleistet und den Totgeweihten „sinnlose Operationen" und „unnötige Schmerzen" ersparen wollen.

Die Krankenschwester X litt in ihrer Kindheit unter einer beherrschenden Mutter; ihre Beziehung zu ihrer Mutter war gestört; ihre Mutter schlug sie häufig. In der Schule erbrachte sie nur schwach durchschnittliche Leistungen. Nach abgeschlossener Hauptschule machte sie in dem Krankenhaus der Stadt Y ein Praktikum. Sie besuchte die Pflegeschule des Krankenhauses mit schwach durchschnittlichem Erfolg und bildete sich – nach Anstellung in der Operativen Intensivstation – noch als Fachschwester für Intensivpflege weiter.

Die medizinischen Sachverständigen haben das soziale Klima und die Arbeitsatmosphäre in dieser Intensivstation – wie folgt – charakterisiert: Die technischen Geräte seien veraltet gewesen. Dokumentationsmängel und Behandlungsfehler seien häufig vorgekommen. Die Zusammenarbeit zwischen Ärzten und Pflegepersonal sei unzureichend gewesen. Die

Chefärztin der Intensivstation, die die Krankenschwester X als „Ansprechpartnerin" benutzt habe, sei eine „schwierige", „dominierende", „autoritäre" Persönlichkeit gewesen, die ihre Station nach dem Prinzip der Über-Unter-Ordnung (hierarchisch) geführt habe. Mit dem Chefarzt der chirurgischen Abteilung, dessen Patienten nach der Operation häufig in ihre Intensivstation verlegt worden seien, habe sie in ständigem Streit gelebt. Das Pflegepersonal habe unter den widersprüchlichen Anordnungen beider Chefärzte gelitten. Weil die Krankenschwester X von ihren Kolleginnen und Kollegen als „Liebling der Chefin" angesehen worden sei, habe sie in weitgehender Isolation arbeiten müssen. Die Ärzte hätten das Pflegepersonal nicht genügend kontrolliert; Stations- und Gruppengespräche über die außerordentliche psychische Belastung während der Arbeit (hohe Sterberate trotz hohen mitmenschlichen Einsatzes) hätten nicht stattgefunden.

Das Pflegepersonal schätzte die Krankenschwester X folgendermaßen ein: Sie habe sich „flapsig" und „schnodderig" verhalten. Einerseits habe sie sich für die Patienten außerordentlich stark eingesetzt; sie habe insbesondere einfühlende Teilhabe am Leiden der Patienten bewiesen. Andererseits sei sie wegen seelischer Überlastung zeitweise den Patienten gegenüber barsch, rüde, grob und ruppig gewesen.

Der psychiatrische und der psychologische Gutachter beurteilen die Krankenschwester – nach monatelanger stationärer Beobachtung – wie folgt: Sie sei psychisch völlig gesund. Sie leide unter einem schwachen, brüchigen Selbstwertgefühl. Sie identifiziere sich außergewöhnlich stark mit den Kranken und Leidenden („Helfersyndrom"). Sie habe das Leiden der Patienten seelisch nicht mehr verarbeiten können; ihre eigene Hilflosigkeit sei ihr unerträglich geworden.

Aufgaben:

1. Welches Ausmaß hat die Mißhandlung alter Menschen in der Familie und im Seniorenheim?
2. Worin besteht die Mißhandlung alter Menschen in der Familie und im Seniorenheim?
3. Welches sind die Ursachen für die Mißhandlung alter Menschen in Familie und Seniorenheim?

4. Welches sind die Ursachen für die Tötung alter Menschen im vorliegenden Fall?
5. Auf welche Weise kann Gewalt in der Institution (in der Familie, im Seniorenheim, im Krankenhaus) am besten verhindert werden?
6. Am 19. Juli 1993 ist eine Verordnung über personelle Anforderungen für Heime vom Bundesministerium für Familie und Senioren erlassen worden, die sich auf eine Ermächtigung im Heimgesetz gründet. Im Heimgesetz ist als institutionelle Voraussetzung lediglich die Bildung eines Heimbeirates vorgesehen. In der Verordnung werden die Mindestanforderungen an die persönliche und fachliche Eignung des Heimleiters und der Beschäftigten sowie deren Fort- und Weiterbildung geregelt. Können mit diesen Vorschriften im Heimgesetz und in der dazugehörigen Verordnung Mißhandlungen in Seniorenheimen wirksam verhindert werden? Welche Gesichtspunkte sind zu wenig berücksichtigt?

Lösung

Gliederung

I. Fall: Gewalt in der Schule in der Darstellung des Fernsehens
   1. Problemdefinition und -bewußtsein der Gewalt in der Schule
   2. Ausmaß des Problems der Gewalt in der Schule
      a. Untersuchungen in den USA und Japan
      b. Studien in Deutschland
      c. Empirische Forschungen in Norwegen, in Großbritannien, in Japan und Australien
   3. Erscheinungsform, Täter- und Opferpersönlichkeit, Reaktion und Schäden der Gewalt in der Schule
      a. Erscheinungsform
      b. Täter- und Opferpersönlichkeit
      c. Reaktion auf Gewalt in der Schule
      d. Schäden durch Gewalt in der Schule
   4. Ursachen für die Gewalt in der Schule
      a. Gesellschaftliche Ursachen

b. Institutionelle Ursachen
c. Täterursachen
d. Opferursachen
5. Verhütung von Gewalt in der Schule
6. Fernsehdarstellung der Gewalt in der Schule
a. Angemessenheit der Dimension des Problems in der Fernsehdarstellung
b. Mangelnde Übereinstimmung der Fernsehdarstellung mit den kriminologischen Forschungsergebnissen

II. Fall: Tötung alter Menschen auf der Intensivstation
1. Ausmaß der Mißhandlung alter Menschen in der Familie und im Seniorenheim
2. Erscheinungsformen der Mißhandlung alter Menschen in Familie und im Seniorenheim
3. Ursachen für die Mißhandlung alter Menschen in Familie und Seniorenheim
a. Gesellschaftliche Ursachen
b. Institutionelle Ursachen
– Ursachen in der Familie
– Ursachen im Seniorenheim
c. Täterursachen
d. Opfergesichtspunkte
4. Ursachen für die Tötung alter Menschen im vorliegenden Fall
a. Institutionelle Ursachen
b. Täterursachen
5. Verhinderung der Gewalt in der Institution (in der Familie, im Seniorenheim, im Krankenhaus)
6. Verhütung der Gewalt durch Vorschriften im Heimgesetz und in der dazugehörigen Verordnung
a. Wirksame Verhinderung der Gewalt im Seniorenheim
b. Zu wenig berücksichtigte Gesichtspunkte

Gutachten

I. Fall: Gewalt in der Schule in der Darstellung des Fernsehens

1. Problemdefinition und -bewußtsein der Gewalt in der Schule

Ende der 60er, Anfang der 70er Jahre entdeckte man zuerst in den skandinavischen Ländern, daß eine Minderheit von Prügelknaben (Whipping Boys) von einer Minderheit von Streithähnen (Bullies) in öffentlichen Schulen drangsaliert und tyrannisiert wurde[1]. Ein Opfer wird dann drangsaliert und tyrannisiert, wenn es absichtlich, wiederholt und über längere Zeit durch eine Person oder eine Gruppe von Personen negativen Handlungen ausgesetzt wird. Eine negative Handlung liegt dann vor, wenn eine starke, mächtige Person einer zum Widerstand machtlosen, verwundbaren Person absichtlich Schaden, Kränkung und Leid zufügt oder zuzufügen versucht, um aus ihrem beherrschenden Verhalten Vorteil und Befriedigung zu ziehen[2]. Das Drangsalieren oder Tyrannisieren beruht auf einer Unausgewogenheit in den Stärke-Beziehungen, die zu einer Interaktion der Über-Unter-Ordnung und zu chronischem Machtmißbrauch führen. Man unterscheidet direkte von indirekter Viktimisierung. Unter direkter Viktimisierung versteht man körperliche, verbale und psychische Angriffe oder Einschüchterungen, die darauf abzielen, beim Opfer Angst, Bedrängnis und Leid zu verursachen. Von einer indirekten Viktimisierung spricht man, wenn man das Opfer sozial isoliert und es aus der Gruppe ausschließt.

Durch spektakuläre Morde an Schülern und durch Schülerselbstmorde wurde auch die japanische Öffentlichkeit seit dem Jahre 1975 auf dieses Problem aufmerksam[3]. Ende der 70er Jahre ließen das Bundesge-

---

[1] D.Olweus 1978.

[2] D.Olweus 1994, 98; V.E.Besag 1994, 4.

[3] T.Fujimoto 1983, 144-155; 1994, 71-83.

sundheitsministerium für den Kongreß der Vereinigten Staaten[4] und das Bundesjustizministerium[5] empirische Erhebungen zur Gewalt in der Schule (körperliche Angriffe der Schüler auf Lehrer und Gewalt unter den Schülern) in den USA durchführen. Mitte der 80er Jahre wurde der Öffentlichkeit in den Niederlanden das Problem bewußt[6]. Ende der 80er und Anfang der 90er Jahre bemerkte man das Problem der Gewalt in der Schule auch in England[7] und in Australien[8]. Neuerdings wird schließlich in den Massenmedien der Bundesrepublik vermehrt über Gewalt in der Schule, insbesondere in den Großstädten und in den neuen Bundesländern, berichtet.

2. Ausmaß des Problems der Gewalt in der Schule

a. Untersuchungen in den USA und Japan

In einer für die USA repräsentativen Studie berichteten im Jahre 1989 2 % der 12- bis 19jährigen Schüler und Schülerinnen, daß sie einmal oder mehrmals in dem halben Jahr vor dem Interview durch ein Gewaltdelikt in der Schule viktimisiert worden seien[9]. 15 % der Schüler und Schülerinnen sagten, daß sich in ihren Schulen Banden gebildet hätten, und 16 % behaupteten, daß ein Schüler einen Lehrer angegriffen oder bedroht habe. 2 % der befragten Schüler und Schülerinnen hatten eine Waffe oder einen sonstigen Gegenstand in die Schule mitgenommen, um sich damit zu verteidigen. Schüler aus zentralen Großstadtschulen der USA hatten wesentlich mehr Angst vor Gewalt in der Schule als Schüler von Vorstadtschulen. In den öffentlichen Schulen der Großstädte der USA werden jedes Jahr etwa 10 % der Lehrer der Sekundarstufe I körperlich angegrif-

[4] U.S. Department of Health, Education, and Welfare 1978.
[5] U.S. Department of Justice 1979.
[6] T.Mooij 1993.
[7] D.P.Tattum/D.A.Lane 1989.
[8] K.Rigby/P.Slee/C.Conolly 1991, 25-31.
[9] U.S. Department of Justice 1991.

fen; 5 % werden Opfer eines Raubs[10]. Es entstehen physische und psychische Schäden, die unter dem „Syndrom des mißhandelten Lehrers“ zusammengefaßt werden[11]: Angst, Depression, Schlafstörungen, Kopfschmerzen, erhöhter Blutdruck, Eßstörungen. In Japan ist die Zahl der körperlichen Angriffe auf Lehrer seit dem Jahre 1978 bis zum Jahre 1983 ständig gestiegen, seit 1984 aber rückläufig[12]. Jedes Jahr wird in den öffentlichen Schulen der Großstädte der USA mindestens die Hälfte der Schüler Opfer von Körperverletzungen durch ihre Mitschüler; ein Drittel der Schüler wird beraubt.

b. Studien in Deutschland

Über Gewalt unter Schülern[13] gibt es in der Bundesrepublik bisher fünf Erhebungen:

– An Grund- und Hauptschulen, an Sonderschulen für Lernbehinderte, an Realschulen und Gymnasien des Bundeslandes Rheinland-Pfalz wurden 3 933 Lehrer befragt[14]. Nach ihren Angaben begingen 5,6 % der Schüler körperliche Aggressionen. Sonderschulen und Hauptschulen waren überrepräsentiert. Für Gymnasien ergaben sich – im Vergleich zu anderen Schularten – die geringsten Nennungen bei Aggressionssymptomen. In Grundschulen wurde körperliche Gewalt in den Klassen häufiger festgestellt, in denen der Anteil der Schüler aus Wohnblocksiedlungen am Ortsrand und aus Obdachlosensiedlungen überdurchschnittlich hoch war.

– In Düsseldorf und Duisburg hat man[15] 759 Schüler des 7. und 9. Jahrgangs aus Haupt-, Real-, Gesamtschulen und Gymnasien (insgesamt 28 Schulklassen aus 8 Schulen) schriftlich befragt. 31,9 % der Schüler gaben an, sich mit Mitschülern zu schlagen. 25 % berichteten, sie verprügelten

[10] J.Toby 1983, 1-47.
[11] A.P.Goldstein/B.Harootunian/J.C.Conoley 1994, 8.
[12] National Police Agency 1986, 68; 1991, 62.
[13] Vgl. zum Schulvandalismus: H.J.Schneider 1991a, 20.
[14] H.Bach/R.Knöbel/A.Arenz-Morch/A.Rosner 1984.
[15] H.-G.Holtappels 1985, 291-323.

einen Mitschüler gemeinsam mit anderen, z.B. in der Pause oder auf dem Heimweg.

– In Bochum[16] befragte man 123 Schulleiter(innen), 208 Lehrer(innen) und 934 Schüler(innen) sowie zahlreiche Schulsekretärinnen und Hausmeister. Während Schulvandalismus relativ häufig vorkam, berichteten nur 7,8 % aller Schüler und 16,9 % aller Lehrer über brutale Schlägereien. Der Kreis der „Täter“ wird als „relativ klein“ angegeben: Der harte Kern dürfte etwa 5 % aller Schüler umfassen. Besonders betroffen sind Sonder-, Haupt- und Gesamtschulen in großstädtischen Ballungsräumen. Die Gewalt konzentriert sich auf die Jungen in den Pubertätsjahren.

– Weiterhin befragte man[17] die Schulleitungen aller 727 hessischen Schulen im Frühjahr 1994. Sachbeschädigung (Vandalismus) kommt an etwa 40 % der hessischen Schulen „gelegentlich“ oder auch „häufig“ vor. Demgegenüber spielen andere Formen der Gewaltanwendung wie „Schutzgelderpressung“ (6 %) oder „gewalttätige Auseinandersetzungen zwischen Schülergruppen“ (5 %) eine quantitativ deutlich untergeordnete Rolle.

– Schließlich befragte man[18] in Berlin 1.088 Schüler und Schülerinnen. Während des letzten Schuljahres vor ihrer Befragung wurde 23 % der Befragten Gewalt angedroht, oder sie wurden angegriffen. Eine kleine Gruppe von Schülern(innen) (zwischen 2 % und 4 %) sah sich mehr oder weniger kontinuierlich körperlicher Gewalt ausgesetzt.

Bei diesen fünf deutschen Befragungen ist das viktimologische Konzept des Tyrannisierens und Drangsalierens nicht herangezogen worden. In diesem Konzept liegt freilich ein wesentliches Problem der „Gewalt in der Schule“ verborgen, das ein gravierendes Minderheitsproblem von Tätern und Opfern ist.

---

[16] H.-D.Schwind 1995b (im Erscheinen).

[17] Die Untersuchung wurde vom Sonderforschungsbereich der Deutschen Forschungsgemeinschaft "Prävention und Intervention" der Universität Bielefeld durchgeführt.

[18] Senatsverwaltung für Inneres 1994, 63-68.

c. Empirische Forschungen in Norwegen, in Großbritannien, in Japan und in Australien

In Norwegen sind etwa 84.000 Schüler(innen) oder 15 % der Schülerpopulation (568.000 in 1983/84) von Problemen der Gewalt in der Schule betroffen. Ungefähr 9 % oder 53.000 Schüler(innen) sind Opfer, und 41.000 oder 7 % der Schülerpopulation drangsalieren ihre Mitschüler „ab und zu" oder „häufiger". Etwa 9.000 Schüler(innen) sind Opfer und Täter zugleich[19]. Etwas mehr als 3 % oder 18.000 Schüler(innen) werden „einmal pro Woche" oder „häufiger" tyrannisiert, und etwas weniger als 2 % oder 10.000 Schüler(innen) drangsalieren ihre Mitschüler(innen) so häufig[20].

Nach einer britischen empirischen Studie fürchten sich 58 % der Grundschulkinder davor, drangsaliert zu werden[21]. Aufgrund einer weiteren britischen empirischen Studie sagen 23 % der Grundschulkinder, sie seien am Drangsalieren als Täter oder am Drangsaliertwerden als Opfer beteiligt[22]. In Tokio berichteten 76,9 % aller öffentlichen Schulen in den Jahren 1984/85 ihrer Aufsichtsbehörde Fälle des Tyrannisierens von Schülern durch Mitschüler[23]. Nach einer Befragung von 670 Schülern und 32 Lehrern dreier Grundschulen und eines Gymnasiums in Adelaide/Australien[24] werden dort 17 % der Jungen und 11 % der Mädchen drangsaliert.

---

[19] D.Olweus 1994, 99; 1993, 13.
[20] D.Olweus 1991, 411-448.
[21] D.P.Tattum 1989, 13.
[22] P.Stephenson, D.Smith 1989, 47.
[23] Y.Murakami 1989, 150.
[24] K.Rigby/P.Slee/C.Conolly 1991.

3. Erscheinungsform, Täter- und Opferpersönlichkeit, Reaktion und Schäden der Gewalt in der Schule

a. Erscheinungsform

Das Tyrannisieren und Drangsalieren sind heimliche, verdeckte Aktivitäten, die an Orten, auf Fluren, in Treppenhäusern, Toiletten, Umkleideräumen, verübt werden, an denen sich Schüler unbeobachtet fühlen. Der häufigste Tatort ist der Schulhof. Tyrannisieren und Drangsalieren bestehen in verschiedenen Typen unterdrückenden Verhaltens: in wiederholten körperlichen Angriffen, in Einschüchterungen in Worten und Taten, in Demütigungen, Herabsetzungen, Schikanierungen und fortwährenden Belästigungen. Die Opfer werden geschlagen, gestoßen, getreten und angespuckt; man schneidet ihnen Grimassen; man erpreßt Geld von ihnen; man stiehlt ihnen Wertsachen; man zerstört mutwillig ihr Eigentum oder ihre Schularbeiten; man beschimpft sie oder macht sich lustig über sie; man versucht, sie durch verächtliche Gesten und Gebärden herabzusetzen. Direkte Viktimisierungen, z.B. körperliche Angriffe, sind häufig mit indirekten Viktimisierungen, z.B. Ausschluß aus der Gruppe, verbunden. Etwa 20 % der Opfer drangsalieren andere Kinder, die schwächer sind als sie und die ihnen nichts getan haben[25]. Opfer sind doppelt so viele Jungen wie Mädchen, Täter viermal mehr Jungen als Mädchen. Während die Jungen ihre Opfer mehr durch unmittelbares Handeln drangsalieren, tyrannisieren die Mädchen ihre Opfer mehr indirekt, durch soziale Isolation. Jungen tyrannisieren 60 % der tyrannisierten Mädchen.

b. Täter- und Opferpersönlichkeit

Das Drangsalieren und Tyrannisieren ereignet sich in Interaktionsprozessen zwischen Täter- und Opferpersönlichkeiten[26]. Die Täter suchen

---

[25] D.P.Farrington 1993, 394.

[26] D.Olweus 1993, 32, 34, 35; 1994, 99, 100; D.P.Farrington 1993, 400, 401.

sich ihre Opfer aus. Sie sind vor allem dadurch gekennzeichnet, daß sie Gewalt gegen gleichaltrige oder jüngere Kinder, gegen Geschwister, gegen Erwachsene, gegen Eltern und Lehrer verüben. Sie sind körperlich stark und haben ein nachhaltiges Bedürfnis und eine große Freude, Mitschüler zu unterjochen und zu beherrschen. Durch ihre Dominanz über andere fühlen sie sich belohnt und in ihrem Prestige in der Gruppe erhöht. Gegenüber Gewalt haben sie eine günstige Einstellung und schwache Hemmungen. Ihren Opfern gegenüber entwickeln sie weder Einfühlungsvermögen noch Schuldgefühle. Stellt man sie wegen ihres aggressiven Verhaltens zur Rede, winden sie sich geschickt aus der Situation heraus. Aktive Streithähne sind für gewöhnlich von einer kleinen Gruppe passiver Streithähne umgeben, die sie in ihren aggressiven Handlungen unterstützen.

Die Opfer, die Prügelknaben, sind ängstlich, unsicher und empfindlich. Auf ihre Viktimisierung reagieren sie mit Weinen und mit Flucht. Durch ihr Verhalten signalisieren sie, daß sie sich gegen Gewalt nicht wehren, sondern daß sie sich bei Angriffen unterwerfen werden. Sie haben Schwierigkeiten, sich in ihrer Gleichaltrigengruppe zu behaupten und durchzusetzen. Sie sind für gewöhnlich körperlich schwach und besitzen ein niedriges Selbstwertgefühl und ein negatives Selbstbild. Sie sehen sich als Mißerfolg, als unansehnlich, und sie schämen sich. In der Schule fühlen sie sich einsam und verloren. Durch ständiges Drangsalieren werden ihre Angst, ihre Unsicherheit und ihr negatives Selbstbild noch vergrößert. Neben dem passiven unterwürfigen Opfer gibt es das provokative Opfer, das durch eine Kombination von Ängstlichkeit und Aggressivität gekennzeichnet ist.

c. Reaktion auf Gewalt in der Schule

Die Opfer berichten nicht über ihre Viktimisierung, weil sie Angst vor Vergeltung haben und weil sie annehmen, daß sich Lehrer und Eltern nicht gern in Schülerstreitigkeiten einmischen. Außerdem schämen sie sich ihrer Schwäche. Lehrer unternehmen wenig, um dem Tyrannisieren Einhalt zu gebieten. Meist schauen sie weg und erfahren nichts darüber. Wenn sie etwas davon hören, sind sie allerdings häufig der Meinung, es sei besser, nicht zu intervenieren. Sie möchten die Probleme durch ihre Intervention nicht noch vergrößern[27]. Sie glauben, wenn sie das Drangsalieren ignorieren, werde es von alleine aufhören. Denn Schülerstreitigkeiten seien ein unvermeidbarer Teil der kindlichen Entwicklung und des Schullebens[28]. Die Eltern wissen wenig über die Viktimisierung ihrer Kinder und über die Viktimisierung durch ihre Kinder. Mitschüler sind in ihrer Mehrheit für die Opfer eingestellt[29], unternehmen allerdings nichts, um sie zu schützen.

d. Schäden durch Gewalt in der Schule

Die Opfer tragen nicht so sehr körperliche als seelische Verletzungen davon. Durch die mitunter jahrelangen Demütigungen und Erniedrigungen sind sie oft ein Leben lang in ihrem Selbstwertgefühl schwer beeinträchtigt. Sie leiden an depressiven Tendenzen und beurteilen ihre eigene Person als wertlos[30]. Bei den Tätern entsteht freilich auch ein psychischer Schaden: Die aggressiven Tendenzen der Täter werden durch ihre Freude am Drangsalieren verstärkt. Außerdem besteht zwischen Aggression in der Kindheit und Jugend und kriminellem Verhalten, insbesondere der Begehung von Gewaltverbrechen, im Erwachsenenalter eine Beziehung[31]. Schließlich ist die Wahrscheinlichkeit, daß sich die Streithähne zu erwachsenen Kriminellen oder Sozialabweichlern entwickeln, bei ihnen viermal höher als bei Kindern, die ihre Mitschüler nicht tyrannisieren[32].

---

[27] V.E.Besag 1994, 5.
[28] D.Tattum 1993, 3,7.
[29] K.Rigby/P.Slee 1991, 1993.
[30] D.Olweus 1994, 105-112; D.P.Farrington 1993, 406.
[31] D.P.Farrington 1993, 408.
[32] D.Olweus 1993, 36.

4. Ursachen für die Gewalt in der Schule

a. Gesellschaftliche Ursachen

Gewalt in der Schule hat eine gesellschaftliche Ursache, die zunächst darin besteht, daß nur der Starke (Mächtige) in der westlichen Gesellschaft etwas gilt, ganz gleich, woher er seine Macht herleitet. Macht wird hierbei verstanden als Chance, innerhalb einer sozialen Beziehung den eigenen Willen auch gegen Widerstreben durchzusetzen, gleichviel worauf diese Chance beruht[33]. Der Schwache wird verachtet; er gilt als nicht lebensfähig und -würdig.

Ein weiterer sozialer Grund liegt in einem gewaltbegünstigenden Klima in der Gesellschaft (Modellwirkung der Gewalt in den Massenmedien): Gewalt unter Schülern wird als Teil ihres Erwachsenwerdens angesehen. Man bagatellisiert sie mit Ausdrücken wie Raufereien, Balgereien, Hänseleien. Man rechtfertigt sie: Jungen sind eben Jungen (Aggression ist bei Männern natürlich). Jungen müssen lernen, sich wie Männer zu benehmen. Man folgt männlichen Stereotypen: Gewalt in der Schule ist zwar bedauerlich, aber unvermeidlich.

Da die gewaltbelasteten Schulen vor allem in den Großstadtbezirken liegen, die durch die Zerrüttung der Gemeinschaft gekennzeichnet sind (Extremformen: Slums, Armengettos), muß als dritte soziale Ursache die soziale Desorganisation[34] herangezogen werden. Gewalt entsteht, wenn Gemeinschaften, wenn zwischenmenschliche Beziehungen zerfallen. Slum ist nicht nur charakterisiert durch sozioökonomischen Mangel; er ist auch ein Lebensstil. Die Menschen verlieren die Fähigkeit zur informellen Kontrolle und zur friedlichen Konfliktregulierung. Die Schule ist mangelhaft in die Gemeinschaft integriert; die sozialen Bindungen zur Schule sind unzulänglich entwickelt.

Als vierte und letzte gesellschaftliche Ursache ist das Konzept der Subkultur der Gewalt[35] bedeutsam. In der Subkultur bilden sich gewalt-

[33] M.Weber 1982, 28.
[34] G.D.Gottfredson/D.C.Gottfredson 1985, 188. Vgl. auch J.Toby 1995, 141-170.
[35] M.E.Wolfgang/F.Ferracuti 1967.

freundliche Wertvorstellungen und Verhaltensstile heraus; in ihr machen zahlreiche gewaltorientierte Modelle das Lernen gewaltsamen Verhaltens leicht; in ihr erwarten und fördern die Mitglieder der Subkultur gewaltsames Verhalten. Gleichzeitig wird in den subkulturell-gewaltorientierten Großstadtbezirken die Schule abgelehnt, und die schulischen Erziehungsbemühungen werden nicht unterstützt. Man hat kein Verhältnis zu Büchern, zu Wissenschaft, Kunst und Musik. Die Kinder wachsen in der Familie disziplinlos und nahezu aufsichtslos auf; sie sind für die Schule nicht vorbereitet und haben nicht gelernt, längere Zeit ruhig zu sitzen und sich auf geistige Inhalte zu konzentrieren.

b. Institutionelle Ursachen

Ein negatives soziales Klima[36] in der Schule trägt zur Gewaltentstehung bei. Die Schule ist nur noch eine anonyme Arbeitsstätte („Lernfabrik"), für die man keine Sympathie und keine Verantwortung mehr empfindet und für die man nur noch die notwendigsten Verpflichtungen übernimmt. Es herrscht ein autoritärer Führungsstil, der die Schüler zu Objekten macht und der ihnen keine demokratische Mitbestimmung erlaubt. Die mitmenschlichen Beziehungen verkümmern; die Interaktionen zwischen Lehrern, Schülern und Eltern werden vernachlässigt.

In den gewaltbelasteten Schulen herrschen „maskuline" Rollen und Normen[37] vor. Dominanz, Überheblichkeit und Aggressivität werden hoch geschätzt. Das Zeigen von Emotionen (z.B. Weinen) gilt als Schwäche; „Schwächlinge" werden als unsympathisch beurteilt; sie „verdienen" ihre Viktimisierung.

---

[36] K.Hurrelmann 1990, 363-379; T.Feltes 1990, 317-341.

[37] S.Askew 1989, 59-71; K.Rigby/P.Slee/C.Conolly 1991, 25-31.

c. Täterursachen

Nach der sozialen Lerntheorie entwickeln sich Schüler zu tätergeneigten Persönlichkeiten aufgrund von Erziehungsfehlern[38] ihrer Eltern und Lehrer und aufgrund ständiger aggressiver Interaktionen zwischen täter- und opfergeneigten Schülern. Die Eltern der Schüler, die eine Täterneigung herausbilden, zeigen ihren Kindern gegenüber eine ablehnende emotionale Einstellung; es mangelt den Jungen an Liebe, Zuneigung, Sorge und Beaufsichtigung. Ihre Eltern setzen dem aggressiven Verhalten ihrer Jungen keine klaren Grenzen und wenden nicht selten körperliche Strafen an. Die Jungen sind körperlich stark; sie haben großes Selbstvertrauen, ein starkes Bedürfnis, andere Kinder zu beherrschen, und eine Freude daran, andere Kinder zu quälen, und ihre Freunde zu ermuntern, es auch zu tun[39].

Der sozialen Lerntheorie gemäß verstärken Lehrer durch Erziehungsfehler[40] die Aggressivität der tätergeneigten Schüler. Aggressive Kinder erhalten mehr Aufmerksamkeit seitens der Lehrer als unauffällige. Hierbei handelt es sich verhältnismäßig oft nicht um tadelnde, sondern um positive und deshalb in dieser Situation fehlerhafte Zuwendung. Aggressive Kinder erzwingen sich Beachtung; gewaltsames Verhalten wird durch Zuwendung belohnt und verstärkt. Die aggressiven Schüler lernen Neutralisationsmechanismen der Gewalt: Wertlose Individuen, die sich nicht wehren können, verdienen ihre Viktimisierung. Mit jeder „gelungenen" Gewaltanwendung wird die aggressive Einstellung der tätergeneigten Schüler verstärkt. Denn sie fühlen sich aufgrund des aggressiven Maßstabs, den sie für ihre Verhaltensstile entwickelt haben, durch die Verletzung ihrer Opfer belohnt.

---

[38] D.Olweus 1992, 100-125.
[39] D.Olweus 1991, 45-102.
[40] H.-D.Schwind/J.Baumann/U.Schneider/M.Winter 1990, 82.

d. Opferursachen

Aufgrund der sozialen Lerntheorie wird die Persönlichkeitsentwicklung opfergeneigter Schüler auf den Sozialisationsmangel des überbeschützenden Verwöhnens („Overprotection") zurückgeführt[41]. Die opfergeneigten Kinder sind körperlich schwach, ängstlich, unsicher, empfindlich, feinfühlend und leicht verletzbar; in der Schule sind sie einsam und verlassen; von Gleichaltrigen werden sie zurückgewiesen; sie können sich nicht behaupten, besitzen ein zu schwaches Selbstbewußtsein, und sie können sich nicht verteidigen, wenn sie angegriffen oder verletzt werden.

Die ständigen demütigenden Interaktionen verstärken ihre Angst, ihre Unsicherheit und ihr mangelndes Selbstvertrauen. Sie kommen in einen Prozeß der erlernten Hilflosigkeit[42] hinein: Sie haben jede Verteidigung aufgegeben. Sie haben die Zwecklosigkeit zielgerichteten Handelns verinnerlicht. Dadurch, daß sie wiederholt festgestellt haben, daß sie sich auch durch Verteidigungshandlungen vor ihren Peinigern nicht zu retten vermögen, glauben sie, sich passiv verhalten zu müssen und selbst bei drohenden Angriffen nicht mehr den Versuch wagen zu dürfen, diesen Angriffen zu entgehen.

5. Verhütung der Gewalt in der Schule

Die Schule hat viele Möglichkeiten, Gewalt von seiten ihrer Schüler(innen) zu verhindern und zu kontrollieren. Von diesen vielen Möglichkeiten werden im folgenden einige als Beispiele aufgeführt:

– In der Schule sollte ein soziales Klima herrschen, in dem die Viktimisierung eines Schülers durch einen Mitschüler als unannehmbar angesehen wird. Die Schule sollte klare Grenzen des Verhaltens setzen. Die Lehrer sollten dafür verantwortlich sein, Gewalt in ihrer Schule zu verhindern. Ihre Verhütungs- und Kontrollmaßnahmen sollten allerdings nicht hart,

---

[41] D.P.Farrington 1993, 381-458.

[42] M.E.P.Seligman 1992.

schroff, barsch, feindlich und strafend sein[43]. Schul- und Klassenklima sollten vielmehr durch emotionale Wärme und Engagement gekennzeichnet sein[44].

– Die Schule sollte ihre Lehrer, ihre Schüler und die Eltern ihrer Schüler über das Problem des Drangsalierens und Tyrannisierens informieren und versuchen, bei diesen drei Gruppen Problembewußtsein zu schaffen[45].

– Die Bindungen der Lehrer, Schüler und Eltern an die Schule sollten gestärkt werden. Die Schule sollte darauf achten, die zwischenmenschlichen Beziehungen unter Lehrern, unter Schülern und zwischen Lehrern, Schülern und Eltern zu verbessern. Sie sollte auf positive Interaktionen und darauf hinwirken, daß unter Lehrern, Schülern und Eltern ein „Wir-Gefühl" entsteht. Erfolgreiches Lernen ist nur in einem friedlichen sozialen Klima gegenseitigen Respekts und der Kooperation möglich. Deshalb muß die Schule das Zusammengehörigkeitsgefühl zwischen Lehrern, Schülern und Eltern entwickeln. Die Schuldisziplin muß klar, beständig und fair sein.

– Die Schule muß das demokratische Prinzip verwirklichen: Sie muß die Schüler und die Eltern zur Mitarbeit, zur Mitgestaltung und zur Mitbestimmung am Unterricht, am Gebäude und an den Klassenräumen gewinnen[46].

– Die Organisationsstruktur der Schule sollte übersichtlich sein. Große Schulen sollten in kleine, überschaubare Einheiten gegliedert werden. Die Entscheidungsbefugnisse sollten auf mehrere Ebenen verteilt werden. Das Schulgebäude, die Klassenräume und der Schulhof sollten so baulich unterhalten und verschönert werden, daß jeder Lehrer, jeder Schüler und auch die Eltern stolz auf *ihre* Schule sein können[47]. Auf eine ausreichende Beaufsichtigung der Schüler durch die Lehrer auf dem Schulhof, in den Korridoren, Wasch- und Umkleideräumen und Toiletten muß unbedingt geachtet werden. Die aufsichtführenden Lehrer müssen bei

[43] A.P.Goldstein/B.Harootunian/J.C.Conoley 1994, 104/105.
[44] D.Olweus 1994, 125.
[45] D.Olweus 1994, 114-121.
[46] A.P.Goldstein/B.Harootunian/J.C.Conoley 1994, 79.
[47] H.J.Schneider 1987, 627.

jedem Anzeichen eines Drangsalierens und Tyrannisierens sofort eingreifen[48].

– Konflikte in der Schule sollten konsequent friedlich gelöst werden. Mit Konflikten sollte konstruktiv umgegangen werden. Sie sollten keinesfalls unterdrückt und verdrängt werden. Man sollte sie vielmehr zu erkennen und in prosozialer, friedlicher Weise zu lösen versuchen[49]. Hierfür sollte ein soziales Kompetenztraining eingerichtet werden.

– Die Schule sollte sich wieder stärker auf ihren Erziehungsauftrag und auf die Stärkung der Erzieherrolle des Lehrers[50] besinnen. Das Fachlehrerprinzip muß hinter dem Erzieherprinzip zurücktreten. Wichtiger noch als präzise Wissensvermittlung ist die Sozialisationsaufgabe des Lehrers, da die Familie immer mehr in dieser Funktion versagt. Lehrer müssen Vorbilder und Ansprechpartner der Schüler sein. Sie müssen friedliche gesellschaftliche Normen und Werte verkörpern und vermitteln.

– Ein wesentlicher Beitrag zur Förderung des Miteinanders und der Fairneß im Wettbewerb kann im Rahmen des Sportunterrichts geleistet werden. Im Sport sollten weniger der Erfolg, das Gewinnen, als vielmehr das Mitmachen, die Schönheit des Spiels und die Fairneß des Wettbewerbs, betont werden.

– Aggressive Schüler dürfen durch positive Lehrerzuwendung in ihrer Gewaltbereitschaft nicht noch bestärkt werden. Häufig erzwingen sich aggressive Schüler Beachtung. Gewaltsames Verhalten darf durch Zuwendung nicht noch belohnt und verstärkt werden.

– Die Schule sollte sich darum bemühen, bei den Opfern des Drangsalierens und Tyrannisierens Vertrauen, Selbstwertgefühl und Freundschaftsfähigkeit aufzubauen. Sie sollte sie Selbstbehauptung lehren[51].

---

[48] D.Olweus 1993, 71.

[49] D.P.Farrington 1993, 414.

[50] H.-D.Schwind/J.Baumann/U.Schneider/M.Winter 1990, 154.

[51] K.Rigby/P.T.Slee 1991, 616.

6. Fernsehdarstellung der Gewalt in der Schule

a. Angemessenheit der Dimension des Problems in der Fernsehdarstellung

Die Fernsehsendung erweckt den Eindruck, als sei Gewalt an deutschen Schulen ein allgemeines und weit verbreitetes Problem. Sie führt dieses Problem auf eine allgemeine Verrohung und Brutalisierung der Schüler zurück, ohne zu fragen, woher diese Verrohung und Brutalisierung kommen. Sie äußert die Ansicht, Gewalt an Schulen sei angestiegen. Sie schildert besonders brutale Handlungen: Einem 16jährigen Opfer wurde von drei Mitschülern ins Gesicht getreten. Die Lehrer werden mit Waffen, insbesondere mit Messern, bedroht. Zur Selbstverteidigung nehmen Schüler Messer und Pistolen mit in die Schule.

Gegenüber dieser Fernsehdarstellung muß kritisch eingewandt werden, daß sie das Problem überhöht schildert. Gewalt in der Schule ist zwar ein ernstes Problem. Aber es ist ein Minderheitsproblem des Machtmißbrauchs. Das viktimologische Konzept des Drangsalierens und Tyrannisierens taucht in der Sendung nicht auf. Dieses ohnehin verdeckte Problem wird durch die Verallgemeinerung des Gewaltproblems in der Sendung weiterhin verschleiert. Dadurch, daß fast nur von Schüler-Brutalitäten die Rede ist, kommt die große Variationsbreite gewaltsamen Verhaltens in der Schule nicht in den Blick. Auch subtilere Gewalthandlungen können psychisch sehr verletzbar sein.

Die ZDF-Sendung geht ohne weiteres von einer gestiegenen Gewaltbereitschaft aus, die empirisch schwer nachweisbar ist. Sie erörtert nicht die viel näherliegende Möglichkeit des aufgrund des Zivilisationsprozesses gewachsenen Problembewußtseins für Alltagsgewalt. Die deutschen empirisch-kriminologischen Untersuchungen zur Gewalt in der Schule kommen zwar auch zu dem Ergebnis, daß Schulvandalismus (an etwa 40 % der Schulen) und Gewalt unter Schülern (bei bis zu 32 % der Schüler) vorkommen. Daß zwei Drittel der Schüler von Großstadtschulen mit Gewalt konfrontiert werden, ist aufgrund deutscher empirisch-kriminologischer Studien aber in der Fernsehsendung übertrieben dargestellt. Über Bedrohung von Lehrern und Bewaffnung von Schülern zur Selbstverteidigung ist bisher in Deutschland empirisch-kriminologisch wenig bekanntgeworden. Selbst in den USA nehmen lediglich etwa 2 % der Schüler Waffen oder sonstige Gegenstände zu ihrer Verteidigung mit in die Schule. Nur in Großstadtschulen der USA werden etwa 10 % der Lehrer der Sekundarstufe I körperlich angegriffen.

b. Mangelnde Übereinstimmung der Fernsehdarstellung mit den kriminologischen Forschungsergebnissen

Die Fernsehsendung geht auf das viktimologische Konzept des Tyrannisierens und Drangsalierens, das zentrale Konzept der Gewalt in der Schule, nicht ein. Nur die körperlichen Schäden der Gewalt in der Schule werden erörtert. Über die in der Wirklichkeit viel schwerwiegenderen sozialen und psychischen Schäden der Opfer und Täter erfährt man nichts. Die Ursachen der Schulgewalt werden nur sehr oberflächlich angesprochen. Lediglich einige wenige Täterursachen kommen zur Sprache. Täter- und Opferpersönlichkeit werden nicht dargestellt. Von gesellschaftlichen, institutionellen und Opfer-Ursachen ist nicht die Rede. Vorschläge zur Verhütung der Gewalt in der Schule werden nicht gemacht.

Die Zuschauer der Fernsehsendung werden zu ihrer Unterhaltung auf ein viktimologisches und kriminologisches Problem hingewiesen, das in seiner Erscheinungsform, seinen Schäden und seiner Verursachung nicht richtig veranschaulicht worden ist. Wegen der übertriebenen Verallgemeinerung des Problems werden die Zuschauer irregeführt; das wahre Problem des Tyrannisierens und Drangsalierens, das bei Opfer und Täter große psychische Schäden verursacht, wird nicht angesprochen und bleibt verborgen und ungelöst. Der Zuschauer wird zu seiner Unterhaltung in seinem Vorurteil von der „zunehmenden Gewaltbereitschaft der heutigen Jugend“ bestärkt.

II. Fall: Tötung alter Menschen auf der Intensivstation

1. Ausmaß der Mißhandlung alter Menschen in der Familie und im Seniorenheim

Über das Ausmaß der Mißhandlung alter Menschen in der Familie und im Seniorenheim gibt es keine genauen Zahlen[52]. Man schätzt den Umfang der Gewalt gegen alte Menschen auf 1 % bis 10 % der über 65jährigen[53]. Das Dunkelfeld ist groß. Denn die Opfer erstatten in der Regel keine Anzeige[54], weil sie fürchten, in Seniorenheime abgeschoben zu werden, weil sie sich für das Verhalten ihrer Kinder schämen, mit denen sie gleichwohl noch in engen persönlichen Beziehungen leben, und weil es ihnen an geistiger Klarheit und psychischer Energie mangelt, um nach ihrer Anzeige die Fragen der Polizei beantworten zu können.

2. Erscheinungsformen der Mißhandlung alter Menschen in Familie und im Seniorenheim

Alte Menschen werden in ihrer Familie oder im Altersheim verhältnismäßig häufig mißhandelt oder vorsätzlich vernachlässigt[55]. Die Mißhandlung alter Menschen, die in den letzten Jahrzehnten zugenommen hat[56], kommt am häufigsten in der Familie vor[57], weil sie dort immer noch am meisten gepflegt werden. Die größte Risikogruppe auf der Opferseite sind die über 80 Jahre alten Frauen[58]. Auf der Täterseite

[52] F.Adler/G.O.W.Mueller/W.S.Laufer 1995, 243; C.R.Bartol 1995, 229; S.T.Reid 1994, 303-305.
[53] K.Pillemer/J.J.Suitor 1988, 247-270.
[54] M.F.Hudson 1986, 125-166.
[55] A.Kreuzer/M.Hürlimann 1992, 46/7.
[56] S.T.Reid 1994, 303-305.
[57] Y.Brillon 1987, 72, 82.
[58] M.Eastman 1985, 62.

findet man ebenfalls häufig Frauen, die die Last der Altenpflege zu tragen haben und die meist selbst schon alt (über 60 Jahre) sind oder sich in der Nähe des Alters befinden. Sie fühlen sich zwischen zwei Generationen „eingezwängt“[59]. Denn sie müssen auf der einen Seite ihre Kinder emotional und finanziell unterstützen. Auf der anderen Seite sind sie mit der drückenden Bürde der Pflege und der Sorge für ihre Eltern belastet.

In der Familie und im Seniorenheim werden alte Menschen geschlagen. Sie werden von ihren Pflegepersonen beschimpft und bedroht. Man enthält ihnen Essen, Wasser, Kleidung vor. Man bindet sie an Möbelstücken fest, um sie leichter kontrollieren zu können. Man gibt ihnen zu viele Beruhigungs- und Schlaftabletten, um mit ihnen besser „fertigwerden“ zu können[60]. Gebisse, Brillen, Hörgeräte werden ihnen grundlos verweigert. Man stiehlt ihnen Geld, oder man verschwendet das Geld alter Menschen, die geistig nicht mehr in der Lage sind, ihre eigenen finanziellen Angelegenheiten zu ordnen[61].

3. Ursachen für die Mißhandlung alter Menschen in Familie und Seniorenheim

a. Gesellschaftliche Ursachen

Alte Menschen werden an den Rand der Gesellschaft gedrängt (Marginalisierung):

– In den Wertvorstellungen der industrialisierten, mehr und mehr automatisierten westlichen Gesellschaften zählen Produktivität, Wettbewerb, Mobilität, Schnelligkeit, Jugend, Sportlichkeit und Zukunft[62]. Man glaubt, daß alte Menschen in der Leistungs- und Wettbewerbsgesellschaft nicht mehr mithalten können.

---

[59] S.K.Steinmetz 1983.
[60] H.J.Schneider 1987, 707/8.
[61] E.Rathbone-McCuan 1980.
[62] Y.Brillon 1987, 5.

– Erfahrung, Weisheit und Gelassenheit alter Menschen werden in den gesellschaftlichen Wertvorstellungen gering geachtet. Man lehnt das Alter als Schwäche ab und verabscheut es. Die Idealvorstellung eines wertvollen Menschen ist der junge, gesunde, sportliche Mensch.
– Alte Menschen stehen Jüngeren in ihren Karrierebestrebungen im Wege. Sie werden deshalb immer früher in den Ruhestand abgedrängt. Daraus entsteht eine Überforderung der Menschen mittleren Alters. Denn auch die Ausbildungszeit der jungen Menschen verlängert sich immer mehr.

b. Institutionelle Ursachen

Unter Institution versteht man[63] eine Einrichtung, die nach bestimmten Regeln des Arbeitsablaufs und der Aufgabenverteilung auf Mitarbeiter, die zusammenarbeiten, eine bestimmte Aufgabe erfüllt. Die Gesellschaft ist ein „natürliches“ kooperatives System, ein Organismus von Institutionen als „Organen“ (Herbert Spencer).

Ursachen in der Familie
Zwei Ursachen für die Mißhandlung alter Menschen liegen in der Familie als Institution:
– Es besteht häufig ein krasses Mißverhältnis zwischen den außergewöhnlichen Bedürfnissen der alten, pflegebedürftigen Menschen und den dürftigen Ressourcen, die der Familie für die Altenpflege zur Verfügung stehen[64].
– Die Familie, in der alte Menschen mißhandelt werden, lebt nicht selten in sozialer Isolation; sie ist in kein Netz aktiver sozialer Unterstützung eingebettet[65], das es ihr leichter machen würde, mit heraufkommenden zwischenmenschlichen Krisen fertigzuwerden.

[63] G.Hartfiel/K.-H.Hillmann 1982, 341.
[64] E.A.Fattah/V.F.Sacco 1989, 240.
[65] K.A.Pillemer 1986, 245; R.S.Wolf/E.R.McCarthy 1991, 358.

Ursachen im Seniorenheim

Drei Ursachen für die Mißhandlung alter Menschen können im Seniorenheim als Institution liegen:

– Das Seniorenheim, in dem alte Menschen Mißhandlung erfahren, ist häufig gesellschaftlich isoliert. Innerhalb des Heims kann bürokratische, formalistische Unpersönlichkeit vorherrschen; die Menschen können beziehungslos sein[66]. Die Insassen werden zu bloßen Arbeitsobjekten, leblosen Abstraktionen, für die das Personal keine persönliche Verantwortlichkeit mehr empfindet. Zwischen der an Zahl kleinen Personal- und der zahlenmäßig großen Insassengruppe kann eine zu große Kluft bestehen. Die Macht kann einseitig verteilt sein[67]. Alle Entscheidungs- und Kontrollbefugnisse können beim Personal liegen, das sich überlegen und stets im Recht fühlt. Die Insassengruppe kann ohnmächtig sein: Man hat ihr weitgehend die private Sphäre und den persönlichen Besitz genommen (Verlust an Identitätsausstattung). Man schließt sie selbst von Entscheidungen aus, die ihr eigenes Schicksal betreffen. Sie hat keine Selbstkontrolle mehr. Alles ist reglementiert. Sie spielt nur noch eine reaktive Rolle; sie kann keine Eigeninitiative entwickeln.

– Die institutionelle Gewalt kann freilich auch funktionale Gründe haben. Hier spielt ein autoritärer Führungsstil (extreme Machtorientierung, Intoleranz, unbedingter Gehorsam) eine wesentliche Rolle: Bei einseitiger Machtverteilung zwischen Pflegepersonen und alten Menschen zu Lasten der alten Menschen neigt die Gruppe, die praktisch totale Macht über die machtlose Gruppe erhält, dazu, ihren überlegenen Status zu autoritärem und gewaltsamem Verhalten zu mißbrauchen[68].

– Für die Gewaltanwendung des Personals gegenüber alten Menschen im Seniorenheim sind häufig mangelnde Aufsicht und eine kalte, enthumanisierende und entpersonalisierende Atmosphäre[69] mit verantwortlich. Es herrscht ein rauher Umgangston; das Personal leistet sich degradierende Übergriffe in der Wortwahl; es mangelt an Zuwendung gegenüber den alten Menschen.

---

[66] R.Johnson 1986.

[67] E.Goffman 1961.

[68] P.G.Zimbardo 1983, 585-589.

[69] Y.Brillon 1987, 78.

c. Täterursachen

Die Mißhandlung alter Menschen kann aus drei Gründen auf den Täter (die Täterin) zurückgeführt werden:

– Die Pflegepersonen alter Menschen sind häufig überlastet, erschöpft und „ausgebrannt" („Burn-Out-Syndrom")[70]. Im täglichen Kontakt mit den alten Menschen stumpfen sie gefühlsmäßig ab, und ihr Respekt vor dem Leben vermindert sich.

– In einer Minderheit von Fällen ist der alte Mensch von seiner Pflegeperson extrem abhängig („Generationenumkehr")[71]. In der Mehrzahl der Fälle soll freilich die Pflegeperson finanziell auf ihr Opfer angewiesen sein[72]. Sie soll sich machtlos fühlen und versuchen, ihren subjektiven Mangel an Kontrolle durch Gewalt auszugleichen.

– Der Täter versucht, sein gewaltsames Verhalten durch Neutralisationstechniken von vornherein zu rechtfertigen: „Die alten Menschen sind zu nichts mehr nütze. Sie sind wertlos und verdienen, schlecht behandelt zu werden."

d. Opfergesichtspunkte

Für die Verursachung der Mißhandlung alter Menschen spielen schließlich auch Opfergesichtspunkte eine Rolle:

– Im Interaktionsprozeß der Infantilisierung alter Menschen verinnerlichen sie die gesellschaftliche Entwertung des Alters[73]: Sie fühlen sich nutz- und hilflos. Sie verlieren ihre Selbstachtung und ihr Selbstvertrauen. Unter massiver Einflußnahme ihrer potentiellen Täter(innen) und der Personen ihres sozialen Nahraums werden sie in ihre „erlernte Hilflosigkeit" hineingedrängt. Sie entwickeln sich zu verletzbaren Personen, die sich – auch infolge des Alterungsprozesses – nicht mehr zu wehren verstehen und die „ideale Opfer" der Aggression bilden.

---

[70] L.R.Phillips 1986, 198.
[71] S.K.Steinmetz 1983, 136.
[72] L.R.Phillips 1986, 205.
[73] Y.Brillon 1987, 74, 76.

– Im Prozeß psycho-sozialer Degradierung[74], der durch einseitige Machtverteilung im Seniorenheim eingeleitet wird, lernt die machtlose Insassengruppe – nach anfänglichem Widerstand – ihre eigene Selbstabwertung, ihre wachsende Abhängigkeit und Nachgiebigkeit erstaunlich schnell. Sie tendiert dazu, sich unterlegen, minderwertig, schwach, tadelnswert und schuldig zu fühlen. Die Ursache der Gewaltanwendung liegt hierbei nicht in den Persönlichkeiten der Mitglieder der mächtigen Gruppe des Personals, sondern allein in der einseitigen Machtzuteilung innerhalb der Institution.

4. Ursachen für die Tötung alter Menschen im vorliegenden Fall

Aus dem Sachverhalt (Tötung alter Menschen auf der Intensivstation) ergeben sich institutionelle und Täter-Ursachen. Freilich sind zusätzlich auch gesellschaftliche und Opfer-Gesichtspunkte zu berücksichtigen, wie sie in diesem Gutachten unter II. 3. dargestellt worden sind.

a. Institutionelle Ursachen

Auf der Operativen Intensivstation haben folgende institutionelle Ursachen zur Tötung der alten Menschen durch die Krankenschwester X beigetragen:

– Es herrschte ein autoritärer Führungsstil. Die Chefärztin der Intensivstation war eine autoritäre Persönlichkeit, die ihre Station nach dem Prinzip der Über-Unter-Ordnung (hierarchisch) geführt hat. Mit dem Chefarzt der chirurgischen Abteilung, dessen Patienten nach der Operation häufig in ihre Intensivstation verlegt wurden, lebte sie in ständigem Streit. Die widersprüchlichen Anordnungen der Chefärzte verwirrten das Pflegepersonal. Stations- und Gruppengespräche über die außerordentliche

---

[74] A.E.Fattah/V.F.Sacco 1989,247.

psychische Belastung während der Arbeit (hohe Sterberate trotz hohen mitmenschlichen Einsatzes) fanden nicht statt.

– Die Zusammenarbeit zwischen Ärzten und Pflegepersonal war unzureichend. Die Ärzte beaufsichtigten und kontrollierten das Pflegepersonal nicht genügend. In der Patientenpflege herrschten gravierende Mißstände. Es kam zu distanzlosem Verhalten gegenüber den Patienten, das ihre Menschenwürde verletzte. Die Patienten litten unter mangelnder Zuwendung des Pflegepersonals. Der Umgangston war oft rauh; das Pflegepersonal leistete sich mitunter degradierende Übergriffe in der Wortwahl.

– Die Operative Intensivstation war gesellschaftlich isoliert. Mitmenschliche Beziehungen zwischen den Ärzten, zwischen dem Pflegepersonal, zwischen den Ärzten und dem Pflegepersonal und zwischen Ärzten, Pflegepersonal und Patienten entwickelten sich nicht in ausreichendem Maße. Es herrschte bürokratische, formalistische Unpersönlichkeit auf der Operativen Intensivstation. Das soziale Klima in der Station bestand nicht in einer Hilfe zum Leben, sondern in einer Hilfe zum Sterben.

b. Täterursachen

Folgende Gründe für die Tötung der alten Menschen liegen in der Persönlichkeit und im Lebensstil der Krankenschwester X:

– Sie fühlte sich durch die Arbeit auf der Operativen Intensivstation überfordert („Burn-Out-Syndrom"). Durch das ständige Miterleben unerträglichen Leidens und Sterbens war sie emotional abgestumpft.

– Sie mußte in weitgehender sozialer Isolation arbeiten, weil das Pflegepersonal wußte, daß die Chefärztin sie als Ansprechpartnerin benutzte.

– Sie war an die gewaltsame Lösung von Konflikten und an zwischenmenschliche Beziehungslosigkeit gewöhnt. Denn sie mußte in ihrer Kindheit und Jugend häufig Gewalt ertragen. Ihre Beziehung zu ihrer beherrschenden Mutter, die ihre Tochter häufig schlug, war gestört.

– Sie entwickelte kein kriminelles Selbstbild und rechtfertigte vorab ihre kriminellen Tötungen durch Neutralisationsmechanismen: Aus Mitleid leiste ich „humane Sterbehilfe". Den Totgeweihten erspare ich „sinnlose Operationen" und „unnötige Schmerzen".

5. Verhinderung der Gewalt in der Institution (in der Familie, im Seniorenheim, im Krankenhaus)

Die Institution besitzt eine Fülle von Möglichkeiten, um Gewalt in ihrem Bereich zu verhindern oder zu mindern. Die folgenden Gesichtspunkte gelten – mehr oder weniger – für jede Institution:

Die Bindungen an die Institution sollten gestärkt werden; die Institution sollte gut in ihre soziale Umwelt eingeordnet sein; ihre Insassen sollten die mannigfaltigsten Beziehungen zur Außenwelt besitzen. Die zwischenmenschlichen Beziehungen innerhalb der Institution, unter den Insassen und zwischen dem Personal und den Insassen, sollten gepflegt werden. Es sollte ein Sozialklima des gegenseitigen Respekts und der Zusammenarbeit herrschen. Die Mitglieder der Institution sollten einen Sinn für Zusammengehörigkeit entwickeln. Die Disziplin innerhalb der Institution sollte klar, beständig und fair sein.

Nach dem demokratischen Prinzip sollten alle Mitglieder der Institution am inhaltlichen Programm und an der räumlichen Gestaltung der Institution mitwirken. Sie sollten dazu angehalten werden, kreative Ideen und Eigeninitiative zu entwickeln. An allen wichtigen Entscheidungen sollten sie beteiligt werden.

Die Bau- und Organisationsstruktur der Institution sollten klar und übersichtlich sein. Die Institution sollte in kleine, überschaubare Einheiten gegliedert werden. Entscheidungsbefugnisse sollten auf mehrere Ebenen verteilt werden.

Innerhalb der Institution sollten alle auftretenden Konflikte in konsequenter Weise friedlich gelöst werden. Mit Konflikten sollte konstruktiv umgegangen werden. Sie sollten nicht unterdrückt und verdrängt werden. In einem sozialen Kompetenztraining sollte vielmehr eingeübt werden, Konflikte zu erkennen und sie in prosozialer, friedlicher Weise zu lösen. Das Problembewußtsein für Gewalt sollte geweckt, und über Gewaltentstehung sollte informiert werden. In der Institution sollte ein Milieu geschaffen werden, in dem durch Setzung klarer Grenzen die Viktimisierung eines Mitglieds durch ein anderes unannehmbar und nicht geduldet wird.

Das Personal der Institution sollte Vorbild und Ansprechpartner für die Insassen sein. Es sollte eingehend über die Verursachung von Gewalt informiert sein. Es sollte in gewaltfreien Konfliktlösungsstrategien sorgfältig geschult werden. Gewalttätigkeiten unter Insassen sollte es mit größter Aufmerksamkeit beobachten und konsequent und mit friedlichen Mitteln kontrollieren.

Bei der Überwachung der Gewalt innerhalb der Institution sollten Strafrecht und Disziplinarmaßnahmen eine allerletzte Zuflucht darstellen. Strafe sollte durch Wiedergutmachung ersetzt werden. Der Gewalttäter sollte sich durch aktive Mitarbeit an der Behebung der materiellen und immateriellen Schäden beteiligen. Es geht nicht nur um einen finanziellen Schadenersatz und um eine Entschuldigung. Wiedergutmachung ist vielmehr ein kreativer Prozeß, eine Persönlichkeits- und Sozialleistung. Die Institution kann an der Wiedergutmachung aktiv mitwirken, indem sie die Gründe für die Notwendigkeit der friedlichen Konfliktlösung aufzeigt, indem sie die Schäden, Leiden und die Betroffenheit der Opfer im Falle der Gewaltanwendung klarstellt und indem ihr Personal ein Vorbild für friedliche Konfliktregulierung bildet.

6. Verhütung der Gewalt durch Vorschriften im Heimgesetz und in der dazugehörigen Verordnung

a. Wirksame Verhinderung der Gewalt im Seniorenheim

Im Heimgesetz ist als Gesetzeszweck festgelegt, die Selbständigkeit und Selbstverantwortung der Heimbewohner zu wahren. Um diesen Zweck zu erreichen, können Mindestanforderungen an die Räume des Heims und an die Eignung des Heimleiters und der Beschäftigten gestellt werden. Das ist nunmehr durch die Verordnung über personelle Anforderungen für Heime zum Teil geschehen.

Durch die Einrichtung eines Heimbeirats, der über Unterbringung, Aufenthaltsbedingungen, Heimordnung, Verpflegung und Freizeitgestaltung mitentscheidet, und durch die Überwachung der Heime durch Heimaufsichtsbehörden trägt das Heimgesetz maßgeblich dazu bei,

Gewalthandlungen in Alten- und Altenpflegeheimen zu verhindern. Der Schutz der alten Menschen vor Viktimisierungen wird durch die Verordnung über personelle Anforderungen für Heime noch verbessert. Denn in dieser Verordnung sind Mindestanforderungen an die Persönlichkeit des Heimleiters, an seine Ausbildung und seinen beruflichen Werdegang geregelt. In der Person des Heimleiters dürfen keine persönlichen Ausschlußgründe (z.B. Vorstrafen) gegeben sein. Die Verordnung enthält schließlich Bestimmungen über die erforderliche persönliche und fachliche Eignung sowie über die Aus-, Fort- und Weiterbildung der Altenpflegehelferinnen und Altenpflegehelfer. Alle diese Vorschriften können zur Verhütung der Gewaltanwendung in Seniorenheimen beitragen.

b. Zu wenig berücksichtigte Gesichtspunkte

Der Gesetzgeber hat in der Verordnung zum Heimgesetz keinen Mindestpersonalschlüssel vorgesehen. Eine unzureichende Personalausstattung der Seniorenheime ist häufig eine wesentliche Ursache für die Mißhandlung alter Menschen. Ferner vermißt man im Heimgesetz Grundsätze zur Führung der Heime. Um einen Machtmißbrauch zu verhindern, sollte im Heimgesetz geregelt werden, daß ein demokratischer Führungsstil zu verwirklichen ist und daß Konflikte, die zwischen Personal und Insassen sowie unter den Insassen auftreten, in konsequent friedlicher Weise, unter Beachtung rechtsstaatlicher Grundsätze und unter Beteiligung der Heimbewohner zu lösen sind. Das Heimgesetz sollte weiterhin eine Bestimmung darüber enthalten, daß große Seniorenheime in kleine, überschaubare Einheiten zu unterteilen sind und daß die Entscheidungsbefugnisse auf mehrere Ebenen verlagert werden sollten. Schließlich sollten die beiden folgenden Grundsätze im Heimgesetz festgelegt werden:

– Den Heimbewohnern ist ihre private Sphäre und ihr persönlicher Besitz, soweit wie möglich, zu belassen.

– Die mitmenschlichen Beziehungen der Heimbewohner untereinander und zum Personal innerhalb des Heims und zu Personen außerhalb des Heims sind zu fördern.

Übungshausarbeit (Wahlfachübung)

7. Problemkomplex: Frauenkriminalität – Geringere Deliktsbeteiligung der Frauen und ihre Ursachen – Struktur und Entwicklung der Frauenkriminalität – Gewaltkriminalität von Frauen und ihre Ursachen – Gewalt in der Familie – Ihr Ausmaß, ihre Ursachen, ihre Vorbeugung und ihre Kontrolle

1. Teil

I. Sachverhalt: Eine Mutter tötet ihren Sohn

Nachdem ihr 14jähriger Sohn B morgens zur Schule gegangen war, legte sich die 40jährige alleinerziehende A, seine Mutter, wieder auf die Couch, ließ die Hausarbeit liegen, setzte den Kopfhörer auf, hörte Musik und verbrachte auf diese Weise den ganzen Tag. Sie dachte: „Es muß sich etwas ändern." Sie wollte „Schluß machen", zog Selbstmord in Erwägung und suchte nach einem geeigneten Mittel: Tabletten, Rasierklingen, Kanülen. Sie fand jedoch nichts. Es fehlte ihr der Mut zum Selbstmord. Plötzlich tauchte bei ihr der Gedanke auf, ihren 14jährigen Sohn B zu töten.

Als der Junge abends nach Hause kam, lenkte sie ihn unter dem Vorwand ab, Essen für ihn zuzubereiten. In der Küche fiel ihr ein, daß sich in einer hinteren Schublade des Schrankes ein scharfes Messer befand. A holte sich das Messer aus dem Schrank, stellte dem Jungen einen Teller mit Toast hin und stach von schräg hinten in seine Herzgegend. Insgesamt sechs- bis siebenmal stach sie zu. Noch als er schon am Boden lag, stach sie auf ihn ein, um ihn ausbluten zu lassen, damit er „schnell sterbe und nicht lange leiden müsse".

Nach der Tat verständigte sie die Nachbarn und stellte sich der Polizei.

Zu den persönlichen Verhältnissen der A konnte folgendes festgestellt werden: Ihre ersten drei Lebensjahre verbrachte sie bei ihrer Mutter; sie kam dann zu Pflegeeltern und lebte später in zwölf verschiedenen Heimen. Die Mutter der A war vorübergehend verheiratet; sie ernährte sich im übrigen von Prostitution und sprach dem Alkohol übermäßig zu. Von ihrem Vater weiß die A nichts. Männer näherten sich ihr sexuell schon frühzeitig gegen ihren Willen. Im Alter von nur sechs bis sieben Jahren wurde sie von ihrem Pflegevater auf brutale Weise vergewaltigt, nachdem er zuvor mit der Axt die Tür zu ihrem Zimmer eingeschlagen hatte. Im Heim nahm A eine Außenseiterrolle ein. Da sie mit 12 Jahren noch einnäßte, war sie vielerlei Bloßstellungen ausgesetzt. Der Direktor eines Heims und Freunde ihrer Mutter mißbrauchten sie sexuell, als sie vierzehn Jahre alt war. Von ihrer Mutter wurde sie häufig geschlagen.

Im Alter von 15 Jahren entließ man sie aus dem Heim. Sie begann eine Altenpflegeausbildung in einer kirchlichen Einrichtung. Alkohol spielte – zum Teil in Verbindung mit Tablettenmißbrauch – eine wichtige Rolle in ihrem Leben. Sie ging „anschaffen". Als ihr prostitutiver Lebensstil bekannt wurde, verlor sie ihren Ausbildungsplatz. Einige Jahre wurde das „Nachtleben" für sie zum alleinigen Lebensinhalt. Mit 26 Jahren wollte sie plötzlich ein Kind haben, das sie von ihrem sozialabweichenden Verhalten abbringen sollte. Während ihrer Schwangerschaft zog sie zu ihrer Mutter. Sie erlebte eine gute Zeit und schloß ihre Ausbildung mit der Note „sehr gut" ab.

Das Zusammenleben mit ihrer Mutter ging allerdings nicht lange gut. A arbeitete; das Kind – der Sohn B – war tagsüber in einer Krippe. Ihre Alkohol- und Tablettenabhängigkeit begannen wieder stärker zu werden, so daß sie ihren Sohn zu Pflegeeltern geben mußte. Später lernte A eine Freundin kennen, mit der sie zusammenzog. Auch ihr Sohn lebte nun wieder bei ihr. Ihr Verhältnis zu ihm war zunächst gut. Es wurde offen über alles gesprochen. Als ihr Sohn etwa 11 bis 12 Jahre alt war, änderte sich allerdings das Mutter-Sohn-Verhältnis schlagartig. Der Sohn B geriet unter schlechten Einfluß; er hatte zwielichtige Freunde. A fand keinen Zugang mehr zu ihm. B verübte kleinere Diebstähle; die Polizei wurde auf ihn aufmerksam. Als der Junge 13 Jahre alt war, erlebte er seine Mutter zum erstenmal völlig betrunken. Von da an verlor er jede Achtung vor ihr und nahm keine Rücksicht mehr auf sie. Er entwendete ihr Geld und wurde auch tätlich ihr gegenüber. Er entglitt ihrer Kontrolle. Ihre Alkohol- und Tablettensucht verschlimmerten sich. Arbeitslosigkeit wechselte mit vorübergehender Arbeit in verschiedenen Krankenhäusern ab (Quelle[1]).

Aufgaben:

1. Im Jahre 1993 waren die Frauen mit einem Anteil von 21,4 % an der polizeilich bekanntgewordenen Kriminalität beteiligt. Ist die Deliktsbeteiligung der Frauen – auch im Dunkelfeld – wirklich so niedrig? Wenn Sie die Frage bejahen: Warum ist der Frauenanteil an der Kriminalität so gering?
2. Wie sieht die Struktur der Frauenkriminalität und der Mädchendelinquenz aus?
3. Wie hat die ältere Kriminologie die Deliktsstruktur der Frauenkriminalität und der Mädchendelinquenz erklärt? Worauf führt die neuere Kriminologie die geschlechtsspezifische Deliktsstruktur zurück?
4. Wie haben sich Frauenkriminalität und Mädchendelinquenz in den letzten zwanzig bis fünfundzwanzig Jahren entwickelt?
5. Welches sind die Ursachen für die Entwicklung der Frauenkriminalität?
6. Im Jahre 1993 waren die Frauen mit einem Anteil von 10,1 % an der Gewaltkriminalität beteiligt. Warum ist der Frauenanteil an der Gewaltkriminalität so niedrig?
7. Welche Ursachen hat die Gewaltkriminalität der Frauen? Welche Ursachen hat die Tötung des B durch A?

---

[1] A.Wiese 1993, 112-142.

2. Teil

II. Sachverhalt: Körperverletzung in der Familie mit Todesfolge

Am 3.August 1993 gegen ein Uhr mittags rief die 22jährige G ihren eineinhalb Jahre alten Sohn T zu sich, um ihm die Flasche zu geben. T gehorchte nicht sogleich. Die Mutter mußte noch mehrmals nach ihm rufen. Nachdem er schließlich gekommen war, wollte er sich nicht hinsetzen. Aus Ärger darüber trat die G ihren Sohn mit ihrem Fuß, an dem sie eine Holzsandale trug, oberhalb der Hüfte in die Seite. Der kleine T fiel und schlug mit dem Hinterkopf auf. Etwa zwei bis drei Stunden später erbrach sich T mehrmals. Gegen 18 Uhr bot ihm die Mutter ein Wurstbrot an, aber T wollte nichts essen. Er verweigerte Tee und Multivitaminsaft. Ein Medikament gegen Erbrechen wurde sogleich wieder erbrochen. Zu diesem Zeitpunkt weckte G ihren Mann, den 25jährigen F, der am Nachmittag geschlafen hatte, weil er zur Nachtschicht mußte. Sie erzählte ihm von dem Tritt. F schaute sich das Kind an, kam jedoch zu der Überzeugung, daß es nichts Schlimmes sein könne, weil kein Blut in dem Erbrochenen war.

Gegen 20 Uhr setzte die Mutter den T zum Schlafen in den Laufstall. Sie wollte nicht, daß er bei nochmaligem Erbrechen das Bett beschmutzte. Als der Vater F kurze Zeit später nachschaute, saß das Kind – vor sich hinstarrend – und schlief schließlich im Sitzen ein. Gegen Viertel nach neun ging F zur Nachtschicht. Seine Frau, die G, ging um diese Zeit zu Bett, wachte aber gegen 23 Uhr vom Jammern des Kindes T auf. Sie hob es aus dem Laufstall, setzte es in einen Hochstuhl und stellte fest, daß das Kind nicht mehr selbständig sitzen konnte. Eine halbe Stunde nach Mitternacht rief G ihren Mann an. Sie sprachen über den möglichen Tod ihres Kindes, und F schlug vor, einen Arzt zu holen. Seine Frau lehnte dies jedoch ab. Sie war von der Angst besessen, daß man ihnen die Kinder wegnehmen würde, wenn herauskam, daß G ihren Sohn T getreten hatte. G versuchte, dem T Pfefferminztee zu geben. Zehn Minuten später starb der T. G rief wieder bei ihrem Mann an, und sagte ihm, daß T tot sei. Todesursache war ein zweiseitiger Milzriß. Bis zu seinem letzten Atemzug hätte der Junge gerettet werden können.

Am Morgen nach dem Tod des T zerstückelten G und F seine Leiche und verpackten sie in zwei Müllsäcke. Einen Tag später fuhr die G mit ihren beiden anderen Kindern in die Innenstadt von B, und sie tat so, als ob T plötzlich verschwunden sei. Die Polizei nahm drei Wochen lang eine Entführung an.

Als T 13 Monate alt war, stieß ihn sein Vater F mit dem Kopf gegen einen hölzernen Bettrahmen. Wenige Wochen vor dem tödlichen Fußtritt rührte die G den Kopf des T in Erbrochenem und schlug ihn mehrfach auf den Fliesenboden.

Zu den persönlichen Verhältnissen der G wurde folgendes festgestellt: Sie war die jüngste von vier Geschwistern. Ihr Vater, ein Bierbrauer, kam häufig betrunken nach Hause, und sie mußte mitansehen, wie er ihre Mutter und ihre Geschwister schwer mißhandelte. Ihre völlig erschöpfte, verbitterte und egozentrische Mutter ließ ihre Kinder im Stich. Ihre Eltern trennten sich. Als G 15 Jahre alt war, sollte sie ihrem unberechenbaren Vater den Haushalt führen. Alle anderen Familienmitglieder hatten ihn bereits verlassen. Sie hielt es ebenfalls bei ihrem Vater nicht mehr aus und kam bei ihrer Schwester unter.

Die G hat eine niedrige Intelligenz. Als sie 17 Jahre alt war, lernte sie den F kennen. Es war ihre erste feste Freundschaft. Ein halbes Jahr später heirateten sie. Beide wollten Kinder. Zwischen März 1991 und Juni 1993 kamen drei Kinder, die Söhne S und T und die Tochter J, kurz nacheinander zur Welt. G fühlte sich überfordert und isoliert; sie hatte niemanden, an den sie sich um Rat und Hilfe wenden konnte. Die Kinder waren ihre Puppen, ihr Besitz, ihr ganzer Stolz. Sie putzte sie heraus wie ihre Wohnung. Sauberkeit war ein hoher Wert für G. Sie wollte alles blitzblank haben, und für die Kinder durfte es nur neue Kleidung sein, selbst wenn das Geld nicht reichte.

F war das vierte von insgesamt fünf Kindern. Er war kein besonders guter Schüler. Er wäre gerne Kfz-Mechaniker geworden, absolvierte aber wegen seiner schlechten Noten eine Metzgerlehre. Nachdem er die G kennengelernt hatte, ging er – des besseren Verdienstes wegen – als Schichtarbeiter in die Metallindustrie. Weil das Geld auch jetzt noch nicht reichte, arbeitete er am Samstag und in seinem Urlaub als Pflasterer.

Das Landgericht in B verurteilte die 22jährige G und den 25jährigen F wegen Körperverletzung mit Todesfolge in Tateinheit mit versuchtem Mord durch Unterlassen, Mißhandlung eines Schutzbefohlenen sowie Vortäuschung einer Straftat zu Freiheitsstrafen von 9 Jahren (für G) und 7 Jahren (für F).

Aufgaben:

1. Wie häufig ist Gewalt in der Familie? Stützen Sie sich zur Beantwortung dieser Frage auf Erkenntnisse der Kriminalstatistik und der Dunkelfeldforschung!
2. Welches sind die Ursachen für Gewalt in der Familie? Welche Ursachen hat das gewaltsame Verhalten der G und des F ihrem Kind T gegenüber?
3. Auf welche Weise kann Gewalt in der Familie vorgebeugt werden?
4. Auf welche Weise sollte Gewalt in der Familie kontrolliert werden?

Lösung

Gliederung

I. Fall: Eine Mutter tötet ihren Sohn
   1. Der Frauenanteil an den Straftaten
      a. Die geringere Deliktsbeteiligung der Frauen
      b. Ursachen für die geringere Deliktsbeteiligung
   2. Struktur der Frauenkriminalität und der Mädchendelinquenz
   3. Ursachen der Struktur der Frauenkriminalität und der Mädchendelinquenz
      a. Ursachen in der Sicht der älteren Kriminologie
      b. Ursachen in der Perspektive der neueren Kriminologie
   4. Entwicklung der Frauenkriminalität und der Mädchendelinquenz in den letzten zwanzig bis fünfundzwanzig Jahren
   5. Ursachen für die Entwicklung der Frauenkriminalität
   6. Ursachen für die geringere Beteiligung der Frauen an der Gewaltkriminalität

7. Gewaltkriminalität der Frauen
   a. Wesen weiblicher Aggression
   b. Ursachen für die Gewaltkriminalität der Frauen
   c. Ursachen für die Tötung des B durch A.

II. Fall: Körperverletzung in der Familie mit Todesfolge
1. Häufigkeit der Gewalt in der Familie
   a. Erkenntnisse der Kriminalstatistik
   b. Erträge der Dunkelfeldforschung
2. Ursachen der Gewalt in der Familie
   a. Sieben Ursachentheorien
      – Psychopathologische Theorie
      – Sozioökonomische Theorie
      – Psychodynamische Theorie
      – Sozialpsychologische Ressourcentheorie
      – Theorie der sozialen Verarmung
      – Soziale Lern– und Interaktionstheorie
      – Theorie der konfliktanfälligen Institution
   b. Ursachen des gewaltsamen Verhaltens der G und des F ihrem Kind T gegenüber
3. Vorbeugung gegen Gewalt in der Familie
4. Kontrolle der Gewalt in der Familie

Gutachten

I. Fall: Eine Mutter tötet ihren Sohn

1. Der Frauenanteil an den Straftaten

a. Die geringere Deliktsbeteiligung der Frauen

Der Frauenanteil an der Kriminalität ist in allen Ländern, in allen Altersgruppen, zu allen Zeiten, für die brauchbare Kriminalstatistiken verfügbar sind, und für alle Delikte niedriger als der Männeranteil[2]. Obgleich im Jahre 1988 der Anteil weiblicher Personen an der Wohnbevölkerung der damaligen Bundesrepublik Deutschland 52 % ausmachte, betrug der Anteil der Frauen und Mädchen an der Gesamtzahl der polizeilich ermittelten Tatverdächtigen lediglich 23,3 % (1993: 21,4 %)[3]. Straftaten im Straßenverkehr sind dabei nicht berücksichtigt. Knapp 11 % aller wegen Straftaten im Straßenverkehr und 19 % aller wegen sonstiger Straftaten Verurteilten waren Frauen[4]. Ein ähnliches Bild ergibt sich für Österreich und die Schweiz. In Österreich machte der Anteil der Frauen und Mädchen an der Gesamtzahl aller wegen einer gerichtlich strafbaren Handlung Tatverdächtigen 1993 19 % aus[5]. Unter den in der Schweiz von der Polizei ermittelten Tätern waren 1987 nur 20 % Frauen[6].

Freilich gibt es ein geschlechtsspezifisches Dunkelfeld. Das bedeutet: Es werden weniger Frauen und Mädchen wegen Straftaten angezeigt als Männer und Jungen. In zahlreichen neueren Dunkelfelduntersuchungen ist ein wesentlich höherer Anteil an weiblicher Kriminalität und Jugenddelinquenz ermittelt worden, als aufgrund offizieller Daten zu erwarten war[7]. Jedoch gelangen auch diese Untersuchungen übereinstimmend zu dem Ergebnis, daß Frauen und Mädchen insgesamt seltener eigene kriminelle Taten berichten als männliche Probanden und daß die eingeräumten Taten im Durchschnitt weniger häufig und schwer sind als diejenigen der männlichen Vergleichspersonen. Aufgrund der vorliegenden Untersuchungsergebnisse kann überschlägig ein Geschlechtsverhältnis von 1 : 2 zu Lasten der Männer und Jungen im Dunkelfeld der Kriminalität angenommen werden[8] gegenüber einem Verhältnis von etwa 1 : 3 im Hellfeld der Tatverdächtigen. Das geschlechtsspezifische Dunkelfeld rührt daher, daß die weibliche Kriminalität nicht so häufig und so schwer ist wie die männliche, daß sie

---

[2] E.H.Sutherland/D.R.Cressey/D.F.Luckenbill 1992, 159.
[3] Bundeskriminalamt 1989, 45, 51; 1994, 71.
[4] Statistisches Bundesamt 1992, 16, 32.
[5] Bundesministerium für Inneres 1994, 15.
[6] Bundesamt für Statistik 1991, 366.
[7] A.Kreuzer 1986.
[8] R.J.Canter 1982, 382; M.J.Hindelang/T.Hirschi/J.G.Weis 1979, 999.

auch nicht als so gefährlich wie die männliche eingeschätzt wird und daß sie deshalb seltener angezeigt wird.

b. Ursachen für die geringere Deliktsbeteiligung

Die Unterschiedlichkeit der Kriminalitätsbelastung von Männern und Frauen kann nicht biologisch erklärt werden; sie liegt auch nicht in der „natürlichen Eigenart" der Frau[9]. Das geschlechtsspezifische psychische und soziale Verhalten kommt vielmehr hauptsächlich durch soziale Steuerung und Beeinflussung zustande[10]:

– Die Frau und das Mädchen leben trotz des Wandels, in dem sich die Frauenrolle befindet, auch heute noch in Rückzugsstrukturen der Familie, in eingeschränkteren sozialen Handlungsräumen, in denen geringere soziale Kontakte weniger Gelegenheiten zum Täter- und Opferwerden eröffnen. Sind Frauen berufstätig, so haben sie meist Berufe gewählt, die eine Erweiterung ihrer hegenden und pflegenden Rolle zum Inhalt haben und die auf einen „abgedämpften Lebenskampf"[11] abzielen. Frauen und Mädchen sind stärker in ein Netz zwischenmenschlicher Beziehungen eingebunden.

– Sie unterliegen auch gegenwärtig noch einer wesentlich stärkeren sozialen Kontrolle durch ihre Väter, Ehemänner und ihre Kinder im sozialen Nahraum. Ihre Erziehung zur Konformität mit der weiblichen Rolle ist strenger und verhindert stärker den Kontakt mit abweichenden Verhaltensmustern[12]. Nicht nur äußere Kontrollen, sondern auch die aufgrund geschlechtsrollenspezifischer Sozialisation aufgebauten inneren Kontrollen hindern Frauen und Mädchen daran, kriminell und delinquent zu werden. Stärkere Beaufsichtigung und Kontrolle führen zu einer intensiveren weiblichen Anhänglichkeit an Eltern, Lehrer und sozialkonforme Freunde, ein Umstand, der wiederum die Wahrschein-

---

[9] Vgl. zu abweichenden Meinungen: H.J.Schneider 1986, 270/1; 1987, 563/3.
[10] D.Steffensmeier/E.Allan 1991, 72-74.
[11] H. von Hentig 1963, 32.
[12] M.Chesney-Lind/R.G.Shelden 1992, 98.

lichkeit der Beeinflussung durch delinquente Gleichaltrigengruppen vermindert.

– Das soziale Selbst der Frau wird durch Geschlechtsrollenerwartungen bestimmt. Soziale Stereotype, eingebürgerte Vorurteile mit festen Vorstellungsklischees, beeinflussen das Geschlechtsrollenbewußtsein der Männer und Frauen. Das Bild, das die Frauen selbst und ihre Interaktionspartner von ihrer Geschlechtsrolle haben, prägt entscheidend das Selbstbild der Frau und des Mädchens, das ihr Verhalten steuert. Die eigene weibliche Rolle wird im lebenslangen sozialen Prozeß symbolischer Interaktion gelernt. In diesem Wechselwirkungsprozeß wird auf das Verhalten der Partnerin nicht nur reagiert, sondern ihr Verhalten und die Partnerin selbst werden auch interpretiert und definiert. In diese Interpretationen gehen soziale Stereotype über Geschlechtsrollenerwartungen ein. Die Interaktionspartner haben Vorstellungen von dem, was weiblicher Lebensform entspricht. Maßstab für weibliches Verhalten ist hierbei die Vorstellung, die Mädchen und Frauen von Geschlechtsrollenerwartungen ihrer Interaktionspartner haben.

– Traditionelle und gesellschaftlich definierte weibliche Werte und Fähigkeiten sind Gefühlswärme, nährende, hegende und pflegende Fürsorglichkeit, Hilfsbereitschaft, Milde und Sanftmut, Verhalten wie eine „Lady“, Selbstaufopferung, Rücksicht auf die Bedürfnisse und Wünsche anderer. Weibliche Stereotype sind von Grund auf unvereinbar mit den Qualitäten, die in der kriminellen Unterwelt geschätzt werden. Deshalb sind deviante Etiketten „Hexe, Hure, Kleptomanin“ brandmarkender für Frauen als entsprechende Etiketten für Männer.

– Mädchen können sich mit ihrer Mutter als Rollenmodell leichter identifizieren als Jungen mit ihrem Vater, weil sie die Mutter und ihr Verhalten im Elternhaus viel häufiger tagtäglich vor Augen haben, als dies bei Jungen mit ihrem Vater der Fall ist[13]. Dies gilt auch für Töchter berufstätiger Mütter. Denn sie erfüllen gleichfalls häufig neben ihrer Berufsrolle ihre Hausfrauen- und Mutterrolle. Die vorwiegende oder gar ausschließliche Berufsrolle der Frau stellt im gesellschaftlichen Bewußtsein immer noch eine Ausnahme dar.

---

[13] T.Parsons 1947.

– Da Mädchen in der Familie auf ihre Erwachsenenrolle als Hausfrau und Mutter relativ gut vorbereitet werden können, ist das Problem der Unsicherheit über ihre eigene soziale Stellung bei ihrem Hineinwachsen in die Erwachsenengesellschaft in ihrer Jugendzeit viel weniger ausgeprägt als für Jungen, die beruflichen Erfolg in der Erwachsenengesellschaft haben müssen[14]. Die legitimen Mittel zur Erreichung des gesellschaftlich definierten Erfolgszieles sind für Mädchen aufgrund ihres andersartigen Sozialisationsprozesses leichter, die illegitimen Mittel aufgrund stärkerer sozialer Kontrolle schwerer zugänglich als für Jungen. Während ein junger Mann sich in Ausbildung und Beruf bewähren muß, kann sich eine junge Frau auf ihre Hausfrauen- und Mutterrolle zurückziehen, ohne durch sozialen Mißerfolg ein negatives Selbstbild zu entwickeln. Hieraus folgt die geringere Delinquenz der jungen Frauen als der jungen Männer.

2. Struktur der Frauenkriminalität und der Mädchendelinquenz

Der Schwerpunkt der Kriminalität von Frauen und der Delinquenz von Mädchen liegt auf den Eigentums- und Vermögensdelikten geringerer bis mittlerer Schwere. Einfache Diebstähle machen in der Bundesrepublik die Hälfte und Betrugsdelikte nahezu ein Sechstel der von Frauen oder Mädchen begangenen polizeilich bekanntgewordenen Delikte aus[15]. Häufig treten Frauen und Mädchen mit Ladendiebstahl (1993: 36,4 %) in Erscheinung. Beim Betrug begehen sie am meisten Leistungskredit- (1993: 27,2 %) und Leistungsbetrug (26,4 %) sowie Waren- und Warenkreditbetrug (22 %). Ein relativ hoher Frauenanteil von immerhin 20,1 % findet sich auch unter den wegen Veruntreuung Verdächtigen. Bei der Urkundenfälschung sind Frauen vor allem auch mit Rezeptfälschungen zur Erlangung von Betäubungsmitteln (1993: 26,7 %) belastet.

---

[14] D.Gipser 1981.
[15] Bundeskriminalamt 1994, 84.

Die Beteiligung von Frauen und Mädchen an den Gewaltdelikten ist demgegenüber unterdurchschnittlich gering. Im Jahre 1993 waren in der Bundesrepublik nur 10,1 % aller polizeilich registrierten Gewalttäter Frauen[16]. Wenn Frauen Gewaltdelikte verüben, so beruhen diese Straftaten meist auf Konflikten im sozialen Nahraum[17]. Vorwiegend sind Ehemänner, Geliebte, Freunde, Bekannte und die Kinder der Täterinnen die Opfer[18]. An der Mißhandlung von Schutzbefohlenen sind sie mit 35,6 % und an der Kindesmißhandlung mit 38 % beteiligt[19]. Ihre Anteile im erheblichen Dunkelfeld dieser Delikte sind eher noch größer. Bei Raub und Einbruch spielen Frauen häufig Hilfsrollen für die Männer, die überwiegend als Täter in Erscheinung treten[20]. Wenn man einmal von spektakulären Einzelfällen absieht, spielen Frauen bei der schweren Wirtschafts- und Umweltkriminalität, insbesondere bei der Unternehmenskriminalität (Corporate Crime), bei organisierter und politischer Kriminalität überhaupt keine Rolle[21]. Ihre Berufskriminalität (Veruntreuung, Betrug und Urkundenfälschung) verursacht nur geringen bis mittelschweren Schaden[22].

3. Ursachen der Struktur der Frauenkriminalität und der Mädchendelinquenz

a. Ursachen in der Sicht der älteren Kriminologie

Die ältere Kriminologie hat versucht, die „typisch weibliche" Deliktsstruktur als „Kriminalität der Schwäche" zu kennzeichnen und aus einem „Mangel an krimineller Energie" oder aus angeblich „typisch weiblichen" Persönlichkeitseigenschaften heraus zu erklären, die aus

---

16 Bundeskriminalamt 1994, 220.
17 G.Rasko 1981.
18 D.A.Ward/M.Jackson/R.E.Ward 1979.
19 Bundeskriminalamt 1994, 142.
20 D.Hoffman-Bustamante 1973.
21 P.Beirne/J.Messerschmidt 1995, 77.
22 K.Daly 1989, 790.

diskriminierenden Stereotypen bestanden[23]. Die rein deskriptiven Konzepte der „Kriminalität der Schwäche" und des „Mangels an krimineller Energie" vermögen die Struktur der Frauenkriminalität nicht zureichend zu analysieren. In einem Zirkelschluß wurden aus überdurchschnittlich hohen Beteiligungen an bestimmten Delikten angeblich weibliche Persönlichkeitseigenschaften (z.B. Unaufrichtigkeit und Hinterhältigkeit) hergeleitet, die dann als Ursachen für die relativ hohen Deliktsbeteiligungen verantwortlich gemacht wurden.

b. Ursachen in der Perspektive der neueren Kriminologie

Die neuere Kriminologie erklärt die geschlechtsspezifische Deliktsstruktur aus einer geschlechtsspezifischen Rollenstruktur und aus unterschiedlichen Rollenerwartungen, die für jedes Geschlecht eigene Erfolgsziele definieren. Unterschiedliche Sozialisationsmuster, verschiedene soziale Kontrollmechanismen und eine ungleiche Gelegenheitsstruktur sind für die Art und Weise der Frauenkriminalität verantwortlich, die ein Spiegelbild und eine Erweiterung der weiblichen Rollenstruktur darstellen[24]. Während Frauen kriminalitätsbegünstigende zwischenmenschliche Konflikte stärker in der Familie und der Nachbarschaft erleben, sind Männer solchen Konflikten eher im Beruf und in Freizeitgruppen ausgesetzt. Insbesondere die weibliche Aufgabe, Kinder zu gebären und zu erziehen, bringt Belastungen mit sich, die in spezifische Deliktsrisiken (Abtreibung, Kindestötung, Kindesmißhandlung und -vernachlässigung) münden können. Der mangelnde Zugang von Mädchen zu delinquenten Subkulturen bringt es mit sich, daß Frauen und Mädchen an den Delikten in geringerem Maße beteiligt sind, die Fertigkeiten und Einstellungen erfordern, die typischerweise in solchen Subkulturen gelernt werden.

---

[23] H.Kaufmann 1967.

[24] D.Steffensmeier/E.Allan 1991, 75.

4. Entwicklung der Frauenkriminalität und der Mädchendelinquenz in den letzten zwanzig bis fünfundzwanzig Jahren

In den letzten zwanzig bis fünfundzwanzig Jahren wird in vielen Ländern ein Anstieg der weiblichen Kriminalität und eine Änderung ihrer Deliktsstruktur im Hinblick auf eine Angleichung an die männliche Kriminalität beobachtet. In der Bundesrepublik Deutschland ist der Frauenanteil an der polizeilich bekanntgewordenen Kriminalität zwischen 1972 und 1993 von 17,5 % auf 21,4 % undramatisch gewachsen[25]. In den USA ist der Anteil der festgenommenen Frauen seit 1960 von 11 % auf 19 % gestiegen[26]. Wo ein wachsender Anteil der Frauen und Mädchen an der Gesamtkriminalität registriert wird, ist die Zunahme weit überwiegend durch den Anstieg der weiblichen Beteiligung an den leichten bis mittelschweren Eigentums- und Vermögensdelikten bestimmt, während sich der Anteil weiblicher Gewaltkriminalität kaum verändert hat[27].

5. Ursachen für die Entwicklung der Frauenkriminalität

Das Wachsen der Frauenkriminalität und die Änderung ihrer Deliktsstruktur kann nicht mit der Emanzipation der Frau erklärt werden[28]. Es trifft zwar zu, daß die rechtliche Gleichstellung der Frau immer größere Fortschritte macht. Die juristische Emanzipation hat aber bisher zu keiner tiefgreifenden Umgestaltung des Lebensstils der Frau, ihres sozialen und psychischen Selbstbildes, ihrer gesellschaftlichen Rolle, ihrer Sozialisation und ihrer weiblichen Rollenerwartungen geführt. Von einer Gleichstellung der weiblichen Rolle mit der männlichen kann keine Rede sein. Schon eher sind eine stärkere Variations-

---

[25] Bundeskriminalamt 1973, 28; 1994, 71.
[26] F.Adler/G.O.W.Mueller/W.S.Laufer 1995, 40/1.
[27] R.J.Simon 1990.
[28] A.A. F.Adler 1975; R.J.Simon 1975.

breite der Geschlechtsrollen und eine Aufwertung der weiblichen Rolle zu beobachten: Frauen wird in höherem Maße als bisher „männliches" Verhalten, z.B. beruflicher Ehrgeiz, erlaubt, während von Männern eine umfassendere Beteiligung an Arbeiten im Haushalt und insbesondere an der Kindererziehung erwartet wird. Weibliche Werte des Beschützens und Bewahrens haben in Gestalt der Friedens- und Umweltschutzgedanken vermehrt Eingang ins gesellschaftliche Bewußtsein gefunden.

Die Stellung der Frauen im Erwerbsleben gleicht ebenfalls nicht derjenigen der Männer[29]. Zwar sind in der Bundesrepublik mittlerweile mehr als die Hälfte der Frauen im erwerbsfähigen Alter berufstätig. Der Anteil der Selbständigen unter den erwerbstätigen Frauen ist aber erheblich geringer als der unter den Männern. In den höheren Einkommensgruppen sind Frauen zudem seltener zu finden als Männer. Die steigenden leichteren bis mittelschweren Eigentums- und Vermögensdelikte werden schließlich am häufigsten von Frauen der unteren Gesellschaftsschichten begangen, die von der „Emanzipation" den geringsten Nutzen hatten und in deren Familien die traditionellste Rollenverteilung vorherrscht[30]. Als Ursache für die wachsende Frauenkriminalität muß vielmehr die gestiegene Marginalisation der Frauen angesehen werden[31]: Wachsende Scheidungszahlen, zunehmende Alleinerziehung durch die Mütter, Mängel in angemessener gesellschaftlicher Kinderbetreuung, Abdrängen der Frauen in unterbezahlte Berufstätigkeiten ohne Aufstiegschancen (z.B. Krankenschwestern, Kindergärtnerinnen, Sekretärinnen, Kellnerinnen) gehen alle zu Lasten der Frauen. Hohe Inflationsraten machen es erforderlich, daß die Ehefrau und Mutter dazuverdient und daß sie dadurch doppelt belastet ist. Die sozioökonomischen Bedingungen haben sich insbesondere auch für Frauen und Mädchen in den Entwicklungs- und Schwellenländern verschlechtert[32].

---

29 C.H.McCaghy/S.A.Cernkovich 1987, 218-222.

30 N.Naffine/F.Gale 1989.

31 D.Steffensmeier/E.Allan 1991, 79; P.Beirne/J.Messerschmidt 1995, 76.

32 M. de la Luz Lima Malvido 1991.

6. Ursachen für die geringere Beteiligung der Frauen an der Gewaltkriminalität

Im Jahre 1993 waren in der Bundesrepublik Deutschland nur 10,1 % aller polizeilich registrierten Gewalttäter Frauen, die also selten Gewaltdelikte begehen. Das liegt an ihrer geschlechtsspezifischen Rollenstruktur, an den unterschiedlichen Rollenerwartungen der Geschlechter, an ihren verschiedenen Sozialisationsmustern und an den verschiedenen Kontrollmechanismen, denen sie unterworfen sind. Frauen besitzen eine geringere Risikobereitschaft und sind in die Netzwerke zwischenmenschlicher Beziehungen, z.B. in die Familie, besser als Männer eingeordnet. Gewalthandlungen verstoßen gegen weibliche Werte: gegen Gefühlswärme, nährende, hegende und pflegende Fürsorglichkeit, gegen Hilfsbereitschaft, Milde und Sanftmut, gegen Selbstaufopferung und die Rücksichtnahme auf die Bedürfnisse und Wünsche anderer. Frauen wenden häufig ihre Aggressionen gegen sich selbst. Weibliche Gewalt ist meist reaktiv und spontan. Ursachen für Gewaltstraftaten von Frauen liegen meist in ihrer Marginalisierung, d.h. darin, daß Frauen an den Rand der Gesellschaft gedrängt werden[33].

7. Gewaltkriminalität der Frauen

a. Wesen weiblicher Aggression

Das Wesen weiblicher Aggression ist expressiv; weibliche Aggression besteht in einem vorübergehenden Verlust an Selbstkontrolle, der durch überwältigenden zwischenmenschlichen Druck hervorgerufen wird, den die Frau, die Gewalt angewendet hat, als persönliches Versagen empfindet, und der bei ihr zu Scham- und Schuldgefühlen führt[34]. Männliche Aggression ist demgegenüber instrumentell; sie ist ein Mittel, Kontrolle über andere Menschen auszuüben, wenn männliche Macht und Selbst-

[33] D.Lawson 1987, 137.
[34] A.Campbell 1993.

achtung gefährdet erscheinen. Männliches Dominanzstreben durch Gewaltanwendung erkennt die Gesellschaft als berechtigt an; weibliche Aggression wird als unannehmbares Verhalten abgewertet. Die Sozialisation von Mädchen ist darauf gerichtet, ihre Aggression zu unterdrükken, während man Jungen beibringt, daß Aggression und Männlichkeit zusammengehören.

b. Ursachen für die Gewaltkriminalität der Frauen

Gewalttäterinnen, die an geringer Selbstachtung und Gefühlen der Machtlosigkeit und des Kontrollverlusts leiden, sind als Kinder oft Opfer von Straftaten geworden; sie sind körperlich mißhandelt und sexuell mißbraucht worden[35]. Täter waren ihre Väter, Brüder, Onkel, Großväter und Freunde der Familie. Je enger die persönliche Beziehung war, desto größer ist die psychische Verletzung. Tötungsdelikte von Frauen beruhen meist auf Beziehungskonflikten im sozialen Nahraum, speziell in der Familie. Vorwiegend die Ehemänner, die Geliebten, Freunde, die Bekannten und Kinder der Täterinnen sind die Opfer. Zwei kriminogene, tatfördernde Situationen kommen verhältnismäßig häufig vor[36]:

– Die Täterin erfährt über viele Jahre Frustration und Demütigung. Sie wird z.B. von einem Alkoholiker ständig geschlagen. Die Reaktionsbreite ihres Verhaltens schränkt sich prozeßhaft zunehmend ein[37]. Ihre zwischenmenschlichen Beziehungen verschlechtern sich dauernd. Sie lebt schließlich in tiefer Hoffnungslosigkeit und Verzweiflung. Ihr Opfer provoziert sie und löst damit ihre Gewalttat aus.

– Die Täterin, die wegen äußerster familiärer Belastungen ein ohnehin schwieriges Leben führt, muß zusätzlich eine hilflose, behinderte Person versorgen, der gegenüber sie eine feindselige Gesinnung entwickelt. Eine einfach strukturierte Persönlichkeit soll mit äußerst belastenden Ver-

---

[35] J.Darke 1987, 140-145.

[36] G.Rasko 1981, 145-157.

[37] A.Browne 1987.

pflichtungen fertig werden, denen sie nicht gewachsen ist und die sie nicht zu meistern vermag.

Die weibliche Aggression entwickelt sich über eine längere Zeit hinweg, in der sie latent bleibt. Täterinnen von Tötungsdelikten sind mitunter einfach strukturierte Persönlichkeiten mit schlecht entwickelter Intelligenz und niedrigem Ausbildungsstand. Ihre emotionale Struktur ist undifferenziert; sie verfügen über ein hohes Maß an Impulsivität, an schlecht kontrollierter Affektivität und über geringe Kontaktfähigkeit. Zwei Drittel der Mörderinnen wenden unmittelbare Gewalt an: Sie erschlagen, erstechen, erwürgen oder erdrosseln ihr Opfer, allerdings verhältnismäßig oft, wenn es schläft oder wenn es betrunken ist[38]. Ein Drittel der Täterinnen bedient sich indirekter, passiverer Methoden, z.B. des Vergiftens. Relativ oft kommt es zu einer Überreaktion: Die Täterin tötet mit mehr Schlägen oder Stichen als zum Töten erforderlich sind. Hieran wird ihre lange unterdrückt gehaltene Aggression erkennbar. Bei Tötungs- und Körperverletzungsdelikten handeln die Täterinnen zumeist alleine. Den Raub, der ein instrumentelles, vorwiegend von Männern ausgeführtes Delikt ist und bei dem sie in der Regel Hilfsrollen spielen, verüben sie gemeinsam mit Freunden und Bekannten.

c. Ursachen für die Tötung des B durch A

Die Tötung des B durch A hatte folgende Ursachen:

– Die A war durch jahrelange Frustrationen und Demütigungen traumatisiert. Als Kind wurde sie Opfer von Straftaten. Ihre Mutter schlug sie häufig; Männer, die eigentlich in einem Vertrauensverhältnis zu ihr hätten stehen sollen (ihr Pflegevater, ihr Heimleiter, Freunde ihrer Mutter) mißbrauchten sie als Kind sexuell. Hierdurch waren ihre Beziehungen zu Männern gestört.

---

[38] D.A.Ward/M.Jackson/R.E.Ward 1979, 120.

– Die A litt unter Hospitalismusschäden. Sie lebte in ihrer Kindheit und Jugend in zwölf verschiedenen Heimen. Sie hatte nicht gelernt, zwischenmenschliche Beziehungen aufzubauen und durchzuhalten. Ihren Vater hatte sie nicht kennengelernt; zu ihrer Mutter, die alkoholabhängig war und der Prostitution nachging, entwickelte sie keine emotionale Beziehung.
– Die A lebte sozial isoliert. Sie besaß eine geringe Selbstachtung und war an den Rand der Gesellschaft gedrängt. Sie war alkohol- und tablettenabhängig und prostituierte sich zeitweise. Sie war in kein informelles Netz sozialer Beziehungen und Kontrolle eingebettet. Sie besaß keine Freundinnen und Freunde und fühlte sich hoffnungslos und verzweifelt. Ihre Beziehung zu ihrer Mutter war gestört. Beratungs- und Vermittlungspersonen standen ihr bei zwischenmenschlichen Konflikten nicht zur Seite.
– Die A hatte einen ernsten Konflikt mit ihrem Sohn B, ihrer einzigen Bezugsperson. Ihr Sohn sollte sie eigentlich von ihrem sozialabweichenden Verhalten abbringen. Statt dessen geriet er unter schlechten Einfluß, verübte kleinere Diebstähle, entwendete ihr selbst Geld und schlug sie sogar. Sie fühlte sich durch sein Verhalten erneut gedemütigt und provoziert. Er entglitt ihrer Kontrolle und war wegen ihrer Alkohol- und Tablettenabhängigkeit eine zu große familiäre Belastung für sie. In Überreaktion erstach sie ihn mit sechs bis sieben Stichen. Hierin kam ihre lange unterdrückt gehaltene Aggression zum Ausdruck. Sie hatte ihre Selbstkontrolle verloren.

II. Fall: Körperverletzung in der Familie mit Todesfolge

1. Häufigkeit der Gewalt in der Familie

a. Erkenntnisse der Kriminalstatistik

Die kriminalstatistischen Erkenntnisse über Gewalt in der Familie sind dürftig. Über die Mißhandlung von Frauen und alten Menschen in der

Familie gibt es keine Zahlen. Im Jahre 1993 sind bei 6,75 Millionen Straftaten nur 1.741 Fälle von Kindesmißhandlung polizeilich registriert worden[39]. Davon werden lediglich einhundert bis zweihundert Angeklagte jährlich verurteilt. Die Kriminalstatistik gibt das wahre Ausmaß der Gewalt in der Familie nicht richtig wieder. Straftaten im sozialen Nahraum werden nur selten angezeigt. Täter(innen), die man wegen Gewalt in der Familie anklagt, werden nur selten verurteilt (Druck auf die Zeugen wegen Stigmatisierung der Verurteilten). Die meiste Gewalt in der Familie bleibt verborgen.

b. Erträge der Dunkelfeldforschung

Die zuverlässigsten Daten über die Verbreitung der Gewalt in der Familie kann man aus zwei Dunkelfelduntersuchungen entnehmen, die sich auf die repräsentative Erhebung familiärer Gewaltanwendung spezialisierten und die in den Jahren 1976 und 1985 in den USA durchgeführt worden sind[40]. Nach den Angaben der Befragten war es in 28 % der Familien seit der Eheschließung zu Gewalttätigkeiten zwischen den Ehepartnern gekommen. 73 % der Befragten gaben an, zu irgendeinem Zeitpunkt eine Form von Gewalt gegenüber ihrem Kind eingesetzt zu haben. Die höchsten Raten familiärer Gewaltanwendung fanden sich unter Geschwistern. 82 % aller Kinder, die mit Geschwistern aufwuchsen, hatten alleine in dem der Befragung voraufgegangenen Jahr ihre Geschwister gewaltsam angegriffen. Von den Vätern und Müttern mit Kindern zwischen 10 und 17 Jahren berichteten 9 %, daß sie im Vorjahr von ihrem heranwachsenden Kind in irgendeiner Form körperlich verletzt worden seien.

Die Folgeuntersuchung aus dem Jahre 1985 läßt Rückschlüsse auf die Entwicklung der Gewalt in der Familie in den USA zu. Die Ergebnisse zeigen einen deutlichen Rückgang der Berichte über Gewaltanwendung gegen Kinder gegenüber den Ergebnissen der ersten Dunkelfelduntersuchung. Für alle Formen der Gewalt gegen Kinder betrug er zwar

---

[39] Bundeskriminalamt 1994, 141.

[40] M.A.Straus/R.J.Gelles/S.K.Steinmetz 1980; M.A.Straus/R.J.Gelles 1986.

nur 1,6 %. Die schweren Gewalttaten verringerten sich indessen um rund 24 %. Dieser Rückgang umfaßt eine Abnahme der schwersten Formen der Kindesmißhandlung um sogar etwa 47 %. Die schweren Frauenmißhandlungen gingen um 27 % zurück. Die Verminderung der Gewalt in der Familie seit der ersten Dunkelfeldstudie im Jahre 1976 ist darauf zurückzuführen, daß die in den Massenmedien veröffentlichten Ergebnisse der Studie einen Schock in der nordamerikanischen öffentlichen Meinung verursachten und daß die nordamerikanische Gesellschaft die weite Verbreitung und die Schwere des Problems erfaßte und dadurch bereits im Ansatz sozial zu verarbeiten begann. Im Jahre 1976 beurteilten nur 10 % der Nordamerikaner Kindesmißhandlung als schweres Problem. Das Problembewußtsein änderte sich nach der weiten Verbreitung der Ergebnisse der ersten Dunkelfelduntersuchung in den Massenmedien der USA. Im Jahre 1982 sahen 90 % der Nordamerikaner die Kindesmißhandlung als ein schweres Problem an[41].

In der Bundesrepublik gibt es bisher keine entsprechend umfassende, auf Gewalt in der Familie spezialisierte Dunkelfelduntersuchung. Experten nehmen freilich ähnlich hohe Prozentsätze familiärer Gewalt in Deutschland an[42], die aufgrund der erheblichen Ähnlichkeiten in der Familien-, Sozial- und Wirtschaftsstruktur beider Länder naheliegen. Freilich muß man berücksichtigen, daß die Vereinigten Staaten im Vergleich zur Bundesrepublik einerseits stärker mit Gewaltkriminalität belastet sind. Dieser Umstand wird andererseits aber durch die Tatsache ausgeglichen, daß die Diskussion über Gewalt in der Familie in den USA früher eingesetzt hat und weit mehr Aufmerksamkeit in Wissenschaft, Politik und Öffentlichkeit erregt hat als in der Bundesrepublik und daß demzufolge die Sensibilisierung nordamerikanischer Familien gegen Gewalt als höher veranschlagt werden muß.

---

[41] M.A.Straus/R.J.Gelles 1990, 126.

[42] H.-D.Schwind/J.Baumann/U.Schneider/M.Winter 1990, 76.

2. Ursachen der Gewalt in der Familie

a. Sieben Ursachentheorien

Psychopathologische Theorie

Die Theorie, die Persönlichkeitsstörungen und charakterliche Auffälligkeiten beim Täter oder Opfer sowie Intelligenzdefizite zur Erklärung der Gewalt in der Familie heranzieht[43], stützt sich auf methodisch angreifbare klinische Beobachtungen an kleinen, nicht repräsentativen Samples von Tätern oder Opfern, die wegen Frauen- oder Kindesmißhandlung auffällig geworden sind. Gewalt in der Familie ist zu weit verbreitet, als daß sie mit Persönlichkeitsanomalien in Zusammenhang gebracht werden könnte. Die Täter- oder Opferpersönlichkeit ist nur ein Element im Familieninteraktionsprozeß, der zur Gewaltanwendung führt. Wenn bei einzelnen auffälligen Tätern oder Opfern anomale Persönlichkeitszüge gefunden werden, so bedürfen sie selbst der Erklärung.

Sozioökonomische Theorie

Die Theorie, die familiäre Gewaltanwendung mit der Zugehörigkeit der Familie zur Unterschicht und mit ihrer Belastung durch soziale und wirtschaftliche Streßfaktoren in Verbindung bringt[44], beruht auf Untersuchungen nur angezeigter, bekanntgewordener Fälle von Frauen- und Kindesmißhandlung. Die Ergebnisse dieser Studien sind nicht frei von verzerrenden Einflüssen, die dadurch entstehen, daß Gewaltanwendung in Unterschichtsfamilien den Behörden und Gerichten eher bekannt wird als Mißhandlungen in Mittel- und Oberschichtsfamilien[45]. Trotz dieser methodischen Bedenken kann nicht davon ausgegangen werden, daß familiäre Gewaltanwendung in allen sozialen Schichten gleich verbreitet ist. Die gefundenen Zusammenhänge zwischen sozialen und wirtschaftlichen Druckfaktoren und Gewalt in der Familie dürfen

---

[43] J.Fischhoff/C.F.Whitten/G.M.Pettit 1980, 149-157; L.Wright 1980, 159-164.
[44] L.H.Pelton 1981, 23-38.
[45] R.L.Burgess 1991, 16

freilich nicht in einer monokausalen Betrachtungsweise als direkte Ursachen für die Gewalt in der Familie verantwortlich gemacht werden.

Psychodynamische Theorie

Die psychodynamische Theorie der Kindes- und Frauenmißhandlung[46] erklärt den „Kreislauf der Gewalt" als Ergebnis psychodynamischer Abwehrprozesse. Gewalttätige Mütter, Väter und Ehemänner leiden an einem Mangel an Urvertrauen, weil sie in ihrer eigenen Kindheit nicht ausreichend „bemuttert" oder „bevatert", sondern zurückgewiesen und körperlich und seelisch mißhandelt worden sind. Ihre ungestillten Abhängigkeitsbedürfnisse tragen sie an das eigene Kind oder an die Partnerin heran. Sie erwarten von ihnen Zuwendung, Schutz und Geborgenheit. Bei der „Rollenumkehr" verhalten sich die mißhandelnden Eltern so, als ob ihre Kinder Erwachsene und in der Lage seien, ihnen Beistand und fürsorgliche Liebe zukommen zu lassen. Die psychodynamische Theorie leistet einen unbefriedigenden Beitrag zur Erklärung von Gewalt in der Familie. Zum einen beschäftigt sie sich nahezu ausschließlich mit der Person des Täters und seinen Kindheitserfahrungen und schenkt dem Opfer, der Familie, dem sozialen Nahraum sowie sozioökonomischen Streßfaktoren kaum Beachtung. Zum anderen ist ihre theoretische Reichweite zu gering, um Gewalt in der Familie als Massenphänomen zu erklären.

Sozialpsychologische Ressourcentheorie

Die sozialpsychologische Ressourcentheorie[47] geht davon aus, daß die Familie wie alle sozialen Systeme letztlich durch Zwang oder seine Androhung zusammengehalten wird. Gewalt ist ein erlerntes Mittel, eine Ressource, um Zwang auszuüben. Je mehr andere Machtressourcen eine Person hat, um so weniger Gewalt wird sie einsetzen. Gewalt wird nur als letztes Mittel genutzt, wenn andere Ressourcen nicht vorhanden oder unzureichend sind. Ein Mann, der aufgrund seiner Geschlechtsrollensozialisation in der Familie eine beherrschende Position einnehmen möchte, seiner Frau aber in Bildung, beruflichem Erfolg, Einkom-

---

[46] B.F.Steele/C.B.Pollock 1978, 161-243.

[47] W.J.Goode 1971, 624-636.

men und persönlichen Fähigkeiten unterlegen ist, wird eher auf Gewalt als Mittel zur Behauptung seiner Machtposition zurückgreifen als ein Mann, der überlegene intellektuelle, wirtschaftliche oder soziale Ressourcen besitzt.

Theorie der sozialen Verarmung

Die Theorie der sozialen Verarmung, der sozialen Isolation[48], wendet zur Erklärung (vornehmlich der Kindesmißhandlung) ihre Aufmerksamkeit den sozialstrukturellen Gegebenheiten zu, die die Nachbarschaften von Risikofamilien kennzeichnen. Diese Nachbarschaften gelten als „sozial verarmt". Sie sind nämlich durch eine zerstörte Gemeinschaft, durch fehlende Beziehungen und ablehnende Einstellungen zwischen den Nachbarn, durch schnellen Wechsel ihrer Bewohner, unzureichende Beziehungen ihrer Bewohner zu sozialen Einrichtungen, z.B. zu Kirchen und Schulen, und durch soziale und emotionale Überforderung der Familien gekennzeichnet. Das Nebeneinanderleben von Risikofamilien führt dazu, daß der einzelnen Familie innerhalb ihrer Nachbarschaft keine adäquaten Verhaltensmodelle für den Umgang mit ihren Kindern angeboten werden. Die Familien vermitteln sich vielmehr gegenseitig Lernmodelle gewaltsamer Erziehungsstrategien. Das Bestehen einer Beziehung zwischen sozialer Isolation und Kindesmißhandlung wird auch durch interkulturelle Untersuchungen bestätigt. In Kulturen, in denen Kindesmißhandlung selten beobachtet wird, ist die Kindererziehung typischerweise nicht alleine Sache der biologischen Eltern, sondern in ein Netz von Verwandtschafts-, Nachbarschafts- und Bekanntschafts- oder Stammesbeziehungen eingebettet[49].

Soziale Lern- und Interaktionstheorie

Die soziale Lern- und Interaktionstheorie[50] beurteilt Gewalt in der Familie als Ergebnis psychosozialer Interaktionsprozesse innerhalb der Familie und zwischen der Familie und ihrer sozialen Umgebung. Die

[48] J.Garbarino 1981, 228-267; J.Garbarino/G.Gilliam 1981.
[49] D.Levinson 1988, 435-455.
[50] E.C.Herrenkohl/R.C.Herrenkohl/L.J.Toedter 1983, 305-316; L.E.Walker 1983, 31-48; J.Giles-Sims 1983.

Interaktion wird als ständige Kausalkette, als Prozeß von Handlungen und Reaktionen verstanden. Jede Reaktion ruft ihrerseits wieder eine Reaktion hervor. Die soziale Lern- und Interaktionstheorie erweitert den Mechanismus des „Kreislaufs der Gewalt" über frühkindlichen Liebesentzug hinaus ganz wesentlich: Kinder, die von ihren Eltern mißhandelt worden sind oder die Mißhandlungen ihrer Geschwister oder zwischen ihren Eltern mitansehen mußten, tragen ein erhöhtes Risiko, als Erwachsene ihre eigenen Kinder oder ihren Partner zu mißhandeln oder von ihrem Partner mißhandelt zu werden. Täter- und Opferrolle werden gelernt. Gewalt in der Herkunftsfamilie ist eine wesentliche Ursache für die Weitergabe der Gewalt in der Fortpflanzungsfamilie. Allerdings handelt es sich um keine mechanische, gleichsam „naturgesetzliche" Verbindung zwischen Gewalterfahrung im Elternhaus und eigener Gewaltanwendung oder -duldung im Erwachsenenalter. Lediglich das Risiko erhöht sich. Soziale Vorbilder außerhalb der Familie, z.B. die Massenmedien, spielen gleichfalls eine bedeutsame Rolle im sozialen Lern- und Interaktionsprozeß. Nicht nur Gewalt, sondern auch ihre soziale und moralische Rechtfertigung werden gelernt: Körperliche Strafen werden z.B. „zum eigenen Besten" des Kindes angewandt. Einstellungen und Definitionen, die Gewaltanwendung begünstigen, lernt man schließlich auch in der Familie. Das Erlebnis emotionaler Deprivation wird verinnerlicht[51]. Besitzergreifende Einstellungen machen das potentielle Opfer zum bloßen Objekt[52]. Der Prozeß der „erlernten Hilflosigkeit"[53] wird durch physische und psychische Mißhandlungen seitens des Täters gefördert, die auf eine Zerstörung des Selbstwertgefühls des Opfers und auf seine soziale Isolation hinauslaufen.

Theorie der konfliktanfälligen Institution

Die Theorie der konfliktanfälligen Institution[54] ergänzt und vertieft die soziale Lern- und Interaktionstheorie. Sie geht davon aus, daß Ge-

---

[51] National Committee on Violence 1990, 61, 77-80.

[52] K.Polk/D.Ranson 1991, 115.

[53] I.Hanson Frieze/A.Browne 1989, 200.

[54] R.J.Gelles/C.P.Cornell 1990, 108/9, 117/8.

walt in der Familie durch eine konfliktbegünstigende Familienstruktur und durch gewaltbegünstigende soziale Familiennormen mit hervorgerufen wird. In der Familie leben Menschen mit zumindest teilweise verschiedenen Interessen und mit unterschiedlichen Alters- und Geschlechtsrollen, die ihre Beziehungen nicht ohne weiteres freiwillig lockern oder lösen dürfen. Die Interaktionszeit innerhalb der Familie ist regelmäßig länger als die außerhalb der Familie. Die Interaktionen innerhalb der Familie decken eine größere Variationsbreite ab und sind intensiver. Die Familienmitglieder besitzen das Recht, die Wertvorstellungen, Einstellungen, Verhaltensweisen der anderen Familienmitglieder wesentlich zu beeinflussen. Sie kennen ihre Stärken und Verletzbarkeiten, ihre Vorlieben und Abneigungen, ihre Vorzüge und Ängste. Diese Information kann zur gegenseitigen psychischen und sozialen Unterstützung genutzt, aber auch zu vernichtenden Angriffen mißbraucht werden. Familien sind ständigem Wechsel und Übergang unterworfen: Geburt der Kinder, ihr Erwachsenwerden, das Älterwerden der Eltern, ihre Pensionierung und ihr Sterben. Arbeitslosigkeit, Krankheit, schlechte Schulnoten eines Familienmitglieds belasten die gesamte Familie. Die Privatheit der Familie mindert ihre soziale Kontrolle. Der soziale Mythos der „glücklichen Familie", der ungebrochen durch die Massenmedien weiterhin verbreitet wird, erschwert die Lösung der Konflikte: Man fühlt sich enttäuscht; man erlebt das Scheitern an der Vielzahl der Konflikte als höchstpersönliches Versagen. Die konfliktgeneigte Familienstruktur wird durch gewaltbegünstigende soziale Familiennormen zur Gewaltanwendung aktiviert: Das elterliche Züchtigungsrecht macht die Gewalt zu einem legitimen Mittel der Kindererziehung. Gewalt unter Ehepartnern ist nur eine „läßliche Sünde"; Gewalt unter Geschwistern ist zur Entwicklung der Durchsetzungsfähigkeit der Kinder erwünscht.

b. Ursachen des gewaltsamen Verhaltens der G und des F ihrem Kind T gegenüber

Das gewaltsame Verhalten der G und des F ihrem Kind T gegenüber hatte folgende Ursachen:

– Die G hatte eine friedliche Lösung innerfamiliärer Konflikte nicht gelernt. Sie hatte vielmehr gewaltsames Verhalten dadurch gelernt, daß sie die körperliche Mißhandlung ihrer Mutter und ihrer Geschwister durch ihren unberechenbaren Vater mitansehen mußte. Gewalt in der Herkunftsfamilie führte zu Gewalt in der Fortpflanzungsfamilie. Mit ihrer erschöpften, verbitterten, egozentrischen Mutter konnte sie sich nicht identifizieren. Die Mutter-Tochter-Beziehung war gestört.

– Die G und der F lebten mit ihren Kindern in sozialer Isolation. Ihre Familie war in kein Netz von Verwandtschafts-, Nachbarschafts- und Bekanntschaftsbeziehungen eingeordnet. Sie hatten niemanden, an den sie sich bei familiären Konflikten um Rat und Hilfe wenden konnten und wollten. Ausgleichs- und Vermittlungspersonen standen ihnen nicht zur Seite. Sie besaßen keine „neutralen Pufferzonen", in die sie sich bei aufkommenden Gewalthandlungen hätten flüchten können.

– Die G und der F verfügten über ein relativ niedriges Bildungs- und Berufsniveau. Dem gesellschaftlichen Trend folgend, hatten sie – auch im Interesse ihrer Kinder – hohe materielle Ansprüche, die sie – auch bei völliger Überforderung – nicht zu befriedigen vermochten. Ihre Kinder erhielten von ihnen keine ausreichende emotionale Zuwendung. Weil die G und der F eine verhältnismäßig niedrige Intelligenz und eine einfache Persönlichkeitsstruktur besaßen, waren sie durch ihre drei kleinen Kinder, die kurz hintereinander zur Welt kamen, psychisch, körperlich und finanziell völlig überfordert, zumal die G an sich und ihren Mann überhöhte Forderungen stellte (nur neue Kleider für die Kinder, Herausputzen der Kinder und der Wohnung).

– Die G hatte eine „idealisierte" Mutterrolle verinnerlicht: Sie wollte in materieller Hinsicht alles für ihre Kinder tun. Sauberkeit spielte für sie eine besondere Rolle. Da sie weder seelisch-körperlich noch finanziell ihrem mütterlichen Idealbild zu entsprechen vermochte, überforderte sie sich und ihren Mann völlig, der nicht nur samstags, sondern auch noch während seines Urlaubs arbeitete. Die G und der F betrachteten ihre Kinder nicht als selbständige Personen, sondern als ihren persönlichen Besitz (besitzergreifende Einstellung), mit dem sie als Eltern nach Belieben verfahren konnten. In dieser Fehleinstellung wurden sie durch gewaltbegünstigende Familiennormen in der Gesellschaft (Rechtfertigung von Gewalt gegenüber Kindern in der Familie) bestärkt.

3. Vorbeugung gegen Gewalt in der Familie

Eine gewaltfreie Erziehung ist in der Familie dadurch zu fördern, daß die Anwendung physischer Gewalt als Erziehungsmaßnahme familienrechtlich für unzulässig erklärt wird. Durch dieses Verbot des Gebrauchs körperlicher Strafen in der Kindererziehung, das Schweden als erstes Land im Jahre 1979 gesetzlich eingeführt hat, wird ein Signal zur Verbannung der Gewalt in der Familie gesetzt. Die anderen skandinavischen Länder und Österreich haben sich in den 80er Jahren gleichfalls zu einem solchen gesetzlichen Verbot entschlossen[55]. Der Ministerrat des Europarats[56] hat im Jahre 1985 empfohlen, körperliche Strafen in der Kindererziehung gesetzlich zu begrenzen oder ganz zu verbieten. In Schweden hat die gesetzliche Einführung des körperlichen Züchtigungsverbots zu einem dramatischen Wandel in der Einstellung der Bevölkerung geführt: Bevölkerungsumfragen[57] zeigten, daß sich der Prozentsatz der Schweden(innen), die glaubten, „Körperstrafen seien manchmal unentbehrlich", von 53 % im Jahre 1965 (vor Einführung des gesetzlichen Verbots) auf 26 % im Jahre 1981 (nach Einführung des gesetzlichen Verbots) halbierte. Im selben Zeitraum verdoppelte sich der Prozentsatz der Schweden, die davon überzeugt waren, „Eltern sollten in der Erziehung ohne Körperstrafen auskommen": von 35 % im Jahre 1965 auf 71 % im Jahre 1981.

Die deutsche[58] und die australische[59] Anti-Gewalt-Kommission haben sich deshalb auch für ein gesetzliches Verbot von Körperstrafen in der Kindererziehung ausgesprochen. Beide Kommissionen betonen allerdings, daß ein solcher Verzicht nicht mit Permissivität, mit einem alleserlaubenden Gewährenlassen, verwechselt werden darf. Eltern sollten vielmehr mit einer Vielzahl von friedlichen Mitteln, insbesondere durch Belohnung erwünschten Verhaltens, durch gewaltlose Mißbilligung

---

[55] National Committee on Violence 1990, 179.
[56] Council of Europe 1986, 7.
[57] National Committee on Violence 1990, 179.
[58] H.-D.Schwind/J.Baumann/U.Schneider/M.Winter 1990, 158.
[59] National Committee on Violence 1990, XXXIV, XXXVIII.

sozialabweichender Verhaltensweisen und durch ihr eigenes Vorbild, erzieherisch auf ihre Kinder einwirken. Damit die Eltern ein solches gewaltfreies Erziehungsverhalten lernen, sollten für sie Kurse zur Einübung gewaltfreier Erziehung abgehalten werden. Es sollte darauf hingewirkt werden, daß sich die Familien in ein Geflecht verwandtschaftlicher, nachbarschaftlicher und bekanntschaftlicher Beziehungen einordnen. Selbstorganisierte „künstliche Nachbarschaften", Tagesbetreuungsstätten, Mütter- und Familienzentren, können eine Fülle von Dienstleistungen anbieten, die die Betreuung und Sorge für Kinder und alte Menschen erleichtern. Patenschaften zwischen Senioren und jungen Familien können vermittelt werden. Familienkrisenzentren[60], die bereits in zahlreichen Großstädten der USA arbeiten und die rund um die Uhr geöffnet sind, können Familien in akuten Krisensituationen intensive Beratung und Unterstützung gewähren. Sie können dabei helfen, daß sich gewaltgefährdete Familien besser in ihre Nachbarschaft eingliedern.

4. Kontrolle der Gewalt in der Familie

In der Frage der Reaktion auf Gewalt in der Familie gibt es im wesentlichen drei Auffassungen:
– Nach der ersten Meinung ist Gewalt in der Familie eine Privatsache, auf die überhaupt nicht reagiert werden sollte.
– Nach der zweiten Ansicht sollte der Täter sofort von der Polizei verhaftet, von der Staatsanwaltschaft angeklagt und vom Gericht – möglichst hart – bestraft werden[61].
– Nach der dritten Auffassung sollte flexibel und differenziert reagiert werden. Die reaktive Kriminaljustiz-Sanktion sollte – wenn eben möglich – durch einen proaktiven Vorbeugungsansatz[62] ersetzt werden. Rechtliche

[60] H.J.Schneider 1990a, 275.
[61] United Nations 1989, 52; Attorney General's Task Force on Family Violence 1984, 10-43.
[62] J.Garbarino 1989, 256.

und soziale Maßnahmen, Kontakte zum Kriminaljustizsystem und zu sozialen Hilfsorganisationen, sollten kombiniert werden[63].

Nichtstun hat sich am wenigsten bewährt. Es besteht die Gefahr, daß die Gewalt eskaliert und mit vielen Wiederholungen über Jahre hinweg zu schweren körperlichen und psychischen Opferschäden führt. Allein die Aufdeckung der Familiengewalt gegenüber Nachbarn, Verwandten und Freunden, die an sich schon eine soziale Sanktion darstellt, kann in etwa 30 % der Fälle dazu führen, daß der Täter mit seinen Gewaltakten aufhört[64]. Die Intervention durch das Kriminaljustizsystem wurde noch in den 80er Jahren als wirksamster Mechanismus angesehen, um Gewalt in der Familie kurz- und langfristig zu kontrollieren. Erst in jüngster Zeit ist der Abschreckungseffekt der kriminaljustitiellen Maßnahmen bei Gewalt in der Familie angezweifelt worden[65]. Verhaftung, Anklage und Bestrafung sind nur kurzfristig wirksam[66]. Die Gefahr ist nicht ohne weiteres von der Hand zu weisen, daß das Opfer durch sein Zeugnis im Strafverfahren erneut traumatisiert wird. Durch die Bestrafung des Täters bricht die Familie in der Regel auseinander. Das kindliche Opfer wird in ein Heim eingewiesen und dadurch möglicherweise erneut geschädigt[67]. Schließlich wird der Täter durch die formelle Reaktion so nachhaltig gebrandmarkt, daß alle Familienmitglieder alles daransetzen werden, das Bekanntwerden der Gewaltakte zu verhindern, die innerhalb der Familie verübt worden sind.

Da eine dauerhafte Partner- und eine stabile Eltern-Kind-Beziehung für die Kontinuität der Entwicklung des Kindes außerordentlich wichtig sind, sollte in geeigneten Fällen erwogen werden können, ob durch ein vorgerichtliches Ausgleichs- und Schlichtungsverfahren der Zusammenbruch der Familie vermieden und der den Mißhandlungen zugrundeliegende Familienkonflikt in friedlichem Einvernehmen gelöst werden kann[68].

---

[63] J.Fagan 1989, 394.
[64] J.Fagan 1989, 388.
[65] J.Fagan 1989, 381.
[66] D.S.Elliott 1989, 455.
[67] H.J.Schneider 1987, 681/2.
[68] H.J.Schneider 1990b, 17.

Examenshausarbeit

8. Problemkomplex: Viktimologie – Empirische Opferforschung – Viktimologische Theorien – Viktimisierungsformen – Primäre und sekundäre Viktimisierung bei der Vergewaltigung – Machtmißbrauch – Verbrechensfurcht – Opferorientierte Vorbeugung – Opferorientierte Kriminalpolitik – Rechtsstellung des Opfers im Strafverfahren – Das informelle Ausgleichs- und Schlichtungsverfahren – Wiedergutmachung – Der Opferermittlungsbericht – Kriminalpolitische Berücksichtigung der Opfermitverursachung – Krise der Viktimologie

1. Teil

I. Sachverhalt: 9. Internationales Symposium für Viktimologie
Die „Weltgesellschaft für Viktimologie", die ihren Sitz in Münster hat, wird im August 1997 ihr „9. Internationales Symposium für Viktimologie" in Amsterdam/Niederlande durchführen. Zu diesem Symposium werden etwa 500 Viktimologen aus allen Teilen der Welt erwartet. Das Symposium wird am Sonntag abend offiziell eröffnet. Die wissenschaftlichen Diskussionen der Viktimologen finden an fünf Tagen statt: von Montag bis Freitag. Das Symposium wird folgendermaßen organisiert: Morgens werden im Plenum Hauptreferate (Keynote Addresses) gehalten. Anschließend werden in Plenarsitzungen diese Hauptreferate diskutiert, die den Zweck haben, zentrale Forschungsprobleme der Viktimologie vor einem breiten Auditorium zu erörtern. Am Nachmittag teilt sich der Kongreß in fünf Sektionen, in denen Spezialfragen mittlerer Reichweite behandelt werden. In den „Workshops" am Abend werden schließlich viktimologische Spezialprobleme in kleinen Arbeitsgruppen

diskutiert. Das internationale Symposium endet am Freitag nachmittag mit seiner Schlußsitzung, in der die Berichterstatter die Ergebnisse des Kongresses in ihren Berichten zusammenfassen.

Aufgaben:
Sie sollen das wissenschaftliche Programm des Symposiums entwerfen!

1. Formulieren Sie die Themen für die fünf Hauptreferate des internationalen Symposiums! Begründen Sie, warum jedes dieser Themen in Plenarsitzungen diskutiert werden muß!
2. Formulieren Sie die Themen, die von den fünf Kongreßsektionen diskutiert werden sollen! Begründen Sie Ihre Auswahl dieser Themen!
3. Formulieren Sie fünf Diskussionsthemen für „Workshops"! Erläutern Sie, warum Sie gerade diese Themen ausgewählt haben!

2. Teil

II. Sachverhalt: Empfehlungen des Ministerrats des Europarats
Der Ministerrat des Europarates hat Empfehlungen für die Verbesserung der Rechtsstellung des Opfers im Strafrecht und Strafverfahren und Empfehlungen zur Opferhilfe und zur Verhütung des Opferwerdens verabschiedet. Diese Empfehlungen sind durch einen „Sonderausschuß von Sachverständigen über Verbrechensopfer und Kriminal- und Sozialpolitik" in den Jahren 1982 bis 1987 im Straßburg vorbereitet worden. Der Ministerrat hat besonderen Wert darauf gelegt, daß primäre Viktimisierungsfolgen (Schädigungen des Opfers durch die Straftat selbst) behandelt und sekundäre Viktimisierungsfolgen (Schädigungen des Opfers durch verfehlte Reaktionen auf sein Opferwerden) vermieden werden.

Aufgaben:

1. Welche primären Viktimisierungsfolgen hat man bei der Vergewaltigung empirisch-kriminologisch herausgefunden?
2. Welche sekundären Viktimisierungsfolgen hat man bei der Vergewaltigung empirisch-kriminologisch entdeckt?

3. In welcher Weise versucht man, in Behandlungszentren für Vergewaltigungsopfer („Rape Crisis Centers") Primär- und Sekundärviktimisierungen zu behandeln?

3. Teil

III. Sachverhalt: Deklaration der Vereinten Nationen
Die Generalversammlung der Vereinten Nationen hat am 11.12.1985 die „Deklaration über Grundsätze der gerechten Behandlung von Verbrechensopfern und Opfern von Machtmißbrauch" beschlossen, die vom „7. Kongreß der Vereinten Nationen zur Verbrechensverhütung und Behandlung von Rechtsbrechern" vorbereitet worden ist, der im Jahre 1985 in Mailand stattgefunden hat. Die Vereinten Nationen legen großes Gewicht auf die Einführung eines informellen Ausgleichs- und Schlichtungsverfahrens, in dem Täter und Opfer – unter Beteiligung der Kriminaljustiz – ihren kriminellen Konflikt selbst regeln sollen.

Aufgaben:
1. Unter welchen Voraussetzungen soll das informelle Ausgleichs- und Schlichtungsverfahren stattfinden? Welchen Sinn hat dieses Verfahren? Wie soll das Ausgleichs- und Schlichtungsverfahren ausgestaltet werden? Welche Konsequenzen soll dieses Verfahren haben?
2. Für welche Kriminalitätsformen eignet sich das informelle Ausgleichs- und Schlichtungsverfahren? Geben Sie für jede Kriminalitätsform eine Begründung!

Lösung

Gliederung

I. Fall: 9. Internationales Symposium für Viktimologie
   1. Die Themen für die fünf Hauptreferate
      a. Machtmißbrauch

b. Verbrechensfurcht
- Begriffliche Klärung
- Drei Verursachungsmodelle
- Drei offene Fragen

c. Die Rechtsstellung des Opfers im Strafverfahren
- Informationsrechte
- Schutz vor diskriminierenden Fragen
- Beeinflussungs- und Anhörungsrechte

d. Wiedergutmachung als kreative Persönlichkeits- und Sozialleistung

e. Die Krise der Viktimologie
- Konservative Kriminalpolitik
- Opferbeschuldigung
- Selbstschutzideologie

2. Die Themen für die fünf Kongreßsektionen

a. Sektion 1: Empirische Opferforschung
- Studien zum Opferwerden
- Opferbefragungen
- Untersuchungen zum Mehrfach-Opferwerden

b. Sektion 2: Viktimologische Theorien
- Konzept der Viktimität
- Konzept der Viktimisierung
- Theorie der erlernten Hilflosigkeit
- Opfer-Täter-Abfolge (Identifikation mit dem Aggressor)
- Theorie der konfliktanfälligen Institution

c. Sektion 3: Viktimisierungsformen
- Sozialstrukturelle Viktimisierung
- Institutionelle Viktimisierung
- Kollektive Viktimisierung

d. Sektion 4: Opferorientierte Vorbeugung
- Primäre opferbezogene Prävention: problemlösende, gemeinschaftsorientierte Polizeiarbeit
- Sekundäre opferbezogene Prävention: Wohnblocküberwachung
- Tertiäre opferbezogene Prävention: Opferhilfs- und Behandlungsprogramme

e. Sektion 5: Opferorientierte Kriminalpolitik
- Vermeidung der Sekundärviktimisierung
- Wiedergutmachung als eigen- und selbständige Sanktion
- Informelles Ausgleichs- und Schlichtungsverfahren
- Täter-Opfer-Ausgleichsprojekte

3. Die fünf Diskussionsthemen für „Workshops“
   a. Sozialstrukturelle Viktimisierung: Mädchen- und Mitgiftmord in Indien
   b. Viktimisierung von Frauen: Vergewaltigung in der Ehe
   c. Der Opferermittlungsbericht („Victim Impact Statement“)
   d. Viktimisierung junger Menschen: Straßenkinder
   e. Kriminalpolitische Berücksichtigung der Opfermitverursachung („Victim Precipitation“, „Functional Responsibility“)

II. Fall: Empfehlungen des Ministerrates des Europarates
1. Folgen der Primärviktimisierung bei der Vergewaltigung
2. Folgen der Sekundärviktimisierung bei der Vergewaltigung
3. Behandlungszentren für Vergewaltigungsopfer

III. Fall: Deklaration der Vereinten Nationen
1. Informelles Ausgleichs- und Schlichtungsverfahren
   a. Voraussetzungen
   b. Sinn
   c. Ausgestaltung
   d. Konsequenzen
2. Kriminalitätsformen
   a. Straftaten zwischen Personen im sozialen Nahraum
   b. Kleinkriminalität
   c. Wirtschafts- und Umweltkriminalität (Unternehmenskriminalität)

Gutachten

I. Fall: 9. Internationales Symposium für Viktimologie

1. Die Themen für die fünf Hauptreferate

a. Machtmißbrauch

Bei ihm handelt es sich um ein zentrales Konzept der Viktimologie. „Machtmißbrauch ist jede positivrechtlich bzw. sozialethisch unvertretbare Ausübung oder zweckgerichtete Nichtausübung einer herausragenden sozialen Machtposition“[1]. Die Strukturen der Macht sind vielfältig und die Variationsmöglichkeiten der Art ihres Mißbrauchs zahlreich. Außergewöhnlich großes Wirtschaftspotential (z.B. Viktimisierung durch ein Unternehmen), wichtige technische Einrichtungen, nicht jedermann zugängliche Informationen und rechtliche Befugnisse können mißbräuchlich eingesetzt werden[2]. Der staatliche Machtapparat kann für egoistische Zwecke mißbraucht werden (z.B. Korruption). Innerhalb eines hierarchischen Systems einer Institution (z.B. eines Altenheims) können alte Menschen vernachlässigt, mißhandelt oder gar getötet werden. Abhängige Personen, z.B. Frauen und Kinder, können körperlich und sexuell mißbraucht werden. Eine starke physische Überlegenheit des Täters kann dem Opfer gegenüber ausgenutzt werden (z.B. Gewalt zwischen Schülern). Typisch für den Machtmißbrauch ist eine Unausgewogenheit der Stärke-Beziehungen, die zu Interaktionen der Über-Unter-Ordnung und zum Mißbrauch des Machtunterworfenen durch den Machtinhaber führt.

---

[1] O.Triffterer 1991, 209/210.
[2] O.Triffterer 1991, 184-210, 262-287.

b. Verbrechensfurcht

Die Erforschung der Verbrechensfurcht ist ein Schwerpunkt viktimologischen Denkens.

Begriffliche Klärung
Man hat gelernt, die diffuse, irrationale, emotionale Verbrechensfurcht, die psychische Beunruhigung darüber, Opfer eines Verbrechens, insbesondere eines Gewaltverbrechens, zu werden, von der rationalen Sorge vor Kriminalität, der verstandesmäßigen Einschätzung der allgemeinen Kriminalitätsbelastung und des persönlichen Risikos der Viktimisierung, zu trennen[3]. Man unterscheidet die abstrakte Angst vor der Kriminalität als einem nationalen und internationalen Problem von der konkreten Furcht vor einem persönlichen Viktimisierungsrisiko[4]. Die diffuse, irrationale Verbrechensfurcht beeinträchtigt die Lebensqualität insbesondere der Frauen und alten Menschen.

Drei Verursachungsmodelle
Mit drei Modellen versucht man, die Entstehung der emotionalen Verbrechensfurcht zu erklären[5]:
– Nach dem Viktimisierungsmodell wird Verbrechensfurcht durch direkte und indirekte Erfahrungen mit dem kriminellen Opferwerden verursacht[6]. Durch persönliche Gespräche mit Gewaltopfern soll Verbrechensfurcht verbreitet werden. Es wird freilich bestritten, daß die Viktimisierung zu größerer Verbrechensfurcht führt[7]. Sie kann auch eine realistischere Beurteilung des Verbrechens verursachen und damit die Verbrechensfurcht senken. Jedenfalls haben die psychischen Traumen, die durch Gewalt- und Sexualdelikte beim Opfer entstehen, eine andere psychische Qualität als die abstrakte Kriminalitätsangst oder die

---

[3] W.G.Skogan 1993, 131-140.
[4] H.-J.Kerner 1980, 1978, 83-99.
[5] F.Balvig 1990, 100; C.Schwarzenegger 1992, 62-78; K.Boers 1991.
[6] W.S.Skogan/M.G.Maxfield 1981, 154, 161, 181, 257-261.
[7] E.A.Fattah 1993, 57.

konkrete affektiv-emotionale Verbrechensfurcht von Menschen, die keine Viktimisierung erlebt haben.

– Das Lebensqualitätsmodell beruft sich für die Verursachung der Verbrechensfurcht auf ein zerstörtes soziales Klima und auf eine bedrohliche Umgebung, eine Nachbarschaftsdesorganisation[8]. Der Gemeinschaftszerfall wird an folgenden Anzeichen der Umgebung deutlich: heruntergekommene, verfallene, verlassene Gebäude, zerbrochene Fensterscheiben, Gebäuderuinen, Herumstreunen und Herumlungern von Teenagern und Fremden, Alkoholtrinken auf öffentlichen Straßen und Plätzen, Graffiti, Vandalismus, aggressives Betteln und Herumliegen von Abfall. Durch diese Anzeichen der Unordnung entsteht der Eindruck, daß die Verantwortlichen die Probleme der Gemeinschaft nicht mehr im Griff haben[9].

– Aufgrund des Modells der moralischen Panik[10] personalisieren Politiker, Massenmedien und Kriminaljustiz nicht selten diffuse Ängste in der Gesellschaft und richten sie auf Kriminelle und Randgruppen (z.B. Rauschgiftsüchtige, Banden jugendlicher Ausländer). In Zeiten wirtschaftlicher Krisen (mit Rezession, Inflation, Arbeitslosigkeit) und gesellschaftlicher Unsicherheit (mit drohendem Verkehrsinfarkt, Umweltverschmutzung, übermäßiger Zuwanderung von Ausländern) wachsen die nationalen Ängste und auch die persönlichen Lebensängste. Die Kriminellen und die Mitglieder sozialer Randgruppen werden zu Sündenböcken. Man projiziert die diffusen Ängste auf sie und reagiert sie an ihnen ab.

Drei offene Fragen

Bei der Erforschung der Verbrechensfurcht sind zahlreiche Fragen offengeblieben, von denen drei als Beispiele genannt werden sollen:

– Es ist bisher unklar geblieben, ob emotionale Verbrechensfurcht die Kriminalitätsentstehung beeinflußt. Es ist denkbar, daß in der Viktimisierungssituation emotionale Verbrechensfurcht auf seiten des Opfers zu Überreaktionen führt, die die Situation verschlimmern.

[8] D.A.Lewis/G.Salem 1986, 59-77; M.Hough/P.Mayhew 1985, 33-36.
[9] R.B.Taylor/M.Hale 1986, 154.
[10] S.Cohen 1980; J.Kelsey/W.Young 1982.

– Es scheint so zu sein, daß eine positive Beziehung zwischen emotionaler Verbrechensfurcht und sozialer Isolation besteht. Es ist allerdings fraglich, ob die Verbrechensfurcht soziale Isolation hervorruft oder ob durch soziale Isolation Verbrechensfurcht entsteht. Eine Interaktion ist am wahrscheinlichsten.

– Sehr viel Aufmerksamkeit ist dem Paradoxon der niedrigen Viktimisierungsraten bei hoher Verbrechensfurcht der Frauen und alten Menschen gewidmet worden. Es ist bis jetzt ungeklärt, worauf dieses Paradoxon beruht. Vermutlich ist die hohe Verbrechensfurcht der Frauen und alten Menschen auf ihre relativ schwachen sozialen und wirtschaftlichen Positionen und auf ihre relativ hohe körperliche, psychische und soziale Verwundbarkeit für Viktimisierung zurückzuführen.

c. Die Rechtsstellung des Opfers im Strafverfahren

Sie ist das beherrschende Thema in den Empfehlungen des Ministerrates des Europarates für die Verbesserung der Rechtsstellung des Opfers im Strafrecht und im Strafverfahren[11] und in der Deklaration der Vereinten Nationen über Grundsätze der gerechten Behandlung von Verbrechensopfern und Opfern von Machtmißbrauch[12].

Informationsrechte

Der Europarat räumt dem Verbrechensopfer bescheidene Informationsrechte im Strafverfahren ein. So soll es z.B. darüber unterrichtet werden, ob und in welcher Weise es Entschädigung vom Staat oder Ersatzleistung durch den Täter erhalten kann. Die Vereinten Nationen erweitern die Informationsrechte der Opfer ganz wesentlich. Sie sollen über ihre Rolle im Verfahren, über den Umfang, die Termingestaltung, den Gang und die Entscheidungen im Strafverfahren orientiert werden.

---

[11] Council of Europe 1985a.

[12] U.N. General Assembly Resolution A/Res 40/34. In: M.C.Bassiouni 1988, 201-205.

Schutz vor diskriminierenden Fragen
Um das Opfer vor diskriminierenden Fragen im Strafverfahren zu schützen, ist in der deutschen Strafprozeßordnung vorgesehen, daß ein Zeuge bei seiner Vernehmung nach Tatsachen aus seinem persönlichen Lebensbereich nur dann befragt werden darf, wenn dies zur Wahrheitsfindung unerläßlich ist. Durch einen Opferanwalt kann diese gesetzliche Regelung aktiviert werden. Besser wäre für einen wirksamen Opferschutz allerdings die thematische Beschränkung der Aussagepflicht des Verbrechensopfers. Sie kann in folgender Weise geregelt werden:

– Dem Opfer kann ein Zeugnis- oder Aussageverweigerungsrecht bei diskriminierenden Fragen eingeräumt werden.
– Ein Beweisthemenverbot kann vorsehen, bestimmte Verhaltensweisen des Opfers nicht zum Gegenstand der Beweisaufnahme zu machen.

Beeinflussungs- und Anhörungsrechte
Das Verbrechensopfer darf nicht nur im Strafverfahren bloßes Beweismittel von instrumentellem Nutzwert sein, sondern seine Meinungen und Sorgen müssen vom Gericht angehört, erwogen und bedacht und seine Schäden zur Kenntnis genommen und anerkannt werden. Nach der Deklaration der Vereinten Nationen sollen die Verbrechensopfer ihre Meinungen und Sorgen in den dafür geeigneten Verfahrensabschnitten darlegen können. Ihre Meinungen und Sorgen sollen vom Gericht erwogen und bedacht werden.

d. Wiedergutmachung als kreative Persönlichkeits- und Sozialleistung

Das gesamte Kriminaljustizsystem muß am Wiedergutmachungsgedanken ausgerichtet werden, der eine Ausdehnung und Erstreckung des täterzentrierten Behandlungsgedankens auf Verbrechensopfer und Gesellschaft darstellt. Wiedergutmachung ist als Interaktionsprozeß zwischen Täter, Opfer und Gesellschaft zu verstehen, der den kriminellen Konflikt heilt und Frieden zwischen den Beteiligten schafft. Es handelt sich nicht nur eben um die Zahlung eines Geldbetrages und um ein paar leicht hingeworfene Bemerkungen der Entschuldigung. Wiedergutmachung ist ein kreativer Prozeß, eine Persönlichkeits- und Sozialleistung, die eine mühsame psychische und soziale Geständnis- und Trauerarbeit beim Täter verlangt und durch die er seine Verantwortung für seine Tat vor dem Opfer und vor der Gesellschaft auf sich nimmt. Aus erfolgreicher Geständnis- und Trauerarbeit gehen Täter, Opfer und Gesellschaft verändert, gereift hervor. Der Täter sühnt dadurch seine Tat, daß er sich ihren schädlichen Folgen stellt und daß ihm das Opfer vergibt; er löst sich von seiner Tat ab, ohne sich persönlich zu erniedrigen. Er verliert sein kriminelles Stigma, und er kann sich wieder als gleichberechtigtes Mitglied in die Gesellschaft einreihen. Das Opfer erhält – im Rahmen des Möglichen – Schadenersatz. Durch seine Persönlichkeitsleistung der Vergebung, durch die es das Trauma der Viktimisierung in seine Persönlichkeit einordnet, überwindet es selbst seine psychischen und sozialen Schäden, die ihm durch die Straftat verursacht worden sind.

Durch die Wiedergutmachung, durch die Heilung des kriminellen Konflikts, durch die Friedensstiftung zwischen Täter, Opfer und Gesellschaft, wird in der Gesellschaft Rechtsbewußtsein geschaffen, das für die Verbrechenskontrolle weit wichtiger ist als die Abschreckung der Allgemeinheit durch Strafgesetzgebung und -anwendung. Wiedergutmachung erfordert eine Veränderung der Zielsetzung der gesamten Kriminaljustiz. Polizei, Staatsanwaltschaft und Gericht konzentrieren ihre Aktivitäten nicht mehr allein auf den Täter. Der Bewährungshelfer und der Strafvollzugsbedienstete sind nicht mehr nur Helfer und Betreuer ihrer Probanden, sondern sie müssen die Rolle der Vermittler zwischen Täter, Opfer und Gesellschaft übernehmen. Der Wiedergutmachungsgedanke verlangt auf diese Weise verstärkte Anstrengungen beim Täter, aber auch beim Opfer und bei der Gesellschaft, insbesondere bei ihrer Sozialkontrolle.

e. Die Krise der Viktimologie

In den letzten Jahren hat sich eine kritische Viktimologie gebildet, die von einer Krise der Viktimologie spricht und die im wesentlichen gegen die Viktimologie drei Einwände vorbringt.

Konservative Kriminalpolitik

Die Viktimologie leistet einer konservativen Kriminalpolitik Vorschub, die die Kriminalität mit harten Strafen und einer Verstärkung der Polizei bekämpfen will[13]. Dieser Vorwurf trifft nicht die akademische Viktimologie, sondern einige Opferbewegungen in der Bevölkerung, die die Berücksichtigung der Opferbelange im Sinne des „Law-and-order"-Gedankens mißverstehen[14]. Der Viktimologie geht es indessen nicht um härtere Bestrafung des Täters, sondern um Wiedergutmachung des Opferschadens. Kriminalpolitische Parteilichkeit für das Opfer und gegen den Täter liegen ihr fern. Sie will vielmehr Frieden zwischen Täter und Opfer schaffen und ihren kriminellen Konflikt heilen. Opferbedürfnisse eignen sich nicht zur Rechtfertigung von Vergeltungsideologien[15].

Opferbeschuldigung

Die Viktimologie beschuldigt das Verbrechensopfer. Diese Kritik ist unzutreffend. Wenn die Viktimologie von Opfermitverursachung (nicht Opfermitschuld) spricht, so will sie das Opfer nicht herabwürdigen und zum Sündenbock machen, sondern sie will opferbezogene Vorbeugungsprogramme entwickeln. Die Täter-Opfer-Interaktion ist ein Prozeß, bei dem eine übervereinfachende Zweiteilung in Gut und Böse unangebracht ist[16].

Selbstschutzideologie

Die Viktimologie verbreitet emotionale Verbrechensfurcht; sie vertritt eine Selbstschutzideologie und befürwortet einen Rückzug in eine Festungsmentalität. Sie ermöglicht der Sicherheitsindustrie, riesige Profite zu machen[17]. Diese Vorhaltung ist unberechtigt. Die Viktimologie tritt vielmehr für eine Stärkung mitmenschlicher Bindungen und Kontakte ein. Sie möchte dem potentiellen Opfer das Risiko opferverursachender

[13] E.A.Fattah 1989, 59/60.
[14] R.J.Mawby/M.L.Gill 1987, 117.
[15] M.C.Baurmann/W.Schädler 1991, 285.
[16] E.A.Fattah 1992, 7.
[17] R.Elias 1993, 20/21.

Situationen und Verhaltensweisen bewußt machen, damit es solche Situationen besser besteht und damit es nicht alle ihm durchaus möglichen und zumutbaren Vorsichtsmaßnahmen außer acht läßt.

2. Die Themen für die fünf Kongreßsektionen

a. Sektion 1: Empirische Opferforschung

Auf der empirischen Opferforschung liegt mit Recht ein Schwerpunkt der Viktimologie der Gegenwart. Diese Forschung hat wesentliche Fortschritte erzielt. Sie hat neue Informationen über die Häufigkeit des Opferwerdens, über das Ausmaß der körperlichen und seelischen Verletzung und den Umfang des materiellen Verlustes, über Sicherheitsgefühl und Verbrechensfurcht von Opfern und Nichtopfern, über das Risiko des Opferwerdens, über die Erfahrungen des Opfers mit seinem Opferwerden, über die Anzeigebereitschaft der Bevölkerung und ihre Teilnahme an und über ihre Einstellung gegenüber dem Kriminaljustizsystem, über die Wirksamkeit dieses Systems und schließlich über Zufriedenheit und Unzufriedenheit der Bevölkerung mit Polizei, Gerichten, Bewährungshilfe und Strafvollzug hervorgebracht.

Viktimologische Methoden sind empirische Studien zum Opferwerden und Opferbefragungen.

Studien zum Opferwerden

Man kann eine repräsentative Stichprobe von Haushalten danach befragen, ob der Haushalt selbst oder ob Mitglieder des Haushalts Verbrechensopfer geworden sind („Victimization Surveys“). Solche Untersuchungen zum Opferwerden sind im Jahre 1966 erstmalig in den USA durchgeführt worden. Trotz gelegentlicher kritischer Anmerkungen[18] sind viele Viktimologen der Ansicht, daß es sich hier um „Marksteine im Verbrechensstudium“[19] handelt. Aus Dunkelfeldstudien, die vor

[18] R.Zauberman 1985, 19-63.

[19] R.F.Sparks 1981, 4.

allem die verborgen gebliebene, nichtangezeigte Kriminalität feststellen wollten, sind Viktimisierungsstudien geworden, die umfassend über die objektive und subjektive Seite der Kriminalität aus der Sicht der Verbrechensopfer und der potentiellen Verbrechensopfer informieren. In der Bundesrepublik[20] und in der Schweiz[21] gibt es gute lokale Viktimisierungsstudien. Nach der deutschen Vereinigung ist eine begrüßenswerte nationale Untersuchung[22] hinzugekommen. In der internationalen viktimologischen Vergleichsforschung hat das Max-Planck-Institut für ausländisches und internationales Strafrecht Pionierarbeit geleistet[23]. Inzwischen ist eine gute internationale Studie zum Opferwerden[24] erschienen, und weitere internationale Forschungen sind im Gange.

Opferbefragungen
Eine zweite wichtige viktimologische Methode besteht darin, daß man Verbrechensopfer, deren Opferwerden der Kriminaljustiz bereits bekannt geworden ist, nach ihren Erfahrungen mit ihrem Opferwerden und mit den Reaktionen auf ihr Opferwerden sowie nach ihren Bedürfnissen befragt. Hier gibt es seit der Mitte der 80er Jahre eine informative Forschung in England[25], der sich eine hervorragende deutsche Untersuchung[26] aus dem Jahre 1991 hinzugesellt hat.

Untersuchungen zum Mehrfach-Opferwerden
Das Mehrfach-Opferwerden („Multiple Victimization"), also nicht nur das Vorkommen („Incidence"), sondern die Häufigkeit („Prevalence") des Opferwerdens, besitzt höchste Priorität in der viktimologischen Forschung[27]. Hierbei erscheint das statische theoretische Modell der Opferneigung und -anfälligkeit („Victim-Proneness") weniger erfolgver-

---

[20] H.-D.Schwind/W.Ahlborn/R.Weiß 1989.
[21] M.Killias 1989.
[22] H.Kury 1992, 141-228.
[23] H.Arnold/R.H.C.Teske/L.Korinek 1988, 909-942.
[24] J.J.M. van Dijk/P.Mayhew/M.Killias 1990.
[25] J.Shapland/J.Willmore/P.Duff 1985.
[26] M.C.Baurmann/W.Schädler 1991.
[27] R.F.Sparks 1981, 20; P.Mayhew/M.Hough 1991, 326.

sprechend zu sein als das dynamische Konzept der Opferkarriere. Denn dieses Interaktionsmodell vermag besser den Umstand zu erklären, daß durch Opferdefinition im Interaktionsprozeß bei der ersten Viktimisierung die Wahrscheinlichkeit der zweiten und bei dieser zweiten die Wahrscheinlichkeit der dritten und so weiter wächst.

b. Sektion 2: Viktimologische Theorien

Schon sehr früh hat man die „theoretische Armut"[28] der Viktimologie beklagt. Wie bei allen neu entstehenden Sozialwissenschaften stehen auch heute atheoretische, deskriptive, empirische Untersuchungen im Vordergrund viktimologischen Denkens. Gleichwohl sind Theorien entwickelt worden. Man kann bei den theoretischen Modellen die *Beniamin-Mendelsohn-* und die *Hans-von-Hentig*-Tradition voneinander unterscheiden.

Konzept der Viktimität

Im Mittelpunkt des Denkens von *Beniamin Mendelsohn*[29] steht das eher statische Konzept der Viktimität. Hierunter versteht er die „allgemeine Erscheinung, die alle Kategorien von Opfern charakterisiert, was immer die Ursache ihrer Situation ist". Dieses Konzept ist in den mannigfaltigen typologischen Ansätzen ohne großen Gewinn weiterverfolgt worden. Es ist auch Grundlage für das Lebensstil-, Routine-, Gelegenheitsmodell, das sehr stark auf die Wahrscheinlichkeit abstellt, mit der sich Individuen zu bestimmten Zeiten und unter bestimmten Umständen an bestimmten Orten aufhalten[30]. Für dieses Modell ist zwar das Verhalten des Opfers maßgebend. Die Art und Weise seines Verhaltens, sein Lebensstil, ist indessen ein Charakteristikum seiner Persönlichkeit.

---

[28] G.J.N.Bruinsma/J.P.S.Fiselier 1982, 87-104.
[29] 1976, 9.
[30] M.J.Hindelang/M.R.Gottfredson/J.Garofalo 1978, 251.

Konzept der Viktimisierung

Hans von Hentig sieht das anders. Er zieht ein dynamisches Modell vor. Für ihn ist die Opfer-Täter-Interaktion, die Viktimisierung, die Wechselwirkung verursachender Elemente[31] entscheidend. Baut man auf seiner Konzeption auf, so kommt man – unter Zuhilfenahme der sozialen Lerntheorie[32] und der Theorie der symbolischen Interaktion[33] – zum Opferkarrieremodell, das bisher zu wenig diskutiert worden ist. Im Viktimisierungsprozeß wird die Opferrolle durch Interaktion mit dem Täter oder mit Personen im sozialen Nahraum des Opfers gelernt. Man drängt, man „sozialisiert" das Opfer in seine Rolle hinein, und es gewöhnt sich an sein Opferwerden. Es lernt, sich selbst als Opfer zu definieren. Oftmals führt auch der verfehlte Reaktionsprozeß auf Primärviktimisierung, die sogenannte Sekundärviktimisierung, zur dauerhaften Verinnerlichung der Opferrolle. Das Verbrechensopfer wird durch verfehlte Reaktionen der Instanzen der formellen Sozialkontrolle und der Akteure seines sozialen Nahraums ein weiteres Mal geopfert, erneut zum Objekt gemacht. Am Ende dieses Degradierungs- und Stigmatisierungsprozesses nimmt es ein viktimelles Selbstbild an.

Theorie der erlernten Hilflosigkeit

Zur Erklärung des Prozesses des Erlernens der Opferrolle kann ferner die Theorie der erlernten Hilflosigkeit[34] herangezogen werden. Diese Theorie geht davon aus, daß Menschen aus ihren Erfahrungen lernen, daß negative Folgen ihres Verhaltens eintreten, ohne daß sie diese Folgen beeinflussen können. Stellt eine Person nämlich wiederholt fest, daß sie auch durch gezieltes Verhalten auf eine negative Folge nicht einzuwirken vermag, so verhält sie sich passiv und unternimmt selbst bei drohenden aversiven Ereignissen nicht den Versuch, sie zu umgehen. Die Person gibt auf. Die Erwartung der Zwecklosigkeit zielgerichteten Handelns wird verinnerlicht.

[31] H. von Hentig 1941, 303-309; 1948, 436.
[32] A.Bandura 1979
[33] G.H.Mead 1976.
[34] M.E.P.Seligman 1992.

Opfer-Täter-Abfolge (Identifikation mit dem Aggressor)
Häufig ist beobachtet worden, daß Gewalttäter in verstärktem Maße selbst vorher Opfer von Gewalt geworden sind. Bei dieser Opfer-Täter-Abfolge handelt es sich zwar um keinen Automatismus. Durch die fehlgelaufene Opfer-Täter-Interaktion entsteht vielmehr eine Risikopopulation. Das Opfer neigt in vermehrtem Umfang zum Kriminellwerden. Die negative Folge des Viktimisierungsprozesses kann man mit dem Abwehrmechanismus der Identifikation mit dem Aggressor[35] erklären. Das Opfer schützt sich seelisch selbst vor Furcht und Schrecken, indem es die Rolle des Aggressors anstatt die Rolle des Opfers annimmt. Bisher ist allerdings ungeklärt, warum die eine Person sich mit ihrem Aggressor identifiziert und die andere nicht.

Theorie der konfliktanfälligen Institution
Sie ergänzt und vertieft die soziale Lern- und Interaktionstheorie. Sie geht davon aus, daß Viktimisierungsprozesse durch konfliktbegünstigende Institutionsstrukturen und kriminalitäts-, speziell gewaltbegünstigende Institutionsnormen mit hervorgerufen werden. Die Institution organisiert die in ihr stattfindenden Interaktionen; sie bestimmt weitgehend Interaktionszeit, Variationsbreite und Intensität der Interaktionen mit.

c. Sektion 3: Viktimisierungsformen

Die sozialstrukturelle, die institutionelle und die kollektive Viktimisierung sind bisher zu wenig Gegenstand viktimologischen Denkens gewesen. Sie müssen in Zukunft mehr in das Zentrum viktimologischer Diskussion rücken.

Sozialstrukturelle Viktimisierung
Nach der sozialstrukturellen Viktimisierungstheorie sind die Sozial- und Machtstruktur einer Gesellschaft für Ausmaß, Formen und Ursachen der Viktimisierung verantwortlich. Die Sozialstruktur bildet den Rah-

---

[35] A.Freud 1936.

men und die Grundlage für die Interaktionen, die innerhalb der Gesellschaft zwischen Täter und Opfer fehllaufen. Marginalisierte, an den Rand der Gesellschaft gedrängte Minderheiten sind häufig Opfer im Rahmen der sozialstrukturellen Viktimisierung, die von kultureller Viktimisierung schwer zu trennen ist, die auf Brauchtum, Tradition, Religion und Ideologie beruht.

Institutionelle Viktimisierung
Sie umfaßt nicht nur das Opferwerden innerhalb einer Institution[36], sondern auch das Opferwerden durch die Institution. Unter Institution versteht man hierbei eine Einrichtung, die nach bestimmten Regeln des Arbeitsablaufs und der Aufgabenverteilung auf zusammenarbeitende Mitarbeiter bestimmte Aufgaben erfüllt. Ein Unterfall der institutionellen Viktimisierung ist das Opferwerden durch ein Unternehmen („Corporate Victimization"). Beispiele für institutionelle Viktimisierung sind ferner Gewalt im Altenheim, in der Schule und in der Strafanstalt. Die Ursache für die Gewalt kann in den Personen des Anstaltspersonals und der Anstaltsinsassen, sie kann aber auch in der Struktur der Institution liegen. Die Institution kann gesellschaftlich isoliert sein. Innerhalb der Institution kann bürokratische, formalistische Unpersönlichkeit vorherrschen; die Menschen innerhalb der Institution können beziehungslos sein[37]. Die Insassen werden zu bloßen Arbeitsobjekten, leblosen Abstraktionen, für die das Personal keine persönliche Verantwortlichkeit mehr empfindet. Zwischen der an Zahl kleinen Personal- und der zahlenmäßig großen Insassengruppe besteht eine zu große Kluft. Die Macht ist einseitig verteilt[38]: Alle Entscheidungs- und Kontrollbefugnisse liegen beim Personal, das sich überlegen und stets im Recht fühlt. Die Insassengruppe ist ohnmächtig: Man hat ihr weitgehend die private Sphäre und den persönlichen Besitz genommen (Verlust an Identitätsausstattung). Man schließt sie selbst von Entscheidungen aus, die ihr eigenes Schicksal betreffen. Sie hat keine Selbstkontrolle mehr. Alles ist

[36] So E.A.Fattah 1991, 15.
[37] R.Johnson 1986, 181-205.
[38] E.Goffman 1961.

reglementiert. Sie spielt nur noch eine reaktive Rolle; sie kann keine Eigeninitiative entwickeln.

Die institutionelle Gewalt kann freilich auch funktionale Gründe haben. Hier spielt ein autoritärer Führungsstil (extreme Machtorientierung, Intoleranz, unbedingter Gehorsam) eine wesentliche Rolle: Wenn man im Experiment in einer Institution die Rolle der Macht zwischen der Personal- und Insassengruppe einseitig der Personalgruppe zuteilt, das Machtgefälle durch Machtsymbole sozial sichtbar macht und die Individualität der Menschen einschränkt[39], so wird die soziale Macht zur Hauptdimension des Verhaltens, über die jeder und alles definiert wird. Die Personalgruppe, die praktisch totale Macht über die machtlose Insassengruppe erhält, tendiert dazu, ihren überlegenen Status zu autoritärem und gewaltsamem Verhalten zu mißbrauchen. Die machtlose Insassengruppe wird beherrscht und fast jeder Form von Demütigung unterworfen. Sie gerät in einen Prozeß psycho-sozialer Degradierung: Nach anfänglichem Widerstand lernt sie ihre eigene Selbstabwertung, ihre wachsende Abhängigkeit und Nachgiebigkeit erstaunlich schnell. Sie tendiert dazu, sich unterlegen, minderwertig, schwach, tadelnswert und schuldig zu fühlen.

Kollektive Viktimisierung

Sie richtet sich gegen die gesamte Bevölkerung, gegen bestimmte Bevölkerungsschichten und gegen soziale Gruppen. Die Mitglieder der Gruppen werden wegen ihrer Gruppenzugehörigkeit viktimisiert. Die Opfer der kollektiven Viktimisierung sind sich häufig ihres Opferwerdens nicht bewußt; sie kennen den Umfang ihrer Viktimisierung und ihre Rolle nicht, die sie im kollektiven Viktimisierungsprozeß spielen. Gleichwohl handelt es sich nicht um Straftaten ohne Opfer[40]. Beispiele für kollektive Viktimisierung sind Wirtschafts- und Umweltkriminalität, politischer Machtmißbrauch, Verletzungen der Menschenrechte, Apartheid (Rassentrennung) und Völkermord.

---

[39] Vgl. das Strafvollzugsexperiment bei P.G.Zimbardo 1983, 585-589.

[40] So auch L.Rodriguez Manzanera 1988, 71.

d. Sektion 4: Opferorientierte Vorbeugung

Ziel allen viktimologischen Denkens ist die Vorbeugung gegen Kriminalität und Viktimisierung. Man unterscheidet primäre, sekundäre und tertiäre Prävention[41]. Bis in die jüngste Zeit konzentrierte man sich – ziemlich erfolglos – auf den potentiellen Täter und auf die Verhütung der Kinder- und Jugenddelinquenz. Neuerdings teilt man die Verbrechensverhütung in täterorientierte, opferbezogene und situativ-sozialstrukturelle Prävention ein[42]. Im folgenden interessiert nur die opferbezogene Vorbeugung.

Primäre opferbezogene Prävention: Problemlösende, gemeinschaftsorientierte Polizeiarbeit

Die primäre, opferbezogene Prävention wendet sich an die Gesellschaft, an potentielle Opfer. Ein Beispiel ist die problemlösende Polizeiarbeit („Problem Solving Policing"), die sich darum bemüht, nicht nur auf bereits eingetretene kriminelle Ereignisse zu reagieren, sondern die Probleme im vorhinein zu erkennen und zu analysieren, die den Ereignissen zugrundliegen, derentwegen man die Polizei immer wieder ruft[43]. Mit der problemlösenden Polizeiarbeit hängt die gemeinschaftsorientierte Polizeiarbeit („Community Policing") eng zusammen, die die Gründung einer Arbeitspartnerschaft zwischen Polizei und Gemeinschaft betont, um der Kriminalität vorzubeugen und die Sicherheit zu erhöhen. Es ist das Ziel beider Formen der Polizeiarbeit, die formelle Sozialkontrolle zu benutzen, um die informelle Sozialkontrolle der Gemeinschaft zu stärken[44]. Beide Formen der Polizeiarbeit versuchen, sozialstrukturelle Mängel zu beheben oder beheben zu lassen, die Kriminalität verursachen[45].

---

[41] P.J.Brantingham/F.L.Faust 1976, 284-296.
[42] J.J.M van Dijk/J. de Waard 1991, 483-503.
[43] H.Goldstein 1979, 236-258; 1990.
[44] M.Harrison Moore 1992, 99-158.
[45] R.C.Trojanowicz/B.Bucqueroux 1990; J.E.Eck/W.Spelman 1989, 425-439.

Sekundäre opferbezogene Prävention: Wohnblocküberwachung
Die sekundäre opferbezogene Prävention wendet sich an Risikogruppen potentieller Verbrechensopfer in einem kriminell gefährdeten Gebiet, um die Gelegenheiten für Straftaten zu vermindern und um den sozialen Zusammenhalt und die informelle Kontrolle in dem Gebiet zu stärken. Ein Beispiel ist das Einbruchsverhütungsprogramm der Wohnblocküberwachung („Neighbourhood Watch")[46]. Die Gelegenheiten für Einbrüche werden dadurch vermindert, daß potentielle Einbrecher aufgrund sichtbarer Überwachung durch potentielle Opfer abgeschreckt werden.

Tertiäre opferbezogene Prävention: Opferhilfs- und Behandlungsprogramme
Im Rahmen der tertiären opferbezogenen Verhütung bemühen sich Opferhilfs- und -behandlungsprogramme[47] darum, dem Opfer zu helfen, seine Viktimisierung psychisch und sozial zu verarbeiten und eine Sekundärviktimisierung zu vermeiden[48]. Eine solche Sekundärviktimisierung kann nämlich dadurch entstehen, daß Personen des sozialen Nahraums des Opfers und große Organisationen, z.B. Krankenhäuser, Massenmedien und das Kriminaljustizsystem, auf die Primärviktimisierung unangemessen reagieren.

Opferorientierte Präventionsprogramme sollten in Zukunft vermehrt erprobt werden. Es ist noch zu früh, um über Erfolg oder Mißerfolg der erst vor kurzem eingerichteten Programme zu richten[49]. Jedenfalls sollten opferorientierte Vorbeugungsprojekte mit wissenschaftlichen Untersuchungen der Bewertung und Auswertung („Evaluation") begleitet werden, die nicht nur die Nützlichkeit des Programms für das Verbrechensopfer, sondern auch feststellen, ob das Verhütungsprojekt Erst- oder Rückfalltaten verhindert oder wenigstens mindert.

---

[46] T.Bennett 1990; J.R.Gillham 1992.

[47] Council of Europe 1988.

[48] M.C.Baurmann/W.Schädler 1991.

[49] A.A. M.McConville/D.Shepherd 1992. Die Autoren halten die problemlösende Polizeiarbeit und das Einbruchsverhütungsprogramm der Wohnblocküberwachung für Fehlschläge.

e. Sektion 5: Opferorientierte Kriminalpolitik

Schwerpunkte opferorientierter Kriminalpolitik waren in der Mitte der 80er Jahre die Empfehlungen des Europarates[50] und die Deklaration der Vereinten Nationen über Grundsätze der gerechten Behandlung von Verbrechensopfern und Opfern von Machtmißbrauch[51]. Das deutsche Opferschutzgesetz[52] hat die Empfehlungen und die Deklaration nur in sehr unzulänglicher Weise umgesetzt. Im Vergleich zu den USA sind Opferhilfs- und -behandlungsprogramme nur in sehr begrenztem Maße in der Bundesrepublik verwirklicht worden. Aus der opferorientierten Kriminalpolitik sollen vier Problemkreise als Beispiele diskutiert werden.

Vermeidung der Sekundärviktimisierung

Sowohl der Europarat wie die Vereinten Nationen haben auf die Vermeidung der Sekundärviktimisierung großen Wert gelegt. Der Heilungsprozeß auf Primärviktimisierung kann durch Sekundärviktimisierung erschwert, und die Opferkarriere kann vertieft werden. Das Opfer kann erneut zum Objekt gemacht, es kann entpersonalisiert werden. Es ist freilich auch möglich, daß die Reaktion auf Primärviktimisierung dazu beiträgt, daß das Opfer seine gesamte Lebensgestaltung um sein Opferwerden konzentriert, daß es von seinem Opferwerden abhängig wird. Deshalb muß bei der Opferbehandlung darauf geachtet werden, daß das Opfer seine Viktimisierung psychisch verarbeitet und in seine Persönlichkeit einordnet. Im Strafverfahren sollte es eine eigenständigere Rolle bekommen[53]. Man sollte ihm zumindest Anhörungsrechte zubilligen. Seine Meinungen und Sorgen sollten vom Gericht erwogen und bedacht werden.

---

[50] Council of Europe 1985a.

[51] U.N. General Assembly Resolution A/Res 40/34. In: M.C.Bassiouni 1988, 201-205.

[52] Erstes Gesetz zur Verbesserung der Stellung des Verletzten im Strafverfahren vom 18.12.1986, BGBl I 2496-2500.

[53] H.J.Schneider 1990b, 10-20.

Wiedergutmachung als eigen- und selbständige Sanktion

Die Wiedergutmachung ist im Opferschutzgesetz der USA[54] als eigen- und selbständige Sanktion vorgesehen. Von allen gesetzlichen Möglichkeiten der Wiedergutmachung ist sie für das Verbrechensopfer die beste. Wiedergutmachung, die von der Bevölkerung begrüßt wird[55], ist als Interaktions-(Wechselwirkungs-)Prozeß zwischen Täter, Opfer und Gesellschaft zu verstehen, der den kriminellen Konflikt heilt und Frieden zwischen den Beteiligten schafft. Ein solcher kreativer Prozeß darf nicht mit Vergeltung verwechselt werden. Erste Ergebnisse der Evaluationsforschung in den USA[56] machen deutlich, daß Wiedergutmachung erfolgreich ist, daß es aber für ihre Wirksamkeit ganz entscheidend auf die Güte ihrer Verwirklichung ankommt.

Informelles Ausgleichs- und Schlichtungsverfahren

In der Deklaration der Vereinten Nationen spielt das informelle Ausgleichs- und Schlichtungsverfahren eine große Rolle. Der kriminelle Konflikt darf den Konfliktparteien nicht „gestohlen" werden[57]. Das formelle Strafverfahren schafft Distanz[58]. Das informelle Ausgleichs- und Schlichtungsverfahren vermittelt demgegenüber soziale Nähe; es stellt eine Lernerfahrung der Konfliktlösung dar; es stärkt die informelle Kontrolle. Mit den Konflikt- und Schiedskommissionen der ehemaligen DDR darf das Mediationsverfahren nicht verwechselt[59] werden. Diese Kommissionen dienten nicht der einvernehmlichen Konfliktregulierung, sondern der Mobilisierung einer möglichst großen Zahl von Bürgern für die Ziele der kommunistischen Partei.

---

[54] Victim and Witness Protection Act; Public Law 97-291 vom 12.10.1982 / 97.Kongreß der USA.

[55] K.Sessar 1992.

[56] A.L.Schneider 1990.

[57] N.Christie 1977, 1-15.

[58] D.Frehsee 1987, 129.

[59] T.Weigend 1989, 250.

Täter-Opfer-Ausgleichsprojekte
Sie sind im Jugendstrafrecht der Bundesrepublik durchgeführt worden; sie haben sich als realisierbar erwiesen[60]. Im Erwachsenenstrafrecht sind sie bisher allerdings nur recht spärlich angewandt worden. An einer Begleitforschung, die die Wirksamkeit der Täter-Opfer-Ausgleichsprojekte zur Rückfallverhinderung oder -minderung feststellt, mangelt es noch weitgehend[61]. Der Einwand der Erweiterung des Netzes sozialer Kontrolle („Net-Widening") gegen diese Projekte ist unberechtigt. Täter-Opfer-Ausgleichsprogramme sind Hilfsangebote, keine Repressionsmaßnahmen. Sie müssen ergriffen werden, weil die informelle Kontrolle in zunehmendem Maße versagt. Der Staat muß deshalb seine formelle Kontrolle einsetzen, um Selbstregulierungsmechanismen wieder in Gang zu bringen und um die informelle Kontrolle zu stärken.

3. Die fünf Diskussionsthemen für „Workshops"

a. Sozialstrukturelle Viktimisierung: Mädchen- und Mitgiftmord in Indien

Ein Beispiel für die sozialstrukturelle Viktimisierung ist der Mädchen- und Mitgiftmord in Indien. In ländlichen Gebieten Indiens schuldet die Familie der Braut der Familie des Bräutigams eine ansehnliche Mitgift in Bargeld, Edelsteinen und Hausrat. Weil es seiner Familie erhebliche Mitgift-Ausgaben macht, wird das Mädchen – von Kindheit an – körperlich und seelisch vernachlässigt. Jungen sind willkommen, weil sie ihrer Familie eine Mitgift einbringen. Zahlreiche Familien töten sogar ihre weiblichen Babies, weil sie keine angemessene Mitgift aufbringen können oder wollen[62]. Wenn das erste Kind eine Tochter ist, läßt man es leben. Wenn aber weitere Kinder, die geboren werden, Mädchen sind, werden sie getötet. Selbst erwachsene Frauen werden verbrannt,

---

[60] J.Schreckling 1991.
[61] F.Dünkel 1990, 371-430.
[62] S.H.Venkatramani 1992, 125-132; B.Pandya 1990, 197-209.

damit die Männer erneut heiraten und eine Mitgift erhalten können. Ein Unfall wird vorgetäuscht. Es wird behauptet, beim Hantieren am heimischen Herd hätten die Gewänder der Frau Feuer gefangen[63]. Das Vernachlässigen und Töten von Mädchen und das Verbrennen von Frauen sind lediglich Symptome für eine sozialstrukturelle Benachteiligung der Frau in der indischen Gesellschaft. Die Ideologie der Unterordnung der Frau beruht auf den wirtschaftlichen Produktionsstrukturen.

b. Viktimisierung von Frauen: Vergewaltigung in der Ehe

Die Vergewaltigung in der Ehe ist als Problem erkannt worden. 10 %[64] bis 14 %[65] der in den USA befragten verheirateten Frauen berichteten, daß sie von ihrem Ehemann vergewaltigt worden seien. Die Vergewaltigung innerhalb der Ehe wird mit denselben feindseligen Motiven[66] und mit noch weitreichenderen Opferschäden[67] verübt als die Vergewaltigung außerhalb der Ehe. Die deutsche Anti-Gewalt-Kommission[68] hat empfohlen, die Vergewaltigung in der Ehe als Straftatbestand in das Strafgesetzbuch aufzunehmen, um ein Zeichen für die Unantastbarkeit der körperlichen und sexuellen Integrität der Frau zu setzen. Viktimologisch ist die Vergewaltigung in der Ehe nicht ausreichend bearbeitet.

c. Der Opferermittlungsbericht („Victim Impact Statement")

In Einzelstaaten der USA und im Staat Südaustralien ist der Opferermittlungsbericht gesetzlich eingeführt worden, der Angaben darüber

---

[63] G.Kelkar 1992, 117-122.
[64] K.Yllö/D.Finkelhor 1985, 146-158.
[65] D.E.H.Russell 1990, 57.
[66] D.Finkelhor/K.Yllö 1986; 1987.
[67] D.G.Kilpatrick/C.L.Best/B.E.Saunders/L.J.Veronen 1988, 335-344.
[68] H.-D.Schwind/J.Baumann/U.Schneider/M.Winter 1990, 159.

enthalten muß, welche Folgen die Straftat für das Verbrechensopfer gehabt hat, insbesondere welche finanziellen, sozialen, physischen und psychischen Schäden es durch den Rechtsbruch erlitten hat. Es ist inzwischen ein Streit darüber entstanden, ob durch einen solchen Opferermittlungsbericht, der dem Gericht vorgelegt wird, die Gleichheit der Angeklagten vor dem Gesetz noch gewährleistet ist, ob durch ihn die Behandlungsinteressen des Täters beeinträchtigt werden und ob durch ihn das Strafverfahren nicht ungebührlich verlängert wird[69]. Viktimologisch ist es ein Problem, ob der Opferermittlungsbericht die Distanz zwischen Täter und Opfer nicht noch vergrößert und die Friedensstiftung zwischen Täter und Opfer nicht noch erschwert.

d. Viktimisierung junger Menschen: Straßenkinder

Kinder, die ständig, tagsüber und nachts, allein oder in Gruppen zu fünft oder sechst auf der Straße leben, sind ein großes Problem in den Entwicklungsländern[70]; sie werden freilich zunehmend auch zum Problem in den Industrieländern[71]. Sie sind zwischen sieben und siebzehn Jahre alt; der größte Teil von ihnen ist zwischen 15 und 17 Jahre alt. Sie fristen ihr Leben durch Arbeit, Betteln und Delinquenz.

Aufgrund empirischer Untersuchungen, z.B. teilnehmender Beobachtung, Interviews, versuchen drei unterschiedliche Theorien die Verursachung des Problems der Straßenkinder zu erklären:

Nach der Familientraditionstheorie[72], die für Lateinamerika entwickelt worden ist, entsteht das Problem durch den schichtspezifischen Konflikt zweier unterschiedlicher Familientraditionen. Die vaterzentrierte Familie europäisch-spanischer Herkunft besitzt ein autoritäres, patriarchalisches Konzept der Familienstruktur. Die in den lateinamerikanischen Mittel- und Oberschichten dominante vaterzentrierte Form

---

[69] C.Sumner 1987, 195-217.

[70] J.A.Rios 1990, 131-137; A.Gosita 1992, 31-39; Y.Brillon 1980, 214-236; M.F.Granados Téllez 1976.

[71] M.Webber 1991.

[72] L.Aptekar 1988.

der Kindererziehung verlangt, daß die Kinder lange Zeit in ihren Familien bleiben und patriarchalisch kontrolliert werden. Nach dem mutterzentrierten Familienkonzept, das aus Afrika und von den lateinamerikanischen Eingeborenen (Indios) stammt und das in den unteren sozialen Schichten Südamerikas vorherrscht, bildet die Mutter mit ihren Kindern den Kern der Familie; der Mann (der Vater) ist lediglich eine Randfigur, dem Unabhängigkeit zugestanden wird und der die Familie regelmäßig verläßt. Der Junge in der mutterzentrierten Familie wird dadurch sozialisiert, daß man ihm erlaubt, in der Nachbarschaft umherzustreifen, vor seiner Pubertät seine Familie ganz zu verlassen und von seiner Mutter unabhängig zu werden.

Nach der Modernisierungstheorie[73], die ebenfalls vor allem für die Entwicklungsländer gilt, wird das Problem durch den Mangel an sozioökonomischem Fortschritt hervorgebracht: durch die große Kluft zwischen arm und reich, durch Arbeitslosigkeit der Eltern und mangelnde Berufsausbildung der Jugendlichen, durch den sozioökonomischen Druck, der auf den Familien lastet und zur familiären Desorganisation führt.

Nach der Traumatisierungstheorie[74], die man für die Industrieländer herausgefunden hat, leiden Straßenkinder darunter, daß sie keine Liebe und Zuneigung erfahren haben. Sie sind im Gegenteil durch Menschen, denen sie Vertrauen entgegengebracht haben, in ihrer Kindheit psychisch schwer verletzt worden.

e. Kriminalpolitische Berücksichtigung der Opfermitverursachung („Victim Precipitation“, „Functional Responsibility“)

Straftaten entstehen in zwischenmenschlichen Prozessen, in denen das Opfer keineswegs immer untätig und passiv ist. Durch zwei viktimologische Konzepte ist die heutige strafrechtliche Diskussion über die Bewertung der Opfermitverursachung vorbereitet worden:

---

[73] J.A.Rios 1990; M.F.Granados Téllez 1976.
[74] M.Webber 1991.

– Nach dem Konzept der „Victim-Precipitation“[75] ist in zahlreichen Fällen das Opfer ein an der Tat wesentlich Beteiligter, ein „direkter, positiver Beschleuniger des Verbrechens“. Es erleichtert die Tat; es löst die Tat aus; es führt die Tat herbei; es fordert die Tat heraus.
– Nach dem Modell der „Functional Responsibility“[76] sind Täter und Opfer wechselseitig, sich ergänzend für ihr Verhalten verantwortlich. Das Opfer muß seine eigene Viktimisierung vermeiden. Es darf sich nicht in viktimogene Situationen bringen, in denen es leicht zum Opfer gemacht werden kann.

Aus diesen beiden Konzepten hat man folgende strafrechtliche Konsequenzen zu ziehen versucht:
– Das potentielle Opfer soll durch verwaltungsrechtliche Zwangsmittel, durch die Androhung von Ordnungs- und Kriminalstrafen dazu gezwungen werden, sein eigenes Opferwerden zu verhindern. Um die Gelegenheit zum Ladendiebstahl möglichst niedrig zu halten, schlägt man z.B. vor, die potentiellen Opfer, Kaufhäuser und Einzelhandelsgeschäfte, zu verpflichten, ihre Warenauslagen, ihre Verkaufsräume und ihre Organisation des Verkaufsbetriebs möglichst übersichtlich zu gestalten und eine Mindeststärke ihres Verkaufs- und Aufsichtspersonals einzuhalten[77].
– Das potentielle Opfer soll in bestimmten Fällen die Sozialkontrolle selbst übernehmen. So hat man zum Beispiel vorgeschlagen, daß der Verletzte bei einem Ladendiebstahl, der einen Schaden von nicht mehr als 500,-- DM verursacht hat, neben der Herausgabe der durch Diebstahl erlangten Ware und neben Schadenersatz in Geld eine Sanktion von mindestens 50,– DM verlangen kann[78]. Die formelle Sozialkontrolle durch Kriminalpolizei, Staatsanwaltschaft und Gericht soll in diesen Fällen ausgeschlossen sein.

[75] M.E.Wolfgang 1958, 245-252.
[76] S.Schafer 1977, 160/161.
[77] A.Schoreit 1976, 53.
[78] G.Arzt u.a. 1974.

– Dem Opfer soll der strafrechtliche Schutz versagt werden, wenn es die ihm zumutbaren Selbstschutzmaßnahmen unterlassen hat[79]. Die Einschränkung des Opferschutzes wird allerdings nicht für Straftaten befürwortet, die mit Gewaltanwendung verbunden sind[80].
– Schließlich soll das schuldhafte Opferverhalten bei der Auswahl der strafrechtlichen Sanktion durch das Gericht oder wenigstens bei der Strafzumessung Berücksichtigung finden[81]. Nur diese letzte Lösung des Problems der strafrechtlichen Beurteilung der Opfermitverursachung verdient Unterstützung[82]. Verbrechensbekämpfung durch Opferbestrafung ist abzulehnen.

II. Fall: Empfehlungen des Ministerrates des Europarates

1. Folgen der Primärviktimisierung bei der Vergewaltigung

Schwere körperliche Verletzungen des Vergewaltigungsopfers sind selten; etwa 3 bis 5 % tragen ernste bleibende körperliche Schäden davon. Über leichte bis mittelschwere körperliche Verletzungen wird in rund 40 % der Fälle berichtet[83]. Psychische Traumen dauern länger an und sind schwerwiegender; sie bestehen z.B. in schweren Depressionen, ausgedehnten Ängsten und in Problemen bei der sexuellen Anpassung[84]. Die Tat wird vom Opfer als lebensbedrohliche Situation erlebt, die eine schwere Krise, einen Wendepunkt in seinem Leben verursacht. Folgen der Viktimisierung sind Verluste an Sicherheit und Kontrolle. Man hat das „Vergewaltigungstrauma-Syndrom“[85] herausgearbeitet:

---

[79] B.Schünemann 1986, 439-443.
[80] B.Schünemann 1986, 442.
[81] T.Hillenkamp 1986, 111-124.
[82] U.Ebert 1983, 633-643.
[83] G.M.Sykes/F.T.Cullen 1992, 186; C.R.Bartol 1995, 285.
[84] M.Licht 1989.
[85] A.W.Burgess/L.L.Holmstrom 1977, 1980, 1985.

Gedanken an die Viktimisierung kehren ständig zwanghaft zurück. Schlafstörungen und Alpträume sind Versuche des Unbewußten, mit dem traumatisierenden Ereignis fertig zu werden. Das Opfer hat furchtbare, entsetzliche Angst. Es will nicht mehr allein im Zimmer schlafen und nicht mehr allein ausgehen. Anhaltende nervöse Spannungen quälen es. Sein Verhältnis zum männlichen Geschlecht ist gestört. Die sozialen Schäden für Ehe und Freundschaft sind häufig unabsehbar. Man berichtet schließlich über folgende weitere Symptome[86]: Überwachsamkeit, Verfolgungswahn, Selbstbeschuldigungen und Konzentrationsstörungen.

2. Folgen der Sekundärviktimisierung bei der Vergewaltigung

Durch die Reaktion auf die Tat wird das Opfer häufig ein zweites Mal geschädigt. Es soll psychisch belastende, erniedrigende und demütigende Erlebnisse in allen Einzelheiten in einem Kriminaljustizsystem beschreiben, das immer noch von Männern beherrscht ist[87]. Man dringt in sein Privatleben ein, breitet sein sexuelles Vorleben aus und greift seine Glaubwürdigkeit an[88]. Es ist unzutreffend, daß die Anzahl der Falschaussagen und der Falschbeschuldigungen bei der Vergewaltigung besonders hoch ist. Solche Falschbeschuldigungen, die auf 2 % der Fälle[89] veranschlagt werden, kommen ebenso häufig wie bei jedem anderen Delikt vor. Nicht selten wird das Opfer durch die formalistische Routine und Gleichgültigkeit großer Bürokratien, durch Polizei und Krankenhaus, erneut entpersonalisiert[90]. Die Opfer fühlen sich verloren und vernachlässigt. Ärzte und Polizisten stellen verletzende Fragen von zweifelhafter Bedeutsamkeit. Skepsis und Zweifel an seiner Glaubwürdigkeit sind für das Opfer schwer zu ertragen. Man sollte ihm nicht vorwerfen, daß es sich nicht oder nicht ausreichend verteidigt hat. Man

---

[86] G.Mezey 1988, 68.
[87] G.D. LaFree 1989; M.H.Abel 1988.
[88] F.Adler/G.O.W.Mueller/W.S.Laufer 1995, 246.
[89] S.Katz/M.A.Mazur 1979, 214.
[90] L.L.Holmstrom/A.W.Burgess 1978.

sollte ihm nicht unterstellen, daß es ein einverständliches Sexualerlebnis mit dem Vergewaltigungsvorwurf verdecken will. Psychische Schäden, die das Vergewaltigungserlebnis gesetzt hat, können durch belastende Vernehmungen noch vertieft werden. Da die Vergewaltigung im Intimbereich begangen wird, pflegt das Opfer die einzige Zeugin zu sein. Die Versuchung ist deshalb für die Verteidigung sehr groß, die Strategie der Opferbeschuldigung anzuwenden, um seine Aussagen unglaubhaft erscheinen zu lassen. Zu weit ausgedehnte Befragungen, die die Tat nicht unmittelbar betreffen, sollten deshalb vom Gericht nicht zugelassen werden. Im Gerichtssaal herrscht eine Atmosphäre des Mißtrauens, die dem Opfer die seelische Verarbeitung des Delikts erschwert. Durch seine Konfrontation mit dem Täter muß es das traumatisierende Ereignis oft erneut durchleben.

3. Behandlungszentren für Vergewaltigungsopfer

Sie versuchen, dem Vergewaltigungsopfer beizustehen und ihm nach erlittener Tat zu helfen. Zu seiner emotionalen und psychischen Unterstützung führt man ein Beratungsgespräch mit ihm. Man leistet ihm mitmenschlichen Beistand und betreut es persönlich. Dazu gehört auch eine Hilfestellung beim Umgang mit Behörden und mit dem Gericht. Man gewährt ihm finanzielle Unterstützung und begleitet es zu Gerichtsterminen. Erholung wird ihm ermöglicht.

Man hat[91] die Folgen der Vergewaltigung beobachtet und mit der Krisenintervention zu beheben versucht. Akute Reaktionen nach der Tat bestehen in einem Schock, in Selbstzweifeln und in Bestürzung. Das Opfer ändert seinen Lebensstil. Es beschuldigt sich selbst und macht sich Vorwürfe. Es hat das Gefühl, sich mitteilen zu müssen. Seine Angst läßt nach, wenn es mit einem Freund oder einem Verwandten über sein Opferwerden gesprochen hat. Nach einer zweiten Phase der äußeren Anpassung, in der das Opfer sein Opferwerden verneint, verdrängt oder zu rechtfertigen versucht, geht es ihm in der dritten Phase darum, seine

[91] S.Sutherland/D.J.Scherl 1977.

verletzende Erfahrung in seine Persönlichkeit einzuordnen. Es muß seine Gefühle sich selbst und dem Täter gegenüber psychisch durcharbeiten. Es fühlt sich schuldig, schmutzig und „beschädigt". In dieser letzten entscheidenden Phase der psychischen Verarbeitung der Tat ist es wichtig, daß das Opfer seinen Zorn loswerden kann. Der Therapeut hilft ihm, mit seinen Gefühlen und mit der Realität umzugehen.

Neben der Betreuung des Opfers haben die Behandlungszentren die Aufgabe, seinen Intimpartner und seine Familie, die ihm häufig verständnislos und mit offenen oder verdeckten Vorwürfen begegnen, persönlich zu beraten. Schließlich sollten die Behandlungszentren Öffentlichkeitsarbeit leisten und allen Personen Rat erteilen, die dem Opfer im Reaktionsprozeß auf die Vergewaltigung begegen.

III. Fall: Deklaration der Vereinten Nationen

1. Informelles Ausgleichs- und Schlichtungsverfahren

Bei diesem Verfahren, das zuerst von der kanadischen Rechtsreformkommission[92] vorgeschlagen worden ist und das als Vorschaltverfahren vor dem formellen Strafverfahren gedacht ist, setzen sich Täter und Opfer an einen Tisch und versuchen, unter Leitung und Vermittlung eines Richters und unter Mithilfe des Staatsanwalts, des Verteidigers und eventuell eines Sachverständigen in einem informellen Verfahren ihren Konflikt selbst zu lösen.

a. Voraussetzungen

Für die Durchführung eines solchen Verfahrens ist es notwendig, daß die Begehung der Straftat durch den Täter (Schuldfrage) außer Zweifel steht und daß ihm alle Beteiligten zugestimmt haben.

[92] Law Reform Commission of Canada 1975.

b. Sinn

Man hat den Ausgleichs- und Schlichtungsprozeß deshalb empfohlen, weil er die informelle Kontrolle dadurch stärkt, daß er die Konfliktlösung unter den Beteiligten selbst und mit Hilfe der Kriminaljustiz einübt. Das Ausgleichs- und Schlichtungsverfahren brandmarkt den Täter nicht so wie das formelle Verfahren und ermöglicht, dem Opfer Wiedergutmachung zu gewähren und es zu behandeln.

c. Ausgestaltung

Es handelt sich um ein informelles Verfahren, bei dem alle Beteiligten unter Leitung und Vermittlung der Kriminaljustiz versuchen, ihren kriminellen Konflikt einvernehmlich zu lösen.

d. Konsequenzen

Der Ausgleichs- und Schlichtungsprozeß endet mit einem für alle Beteiligten verbindlichen Schiedsspruch oder Vergleich, der eine Wiedergutmachungsregelung zwischen Täter und Opfer und eine Betreuung und Beaufsichtigung des Täters durch Sozialdienste vorsieht. Richtet sich der Täter nicht nach dem Schiedsspruch oder Vergleich, wird das formelle Strafverfahren durchgeführt.

2. Kriminalitätsformen

Den Ausgleichs- und Schlichtungsprozeß hat man für verschiedene Deliktskategorien vorgeschlagen, die alle eine Gemeinsamkeit besitzen, daß sie nämlich durch das formelle Strafverfahren nicht wirksam kontrolliert werden können.

a. Straftaten zwischen Personen im sozialen Nahraum

Diese Straftaten, z.B. Frauen- und Kindesmißhandlung, Vergewaltigung in der Ehe, sexueller Mißbrauch an Kindern, werden deshalb so selten angezeigt, weil das Opfer vom Täter abhängig ist, weil es auf ihn Rücksicht nehmen will oder muß, weil der Rechtsbrecher durch das Strafverfahren ungewöhnlich stark stigmatisiert wird und weil sich nach einem solchen formellen Verfahren, das mit einer Verurteilung abschließt, in der Regel die Familie auflöst. Da das Opfer gleichwohl schwere psychische Schäden davontragen kann, die sich auch verbrechensverursachend auswirken können, kann die soziale Verdrängung durch eine Nichtkenntnisnahme solcher Delikte in der Gesellschaft nicht einfach hingenommen werden. Das Ausgleichs- und Schlichtungsverfahren bietet sich hier an, weil es auf die Wiederherstellung zwischenmenschlicher Beziehungen gerichtet ist und mit einem Schiedsspruch oder Vergleich endet, der die Kontrolle der kriminellen Konflikte unter Betreuung und Beaufsichtigung der Familie und der Personen im sozialen Nahraum durch Sozialdienste vorsieht[93].

b. Kleinkriminalität

Diese Kriminalität, z.B. Ladendiebstähle, Diebstähle aus Kraftfahrzeugen, Fahrraddiebstähle oder leichte Sachbeschädigungen (Vandalismus), liegt häufig im Dunkelfeld der nicht bekanntgewordenen, verborgen gebliebenen Straftaten. Man versucht in der Bundesrepublik weitgehend erfolglos, sie im Wege des Strafbefehlsverfahrens oder der Einstellung des Strafverfahrens durch die Staatsanwaltschaft – mit oder ohne Anordnung einer Auflage – wegen Geringfügigkeit der Schuld des Rechtsbrechers zu kontrollieren, um sie nicht durch Täterstigmatisierung zur Einstiegsdelinquenz für Jugendliche werden zu lassen. Diese Einstellungspraxis ist kritisiert worden, weil sie das Legalitätsprinzip verletzt, weil die Staatsanwaltschaft rechtsprechende Gewalt ausübt, weil die

---

[93] U.Schneider 1987.

Einstellungsverfahren keine spezial- und generalpräventive Wirkung haben, sondern vielmehr das Rechtsbewußtsein der Bevölkerung negativ beeinflussen und zu Selbstjustiz führen können[94]. Auch diese Kleinkriminalität kann durch ein Ausgleichs- und Schlichtungsverfahren besser kontrolliert werden, weil es den genannten Einwänden Rechnung trägt, weil es den Rechtsbrecher nicht brandmarkt, gleichwohl aber das Gebiet der Kleinkriminalit strafrechtlich besetzt hält und zur Bildung von Normbewußtsein beiträgt.

c. Wirtschafts- und Umweltkriminalität (Unternehmenskriminalität)

Schließlich eignet sich die Wirtschafts- und Umweltkriminalität für das Ausgleichs- und Schlichtungsverfahren, wenn sie von Unternehmen begangen wird, die durch ihre Straftaten eine große Zahl von Verbrechensopfern schädigen. Denn für die Reaktion auf solche Rechtsbrüche ist das formelle Strafverfahren zu langsam, zu zeitaufwendig und zu unflexibel. Bei der Unternehmungskriminalität sind Tat und Täter, nämlich das Unternehmen, leicht feststellbar. Nur die individuelle strafrechtliche Verantwortlichkeit innerhalb des Unternehmens ist schwierig zu ermitteln. Geld- und kurze Freiheitsstrafen gegen leitende Angestellte des Unternehmens, das die Wirtschafts- und Umweltkriminalität begangen hat, sind spezial- und generalpräventiv unwirksam. Es ist deshalb wirkungsvoller, das Unternehmen selbst verantwortlich zu machen und es zur vollen Wiedergutmachung zu verpflichten[95] Diese Schadenswiedergutmachung ist bei Unternehmensdelikten in der Regel so teuer, daß sie für sich allein abschreckend wirkt. Die Feststellung individueller Schuld von Einzeltätern innerhalb des Unternehmens ist demgegenüber ein stumpfes Schwert bei der Kontrolle der Umwelt- und Wirtschaftskriminalität, die durch Unternehmen verübt wird; den unzähligen Opfern solcher Straftaten bringt sie nichts.

---

[94] H.J.Hirsch 1980, 218-254.

[95] J.Braithwaite 1984, 292, 318, 380. Vgl. auch M.B.Clinard/P.C.Yeager 1980.

2. Teil
Jugendstrafrecht

Einleitung

Da ein Großteil der Kriminalität von Jugendlichen und Heranwachsenden begangen wird, spielt das Jugendstrafrecht in der Praxis der Strafrechtspflege eine sehr große Rolle. Kenntnisse im Jugendstrafrecht sind daher für junge Juristinnen und Juristen unverzichtbar, die eine berufliche Tätigkeit im Bereich der Rechtspflege, sei es als Richter, sei es als Staatsanwalt oder sei es als Rechtsanwalt, anstreben. Der Erwerb von Grundkenntnissen in diesem Rechtsgebiet ist allen Studentinnen und Studenten der Rechtswissenschaften zu empfehlen. Denn bereits im Referendardienst müssen junge Juristen damit rechnen, auch im Rahmen des Pflichtprogramms, insbesondere bei der Staatsanwaltschaft, im Bereich des Jugendstrafrechts tätig werden zu müssen.

Das Jugendstrafrecht regelt die strafrechtliche Verantwortlichkeit und die Reaktion auf strafrechtlich relevantes Verhalten Jugendlicher und Heranwachsender. Es ist im wesentlichen (Jugend-)Strafverfahrens- und Rechtsfolgenrecht. Daher setzt es vertiefte Kenntnisse des Strafprozeß- und des allgemeinen strafrechtlichen Rechtsfolgenrechts voraus, damit Besonderheiten des Jugendstrafrechts erkannt und verstanden werden können. Gemäß § 2 JGG gelten subsidiär alle Strafvorschriften[1].

Im Vergleich zu kriminologischen Aufgaben, die häufig eine „komplexe und variationsreiche Fragestellung" haben[2], sind jugendstrafrechtliche ebenso wie strafvollzugsrechtliche Fragestellungen typischerweise eindeutig. Sie fordern in der Regel ein juristisches Gutachten, allerdings oft vor dem Hintergrund kriminologischer Erkenntnisse. Sorgfältige Bearbeiter werden daher bestrebt sein, kriminologische Kenntnisse einzubringen, und sich mit dem geltenden Recht und seiner Anwendung vor ihrem Hintergrund kritisch auseinanderzusetzen. Das allgemeingültige Gebot, fallnah zu arbeiten, kann Bearbeiter zuweilen in Konflikte bringen zwischen der Anwendung bestehender rechtlicher Regeln und Begriffe, z.B. desjenigen der „schädlichen Neigungen" (§ 17 Abs. 2 JGG), und der kriminologisch begründeten kritischen Distanz

---

[1] Vgl. im einzelnen Ostendorf § 2 Rdn. 5.

[2] Vgl. Kreuzer 1991, 832.

zu ihnen. Eine abgewogene Aufgabenstellung wird hier den erforderlichen Raum für Kritik bieten. Jedoch muß davor gewarnt werden, bei rein dogmatischer Aufgabenstellung kriminologische „Exkurse" in die Bearbeitung aufzunehmen. Hier ist bei der Ausarbeitung Fingerspitzengefühl gefragt. Für die Beurteilung, ob Argumente der Fallösung dienen oder nicht, kommt es nämlich oft nicht nur auf ihren Inhalt, sondern auf ihre fallnahe Einbindung an. So kann z.B. die kriminologische Kritik an dem Begriff der schädlichen Neigungen in seine Auslegung eingebracht werden.

Die Aufgabenstellung von jugendstrafrechtlichen Arbeiten verlangt von den Kandidatinnen und Kandidaten oft, sich in die Rollen von Verfahrensbeteiligten, z.B. des Verteidigers eines Jugendlichen[3], des Jugendstaatsanwalts[4] oder des Jugendgerichts[5], hineinzuversetzen, ihnen Entscheidungshilfen zu leisten oder sich mit ihren Entscheidungen und Argumenten kritisch auseinanderzusetzen. Manchmal bietet der zu beurteilende Sachverhalt keine hinreichenden Informationen, auf deren Grundlage die verlangte Entscheidung getroffen und begründet werden könnte. In diesen Fällen haben die Bearbeiter die Entscheidungskriterien herauszuarbeiten und darzulegen, welche Informationen benötigt werden. Teilweise enthalten jugendstrafrechtliche Aufgaben Fragestellungen, die noch keine eindeutige Beantwortung zulassen, sondern eine weitere Sachverhaltsaufklärung nötig machen würden. Hier ist im Ergebnis darzustellen, welche Umstände klärungsbedürftig sind. Auf jeden Fall sollten Bearbeiter sich davor hüten, die fehlenden Informationen durch Spekulationen oder Unterstellungen zu ergänzen. Erst wenn herausgearbeitet ist, welche Tatsachen wesentlich und zu klären sind, kann es im Einzelfall erforderlich und sinnvoll sein, für die weitere Fallbearbeitung von dem wahrscheinlichsten Sachverhalt auszugehen. Werden auch Zweckmäßigkeitserwägungen verlangt, wie z.B. im Rahmen der jugendstrafrechtlichen Sanktionenwahl[6], so müssen ebenfalls

---

[3] Vgl. Übungshausarbeit.
[4] Vgl. Examensklausur.
[5] Vgl. Übungsklausur.
[6] Vgl. auch Übungshausarbeit, Aufgabe 2 b.

die Gesichtspunkte herausgearbeitet werden, die in Betracht zu ziehen sind.

Folgende Problembereiche sind häufig Gegenstand jugendstrafrechtlicher Fragestellungen:

- Kriterien der strafrechtlichen Verantwortlichkeit Jugendlicher, § 3 JGG,
- Sanktionenauswahl und Zulässigkeit ins Auge gefaßter Sanktionen,
- Kritische Auseinandersetzung mit dem Jugendarrest,
- Diversion (Begriff, wissenschaftliche Grundlagen, Zweck, Verankerung im JGG),
- Kriterien der Verhängung und Bemessung von Jugendstrafe (§§ 17, 18 JGG) und Kritik,
- Bildung einer Einheitsstrafe, §§ 31, 32 JGG,
- Aussetzung der Verhängung von Jugendstrafe, § 27 JGG,
- Anordnung und Vollzug von Untersuchungshaft, § 72 JGG,
- Anwendung des Jugendstrafrechts auf Heranwachsende, §§ 105 ff JGG.

Mit diesen Themen sollten sich Kandidatinnen und Kandidaten daher intensiv befassen.

Übungsklausur

1. Problemkomplex: Verantwortungsreife (§ 3 JGG) – Anwendung des Jugendstrafrechts auf Heranwachsende: Feststellung des Entwicklungsstadiums (§ 105 Abs. 1 Nr. 1 JGG), „Jugendverfehlung“ (§ 105 Abs. 1 Nr. 2 JGG) – Verhängung von Jugendstrafe wegen „schädlicher Neigungen“ (§ 17 JGG) – Verhängung von Jugendstrafe wegen „Schwere der Schuld“ (§ 17 JGG) – Bedeutung von Abschreckungsgesichtspunkten bei der Sanktionswahl

Sachverhalt: Brüder auf Touren
Der 17jährige A und sein 19jähriger Bruder B aus C-Stadt verübten im Juli/August 1994 gemeinschaftlich 10 Pkw- und 12 Fahrrad- und Mofa-Diebstähle. Mit den entwendeten Personenkraftwagen unternahmen sie jeweils „Spritztouren“, um sie dann an verschiedenen Orten stehen zu lassen, wenn ihnen das Benzin ausgegangen war. Die Fahrräder und Mofas verkauften sie nach vorübergehendem Gebrauch für wenig Geld an Bekannte.

Bei ihrer polizeilichen Vernehmung gaben A und B an, sie hätten die Fahrzeuge deshalb gestohlen, weil sie keine Lust gehabt hätten, zu Fuß zu gehen; außerdem mache ihnen insbesondere das Autofahren Spaß. Der Bericht der Jugendgerichtshilfe ergab, daß A und B wegen des frühen Todes ihrer Eltern den Großteil ihrer Kindheit in verschiedenen Heimen verbracht hatten, aus denen sie einige Male weggelaufen waren, um ziellos tagelang herumzustreunen. Auch in der Schule hatten sie Schwierigkeiten mit ihren Lehrern und mit ihren Mitschülern. Sie schwänzten die Schule häufig, zählten zu den schlechtesten Schülern und fielen in ihrer Klasse oft dadurch auf, daß sie den Unterricht störten. Seit 1987 wohnten sie bei ihrer Tante, die sie gern mochten, weil sie sie mit großer Nachsicht behandelte. B konsumierte bereits seit 1990 regelmäßig Rauschgift; im Jahre 1991 hatte er begonnen, sich Heroin zu spritzen. Wegen Verstoßes gegen das Betäubungsmittelgesetz war er Ende 1991 zu einer Jugendstrafe von sechs Monaten verurteilt worden. Eine im Jahre 1992 begonnene Entziehungskur hatte er abgebrochen.

Aufgaben:

1. Das Jugendgericht möchte Jugendstrafrecht auf die von A verübten Straftaten anwenden. Es ist der Auffassung, bei einem 17jährigen könne in aller Regel ohne nähere Prüfung davon ausgegangen werden, daß er die erforderliche Verantwortungsreife besitze.
   a. Ist diese Annahme zutreffend?
   b. Falls diese Ansicht nicht richtig sein sollte: Welche Ermittlungen wird das Jugendgericht anstellen müssen, um die Verantwortungsreife des A festzustellen?
2. a. Welche Kriterien in der Persönlichkeit des B sind dafür maßgebend, ob seine Taten nach Jugend- oder Erwachsenenstrafrecht abzuurteilen sind?
   b. Muß das Gericht zur Beurteilung des Entwicklungsstandes des B einen psychologischen Sachverständigen hinzuziehen?
   c. Falls es einen solchen Sachverständigen hört: Ist es an die Beurteilung des Gutachters gebunden?
3. Kann das Gericht die Annahme einer Jugendverfehlung bei B mit der Begründung ablehnen, daß Pkw- und Mofa-Diebstähle von Personen aller Altersstufen begangen würden?
4. Das Gericht kommt zu dem Ergebnis, daß die Taten des B nach Jugendstrafrecht abzuurteilen sind, und verhängt gegen ihn eine Jugendstrafe von zwei Jahren mit der Begründung, daß er erhebliche durch den Rauschgiftkonsum hervorgerufene und gekennzeichnete schädliche Neigungen an den Tag gelegt habe, die einer längeren erzieherischen Einwirkung in der Jugendstrafanstalt bedürften.
   a. Trägt diese Begründung die gerichtliche Entscheidung?
   b. Worin besteht die kriminologische Problematik des Begriffs der schädlichen Neigungen?

5. Kann das Gericht gegen A und B eine Jugendstrafe mit der Begründung verhängen, daß dies
   a. wegen der Schwere der Schuld und
   b. aus Gründen der Abschreckung erforderlich sei?

Lösung

Gliederung

1. Verantwortungsreife des A
   a. Reifevermutung zu Lasten älterer Jugendlicher?
   b. Erforderliche Ermittlungen zur Verantwortungsreife des A
2. Die Anwendung von Jugend- oder Erwachsenenstrafrecht auf die Taten des B
   a. Persönlichkeitskriterien für die Anwendung von Jugendstrafrecht
   b. Hinzuziehung eines psychologischen Sachverständigen
   c. Bindung des Gerichts an die Beurteilung des Sachverständigen?
3. Ablehnung einer Jugendverfehlung
4. Schädliche Neigungen
   a. Die Annahme schädlicher Neigungen bei B
   b. Die kriminologische Problematik des Begriffs der schädlichen Neigungen
5. Die Verhängung von Jugendstrafe gegen A und B
   a. Schwere der Schuld
   b. Abschreckung der Allgemeinheit

Gutachten

1. Verantwortungsreife des A

a. Reifevermutung zu Lasten älterer Jugendlicher?

Da A Jugendlicher ist (§ 1 Abs. 2 JGG), setzt seine Verurteilung voraus, daß er entsprechend § 3 S. 1 JGG verantwortungsreif ist. Während im Erwachsenenstrafrecht die Schuld immer nur geprüft wird, wenn Anhaltspunkte für Schuldausschließungsgründe vorliegen, müssen im Jugendstrafrecht die Merkmale des § 3 S. 1 JGG durch das Gericht positiv festgestellt werden, bevor die Verantwortlichkeit des Jugendlichen bejaht werden kann[1]. Die Verantwortungsreife des Jugendlichen muß also in jedem Einzelfall besonders geprüft und ihre Voraussetzungen müssen im Urteil immer und nicht etwa nur dann dargelegt werden, wenn Zweifel bestehen. Eine Reifevermutung zu Lasten älterer Jugendlicher gibt es demnach im Jugendstrafrecht nicht. Allerdings wird eine Verneinung der Verantwortungsreife um so näher liegen, je jünger der jugendliche Beschuldigte bei Tatbegehung war. Die Voraussetzungen des § 3 S. 1 JGG sind darüber hinaus für jeden verwirklichten Tatbestand gesondert zu untersuchen, da Unrechtseinsicht und Willensbildungsfähigkeit immer im Hinblick auf die konkrete Tat beurteilt werden müssen[2]. Die Annahme des Gerichts, daß bei einem 17jährigen in der Regel ohne nähere Prüfung die erforderliche Verantwortungsreife angenommen werden könne, ist also unzutreffend.

b. Erforderliche Ermittlungen zur Verantwortungsreife des A

A ist strafrechtlich verantwortlich, wenn er die für die Unrechtseinsicht erforderliche sittliche und geistige Entwicklungsreife hat und aufgrund

---

[1] Albrecht 1993, 96 f.; Eisenberg § 3 Rdn. 4; Brunner § 3 Rdn. 5; Ostendorf § 3 Rdn. 2.

[2] Vgl. Brunner § 3 Rdn. 5; Eisenberg § 3 Rdn. 5 ff.; Ostendorf § 3 Rdn. 8.

dieser Reife in der Lage ist, sich entsprechend seiner Unrechtseinsicht zu verhalten. Zur Feststellung der geistigen Entwicklungsreife des A muß das Gericht ermitteln, ob er in der Lage ist, rational zwischen Recht und Unrecht zu unterscheiden[3]. Das Gericht hat hier insbesondere zu erforschen, ob bei A Rückstände in der kognitiven Entwicklung vorliegen. Die Unterscheidung zwischen Recht und Unrecht muß darüber hinaus auch in der Gefühlswelt des A verankert sein (sittliche Reife)[4]. Insoweit hat das Gericht Feststellungen zur moralischen und sozialen Entwicklung des A zu treffen. Aufgrund dieses allgemeinen sittlichen und geistigen Entwicklungsstandes muß dem A das Unrecht seiner konkreten Taten nicht nur bewußt sein, sondern er muß die strafrechtlichen Gebote, gegen die er verstoßen hat, auch als sittliche Werte erleben und seine Handlungen als rechtlich beanstandenswert empfinden können[5]. Die Strafbarkeit seines Verhaltens braucht A dabei freilich nicht zu erkennen. Seine Entwicklungsreife muß den A schließlich in die Lage versetzt haben, entsprechend seiner Unrechtseinsicht zu handeln[6]. Das Gericht hat also zu beurteilen, ob A aufgrund seiner Entwicklung in ausreichendem Maße fähig war, den Verlockungen zur Tat zu widerstehen.

Ob die Verantwortungsreife des A bejaht werden kann, ist angesichts gravierender Sozialisationsmängel – früher Verlust der Eltern, Heimerziehung, Schwierigkeiten in der Schule – zweifelhaft. Es besteht insbesondere Anlaß, der Frage nachzugehen, ob dem A in seiner Erziehung ausreichende von ihm als positiv erlebte Vorbilder sozial angemessenen Verhaltens geboten worden sind und ob er hinreichende Belohnungen für solches Verhalten erfahren hat. Diese Bedingungen sind unter lernpsychologischen Gesichtspunkten Voraussetzungen dafür, daß es dem Jugendlichen gelingt, soziale Normen und Werte zu verinnerlichen. Wenn das Gericht die erforderlichen Feststellungen nicht aufgrund eigener Sachkunde treffen kann, so muß es ein Sachverständigen-

---

[3] Vgl. Ostendorf § 3 Rdn. 6; Brunner § 3 Rdn. 4.
[4] Vgl. Ostendorf § 3 Rdn. 6.
[5] Vgl. Brunner § 3 Rdn. 4.
[6] Vgl. Ostendorf § 3 Rdn. 10.

gutachten einholen[7]. Bleiben dem Gericht nichtbehebbare Zweifel an der Verantwortlichkeit des A, so hat es zu seinen Gunsten von ihrem Fehlen auszugehen[8].

2. Die Anwendung von Jugend- oder Erwachsenenstrafrecht auf die Taten des B

a. Persönlichkeitskriterien für die Anwendung von Jugendstrafrecht

Nach § 105 Abs. 1 Nr. 1 JGG ist auf die Taten des Heranwachsenden B Jugendstrafrecht anzuwenden, wenn er „zur Zeit der Tat nach seiner sittlichen und geistigen Entwicklung noch einem Jugendlichen gleichstand". Abweichend von dieser Formulierung des Gesetzes ist entsprechend dem Gesetzeszweck der Norm Jugendstrafrecht bereits dann anzuwenden, wenn der Heranwachsende entweder in seiner sittlichen oder in seiner geistigen Entwicklung zurückgeblieben ist[9]. Die Beurteilung, ob eine Reifeverzögerung vorliegt, hat das Gericht aufgrund einer Gesamtwürdigung der Persönlichkeit des B unter Berücksichtigung der Umweltbedingungen vorzunehmen. Es ist daher unzulässig, die Entscheidung auf das Vorliegen oder Nichtvorliegen einzelner Umstände zu stützen oder lediglich auf die Tat und ihre Begleitumstände abzustellen[10].

Die gesetzliche Formulierung des § 105 Abs. 1 Nr. 1 JGG gilt insoweit als mißlungen, als sie das Leitbild des „normalen Jugendlichen" zum Maßstab erhebt, nach dem der Entwicklungsstand des Heranwachsenden zu beurteilen ist. Ein solches empirisch abgesichertes Leitbild gibt es aber nicht. Eine typische Reife für das Altersstadium der 14- bis 17jährigen läßt sich nicht feststellen, da die Entwicklung kontinuierlich

[7] Vgl. Ostendorf § 3 Rdn. 13.

[8] Ostendorf § 3 Rdn. 15.

[9] BGH NJW 1956, 1408; Eisenberg § 105 Rdn. 9; Brunner § 105 Rdn. 11a; Ostendorf § 105 Rdn. 5; Albrecht 1993, 105.

[10] Brunner § 105 Rdn. 11; Ostendorf § 105 Rdn. 9.

und individuell verläuft[11]. Nach der herrschenden Meinung ist daher ein Jugendlicher i. S. d. § 105 Abs. 1 Nr. 1 JGG ein noch ungefestigter, in der Entwicklung stehender, prägbarer junger Mensch, dessen Persönlichkeit noch nicht ausgeformt ist[12]. Das Gericht wird sich also mit der Frage zu befassen haben, ob B sich nach diesem Maßstab noch als Jugendlicher darstellt. Allerdings ist kritisch anzumerken, daß der entwickelte Maßstab hochgradig abstrakt und unbestimmt und deshalb in der konkreten Entscheidungssituation des Gerichts nur wenig hilfreich ist. Die Justizpraxis stützt sich deshalb noch teilweise auf die „Marburger Richtlinien", einen Kriterienkatalog, der von der Deutschen Vereinigung für Jugendpsychiatrie in 1954 aufgestellt worden ist[13] und der die Differenzierung zwischen unreifen, noch in der Entwicklung stehenden Persönlichkeiten einerseits und Persönlichkeiten mit Erwachsenenreife andererseits erleichtern soll. Die aufgestellten Kriterien wie z. B. beim Jugendlichen ungenügende Ausformung der Persönlichkeit, naiv-vertrauensseliges Verhalten, Leben für den Augenblick, sind freilich ebenfalls unbestimmt. Sie haben keinen psychologisch oder psychiatrisch fest umrissenen Bedeutungsgehalt[14].

Für die Reifeentscheidung des Gerichts gibt es daher im Ergebnis keine klaren psycho-sozialen Kriterien, die eine juristische Subsumtion erlauben. Das Gericht muß mithin bei der Beurteilung der Reife des B die Gefahr meiden, die gesetzlichen Merkmale und die zu ihrer Ausfüllung entwickelten Anhaltspunkte auf der Grundlage oberflächlicher subjektiver Eindrücke vom Beschuldigten und seiner Lebensgeschichte wie Etiketten anzuwenden, um das von ihm gewünschte Ergebnis zu begründen.

---

[11] Ostendorf § 105 Rdn. 6; Eisenberg § 105 Rdn. 7; Albrecht 1993, 105 f.; BGH NStZ 1989, 574 (575).

[12] BGH NStZ 1989, 575; BGHSt. 12, 116 (118); Brauneck 1965, 214; Brunner § 105 Rdn. 4; Eisenberg § 105 Rdn. 8.

[13] MschrKrim 1955, 60.

[14] Zur Kritik vgl. Albrecht 1993, 106; Eisenberg § 105 Rdn. 25; Ostendorf § 105 Rdn. 7.

b. Hinzuziehung eines psychologischen Sachverständigen

Die Hinzuziehung eines psychologischen Sachverständigen bei der Beurteilung des Entwicklungsstandes eines Heranwachsenden ist gesetzlich nicht vorgeschrieben. Die primäre Erkenntnisquelle für die Reifebeurteilung ist in der Praxis der Bericht der Jugendgerichtshilfe. Die Entscheidung über die zusätzliche Hinzuziehung eines Sachverständigen trifft das erkennende Gericht im Rahmen seiner Amtsaufklärungspflicht (§§ 2 JGG, 244 Abs. 2 StPO). Das heißt, daß das Gericht zur Reifeentscheidung nach § 105 Abs. 1 JGG unter Beachtung des Grundsatzes der Verhältnismäßigkeit dann einen Sachverständigen einschalten soll, wenn es Anlaß zu Zweifeln über die normale Reifeentwicklung des Heranwachsenden hat und nicht aus eigener Beurteilungskraft unter Ausschöpfung der übrigen Erkenntnismöglichkeiten die Voraussetzungen des § 105 JGG bejahen kann[15].
Zweifel an der psychosozialen Reifeentwicklung des B ergeben sich angesichts der ungünstigen Sozialisationsbedingungen, denen er ausgesetzt war. So kann insbesondere die Heimunterbringung das Erreichen von Selbständigkeit, Eigenverantwortlichkeit und Unabhängigkeit erschweren[16]. Die schlechten schulischen Leistungen des B und sein unangepaßtes Verhalten in der Schule können Indizien für eine retardierende geistige und soziale Entwicklung sein[17]. Hinzu kommt, daß der Rauschgiftkonsum entwicklungshemmende Vergiftungserscheinungen verursacht haben kann. Schließlich ist zu berücksichtigen, daß B mit seinem Alter von 19 Jahren der Altersgruppe der Jugendlichen näher steht als der Altersgruppe der Erwachsenen. Für den Fall, daß das Gericht nicht bereits aus eigener Sachkunde die Anwendung materiellen Jugendstrafrechts auf die Taten des B bejaht, wird es daher aufgrund der genannten Anhaltspunkte, die für eine Reifeverzögerung sprechen, ein Sachverständigengutachten einholen.

---

[15] BGH NStZ 1984, 467; Albrecht 1993, 108.

[16] Vgl. Eisenberg § 105 Rdn. 19; Ostendorf § 105 Rdn. 12.

[17] Vgl. Ostendorf § 105 Rdn. 5.

c. Bindung des Gerichts an die Beurteilung des Sachverständigen?

Der Sachverständige ist ein „Beweismittel“ (vgl. §§ 72 ff. StPO). Seine Aufgabe ist es, Sachkunde zu vermitteln und/oder anzuwenden. Er unterstützt das Gericht kraft seiner Sachkunde bei der Beurteilung einer Beweisfrage[18] und ist insofern „Gehilfe des Gerichts“[19]. Soweit es um die Beurteilung der Reife eines Heranwachsenden geht, hat der Sachverständige dem Gericht die mit wissenschaftlichen Methoden erhobenen Befunde und Tatsachen darzulegen, die benötigt werden, um den Reifegrad des Probanden zu bewerten. In der Praxis umfaßt sein Gutachtenauftrag darüber hinaus meist auch die Aufgabe, eine wissenschaftlich begründete Schlußfolgerung hinsichtlich des Reifegrades des Untersuchten zu ziehen. Das Gericht muß sodann in einem ersten Schritt eigenverantwortlich darüber entscheiden, ob es die Wertungen des Sachverständigen nachvollziehen und übernehmen kann. In einem zweiten Schritt muß es die juristische Einordnung und Bewertung der übermittelten Befunde vornehmen. Auch wenn das Sachverständigengutachten hierzu bereits Ausführungen enthält, ist die Umsetzung der erhobenen Befunde in juristische Begriffe alleine Sache des Gerichts[20]. Insoweit kann also keine Bindung an etwaige Ergebnisse des Sachverständigengutachtens bestehen. Darüber hinaus braucht das Gericht auch der psychologischen Beurteilung des Gutachters nicht zu folgen. In einem solchen Fall sollte allerdings ein neues Gutachten eingeholt werden (§§ 72 JGG, 83 StPO).

3. Ablehnung einer Jugendverfehlung

Der Begriff der „Jugendverfehlung“ (§ 105 Abs. 1 Nr. 2 JGG) ist unbestimmt und wird auch in der Auslegung durch Rechtsprechung und Schrifttum nur wenig klar umrissen[21]. Eine Jugendverfehlung soll dann

---

[18] Albrecht 1993, 324.
[19] BGHSt. 7, 238 (239); 9, 292 (293).
[20] BGHSt. 7, 238.
[21] Vgl. Ostendorf § 105 Rdn. 17.

vorliegen, wenn entweder Art und Umstände eine jugendtypische Verhaltensweise zeigen oder die Beweggründe solche Merkmale erkennen lassen, die als charakteristisch für die jugendliche Entwicklungsphase verstanden werden[22]. Dazu gehören nicht nur Taten, die schon nach ihrem äußeren Erscheinungsbild Merkmale jugendlicher Unreife aufweisen, wie z. B. ins Kriminelle abgerutschte Streiche. Vielmehr sollen zum einen zu den Jugendverfehlungen Taten zählen, in denen sich für Jugendliche kennzeichnendes Verhalten, wie ein Mangel an Ausgeglichenheit, Besonnenheit und Hemmungsvermögen, offenbart[23] oder die jugendtypischen Bedürfnissen, wie Abenteuerlust oder Kameraderie, entspringen[24], auch wenn das äußere Erscheinungsbild der Tat der Begehungsweise durch Erwachsene entspricht. Zum anderen müssen als Jugendverfehlungen aber auch solche delinquenten Handlungen gelten, deren Begehung und Motivation bei Jugendlichen häufiger vorkommt als bei Erwachsenen[25]. Die Tatsache, daß die dem B zur Last gelegten Delikte von Personen aller Altersklassen begangen werden, reicht nach diesen Begriffsumschreibungen nicht aus, um das Vorliegen einer Jugendverfehlung abzulehnen[26]. Für die Annahme von Jugendverfehlungen kann im Gegenteil sprechen, daß gerade die Entwendung von Kraftfahrzeugen zu vorübergehendem eigenem Gebrauch zu den Delikten gehört, die häufig von Jugendlichen aus Geltungsbedürfnis und Freude an der neu erlernten Fähigkeit, das Fahrzeug zu beherrschen, begangen werden. Darüber hinaus zeigen die Motive, die A und B bei der Polizei angegeben haben, daß sie die Diebstähle ohne Gedanken an die Folgen der Taten zur Befriedigung spontaner Bedürfnisse begangen haben. Es sind deshalb Anhaltspunkte für eine Motivlage erkennbar, wie sie gerade bei Jugendlichen üblich ist.

[22] Eisenberg § 105 Rdn. 34.
[23] Vgl. BGH NStZ 1986, 549 (550).
[24] Vgl. BGHSt. 8, 90 (91).
[25] Vgl. Schaffstein/Beulke 1993, 50 ff.; Albrecht 1993, 107.
[26] Vgl. Eisenberg § 105 Rdn. 35; Ostendorf § 105 Rdn. 17; Brunner § 105 Rdn. 14; Schaffstein/Beulke 1993, 50.

4. Schädliche Neigungen

a. Die Annahme schädlicher Neigungen bei B

Schädliche Neigungen sollen dann vorliegen, wenn erhebliche Anlage- oder Erziehungsmängel die Gefahr begründen, daß der Täter ohne längere Gesamterziehung durch weitere Straftaten die Gemeinschaftsordnung stören wird[27]. Es muß eine persönlichkeitsspezifische Rückfallgefahr für erhebliche Straftaten bestehen[28]. Dabei soll es nicht auf die Entstehungszusammenhänge solcher Mängel ankommen; die Rückfallgefahr braucht also vom Jugendlichen nicht verschuldet zu sein[29]. Die „schädlichen Neigungen“ müssen gerade in der Tat, die abgeurteilt werden soll, ihren Ausdruck gefunden haben[30]. Schließlich darf Jugendstrafe wegen schädlicher Neigungen nur dann verhängt werden, wenn Erziehungsmaßregeln und Zuchtmittel keinen Erfolg mehr versprechen.

Im vorliegenden Fall hat das Gericht nicht ausgeführt, daß eine Rückfallgefahr für erhebliche Taten besteht und welche Charaktermängel es bei dem Beschuldigten B sieht, die eine solche Gefahr begründen. Es weist zwar auf den Rauschgiftkonsum als Ursache und Merkmal für die nicht näher beschriebenen schädlichen Neigungen hin. Indes ist ein Zusammenhang zwischen dem Rauschmittelkonsum und den Fahrzeugdiebstählen nicht zu erkennen. Insbesondere läßt sich dem Sachverhalt keinerlei Hinweis darauf entnehmen, daß es sich etwa um Beschaffungskriminalität handeln könnte. Daß gerade die Diebstähle Ausdruck der durch Drogenkonsum hervorgerufenen und gekennzeichneten angeblichen schädlichen Neigungen des B sind, hat das Gericht nicht dargelegt. Die Begründung des Gerichts reicht somit nicht aus, um gegen den B auf Jugendstrafe zu erkennen.

---

27 BGHSt. 11, 169 (170); Eisenberg § 17 Rdn. 18; Brunner § 17 Rdn. 11.
28 Ostendorf § 17 Rdn. 3.
29 BGHSt. 11, 169 (171).
30 Vgl. Eisenberg § 17 Rdn. 23; Brunner § 17 Rdn. 11a.

b. Die kriminologische Problematik des Begriffs der schädlichen Neigungen

Der Rechtsbegriff der „schädlichen Neigungen“ ist zum einen viel zu unbestimmt, um in der Praxis überprüfbare und nachvollziehbare Entscheidungen zu ermöglichen. Darüber hinaus ist er auch unter psychologischen, psychiatrischen und sozialwissenschaftlichen Gesichtspunkten unbestimmbar. Es gibt innerhalb dieser Wissenschaften keine Einmütigkeit darüber, was unter „schädlichen Neigungen“ zu verstehen ist[31]. Diese mangelnde Bestimmtheit macht den Begriff inhaltlich disponibel und begründet die Gefahr willkürlicher Zuschreibungen auf der Grundlage von formelhaften Begründungen[32]. Zum anderen unterstellt der Begriff in seiner individualistischen Ausrichtung, daß es eine stabil verankerte charakterliche, gar biologisch begründete Zuneigung zum Verbrechen gibt. Damit werden nicht nur die Erkenntnisse der modernen Kriminologie zur Verursachung von Jugendkriminalität[33] übergangen. Vielmehr hat die Anwendung des Begriffes auch eine erheblich stigmatisierende Wirkung[34]. Unter rechtsstaatlichen Gesichtspunkten ist es bedenklich, daß die Verhängung von Jugendstrafe als repressivster Sanktion des Jugendstrafrechts an eine verschuldensunabhängige Voraussetzung geknüpft wird[35]. Schließlich ist der Aufenthalt in einer Jugendstrafanstalt in der Regel nicht geeignet, sozialisierend zu wirken und damit irgendwelche, wie auch immer bestimmte schädlichen Neigungen auszugleichen[36].

---

[31] Vgl. Albrecht 1993, 242 f.
[32] Vgl. Eisenberg § 17 Rdn. 18; Albrecht 1993, 242.
[33] H. J. Schneider 1987, 647 ff.
[34] Vgl. Ostendorf § 17 Rdn. 3.
[35] Vgl. Eisenberg § 17 Rdn. 18.
[36] Vgl. Albrecht 1993, 245.

5. Die Verhängung von Jugendstrafe gegen A und B

a. Schwere der Schuld

Nach § 17 Abs. 2 JGG kann Jugendstrafe verhängt werden, wenn dies wegen der Schwere der Schuld erforderlich ist. Die Schwere der Schuld soll aus dem Gewicht der Tat und der Beziehung des Jugendlichen zu ihr ermessen werden[37]. Einzelgesichtspunkte, die zu einer Annahme dieser Voraussetzungen führen können, sind zum einen die Schwere der Tatfolgen in Verbindung mit Vorsatz oder bewußter Fahrlässigkeit, die sich auf sie beziehen müssen[38]. Zum anderen sind die in der konkreten Situation zur Tat drängenden oder anreizenden Motive sowie die Hemmungen, die der Täter zu überwinden hat, zu werten. Als Gesichtspunkt, der die Schuld relativieren kann, ist immer der Grad der Schuldfähigkeit des jugendlichen oder heranwachsenden Täters aufgrund seines individuellen Entwicklungsstandes zu berücksichtigen[39]. Streitig ist, inwieweit überdies auch bei der Verhängung von Jugendstrafe wegen Schwere der Schuld Erziehungsgesichtspunkte beachtet werden müssen[40]. Nach der Rechtsprechung des BGH kommt eine Verurteilung zu Jugendstrafe wegen Schwere der Schuld nur dann in Betracht, wenn dies auch aus erzieherischen Gründen erforderlich ist[41]. Jedenfalls muß die Gewichtung der Tatschuld sehr zurückhaltend gehandhabt werden. Die Verhängung von Jugendstrafe wegen der Schwere der Schuld soll einen Ausgleich für die Erschütterung des Rechtsvertrauens durch schwerwiegende Rechtsverletzungen gewährleisten[42]. Nach diesem Zweck des Gesetzes ist die Verurteilung zu Jugendstrafe wegen erheblicher Tatschuld nur ausnahmsweise dann „erforderlich“, wenn bei Be-

---

[37] Brunner § 17 Rdn. 14; vgl. auch BGHSt. 15, 224 (226).

[38] Vgl. Schaffstein/Beulke 1993, 114 f.; Eisenberg § 17 Rdn. 32; Brunner § 17 Rdn. 14.

[39] Vgl. Schaffstein/Beulke 1993, 114 f.; Brunner § 17 Rdn. 14.

[40] Vgl. Eisenberg § 17 Rdn. 34.

[41] BGHSt. 15, 224; 16, 261 (263); BGH StV 1982, 335 (336); dagegen aus dogmatischen Gründen: Ostendorf § 17 Rdn. 4; Brunner § 17 Rdn. 14a; aus kriminologischen Erwägungen: Albrecht 1993, 249.

[42] Vgl. Ostendorf § 17 Rdn. 5.

rücksichtigung der Tat und des Entwicklungsstandes des Täters ein Absehen von Strafe zugunsten von Erziehungsmaßregeln oder Zuchtmitteln in unerträglichem Widerspruch zum allgemeinen Gerechtigkeitsgefühl stehen würde[43]. Die Verhängung von Jugendstrafe wegen Schwere der Schuld kommt daher nur bei außerordentlich schwerwiegenden Delikten gegen die Person, wie z. B. Tötungsdelikten oder schweren Fällen von Raub oder Notzucht, die das physische oder psychische Überleben des Opfers gefährden, in Betracht[44]. Da im vorliegenden Fall reine Eigentumsdelikte des A und B zur Aburteilung stehen, sind die Voraussetzungen des § 17 Abs. 2 2. Fall JGG für die Verhängung von Jugendstrafe somit nicht erfüllt.

b. Abschreckung der Allgemeinheit

Ob Gesichtspunkte der Abschreckung der Allgemeinheit bei der Auswahl und Bemessung von Jugendstrafe als Reaktion auf Straftaten von Jugendlichen oder Heranwachsenden eine Rolle spielen dürfen, ist umstritten[45]. Nach der herrschenden Meinung soll die Berücksichtigung von Abschreckungsgründen nicht erlaubt sein, und zwar weder auf der Ebene der Verhängung noch auf der Ebene der Bemessung der Jugendstrafe[46]. Davon weicht die Auffassung ab, generalpräventive, also auch Abschreckungserwägungen seien nur bei der Verhängung, nicht aber auch bei der Bemessung der aus anderen Gründen verhängten Jugendstrafe ausgeschlossen. Zwar sei der Erziehungszweck bei der Strafzumessung vorrangig zu berücksichtigen. Aber auch andere Strafzwecke müßten beachtet werden[47]. Diese Ansicht dürfte nicht nur gegen das in § 18 Abs. 2 JGG niedergelegte Prinzip der Bemessung von Jugendstrafe

[43] Schaffstein/Beulke 1993, 114 f.

[44] Vgl. auch Ostendorf § 17 Rdn. 7.

[45] Vgl. Brunner § 18 Rdn. 9; Schaffstein/Beulke 1993, 121; Eisenberg § 17 Rdn. 5, § 18 Rdn. 23; Ostendorf Grdl. z. §§ 17 - 18 Rdn. 3.

[46] Ostendorf Grdl. z. §§ 17 - 18 Rdn. 3; Eisenberg § 17 Rdn. 5, § 18 Rdn. 13; BGH MDR 1982, 339 f.; BGH StV 1982, 173 u. 335.

[47] So Schaffstein/Beulke 1993, 121; mit Einschränkungen auch Brunner § 18 Rdn. 9 f.

unter Erziehungsgesichtspunkten verstoßen[48]. Da es keinen empirischen Nachweis für die abschreckende Wirkung der Verhängung und Bemessung von Freiheitsstrafen gibt[49], sollten Abschreckungserwägungen auch wegen dieser allgemeinen kriminologischen Zweifelhaftigkeit des Abschreckungsgedankens unberücksichtigt bleiben. Letztlich bedarf es aber zur Lösung des Falles keiner Entscheidung des Meinungsstreits, da das Gericht bereits die Verhängung und nicht lediglich die Bemessung der Jugendstrafe gegen A und B auf Abschreckungsgründe stützen will. Die Voraussetzungen für die Verhängung von Jugendstrafe sind in § 17 Abs. 2 JGG abschließend geregelt. Es besteht daher Einhelligkeit, daß generelle Abschreckung als Strafzweck bei der Auswahl der Sanktion jedenfalls keine Berücksichtigung finden kann.

Die Begründung des Gerichts für die Verhängung von Jugendstrafe gegen A und B ist somit unter beiden Gesichtspunkten fehlerhaft.

---

[48] Vgl. Eisenberg § 18 Rdn. 23.
[49] Vgl. H. J. Schneider 1987, 368.

Examensklausur

2. Problemkomplex: Einstellung nach § 45 Abs. 1 JGG – Verhältnis zu § 153 und § 153b StPO – Einstellung nach § 45 Abs. 2 JGG: Anregung erzieherischer Maßnahmen durch die Staatsanwaltschaft; Geständnis als Voraussetzung – Umfang der Ermittlungen zum Entwicklungsstand eines Heranwachsenden – Jugendgerichtshilfe – Anwendung des Jugendstrafrechts in Zweifelsfällen

Sachverhalt: Albert und Barbara an der Ostsee

Der 17jährige Albert (A) und die gleichaltrige Barbara (B) besuchen dasselbe Gymnasium und sind miteinander befreundet. Ihre Eltern bemühen sich, die Kontakte der beiden Jugendlichen einzuschränken. Sie sind der Ansicht, daß A und B sich zunächst auf ihre Schulausbildung konzentrieren sollten. Da A und B gerne mehr Zeit miteinander verbringen möchten, beschließen sie, ohne Wissen ihrer Eltern in den Sommerferien gemeinsam zu verreisen. Eine günstige Gelegenheit für dieses Vorhaben bietet sich, als beide Elternpaare zur gleichen Zeit in Urlaub fahren.

A und B planen eine gemeinsame Tour entlang der Ostsee. A bittet daher seinen 18jährigen Bruder C, ihm sein altes Motorrad für diese Urlaubsreise zu leihen. Obgleich er weiß, daß weder A noch B eine Fahrerlaubnis besitzen, geht C auf diese Bitte ein, weil er seinem Bruder einen Gefallen tun möchte. Da A mit dem Motorrad schon häufig auf einem Verkehrsübungsplatz gefahren ist, vertrauen die jungen Leute darauf, daß A das Fahrzeug beherrscht.

Während der ersten Tage der Urlaubsfahrt steuert zunächst nur A das Motorrad. B ist Beifahrerin. Unterwegs bekommt sie jedoch Lust, das Fahrzeug auch einmal zu lenken. Auf ihr Bitten überläßt A ihr das Fahrzeug zu einer kurzen „Probefahrt“. Nachdem sie nur etwa 500 m gefahren ist, kommt die B in einer Kurve von der Straße ab und stürzt mit dem Motorrad in den Straßengraben. Sie erleidet einen Schlüsselbein- und einen Oberschenkelhalsbruch sowie eine Gehirnerschütterung und muß deswegen drei Wochen stationär behandelt werden.

Gegen A, B und C wird ein Strafverfahren wegen Fahrens ohne Fahrerlaubnis bzw. Zulassens des Fahrens ohne Fahrerlaubnis nach § 21 Abs. 1 Nr. 1, Nr. 2 StVG eingeleitet. A und B haben sich zu dem Tatvorwurf nicht geäußert, werden aber voraussichtlich durch die Einlassung des C sowie weitere Zeugenaussagen überführt werden. Der zuständige Jugendstaatsanwalt J, ein Neuling in seinem Amt, möchte das Verfahren gegen die drei jungen Leute, die bisher noch niemals auffällig waren und nach seiner Überzeugung aus geordneten Familienverhältnissen stammen, gerne ohne Einschaltung des Gerichts zum Abschluß bringen.

Aufgaben:

1. Er ist der Ansicht, daß die B, die von ihren Lehrern und Eltern als im übrigen sehr verantwortungsbewußt und geistig weit über ihr Alter hinaus gereift beschrieben wird und an deren Schuldfähigkeit er daher keine Zweifel hat, durch den Unfall und seine Folgen bereits genug bestraft sei und dieses Geschehen auch hinreichende „erzieherische Wirkungen" gehabt habe. J sucht deshalb nach einer Möglichkeit, das Verfahren gegen B ohne weitere Maßnahmen einzustellen.
2. Dem A, den er aufgrund ähnlicher Informationen ebenfalls für schuldfähig hält, möchte er aufgeben, an einem Verkehrserziehungskurs für Jugendliche und Heranwachsende teilzunehmen, der von der örtlichen Polizei durchgeführt wird. Wenn A den Kurs absolviert hat, will J das Verfahren einstellen. Auch insoweit sucht er nach einer Rechtsgrundlage, die ihm ein solches Vorgehen erlaubt.
3. Dasselbe Vorgehen wie gegenüber A beabsichtigt er auch gegenüber C. Allerdings erscheint es dem J nach dem gegenwärtigen Verfahrensstand noch ungeklärt, ob auf die Tat des C Jugend- oder Erwachsenenstrafrecht anwendbar ist.

J bittet seine Referendarin R um ein Gutachten darüber, ob die beabsichtigten Entscheidungen rechtlich zulässig sind. Er bittet sie ihm alle

ernsthaft in Betracht kommenden Rechtsgrundlagen für die entsprechenden Entscheidungen darzulegen. Für den Fall, daß R zu dem Ergebnis kommt, die ins Auge gefaßten Maßnahmen seien rechtlich unzulässig, bittet J um Vorschläge, welche zulässigen Alternativen einer außergerichtlichen Verfahrenserledigung bestehen. Sollte R der Ansicht sein, daß als Voraussetzung der gegenüber C beabsichtigten Maßnahme die Frage der Anwendbarkeit von Jugendstrafrecht geklärt werden muß, bittet J um die Empfehlung weiterer Ermittlungsmaßnahmen.
Das Gutachten der R ist zu entwerfen.

Lösung

Gliederung

I. Die Einstellung des Strafverfahrens gegen B ohne weitere Maßnahmen
   1. Einstellung nach § 45 Abs. 1 JGG
      a. Vergehen als Verfahrensgegenstand
      b. Geringe Schuld
      c. Fehlendes öffentliches Interesse an der Strafverfolgung
      d. Geständnis der Beschuldigten
      e. Zustimmung des Gerichts
   2. Einstellung nach § 153 Abs. 1 StPO
   3. Einstellung nach §§ 153b StPO, 60 StGB, 2 JGG
      a. Anwendbarkeit des § 153b StPO im Jugendstrafverfahren
      b. Voraussetzungen einer Einstellung nach §§ 153b StPO, 60 StGB
   4. Ergebnis

II. Die Einstellung des Strafverfahrens gegen A mit der Anregung, an einem Verkehrserziehungskurs teilzunehmen
   1. § 45 Abs. 2 S. 1 JGG als Rechtsgrundlage
      a. Anwendbarkeit des § 45 Abs. 2 S. 1 JGG
      b. Voraussetzungen des § 45 Abs. 2 S. 1 JGG
   2. § 153a StPO als Rechtsgrundlage

III. Die Einstellung des Strafverfahrens gegen C mit der Anregung, an einem Verkehrserziehungskurs teilzunehmen
   1. Anwendbarkeit des § 45 Abs. 2 S. 1 JGG gegenüber dem Heranwachsenden C
   2. Ermittlungsmöglichkeiten zum Entwicklungsstand des C
      a. Psychologisches Gutachten
      b. Stellungnahme der Jugendgerichtshilfe
   3. Entscheidungsmöglichkeiten des J
   4. Verfahrensweise bei Unaufklärbarkeit des Entwicklungsstands des C

Gutachten

I. Die Einstellung des Strafverfahrens gegen B ohne weitere Maßnahmen

1. Einstellung nach § 45 Abs. 1 JGG

Hinsichtlich der B, die nach dem bisherigen Stand der Ermittlungen strafrechtlich verantwortlich erscheint (§ 3 JGG), kommt eine Einstellung des Verfahrens nach § 45 Abs. 1 JGG in Betracht. Diese Vorschriften ermöglichen die von J beabsichtigte Einstellung ohne weitere Maßnahmen. Eine Einstellung des Verfahrens ist danach ohne Zustimmung des Richters möglich, wenn die Voraussetzungen des § 153 StPO vorliegen.

a. Vergehen als Verfahrensgegenstand

Verfahrensgegenstand muß nach § 153 Abs. 1 S. 1 StPO ein Vergehen sein. Bei dem Delikt, dessen die B verdächtig ist – Fahren ohne Fahrerlaubnis, § 21 Abs. 1 Nr. 1 StVG –, handelt es sich gemäß §§ 12 Abs. 1 StGB, 4 JGG um ein Vergehen.

b. Geringe Schuld

Der B darf nur eine geringe Schuld vorzuwerfen sein. Die Schuld ist dann als gering einzustufen, wenn sie bei dem Vergleich mit Vergehen gleicher Art nicht unerheblich unter dem Durchschnitt liegt[1]. Zugunsten der B kann dabei zunächst schuldmindernd ins Gewicht fallen, daß sie eine Jugendliche ist, deren Schuldfähigkeit geringer ist als die eines Erwachsenen. Grundsätzlich steht die Verantwortungsfähigkeit eines Jugendlichen derjenigen eines Erwachsenen nach, so daß auch bei äußerlich gleich schweren Taten die Schuld des Jugendlichen geringer ist[2]. Für eine Einstellung nach § 45 Abs. 1 JGG kommen dabei insbesondere „jugendtypische" Verfehlungen in Frage[3], die unverhältnismäßig häufig von Jugendlichen begangen werden und denen Kriminalitätsentstehungsprozesse zugrunde liegen, in denen Entwicklungsvorgänge eine bedeutsame Rolle spielen. Gerade das Fahren ohne Fahrerlaubnis gehört zu diesen „jugendtypischen" Taten[4] und beruht häufig auf entwicklungsbedingten Motiven, wie Reizsuche, dem Experimentieren mit persönlicher Freiheit, dem Bestreben, die Grenzen der eigenen Fähigkeiten auszuloten, und dem Bemühen, es den Erwachsenen gleichzutun. Die Schuld der B ist daher als geringer zu beurteilen als diejenige eines Erwachsenen, den derselbe Tatvorwurf trifft. Hinzu kommt, daß die B nur eine sehr kurze Strecke gefahren ist und dabei keine Dritten gefährdet hat. Auch das äußere Gewicht ihrer Tat ist daher nicht schwerwiegend. Ihre Schuld kann demnach insgesamt als gering beurteilt werden.

c. Fehlendes öffentliches Interesse an der Strafverfolgung

Es darf kein öffentliches Interesse an der Verfolgung der Tat der B bestehen. Das öffentliche Interesse an der Verfolgung der Tat kann sich

---

[1] Kleinknecht/Meyer-Goßner § 153 Rdn. 4.
[2] Eisenberg § 17 Rdn. 31; Brunner § 17 Rdn. 14.
[3] Vgl. Brunner § 45 Rdn. 17.
[4] Vgl. Eisenberg § 45 Rdn. 18; Ostendorf § 45 Rdn. 10.

dabei bei Jugendlichen nur aus spezialpräventiven Gründen ergeben[5]. Da die B im allgemeinen sozial gut integriert scheint und davon auszugehen ist, daß die unmittelbaren Tatfolgen – Unfall, Verletzung, Krankenhausaufenthalt – sie hinreichend beeindruckt haben, ist eine weitere Verfolgung der Tat unter spezialpräventiven Gesichtspunkten nicht erforderlich.

d. Geständnis der Beschuldigten

Einem Vorgehen der Staatsanwaltschaft nach § 45 Abs. 1 JGG kann allerdings der Umstand entgegenstehen, daß sich die B zu dem Tatvorwurf bislang nicht geäußert hat. J ist an einer Einstellung des Verfahrens nach den genannten Vorschriften gehindert, wenn hierfür als Voraussetzung ein Geständnis der Beschuldigten erforderlich ist. Nach § 45 Abs. 3 S. 1 JGG ist ein Geständnis des beschuldigten Jugendlichen Voraussetzung für die Einstellung des Verfahrens durch den Jugendrichter. § 45 Abs. 1 JGG sieht demgegenüber eine solche Voraussetzung für die Einstellung durch die Staatsanwaltschaft nicht vor. Daraus wird der Schluß gezogen, daß ein Geständnis für eine Einstellung nach § 45 Abs. 1 JGG jedenfalls dann nicht notwendig sei, wenn Tat- und Schuldnachweis – wie hier – voraussichtlich auf andere Weise geführt werden können[6]. Für den Verzicht auf ein Geständnis als Einstellungsvoraussetzung spricht nicht nur der Gesetzeswortlaut. Da bei der Einstellung durch die Staatsanwaltschaft anders als bei der Einstellung durch den Jugendrichter (vgl. §§ 45 Abs. 3 S. 4, 47 Abs. 3 JGG) kein (beschränkter) Strafklageverbrauch eintritt, ist der Jugendliche vor einer Wiederaufnahme nur durch das aus dem Grundsatz der Rechtsstaatlichkeit herleitbare Vertrauensprinzip und damit nicht in gleichem Maße geschützt. Er läuft Gefahr, daß sein Geständnis dann gegen ihn verwendet wird. Von keinem Beschuldigten darf indes verlangt werden, sich aktiv an seiner Überführung zu beteiligen[7]. Darüber hinaus sprechen auch

[5] Ostendorf § 45 Rdn. 10; vgl. allgemein: Kleinknecht/Meyer-Goßner § 153 Rdn. 7.
[6] Ostendorf § 45 Rdn. 10; Albrecht 1993, 121.
[7] Vgl. Albrecht 1993, 121.

Gründe der Verfahrensökonomie für ein Absehen von einer Geständnisvoraussetzung. Wenn der Jugendliche nicht gesteht, müßte das Verfahren – anders als bei Erwachsenen – auch bei geringfügigen Taten weiterbetrieben werden[8]. Ein Geständnis der B ist daher für eine Einstellung des Verfahrens nach § 45 Abs. 1 JGG nicht erforderlich.

e. Zustimmung des Gerichts

Ebenso sind eine Zustimmung des Gerichts und der B nicht notwendig. Da jeder Beschuldigte einen Anspruch darauf hat, daß seine Unschuld in einem gerichtlichen Verfahren festgestellt wird, darf die B einer Einstellung allerdings nicht widersprechen[9].

J kann das Verfahren gegen B somit gemäß § 45 Abs. 1 JGG ohne weitere Maßnahmen einstellen.

2. Einstellung nach § 153 Abs. 1 StPO

Fraglich ist, ob auch eine Einstellung des Verfahrens nach § 153 StPO in Betracht zu ziehen ist, für die dann allerdings Zustimmungen des Jugendgerichts und der B einzuholen wären. Eine Anwendung des § 153 StPO kann für die B deshalb von Vorteil sein, weil für die Einstellung nach § 153 StPO keine Pflicht zur Eintragung in das Erziehungs- oder Bundeszentralregister besteht, während das Absehen von der Verfolgung nach § 45 JGG gemäß § 60 Abs. 1 Nr. 7 BZRG in das Erziehungsregister eingetragen wird.

Es ist streitig, ob § 153 StPO neben § 45 Abs. 1 JGG angewendet werden kann. Die wohl herrschende Meinung läßt eine Anwendung des § 153 StPO mit der Begründung zu, daß der Jugendliche andernfalls im Hinblick auf die Eintragungspflicht der Einstellung nach § 45 Abs. 1 JGG gegenüber einem erwachsenen Beschuldigten in gleicher Verfah-

---

[8] Vgl. Rautenberg 1984, 508.
[9] Vgl. Ostendorf § 45 Rdn. 10.

renslage ungerechtfertigt benachteiligt werde[10]. Die grundsätzliche Spezialität der jugendstrafverfahrensrechtlichen Regeln gehe nur so weit, wie die Verfahrensgestaltung nach § 45 JGG gegenüber den allgemeinen Regelungen den Erziehungsgedanken angemessen zum Ausdruck bringe. Die Möglichkeit einer Einstellung nach § 45 JGG dürfe den Jugendlichen nicht in fairneßwidriger Weise um die Chance einer stigmatisationslosen Nichtintervention bringen. Immer wenn die Zustimmung des Gerichts vorliege, müsse daher das Verfahren nach § 153 StPO eingestellt werden. Eine Mindermeinung betrachtet § 45 Abs. 1 JGG demgegenüber als das speziellere Gesetz, das den Rückgriff auf die unmittelbare Anwendung des § 153 StPO ausschließt[11].

Der Ansicht, die sich für eine Anwendbarkeit des § 153 StPO ausspricht, ist zuzugeben, daß eine Benachteiligung und Stigmatisierung des Jugendlichen durch eine Registereintragung tunlichst vermieden werden sollte. Der einzig zuverlässige und allgemein verbindliche Weg dafür ist indes derjenige einer gesetzgeberischen Aufhebung der Registerpflicht von Entscheidungen nach §§ 45, 47 JGG. Trotz der Unterschiede zwischen Erziehungs- und Zentralregister ist die Eintragungspflicht des Absehens von der Strafverfolgung im Hinblick auf die Unschuldsvermutung (Art. 6 Abs. 2 MRK) ohnehin problematisch[12].

Gegen eine Umgehung der für Entscheidungen nach § 45 Abs. 1 JGG bestehenden Registerpflicht auf dem Wege einer direkten Anwendung des § 153 StPO spricht zum einen, daß § 45 Abs. 1 JGG praktisch leerliefe. Sein Sinn, eine rasche, möglichst informelle Verfahrenserledigung ohne Einschaltung des Gerichts zu ermöglichen, könnte nicht mehr erreicht werden. Wenn eine direkte Anwendung des § 153 StPO zugelassen wird, so hat dies die Folge, daß sich die Staatsanwaltschaft im Interesse des Jugendlichen abgesehen von den Fällen des § 153 Abs. 1 S. 2 StPO zunächst immer um die Zustimmung des Gerichts zur Einstellung bemühen muß. In aller Regel werden die Gerichte schon aus verfahrensökonomischen Gründen einer Erledigung nach § 153

---

[10] Vgl. Ostendorf § 45 Rdn. 5; Eisenberg § 45 Rdn. 10; Bottke 1983, 92 f.; Kaiser 1982a, 104; Nothacker 1982, 61; Bohnert 1980, 1931.

[11] Brunner § 45 Rdn. 3; Rautenberg 1984, 509.

[12] Vgl. Rautenberg 1984, 508 f.

StPO zustimmen. Für ein Vorgehen nach § 45 Abs. 1 JGG blieben dann nur die Ausnahmefälle übrig, in denen das Gericht einer Einstellung nicht zugestimmt hat. Hier der Staatsanwaltschaft gleichsam „hilfsweise" noch eine Einstellungsmöglichkeit nach § 45 Abs. 1 JGG einzuräumen, erscheint aber höchst bedenklich. Gegen eine Anwendung des § 153 StPO spricht zum anderen die Systematik des § 45 JGG. Im Interesse einer Entförmlichung des Verfahrens sieht das Gesetz nur im Rahmen des § 45 Abs. 3 JGG eine Beteiligung des Gerichts vor, sofern dies aus erzieherischen Gesichtspunkten erforderlich ist. Dann übernimmt der Jugendrichter allerdings auch eine aktive Rolle im Vorverfahren. Eine bloße Zustimmungskompetenz des Richters, die das Verfahren lediglich verlängern würde, ohne dabei von pädagogischem Nutzen zu sein, sieht § 45 JGG nicht vor. § 45 Abs. 1 JGG ist daher als spezialgesetzliche Regelung zu betrachten, die einen Rückgriff auf die unmittelbare Anwendung des § 153 StPO ausschließt. Eine Einstellung des Verfahrens gegen B gemäß § 153 StPO ist daher nicht zulässig.

3. Einstellung nach §§ 153b StPO, 60 StGB, 2 JGG

Da die B durch die Folgen ihrer Tat selbst so schwer getroffen worden ist, daß dem J weitere Reaktionen nicht erforderlich und sinnvoll erscheinen, kann allerdings eine Einstellung des Verfahrens nach §§ 153b StPO, 60 StGB, 2 JGG in Frage kommen.

a. Anwendbarkeit des § 153b StPO im Jugendstrafverfahren

Eine Einstellungsmöglichkeit nach § 153b StPO besteht auch im Falle des § 60 StGB[13]. Zweifelhaft kann allerdings sein, inwieweit § 153b StPO auch im Strafverfahren gegen Jugendliche Anwendung finden kann. § 45 JGG trifft für die Fälle des § 153b StPO keine Sonderregelung. Zwar sind etliche Fallkonstellationen denkbar, die einerseits unter

[13] Kleinknecht/Meyer-Goßner § 153b Rdn. 1; KK-Schoreit § 153b Rdn. 2.

§ 153b StPO subsumiert werden können und in denen andererseits auch eine Einstellung nach § 45 JGG in Frage kommt. Indes decken sich die Anwendungsbereiche beider Normen nicht, so daß nicht der Ansicht[14] gefolgt werden kann, ein Rückgriff auf § 153b StPO sei neben §§ 45, 47 JGG nicht erforderlich. Bedenken an der Anwendung des § 153b StPO im Jugendstrafverfahren bestehen gleichwohl deshalb, weil er die Möglichkeit eines Absehens von „Strafe“ voraussetzt, im Jugendstrafrecht aber der Erziehungsgedanke im Vordergrund steht und nur die Jugendstrafe dogmatisch als Strafe anzusehen ist. Deshalb wird teilweise die Auffassung vertreten, daß die Anwendbarkeit des § 153b StPO im Jugendstrafrecht auf die Fälle beschränkt ist, in denen als Sanktion Jugendstrafe zu erwarten ist[15]. Im Regelfall werden indes in den Fällen, in denen tatbestandlich ein Absehen von Strafe in Frage kommt, die Voraussetzungen der Verhängung von Jugendstrafe nicht vorliegen. Im übrigen führt diese Ansicht zu einer Benachteiligung gerade des Jugendlichen, dessen Taten lediglich die Verhängung von Erziehungsmaßregeln oder Zuchtmitteln rechtfertigen. Um eine solche unbillige und erzieherisch nicht zu begründende Benachteiligung zu vermeiden, müssen als „Strafe“ i. S. d. § 153b StPO auch Erziehungsmaßregeln und Zuchtmittel verstanden werden[16]. Der Erziehungsgedanke, der von den Vorschriften über das Absehen von Strafe vernachlässigt wird[17], ist dabei freilich im Rahmen der Ermessensausübung durch die Staatsanwaltschaft zu berücksichtigen.

b. Voraussetzungen einer Einstellung nach §§ 153b StPO, 60 StGB

Zu prüfen ist also, ob die Voraussetzungen für eine Einstellung des Verfahrens nach §§ 153b StPO, 60 StGB im Falle der B vorliegen. Nach § 60 StGB kann wegen der Schwere der Tatfolgen für den Täter von

---

[14] Vgl. KK-Schoreit § 153b Rdn. 13.

[15] Kleinknecht/Meyer-Goßner § 153b Rdn. 5; Bringewat 1992, 317 f.

[16] Eisenberg § 45 Rdn. 13, § 5 Rdn. 11, § 2 Rdn. 13; Brunner § 45 Rdn. 3; BayObLG NJW 1961, 2029 und NStZ 1991, 584; vgl. auch LR-Rieß § 153b Rdn. 6.

[17] Vgl. Bringewat 1992, 317 f.

einer Bestrafung abgesehen werden. Im Verhältnis zu den schweren Folgen der Tat darf die Zufügung des staatlichen Strafübels nicht mehr ins Gewicht fallen[18]. Kommen – wie hier – nur Erziehungsmaßregeln in Betracht, so kann von ihnen abgesehen werden, wenn die natürlichen Folgen der Tat bereits ausreichende pädagogische Wirkungen auf den Täter hatten. Im vorliegenden Fall haben die Unfallfolgen die B bereits so schwer getroffen, daß die Verhängung von Erziehungsmaßregeln sinnlos erscheint. Da erwartet werden kann, daß die Tatfolgen hinreichende erzieherische Wirkungen auf B gehabt haben, erscheint ein weiteres Eingreifen unter pädagogischen Gesichtspunkten nicht erforderlich. Es kommt daher eine Einstellung des Verfahrens gegen B nach § 153b StPO in Betracht, für die J freilich zuvor noch die Zustimmung des zuständigen Jugendrichters einholen muß.

4. Ergebnis

Dem J stehen demnach die Einstellungsmöglichkeiten nach § 45 Abs. 1 JGG und nach §§ 153b StPO, 60 StGB zur Verfügung, zwischen denen er sich nach pflichtgemäßem Ermessen entscheiden muß. Die Einstellung nach §§ 153b StPO, 60 StGB ist dabei der unter verfahrensökonomischen Gesichtspunkten ungünstigere Weg, da noch die Zustimmung des Gerichts eingeholt werden muß. Wegen der für B weniger belastenden Folgen – keine Registereintragung – dürfte J gleichwohl verpflichtet sein, diesen Weg zu wählen.

[18] Sch-Sch-Stree § 60 Rdn. 8.

II. Die Einstellung des Strafverfahrens gegen A mit der Anregung, an einem Verkehrserziehungskurs teilzunehmen

1. § 45 Abs. 2 S. 1 JGG als Rechtsgrundlage

a. Anwendbarkeit des § 45 Abs. 2 S. 1 JGG

Als Rechtsgrundlage für das Vorgehen, das J gegenüber A beabsichtigt, kommt § 45 Abs. 2 S. 1 JGG in Betracht. Danach kann der Staatsanwalt das Strafverfahren einstellen, wenn eine erzieherische Maßnahme bereits eingeleitet oder durchgeführt ist und eine weitere Strafverfolgung nicht erforderlich erscheint. Die Voraussetzung, daß erzieherische Maßnahmen bereits eingeleitet sind, ist im Falle des A nicht erfüllt. Vielmehr will J selbst erst eine Erziehungsmaßnahme, nämlich die Teilnahme des A am Verkehrsunterricht, veranlassen.

Es ist zweifelhaft, ob § 45 Abs. 2 JGG dem Staatsanwalt auch die Befugnis gewährt, durch aktives Eingreifen selbst die Voraussetzungen für eine Einstellung des Verfahrens nach dieser Vorschrift zu schaffen. § 45 Abs. 2 JGG will im Sinne des Diversionsgedankens einen Vorrang der informellen Sozialkontrolle, die insbesondere den Eltern des Jugendlichen obliegt, gegenüber der formellen Sozialkontrolle gewährleisten. Er gibt der Staatsanwaltschaft daher einerseits nicht die Befugnis, Sanktionen anzuordnen[19]. Andererseits bleibt es der Staatsanwaltschaft jedoch unbenommen, sich mit Ermahnungen und Gesprächen an den Jugendlichen oder mit Anregungen an seine Eltern zu wenden und auf diese Weise erzieherische Maßnahmen in die Wege zu leiten[20]. Die Erziehungsmaßnahme, die J im Falle des A anstrebt, geht allerdings über die Grenze solcher Ermahnungen und Ratschläge hinaus. Bei der Teilnahme am Verkehrsunterricht handelt es sich vielmehr um eine

---

[19] Vgl. Ostendorf § 45 Rdn. 12.

[20] Brunner § 45 Rdn. 21 ff.; Eisenberg § 45 Rdn. 20 ff.; Ostendorf § 45 Rdn. 12; LG Berlin NStZ 1987, 560 f.; Albrecht 1993, 123 f.; Schaffstein/Beulke 1993, 186.

Leistung, die dem Jugendlichen gemäß § 45 Abs. 3 S. 1 JGG i. V. m. § 10 Abs. 1 Nr. 9 JGG im Vorverfahren als Weisung durch den Jugendrichter auferlegt werden kann. Es stellt sich daher die Frage, ob die Staatsanwaltschaft als Inhalt erzieherischer Anregungen auch auf den Maßnahmenkatalog des § 45 Abs. 3 S. 1 JGG zurückgreifen darf[21] oder ob sie auf Maßnahmen beschränkt ist, die unterhalb der Eingriffsintensität der in Absatz 3 aufgezählten liegen und nicht einer Sanktionierung gleichkommen[22].

Es wird die Ansicht vertreten, die Maßnahmen des § 45 Abs. 3 S. 1 JGG seien dem Jugendrichter vorbehalten und dürften daher nicht Inhalt einer Anregung der Staatsanwaltschaft sein[23]. Diese Auffassung kann sich zunächst auf den Gesetzwortlaut berufen, der der Staatsanwaltschaft eben nicht dieselben Befugnisse wie dem Gericht einräumt. Das Fehlen einer ausdrücklichen gesetzlichen Ermächtigung kann es unter rechtsstaatlichen Gesichtspunkten bedenklich erscheinen lassen, der Staatsanwaltschaft die Berechtigung zuzugestehen, von dem Jugendlichen Leistungen zu fordern, die verbindlich nur das Gericht festlegen kann. Allerdings kann die Staatsanwaltschaft solche Leistungen des Jugendlichen eben nur anregen, nicht – wie das Gericht – anordnen. Dabei darf zwar nicht verkannt werden, daß hinter solchen Anregungen immer ausgesprochen oder unausgesprochen die Drohung einer Fortsetzung des Verfahrens steht, sollte der Jugendliche nicht bereit sein, die geforderten Leistungen „freiwillig" zu erbringen[24]. Der Umstand, daß die Staatsanwaltschaft auf die Mitwirkungsbereitschaft des Jugendlichen angewiesen ist, stellt aber letztlich hinreichend sicher, daß ihm keine Belastungen auferlegt werden, die über diejenigen Nachteile hinausgehen, die er bei einer Fortsetzung des Verfahrens ohnehin zu erwarten hat.

Gegen eine Erstreckung der Anregungskompetenz der Staatsanwaltschaft auf die Maßnahmen des § 45 Abs. 3 S. 1 JGG kann ferner

---

[21] So Brunner § 45 Rdn. 26.

[22] So Eisenberg § 45 Rdn. 21; tendenziell auch Albrecht 1993, 123 und Schaffstein/Beulke 1993, 186 f.

[23] Eisenberg § 45 Rdn. 21.

[24] Vgl. Ostendorf § 45 Rdn. 13.

sprechen, daß der Jugendliche bei einer Einstellung des Verfahrens durch die Staatsanwaltschaft anscheinend überhaupt nicht vor einer jederzeitigen Wiederaufnahme des Verfahrens geschützt ist, während bei einer Einstellung durch das Gericht gemäß §§ 45 Abs. 3 S. 4, 47 Abs. 3 JGG ein beschränkter Strafklageverbrauch eintritt. Zum einen dürfte aber die Furcht vor der Möglichkeit einer Wiederaufnahme in der Praxis meist unbegründet sein. Schon aus Gründen der Verfahrensökonomie und der Arbeitserleichterung neigen Staatsanwaltschaften nicht dazu, einmal durch Einstellung abgeschlossene Verfahren ohne dringenden Grund wieder aufzunehmen, wenn der Beschuldigte die geforderte Leistung erbracht hat. Zum anderen muß die Staatsanwaltschaft bei der Entscheidung über die Wiederaufnahme das aus dem Grundsatz der Rechtsstaatlichkeit erwachsende Vertrauensprinzip beachten, das ihre Selbstbindung an die einmal getroffene Ermessensentscheidung begründet. Die Staatsanwaltschaft ist daher rechtlich daran gehindert, die Strafverfolgung ohne sachlichen Grund – etwa lediglich als Folge eines Dezernatswechsels – wiederaufzunehmen[25]. Der Beschuldigte ist daher jedenfalls vor willkürlicher Wiederaufnahme geschützt, auch wenn dieser Schutz im Ergebnis nicht so weit gehen mag wie der durch einen beschränkten Strafklageverbrauch gewährleistete.

Die Ausdehnung der Anregungsbefugnis der Staatsanwaltschaft auf den Maßnahmenkatalog des § 45 Abs. 3 S. 1 JGG steht im Einklang mit dem Gesetzeszweck, im Sinne des Diversionsgedankens eine möglichst informelle Verfahrenserledigung auf der Ebene des geringstnotwendigen Eingriffs zu ermöglichen. Wenn man die Staatsanwaltschaft darauf beschränkt, Maßnahmen unterhalb der Schwelle des § 43 Abs. 3 S. 1 JGG in die Wege zu leiten, so ist sie in vielen Fällen gezwungen, das Gericht einzuschalten und den Antrag nach Absatz 3 zu stellen, um wirksame Erziehungsschritte zu erreichen. Es kommt dann zu einer von allen Beteiligten ungewollten Steigerung der Intensität des Eingriffs, weil sich die Maßnahmen, die die Staatsanwaltschaft anregen darf, als unter erzieherischen Gesichtspunkten zu schwach erweisen. Im Interesse einer möglichst raschen und informellen Verfahrenserledigung zugunsten des

[25] Ostendorf § 45 Rdn. 20.

Jugendlichen muß es der Staatsanwaltschaft daher gestattet sein, auf den Maßnahmenkatalog des § 45 Abs. 3 S. 1 JGG zurückzugreifen.

§ 45 Abs. 2 S. 1 JGG bietet demnach eine Rechtsgrundlage für die von J beabsichtigte vorläufige Einstellung des Verfahrens mit der Anregung an A, am Verkehrsunterricht teilzunehmen.

b. Voraussetzungen des § 45 Abs. 2 JGG

Es bleibt zu klären, ob die Voraussetzungen für ein solches Vorgehen des J erfüllt sind. Zweifel an der strafrechtlichen Verantwortlichkeit des A gemäß § 3 JGG, die zu einer Einstellung nach § 170 Abs. 2 StPO führen müßten[26], bestehen laut Sachverhalt nicht. A hat sich zum Tatvorwurf noch nicht eingelassen. Ein Geständnis darf aus den oben[27] genannten Gründen nicht als allgemeine Voraussetzung einer Einstellung durch den Staatsanwalt gefordert werden. Freilich bleibt es dem Staatsanwalt unbenommen, das Verhalten des Jugendlichen im Ermittlungsverfahren bei der Beurteilung der Erfolgsaussichten der ins Auge gefaßten erzieherischen Maßnahmen zu berücksichtigen. Dies mag im Einzelfall dazu führen, daß bei einem hartnäckigen Leugnen der Tat die Anregung von Erziehungsmaßnahmen als wenig sinnvoll erscheint. Im vorliegenden Fall hat A aber lediglich von seinem Recht Gebrauch gemacht, sich überhaupt nicht zum Tatvorwurf zu äußern. Dieses Verhalten des A läßt nicht darauf schließen, daß die von J beabsichtigte Anregung der Teilnahme am Verkehrsunterricht unter erzieherischen Gesichtspunkten von vornherein sinnlos ist.

Schließlich stellt sich die Frage, ob J das Einverständnis des A und seiner erziehungsberechtigten Eltern zu dem geplanten Vorgehen einholen muß[28]. Dies erscheint schon alleine deshalb erforderlich, weil J bei dieser Art der Verfahrenserledigung ohnehin auf die Mitwirkung des A und die Billigung der Maßnahmen durch dessen Eltern angewiesen ist. Sowohl unter dem Blickwinkel der Verfahrensökonomie als auch

---

[26] Vgl. Ostendorf § 45 Rdn. 4.

[27] I 1 d.

[28] Bejahend Brunner § 45 Rdn. 25.

unter erzieherischen Gesichtspunkten ist es nicht sinnvoll, eine Anregung zu erteilen und nach einiger Zeit festzustellen, daß von vornherein keine Bereitschaft zu ihrer Befolgung bestand. Das Verfahren müßte dann wieder aufgenommen werden, und es käme zu einer unnötigen Verschleppung der Erledigung und möglicherweise sogar zu einem Verlust der Beweismittel. Aus diesen Gründen muß J das Einverständnis des A und seiner Eltern zu der Teilnahme am Verkehrsunterricht einholen, bevor er das Verfahren nach § 45 Abs. 2 S. 1 JGG einstellt.

2. § 153a StPO als Rechtsgrundlage

Da § 45 Abs. 2 S. 1 JGG eine spezialgesetzliche Rechtsgrundlage für das von J geplante Vorgehen bietet, ist daneben für eine Anwendung des § 153a StPO kein Raum[29].

III. Die Einstellung des Strafverfahrens gegen C mit der Anregung, an einem Verkehrserziehungskurs teilzunehmen

Als Rechtsgrundlage für das Vorgehen, das J gegenüber C beabsichtigt, kommt ebenfalls § 45 Abs. 2 S. 1 JGG in Betracht. C ist gemäß § 1 Abs. 2 JGG Heranwachsender. Es ist daher fraglich, ob diese Norm des Jugendstrafrechts auf ihn angewandt werden kann.

---

[29] Vgl. Brunner § 45 Rdn. 3; Ostendorf § 45 Rdn. 6.

1. Anwendbarkeit des § 45 Abs. 2 S. 1 JGG gegenüber dem Heranwachsenden C

Nach § 109 Abs. 2 JGG gilt § 45 JGG für die Erledigung des Ermittlungsverfahrens gegen Heranwachsende entsprechend, wenn „der Richter Jugendstrafrecht anwendet". Im Falle des C ist das Gericht noch nicht mit der Sache befaßt und seine Einschaltung ist von J auch nicht beabsichtigt. Wenn die Sache dem Gericht noch nicht vorgelegt worden ist, kann § 109 Abs. 2 JGG nur so verstanden werden, daß dann die Staatsanwaltschaft in eigener Verantwortung über die Anwendung von Jugendstrafrecht entscheidet (vgl. auch Nr. 6 der Richtlinie zu § 109 JGG). Hier ist J freilich unsicher über die Anwendbarkeit von Jugendstrafrecht. Aus dem Sachverhalt, der den Stand der Ermittlungen wiedergibt, sind auch zu wenige Anhaltspunkte über die Motivation, die Persönlichkeit und den sozialen Hintergrund des C erkennbar, um beurteilen zu können, ob es sich bei der Tat des C um eine Jugendverfehlung nach § 105 Abs. 1 Nr. 2 JGG handelt oder ob C entsprechend § 105 Abs. 1 Nr. 1 JGG nach seiner geistigen und seelischen Entwicklung einem Jugendlichen gleichstand.

2. Ermittlungsmöglichkeiten zum Entwicklungsstand des C

Allerdings erscheint zweifelhaft, ob J alle Ermittlungsmöglichkeiten ausgeschöpft hat, sich Klarheit über den Entwicklungsstand des C zu verschaffen.

a. Psychologisches Gutachten

J könnte ein Gutachten eines psychologischen Sachverständigen über den Entwicklungsstand des C einholen. Ein solches Gutachten verspricht hinreichenden Aufschluß und böte eine Entscheidungsgrundlage für J. Jedoch kann das Verhältnismäßigkeitsprinzip, das J bei seiner

Ermittlungstätigkeit zu beachten hat[30], der Beauftragung eines Gutachters entgegenstehen. Die Erstattung eines Gutachtens erfordert einen hohen Arbeitsaufwand für den Gutachter, verursacht erhebliche Kosten, die bei einer Verfahrenseinstellung der Staat zu tragen hat und führt zu einer beachtlichen Verzögerung des Verfahrensabschlusses. Diese Folgen stehen in keinem angemessenen Verhältnis zu der relativ geringen Bedeutung der Tat und dem Gewicht der ins Auge gefaßten Sanktionen für C. Überdies bringt die Begutachtung beträchtliche Belastungen für den C und seine Eltern mit sich. Gerade dann, wenn – wie hier – eine formlose Verfahrenserledigung beabsichtigt ist, widerspricht es dem Diversionsgedanken, den Beschuldigten und seine Angehörigen unnötiger Beschwer auszusetzen. J wird daher auf die Einholung eines Sachverständigengutachtens über den Entwicklungsstand des C verzichten.

b. Stellungnahme der Jugendgerichtshilfe

Sinnvoll kann demgegenüber die Einschaltung der Jugendgerichtshilfe erscheinen. Gemäß § 38 Abs. 2 JGG gehört es gerade zu ihren Aufgaben, die Strafverfolgungsbehörden durch Erforschung der Persönlichkeit, der Entwicklung und der Umwelt des Beschuldigten zu unterstützen und sich zu den Maßnahmen zu äußern, die zu ergreifen sind. Sie soll gemäß § 38 Abs. 3 S. 2 JGG bereits möglichst früh im Verfahren herangezogen werden. Abweichend von diesem Gebot wird sie in der Praxis allerdings regelmäßig von der Staatsanwaltschaft erst durch Übersendung eines Durchschlags der Anklage oder des Antrags auf Entscheidung im vereinfachten Jugendverfahren (§ 76 Abs. 1 JGG) informiert[31] und in Verfahren nach § 45 JGG so gut wie nie eingeschaltet[32]. Von dem Bericht der Jugendgerichtshilfe kann J nicht nur eine Hilfestellung bei der Beurteilung der Reifeentwicklung des C erwarten. Er kann auch Aufschluß darüber erhalten, ob die ins Auge gefaßte Anregung unter spezialpräventiven Gesichtspunkten sinnvoll ist oder welche Maßnahme

---

[30] Vgl. Ostendorf § 105 Rdn. 3.

[31] Heinz 1988, 280.

[32] Hügel 1988, 309 f.

ersatzweise in Betracht käme. J sollte daher zunächst einen Bericht der Jugendgerichtshilfe anfordern.

3. Entscheidungsmöglichkeiten des J

Das weitere Vorgehen des J richtet sich nach dem Ergebnis des Berichts, das J in eigener Verantwortung zu würdigen hat. Sollte J zu dem Schluß kommen, daß auf C Jugendstrafrecht anwendbar und die Teilnahme am Verkehrsunterricht pädagogisch sinnvoll ist, so kann er dem C mit dessen Einverständnis eine entsprechende erzieherische Anregung geben und das Verfahren nach § 45 Abs. 2 S. 1 JGG einstellen. Die Einstellung steht dabei unter dem Vorbehalt der Wiederaufnahme des Verfahrens für den Fall, daß C dieser Anregung nicht nachkommt. Sollte J zur Anwendung von Erwachsenenstrafrecht gelangen, so bietet sich nur die Möglichkeit einer vorläufigen Verfahrenseinstellung unter Auflage nach § 153a Abs. 1 StPO. Die Teilnahme am Verkehrsunterricht kann dem C nach dem Katalog des § 153a Abs. 1 Nr. 1 – 4 StPO dabei freilich nicht aufgegeben werden. In Frage kommt statt dessen die Auflage, einen Geldbetrag zugunsten einer gemeinnützigen Einrichtung, die z. B. mit der Erhöhung der Verkehrssicherheit befaßt ist, zu zahlen oder sonst gemeinnützige Leistungen zu erbringen.

4. Verfahrensweise bei Unaufklärbarkeit des Entwicklungsstands des C

Probleme ergeben sich dann, wenn J keine Klarheit über die Anwendung von Jugend- oder Erwachsenenstrafrecht erlangt. Es ist streitig, wie in einem solchen Falle der Unaufklärbarkeit zu verfahren ist[33]. Nach einer in der Rechtsprechung vielfach vertretenen Ansicht soll im

[33] Vgl. Eisenberg § 105 Rdn. 36.

Zweifel Jugendstrafrecht angewendet werden[34]. Danach erfordert es der das Jugendstrafrecht beherrschende Erziehungsgedanke, den Heranwachsenden im eigenen Interesse und im Interesse der Allgemeinheit im Zweifelsfall nicht von einer jugendgemäßen strafrechtlichen Behandlung auszuschließen. Demgegenüber wird eingewandt, daß die tatsächlichen Auswirkungen bei Anwendung von Jugendstrafrecht im Einzelfall für den Heranwachsenden belastender sein können als bei Anwendung von allgemeinem Strafrecht[35]. Daher soll der Richter nach anderer Auffassung in Zweifelsfällen prüfen, ob das allgemeine oder das Jugendstrafrecht die für den Beschuldigten weniger einschneidende Rechtsfolge erbringt[36]. Im Hinblick auf den Grundsatz „in dubio pro reo" ist dieser Ansicht dann zu folgen, wenn eindeutig bestimmt werden kann, welche Sanktionen stärkere Interesseneinbußen mit sich bringt. Dies wäre z. B. der Fall, wenn J als Voraussetzung für eine Verfahrenseinstellung nach Jugend- wie nach Erwachsenenstrafrecht lediglich die Zahlung einer bestimmten Geldbuße oder das Erbringen bestimmter gemeinnütziger Leistungen durch C in Betracht zöge. Dann wäre das Vorgehen über § 153a Abs. 1 Nr. 2 oder 3 StPO gegenüber der Anwendung des § 45 Abs. 2 S. 1 JGG weniger belastend, da die Einstellung nach der allgemeinen Norm nicht ins Bundeszentralregister eingetragen wird, während gemäß § 60 Abs. 1 Nr. 7 BZRG das Absehen von der Verfolgung nach § 45 JGG im Erziehungsregister zu vermerken ist. Wenn J aber erwägt, bei Anwendung von Jugendstrafrecht die Teilnahme des C am Verkehrsunterricht anzuregen, so steht dem bei Anwendung allgemeinen Strafrechts keine vergleichbare Sanktion gegenüber, die eine eindeutige Schwereabwägung erlaubt. Da hier das Jugendstrafrecht die erzieherisch sinnvolle Reaktion erlaubt und diese jedenfalls nicht schwerer wiegt, als die nach dem Erwachsenenstrafrecht mögliche Reaktion, soll in einem solchen Fall dem Jugendstrafrecht der

---

[34] BGHSt. 12, 116, (119); 36, 37 (40); BGH NStZ 1986, 549 (550); BGH bei Holtz MDR 1982, 101 (104); BGH StV 1982, 27; 1983, 377; 1984, 254; vgl. auch Schnitzerling 1963, 209.

[35] BGH Anm. Grethlein NJW 1959, 542; Eisenberg § 105 Rdn. 36.

[36] BGH Anm. Grethlein NJW 1959, 542; Albrecht 1993, 109 f.; Schaffstein/Beulke 1993, 49; Eisenberg § 105 Rdn. 36.

Vorzug gegeben werden. Allgemein läßt sich demnach der Grundsatz formulieren, daß im Zweifel das Jugendstrafrecht wegen seiner reicheren Auswahl und größeren Anpassungsfähigkeit den Vorrang verdient, solange dies sich nicht zum Nachteil des Beschuldigten auswirkt[37].

Wenn J nach Ausschöpfung der vertretbaren Ermittlungsmöglichkeiten immer noch Zweifel an der Anwendbarkeit von Jugend- oder Erwachsenenstrafrecht hegt, jedenfalls aber die Teilnahme des C am Verkehrsunterricht für erzieherisch sinnvoll hält, kann er daher nach § 45 Abs. 2 S. 1 JGG vorgehen und dem C eine entsprechende Anregung erteilen.

[37] So Brunner § 105 Rdn. 17.

Übungshausarbeit

3. Problemkomplex: Schädliche Wirkungen der U-Haft – Probleme ihrer erzieherischen Gestaltung (§ 93 Abs. 2 JGG) – Antrag auf Haftprüfung (§ 117 StPO) – Haftbeschwerde – Voraussetzungen des Haftbefehls gegen Jugendliche – Verbindung von Verfahren – Zuständigkeit der Jugendgerichte – Einbeziehung nicht erledigter früherer Verurteilungen (§ 31 Abs. 2 u. 3 JGG) – Entwicklung der Jugendkriminalität

Sachverhalt: Einbruch mit tödlichen Folgen
Der 16jährige A und der 18jährige B drangen am 29.06.1994 und 20.07.1994 nachts gemeinsam in 2 Radio- und Fernsehgeschäfte in X-Stadt ein. Sie entwendeten dort Kassettenrecorder, Fernsehgeräte, Schallplattenspieler und Schallplatten. Der Gesamtwert der Beute betrug ca. 40 000,– DM. Die entwendeten Gegenstände versuchten sie, nach und nach zu verkaufen.

Am 14.08.1994 versuchten A und B erneut, nachts in X-Stadt in ein Radio- und Fernsehgeschäft einzubrechen. Dabei verursachten sie so viel Lärm, daß eine Polizeistreife, die zufällig am Tatort vorbeifuhr, auf sie aufmerksam wurde. Während A sich von den Polizeibeamten festnehmen ließ, ohne Widerstand zu leisten, entzog sich B der Festnahme, indem er mit einem Revolver, den er ohne Wissen des A bei sich führte, mehrere Schüsse auf den ihn verfolgenden Polizeibeamten abgab. Eine Stunde später gelang es der Kriminalpolizei, den B festzunehmen, als dieser gerade mit dem PKW einer Bekannten aus X-Stadt flüchten wollte. B leistete erneut Widerstand, indem er mehrere Schüsse auf die Polizeibeamten abgab. Ein Beamter wurde durch einen der Schüsse getötet, ein weiterer lebensgefährlich verletzt.

Nachdem die Polizei einen Teil der Beute in den Wohnungen von Bekannten von A und B sichergestellt hatte, legten beide Täter bei ihrer

Vernehmung ein umfassendes Geständnis ab. Erste Ermittlungen zum persönlichen Hintergrund der beiden Beschuldigten ergaben darüber hinaus folgendes:

A stammt aus zerrütteten Familienverhältnissen. Seine Eltern, die in der 500 km entfernten Kleinstadt O leben, sind der dortigen Polizei bereits seit Jahren bekannt, weil ihre häufig gewalttätig und lautstark ausgetragenen „Ehestreitigkeiten" schon mehrfach Polizeieinsätze notwendig gemacht haben. Auch A wurde von seinen Eltern aus nichtigen Anlässen heftig geschlagen. Er ist deswegen schon einige Male von Zuhause weggelaufen. Zuletzt ist er im Mai 1994 ausgerissen und nach X-Stadt getrampt. Dort hatte er zunächst einige Nächte im Freien verbracht, bevor er den B traf, den er aus seinem Heimatort O kannte. Dieser vermittelte ihm eine Schlafgelegenheit bei Bekannten. Die Eltern des A haben sich bei seinem Verschwinden gleichgültig verhalten und wollen ihn auch nicht wieder aufnehmen. Die einzige Person, der sich A verbunden fühlt, ist seine 65jährige Großmutter, die sich in der Vergangenheit bereits gelegentlich um ihn gekümmert hat. In der Schule hatte A große Schwierigkeiten. Deshalb hat er die Hauptschule ohne Abschluß verlassen und ist seither arbeitslos.

B ist nichtehelich geboren und kennt seinen Vater nicht. Seine Kindheit und Jugend hat er in wechselnden Heimen in O und Umgebung verbracht. Mehrmals hatte ihn seine Mutter, die ebenfalls in O wohnt, für kurze Zeit zu sich geholt, wenn sie wieder mit einem neuen Partner zusammenlebte. Mit seinen verschiedenen „Stiefvätern" hatte B sich nicht verstanden. Es kam zu Auseinandersetzungen, die immer wieder dazu führten, daß B ins Heim zurückkehren mußte. Zur Zeit hat B keinen festen Wohnsitz und ist ebenfalls arbeitslos.

A war im Mai 1993 vom Amtsgericht O wegen einer Serie von Ladendiebstählen mit 4 Freizeitarresten bestraft worden. B war im August 1993 vom Amtsgericht Z wegen mehrerer Einbruchsdiebstähle, Fahrens ohne Fahrerlaubnis, Nötigung und gefährlicher Körperverletzung zu einer Jugendstrafe von einem Jahr verurteilt worden. Die Vollstreckung der Jugendstrafe war für die Dauer von 3 Jahren zur Bewährung ausgesetzt worden. Beide Urteile sind inzwischen rechtskräftig.

Aufgaben:

1. Auf Antrag der Staatsanwaltschaft erläßt das Amtsgericht X gegen A und B Haftbefehl, weil es Fluchtgefahr annimmt und überträgt sodann die Entscheidungen, die die Untersuchungshaft betreffen, an das Amtsgericht – Jugendrichter – in O, nachdem beide Beschuldigte nach O verlegt worden sind. Die Verteidigerin des A, die in Jugendstrafsachen besonders engagierte Rechtsanwältin V, möchte die Entlassung des A aus der Untersuchungshaft erreichen. Sie ist der Ansicht, daß die Untersuchungshaft junge Menschen schädige und daher nur in Ausnahmefällen verhängt werden solle.
   a) Sind die Bedenken der V hinsichtlich der schädlichen Folgen von Untersuchungshaft bei Jugendlichen berechtigt?
   b) Welche Rechtsbehelfe stehen der V gegen den Haftbefehl zur Verfügung? Bei welchem Gericht müssen sie ggf. eingelegt werden? Haben sie in der Sache Aussicht auf Erfolg?
2. Die Staatsanwaltschaft will gegen A und B Anklage erheben.
   a) Können A und B in demselben Verfahren abgeurteilt werden?
   b) Wenn ja: Welches Gericht ist für die Aburteilung von A und B zuständig, wenn beide Verfahren verbunden werden? Ist hier eine solche Verbindung sinnvoll?
3. Das Gericht, von dem B abgeurteilt wird, möchte ihn zu einer Jugendstrafe von 10 Jahren verurteilen. Muß das Gericht in diesem Fall das Urteil des Amtgerichts Z in seine Entscheidung einbeziehen?
4. Es wird häufig mit dem Hinweis auf Statistiken von Polizei und Justiz behauptet, die Jugenddeliquenz steige an und werde immer schwerer. Nehmen Sie zu dieser Behauptung kritisch Stellung!

Lösung

Gliederung

A. Literaturverzeichnis

B. Abkürzungsverzeichnis

C. Gutachten

I. Anordnung von Untersuchungshaft gegenüber A
 1. Schädliche Folgen von Untersuchungshaft bei Jugendlichen
  a. Erhöhte psycho-soziale Verletzbarkeit Jugendlicher
  b. Psychische und soziale Belastungen durch die Inhaftierung, Prisonisierung und Etikettierung
  c. Probleme bei der „erzieherischen Gestaltung" der Untersuchungshaft
 2. Rechtsbehelfe gegen den Haftbefehl und ihre Erfolgsaussichten
  a. Zulässige Rechtsbehelfe
  b. Gerichtliche Zuständigkeit
  c. Erfolgsaussichten
   – Dringender Tatverdacht
   – Haftgrund der Fluchtgefahr
   – Verhältnismäßigkeit
   – Subsidiarität der Untersuchungshaft bei Jugendlichen

II. Anklageerhebung gegen A und B
 1. Möglichkeit der Aburteilung von A und B in demselben Verfahren
 2. Bestimmung des bei einer Verbindung zuständigen Gerichts und Zweckmäßigkeit der Verbindung
  a. Zuständiges Gericht
   – Taten des A
   – Taten des B
  b. Zweckmäßigkeit der Verbindung

III. Einbeziehung des Urteils des Amtsgerichts Z bei einer Verurteilung des B zu einer Jugendstrafe von zehn Jahren
 1. Grundlagen der Einbeziehung
 2. Zulässigkeit des Absehens von einer Einbeziehung
  a. Meinungsstreit zur Zulässigkeit eines Absehens von einer Einbeziehung bei Überschreitung der gesetzlichen Höchstgrenze der Jugendstrafe
   – Absolutheit der Begrenzung der Jugendstrafe

- Zulässigkeit des Absehens von der Einbeziehung bei Ausschöpfung des gesetzlichen Höchstmaßes der Jugendstrafe durch die Vorverurteilung
- Entwicklung der Rechtsprechung des BGH

b. Kritik: Brauchbarkeit des dem Absehen von der Einbeziehung zugrundeliegenden Erziehungskonzepts

c. Ergebnis im Hinblick auf den Gesetzeszweck der Festlegung des Höchstmaßes der Jugendstrafe

IV. Die Entwicklung der Jugenddelinquenz

1. Entwicklung des Umfangs
   a. Tatverdächtigen- und Verurteiltenzahlen
   b. Delinquenzbelastungszahlen
   c. Probleme der Interpretation der amtlichen Zahlen
2. Entwicklung der Schwere

Ausarbeitung

A. Literaturverzeichnis

An dieser Stelle ist in die Hausarbeit ein Verzeichnis der Literatur aufzunehmen, die im Gutachten zitiert ist. Aus Gründen der Raumersparnis wird hier auf ein gesondertes Literaturverzeichnis verzichtet. Die im Gutachten verwendete Literatur ist in dem zentralen Literaturverzeichnis dieses Buches festgehalten, auf das – auch als Muster für die Form eines Literaturverzeichnisses – verwiesen wird.

B. Abkürzungsverzeichnis

An dieser Stelle ist gegebenenfalls in die Hausarbeit ein Verzeichnis der im Text des Gutachtens, in den Fußnoten und im Literaturverzeichnis verwendeten Abkürzungen aufzunehmen, auf das aus Gründen der Raumersparnis hier ebenfalls verzichtet wird. Die benutzten Abkürzungen sind aus dem Abkürzungsverzeichnis dieses Buches ersichtlich, das als Muster dienen soll.

C. Gutachten

I. Anordnung von Untersuchungshaft gegenüber A

1. Schädliche Folgen von Untersuchungshaft bei Jugendlichen

Die Vollstreckung von Untersuchunghaft an Jugendlichen gilt wegen der psychischen und sozialen Schäden, die sie verursachen kann, als äußerst problematisch[1]. Ihr werden noch nachteiligere Wirkungen zugeschrieben als der Vollstreckung von Freiheitsentziehung im allgemeinen.

a. Erhöhte psycho-soziale Verletzbarkeit Jugendlicher

Im Vergleich zu erwachsenen Gefangenen befinden sich Jugendliche in einer Ausgangslage erhöhter psycho-sozialer Verletzbarkeit[2]. Die Persönlichkeit ist noch nicht ausgereift, in ihrer Entwicklung daher für Störungen besonders anfällig. Jugendliche sind leichter beeinflußbar als Erwachsene. Ihre gesellschaftliche Stellung ist ungefestigt. Sie befinden sich meist noch in der Schul- oder Berufsausbildung; Störungen und Abbrüche der Ausbildung können sich negativ auf das gesamte weitere berufliche und gesellschaftliche Leben auswirken, da sie die Grundlagen für den Aufbau einer sozialen Existenz in Frage stellen. Jugendliche haben eine geringere Definitions- und Beschwerdemacht als Erwachsene[3] und sind abhängiger. In dieser Ausgangslage sind sie für schädigende Wirkungen der Haft anfälliger als Erwachsene.

---

[1] Vgl. Albrecht 1993, 230 f.; Schaffstein/Beulke 1993, 199 f.; Kreuzer 1978; Blumenberg 1978; Walter 1978; Eisenberg/Tóth 1993.

[2] Albrecht 1993, 230 f.; Kreuzer 1978, 338; Eisenberg/Tóth 1993, 295 f.

[3] Kreuzer 1978, 338.

b. Psychische und soziale Belastungen durch die Inhaftierung, Prisonisierung und Etikettierung

Die Inhaftierung wirkt psychisch und sozial traumatisierend. Das überraschende Herausgerissenwerden aus der sozialen Umgebung und dem gewohnten Alltagsleben, die Trennung von den Angehörigen führen zu einem Verhaftungsschock[4]. Bei der Verhaftung aufgrund eines (Untersuchungs-)Haftbefehls hat der Betroffene anders als bei dem Antritt einer Strafhaft meist keine Gelegenheit, sich auf die Inhaftierung seelisch einzustellen und seine Angelegenheiten zu ordnen. Jugendliche U-Häftlinge leben in Ungewißheit über das, was mit ihnen geschehen kann. Der Ausgang des Verfahrens ist für sie aufgrund von Unwissenheit oft noch weniger berechenbar als für Erwachsene. Irrationale Ängste wechseln daher mit ebenso irrationalen Hoffnungen ab. Es überwiegt ein Gefühl der Hilflosigkeit. Verschärft wird die Situation dadurch, daß die Inhaftierung für viele Jugendliche die erste Hafterfahrung ist. Depressionen und Störungen der seelischen Entwicklung treten auf[5], und es besteht die Gefahr, daß irreparable Entwicklungsschäden entstehen[6].

Delinquente Jugendliche sind emotional und sozial oft stark belastet. Sie haben Verhaltensstörungen und erhebliche Schwierigkeiten in ihrem Kontakt- und Leistungsverhalten[7]. Sie leiden unter einem schlechten Selbstwertgefühl[8]. Diese seelischen Belastungen und Verhaltensprobleme werden durch die Inhaftierung verschärft. Die ablehnende Reaktion der Gesellschaft, die durch die Inhaftierung symbolisiert wird, die Isolierung und Fremdbestimmung im Strafverfahren und in der U-Haft verstärken die allgemeine Verunsicherung und Gefühle der Ohnmacht und des Verlassenseins[9]. Das angeschlagene Selbstbewußtsein der Jugend-

---

[4] de Wyl 1958a, 306, 307; Schaffstein/Beulke 1993, 199 f.
[5] Schaffstein/Beulke 1993, 200.
[6] Albrecht 1993, 230; Eisenberg/Tóth 1993, 295.
[7] Blumenberg 1978, 140.
[8] Vgl. H. J. Schneider 1987, 529 ff.
[9] Blumenberg 1978, 141.

lichen wird weiter erschüttert[10]; negative Zukunfterwartungen werden verstärkt.
Der soziale Kontakt delinquenter Jugendlicher ist oft eingeschränkt. Sie haben nicht gelernt, zuverlässige und vertrauensvolle soziale Beziehungen aufzunehmen und zeigen deshalb vielfach ein maskenhaft eingeengtes und rigides Kontaktverhalten[11]. Die Haftsituation ist auf eine Reglementierung des sozialen Kontakts angelegt. Die Jugendlichen werden in einer von unklaren Befürchtungen und Ungewißheit geprägten Situation von den Personen getrennt, die ihnen in Freiheit einen Rest an Halt boten. Die Jugendlichen befinden sich in einer psychisch angespannten Situation, zumal sie, insbesondere nach Begehung von Gewaltstraftaten, auch mit der Verarbeitung des eigenen Verhaltens beschäftigt sind[12]. Menschen in Spannungszuständen suchen die Gesellschaft anderer. Dieses Geselligkeits- oder Affiliationsbedürfnis richtet sich dabei vornehmlich auf Personen mit denselben Schicksal, auf „Leidensgefährten". Jugendliche Untersuchungsgefangene suchen deshalb vor allem bei ihren Mithäftlingen Hilfe. Zu ihnen besteht der lebhafteste Kontakt, und sie leisten die wesentlichste Unterstützung bei der psychischen Tatbewältigung. Allerdings handelt es sich oft um eine sozial unerwünschte Hilfe, da eine der gesellschaftlichen Reaktion entgegengesetzte Tatbewertung stattfindet[13]. Es besteht die Gefahr, daß der jugendliche U-Häftling auf diese Weise weiter in ein subkulturelles Wertsystem abgeleitet. Befürchtet wird auch eine „kriminelle Infektion", eine konkrete negative Beeinflussung durch erfahrenere Mithäftlinge[14], etwa durch Vermittlung des „Know-How" für weitere Straftaten.

In einem negativen Sozialisationsprozeß (=Prisonisierungsprozeß) übernehmen die Jugendlichen die Gebräuche, Sitten und Gewohnheiten der Strafanstalt und das Wertsystem der Strafgefangenen[15]. Die Einglie-

[10] Vgl. de Wyl 1958a, 307.
[11] Blumenberg 1978, 141.
[12] Schütze 1980.
[13] Schütze 1980, 151.
[14] Kreuzer 1978, 348; Ostendorf § 93 Rdn. 8; Schaffstein/Beulke 1993, 200; de Wyl 1958a, 305; Herold 1957, 104.
[15] H. J. Schneider 1987, 849; de Wyl 1958a, 306 f.; Kerner in Kaiser/Kerner/Schöch 1992 § 13 Rdn. 88.

derung der Jugendlichen in ein starres, zwanghaftes Vollzugssystem führt zur Ausbildung entwicklungsschädigender Überlebensstrategien[16]. Die Reglementierung des täglichen Lebens erzieht sie zu Passivität. Diese Wirkung ist um so eher zu befürchten, als die Jugendlichen oft ohnehin bereits eine eher passive Lebenshaltung entwickelt haben und allgemein ein wenig zielgerichtetes und kontinuierliches Verhalten zeigen[17]. Persönliche Wünsche und Freiheiten können innerhalb des Gefängnisses oft nur in verbotener Weise verwirklicht werden. Das fördert die Einstellung, daß eine Bedürfnisbefriedigung vor allem außerhalb der sozialen Normen zu erlangen ist.

Gesellschaftlich wird der Jugendliche mit der Inhaftierung abgestempelt[18]. Dies ist vor dem Hintergrund der sozialen Schwäche delinquenter Jugendlicher und ihrer Unfähigkeit zu vertrauensvollen mitmenschlichen Kontakten besonders bedenklich. Bei oft ohnehin schwachen schulischen und beruflichen Leistungen der Jugendlichen und einem typischerweise sehr geringen Durchhaltevermögen[19] besteht die Gefahr, daß die Inhaftierung zu einem völligen Abbruch bestehender Ausbildungs- oder Arbeitsverhältnisse führt[20].

Diese mit der Untersuchungshaft verbundenen negativen Wirkungen stellen sich insbesondere deshalb als unnötige Härte dar, weil später nach Durchführung des Strafverfahrens nur gegenüber einem geringeren Teil der jugendlichen U-Häftlinge eine Jugendstrafe vollstreckt wird. So gelangen nur etwa ein Drittel der 14- bis 15jährigen U-Häftlinge in den Jugendstrafvollzug[21].

---

[16] Albrecht 1993, 230 f.
[17] Vgl. Blumenberg 1978, 141.
[18] Vgl. Ostendorf § 72 Rdn. 7.
[19] Blumenberg 1978, 141.
[20] Ostendorf § 72 Rdn. 7; Eisenberg § 72 Rdn. 3; de Wyl 1958a, 305.
[21] Eisenberg § 72 Rdn. 5; Eisbenberg/Tóth 1993, 302.

c. Probleme bei der „erzieherischen Gestaltung" der Untersuchungshaft

Da die Untersuchungshaft junge Menschen besonders gefährden kann und sie durch die Haft bisherigen erzieherischen Einflüssen entzogen werden[22], stellt § 93 Abs. 2 JGG das Gebot einer erzieherischen Gestaltung der Untersuchungshaft an Jugendlichen auf. Dieses Erziehungsgebot ist aber de facto kaum verwirklicht, und es ist zweifelhaft, ob es sich überhaupt umsetzen läßt.

Bemängelt wird die stiefmütterliche Behandlung der U-Haft[23], die die aufgezeigten Probleme eher vergrößert als ihnen entgegenzuwirken. Oft wird mangels anderweitiger Unterbringungsmöglichkeiten noch nicht einmal der in § 93 Abs. 1 JGG festgeschriebene Grundsatz der Trennung jugendlicher U-Häftlinge von Strafgefangenen und Erwachsenen, die der „kriminellen Infektion" vorbeugen soll, eingehalten[24]. Die U-Haft wird insgesamt wesentlich strenger vollzogen als die Jugendstrafe. Der Gefangene ist die meiste Zeit alleine auf seiner Zelle[25]. Die angebotene Arbeit erschöpft sich oft in monotonen Verrichtungen, die nicht geeignet sind, den Jugendlichen auf die Anforderungen des modernen Arbeitslebens vorzubereiten und ihm Freude an der Arbeit zu vermitteln[26]. Ihr erzieherischer Wert ist daher mehr als zweifelhaft. Ansätze zu einer erzieherischen Gestaltung des Untersuchungshaftvollzugs, wie z. B. das Angebot einer klientenzentrierten Psychotherapie[27], sind selten.

Die erzieherische Gestaltung stößt auf zahlreiche Grenzen, die bereits in der Natur der Untersuchungshaft angelegt sind[28]. Die ungewisse Dauer der U-Haft erlaubt keine planmäßige Erziehung[29]. Es ist oft nicht möglich, den jugendlichen Probanden ausreichend kennenzulernen. Ein weiteres Hindernis für erzieherische Bemühungen ist die ableh-

---

[22] Vgl. Brunner § 93 Rdn. 6; Kreuzer 1978, 338.
[23] Vgl. Kreuzer 1978, 338.
[24] Vgl. Böhm 1985, 108; Albrecht 1993, 238; Schaffstein/Beulke 1993, 200.
[25] Böhm 1985, 109.
[26] Ostendorf § 93 Rdn. 10; Böhm 1985, 109.
[27] Vgl. Blumenberg 1978, 143 ff.
[28] Vgl. Ostendorf § 93 Rdn. 9; Walter 1978, 340 ff.
[29] de Wyl 1958b, 330; Blumenberg 1978, 142.

nende innere Einstellung, mit der die Jugendlichen in der U-Haft solchen Versuchen entgegentreten. Die Fixierung der jungen Häftlinge auf das kommende Verfahren und die Unsicherheit über seinen Ausgang binden ihre Kräfte und hemmen ihre Aufnahmefähigkeit und -bereitschaft[30]. Aufgrund der Isolation in der Anstalt bestehen nur eingeengte und realitätsferne Lernmöglichkeiten für die Jugendlichen. Hinzu kommt, daß sie selbst oft nur über eingeschränkte Verhaltensmöglichkeiten verfügen und ihre Veränderungsfähigkeit aufgrund ihrer durch ihre bisherige Erziehung angelegten persönlichen Voraussetzungen begrenzt ist[31]. Vor diesem Hintergrund besteht nur geringe Aussicht auf erzieherische Erfolgserlebnisse, die motivierend auf das Anstaltspersonal wirken könnten. Im Ergebnis wird deshalb in der Praxis der Umgang mit dem Jugendlichen in der U-Haft einseitig an den juristischen Erfordernissen der Strafverfolgung ausgerichtet[32].

2. Rechtsbehelfe gegen den Haftbefehl und ihre Erfolgsaussichten

a. Zulässige Rechtsbehelfe

Welche Rechtsbehelfe dem jugendlichen Beschuldigten gegen einen Haftbefehl zur Verfügung stehen, richtet sich nach allgemeinem Recht, da das JGG insoweit keine Sonderregelungen trifft (§ 2 JGG). Um die Aufhebung des Haftbefehls (§ 120 StPO) oder Haftverschonung (§ 116 StPO) zu erreichen, hat die V als Verteidigerin des A danach zum einen die Möglichkeit, nach § 117 StPO Haftprüfung zu beantragen. Über den Antrag auf Haftprüfung entscheidet der Haftrichter (§ 126 StPO). Nach § 118 Abs. 1 StPO kann die V dabei eine Entscheidung nach mündlicher Verhandlung beantragen. Zum anderen kann die V Haftbeschwerde (§§ 304, 305 StPO) erheben. Sofern der Haftrichter der Be-

[30] Walter 1978, 341.
[31] Vgl. Blumenberg 1978, 142.
[32] Schütze 1980, 152.

schwerde nicht abhilft (§ 306 StPO), geht sie an die Strafkammer des Landgerichts als Beschwerdegericht (§ 73 GVG), gegen dessen Entscheidung dann die weitere Beschwerde an das Oberlandesgericht zulässig ist (§ 310 StPO). In jedem Fall überprüft das Gericht, ob der Haftbefehl nach § 120 StPO aufzuheben oder, wenn dies nicht der Fall ist, nach § 116 StPO außer Vollzug zu setzen ist.

Bei ihrer Auswahl zwischen diesen beiden Rechtsbehelfen hat die V zu berücksichtigen, daß ein Haftprüfungsantrag jederzeit wiederholt werden kann, wenn er erfolglos bleibt. Eine mündliche Haftprüfung kann dabei freilich nur im Abstand von jeweils zwei Monaten erzwungen werden (§ 118 Abs. 3 StPO). Eine Haftbeschwerde kann demgegenüber gegen denselben Haftbefehl nur einmal eingelegt werden. Würde die V also Haftbeschwerde einlegen, so würde sie diesen Rechtsbehelf, sofern er keinen Erfolg hat, sofort verlieren. Auch ein nach einer abweisenden Entscheidung des Beschwerdegerichts weiterhin jederzeit zulässiger Antrag auf Haftprüfung durch den Haftrichter dürfte in diesem Fall kaum noch Aussicht auf Erfolg haben. Diese Erwägungen sprechen dafür, dem Haftprüfungsantrag zunächst den Vorzug zu geben und erst nach erfolgloser Durchführung der Haftprüfung über die Einlegung einer Haftbeschwerde zu entscheiden.

b. Gerichtliche Zuständigkeit

Zuständig für die Entscheidung über den Haftprüfungsantrag ist nach § 126 Abs. 1 S. 1 StPO grundsätzlich der Richter der den Haftbefehl erlassen hat. Der Haftbefehl gegen A ist vom Amtsgericht X erlassen worden. Dieses hat jedoch gemäß § 72 Abs. 6 JGG (unter Berücksichtigung von Nr. 2 der Richtlinien der Landesjustizverwaltungen zu § 72[33]) die Entscheidungen, die die Untersuchungshaft betreffen, auf den Jugendrichter beim Amtsgericht O übertragen. Demnach muß die V den Antrag auf Haftprüfung bei dem Amtsgericht O stellen.

[33] Vgl. z. B. für NRW AV d. JM vom 8. Juni 1994 - JMBl.NW S. 157 -.

Eine Haftbeschwerde müßte die V gemäß § 306 Abs. 1 StPO ebenfalls bei dem Gericht einlegen, das den Haftbefehl erlassen hat. Da das Amtsgericht X nach Übertragung der Zuständigkeit nicht mehr über eine Abhilfe (§ 306 Abs. 2 StPO) entscheiden darf, muß auch die Beschwerde beim Amtsgericht O erhoben werden. Dieses entscheidet über eine Abhilfe und legt im Falle der Nichtabhilfe die Beschwerde dem für O örtlich zuständigen Landgericht vor.

c. Erfolgsaussichten

Ein Antrag auf Haftprüfung oder eine Haftbeschwerde haben dann Aussicht auf Erfolg, wenn die Bedingungen für die Aufhebung des Haftbefehls (§ 120 StPO) oder für die Aussetzung seines Vollzugs (§ 116 StPO) gegeben sind. Zu prüfen ist also zunächst, ob die Voraussetzungen des Haftbefehls (noch) vorliegen. A muß der Tat dringend verdächtig sein, und es muß ein Haftgrund bestehen (§ 112 Abs. 1 StPO).

Dringender Tatverdacht
Dringender Tatverdacht ist gegeben, wenn nach dem gegenwärtigen Stand der Ermittlungen die Wahrscheinlichkeit groß ist, daß der Verfolgte schuldiger Täter einer Straftat ist[34]. A ist von der Polizei auf frischer Tat betroffen und festgenommen worden und hat ein Geständnis abgelegt, das aufgrund der Gesamtumstände seiner Festnahme und nach Sicherstellung eines großen Teils der Beute auch glaubhaft ist. Er ist daher dringend verdächtig, rechtswidrige Taten, nämlich schwere Diebstähle (§§ 242, 243 Abs. 1 Nr. 1 StGB), begangen zu haben.

Da A Jugendlicher ist, muß sich der dringende Tatverdacht darüber hinaus auch auf seine Schuldfähigkeit beziehen. Diese Voraussetzung wird in der Praxis kaum beachtet[35]. Auch im vorliegenden Fall ergeben sich keinerlei Hinweise darauf, daß der Haftrichter die Schuldfähigkeit des A geprüft hat. Ein Anhaltspunkt für die Schuldfähigkeit des A kann sich daraus ergeben, daß er bereits vor einem Jahr wegen ver-

[34] Kleinknecht/Meyer-Goßner § 112 Rdn. 5.
[35] Vgl. Albrecht 1993, 231.

wandter Taten nach dem Jugendstrafrecht verurteilt und mithin von dem damals erkennenden Gericht für schuldfähig erachtet worden ist. Indes muß die Strafmündigkeit für jede Tat gesondert geprüft werden[36]. Zudem muß das Gericht die rechtliche Beurteilung der Strafmündigkeit selbständig aufgrund seiner Feststellungen zur Tat und der Persönlichkeit des Täters treffen. Es darf sich nicht auf die Beurteilung eines anderen Gerichts stützen. Die Tatsache, daß A bereits vor einem Jahr zu Freizeitarresten verurteilt wurde, bietet daher keinen verwertbaren Anhaltspunkt für seine Schuldfähigkeit.
Angesichts der Art des Delikts kann zwar davon ausgegangen werden, daß A die Verbotenheit seines Tuns kannte. Da die Sozialisation des A schwerwiegend gestört ist, ihm insbesondere im Elternhaus kein Halt und keine positiven Lernmodelle geboten wurden, bestehen aber Zweifel daran, ob er die verletzte Norm hinreichend verinnerlichen konnte und ggf. in der Lage war, entsprechend seinen Einsichten zu handeln. Diesen Zweifeln, die die V bei der Begründung ihres Rechtsbehelfs ansprechen wird, hat der Haftrichter oder das Beschwerdegericht nachzugehen. Das Gericht wird sich zu diesem Zweck zunächst in einer mündlichen Anhörung einen persönlichen Eindruck von A zu verschaffen haben. Gelingt es ihm dabei nicht, aus eigener Sachkunde festzustellen, daß A mit großer Wahrscheinlichkeit schuldfähig ist, so muß der Haftbefehl aufgehoben werden. In diesem Falle kann erst dann ein neuer Haftbefehl erlassen werden, wenn sich im weiteren Verfahren – etwa nach einer gutachterlichen Untersuchung des A gem. § 43 Abs. 2 JGG – neue Anhaltspunkte für die Schuldfähigkeit des A ergeben.

Haftgrund der Fluchtgefahr

Auch wenn das Gericht zu dem Schluß gelangt, daß A mit großer Wahrscheinlichkeit schuldfähig ist, muß es den Haftbefehl gegen ihn aufheben, wenn seine sonstigen Voraussetzungen fehlen. Das Amtsgericht X, das den Haftbefehl gegen A erlassen hat, hat den Haftgrund der Fluchtgefahr (§ 112 Abs. 2 Nr. 2 StPO) bejaht. Sie wird angenommen, wenn die Flucht als eine konkrete und naheliegende Möglichkeit in Be-

---

[36] Brunner § 3 Rdn. 4.

tracht kommt. Es muß mehr Wahrscheinlichkeit für die Erwartung bestehen, der Beschuldigte werde sich dem Verfahren zu entziehen suchen, als für die Erwartung, er werde sich ihm ohne weiteres stellen[37]. Dabei spielt zum einen die Straferwartung eine erhebliche Rolle. Da der von A und B bei ihren drei Einbrüchen angerichtete materielle Schaden erheblich ist und A bereits einmal wegen einer Serie von Diebstählen zu vier Freizeitarresten verurteilt worden ist, steht zu erwarten, daß wiederum eine freiheitsentziehende Maßnahme, nämlich Jugendarrest (§ 16 JGG) oder – bei Bejahung schädlicher Neigungen des A – Jugendstrafe (§§ 17, 18 JGG), verhängt wird. Die Straferwartung ist daher einerseits nicht gering, andererseits jedoch auch nicht so beträchtlich, daß sie alleine eine Fluchtgefahr begründen könnte. Es sind daher weitere Umstände heranzuziehen[38]. Als verstärktes Indiz für das Vorliegen von Fluchtgefahr wertet das Gesetz das Fehlen eines festen Wohnsitzes oder Aufenthaltsortes. Dies ergibt sich aus §§ 113 Abs. 2 Nr. 2 StPO, 72 Abs. 2 Nr. 2 JGG. Bei Jugendlichen ist freilich zu berücksichtigen, daß sie grundsätzlich den Wohnsitz ihrer personensorgeberechtigten Eltern teilen (§ 11 BGB). Solange die Möglichkeit besteht, daß der Jugendliche bei seinen Eltern Aufnahme findet und dort zumindest bis zum Abschluß des Verfahrens bleibt, kann daher nicht vom Fehlen eines festen Wohnsitzes ausgegangen werden. Die Eltern des A sind indes nicht bereit, ihn wieder aufzunehmen, und einen anderen festen Wohnsitz hat A nicht begründet. Darüber hinaus hat A auch keine schulischen oder beruflichen Bindungen. Der persönliche Kontakt zu seiner Großmutter hat in der Vergangenheit ebenfalls nicht ausgereicht, den A örtlich festzulegen. Im Ergebnis kann daher eine Fluchtgefahr angenommen werden.

Verhältnismäßigkeit

Nach § 112 Abs. 1 S. 2 StPO darf Untersuchungshaft nicht angeordnet werden, wenn sie in der Bedeutung der Sache und der zu erwartenden Strafe außer Verhältnis steht. Bei dieser Abwägung ist auf der einen Seite die Schwere des Eingriffs in die Lebenssphäre des Beschuldigten zu

---

[37] Kleinknecht/Meyer-Goßner § 112 Rdn. 17.

[38] Vgl. Kleinknecht/Meyer-Goßner § 112 Rdn. 23 ff.

würdigen[39]. Für die weitere persönliche Entwicklung des A stellt der Vollzug der Untersuchungshaft aufgrund seiner stigmatisierenden und entsozialisierenden Wirkungen eine erhebliche Gefahr dar. Weitere zu berücksichtigende konkrete Nachteile, wie z. B. der Verlust eines Ausbildungs- oder Arbeitsplatzes oder einer Wohnung oder schwerwiegende Störungen wichtiger persönlicher Beziehungen, entstehen dem berufs-, wohnungs- und weitgehend bindungslosen A allerdings nicht. Auf der anderen Seite sind das Gewicht der Strafsache und die Rechtsfolgenerwartung in die Abwägung einzubeziehen. Da wegen mehrerer Taten gegen A ermittelt wird, durch die ein beträchtlicher Gesamtschaden entstanden ist, hat die Strafsache ein erhebliches Gewicht. Wegen der negativen Auswirkungen der Untersuchungshaft auf die persönliche Entwicklung des Jugendlichen, die auch im Falle des A zu befürchten sind, wird ferner gefordert, daß U-Haft nur dann angeordnet werden dürfte, wenn Jugendstrafe zu erwarten sei[40]. Im Hinblick auf die generelle Unsicherheit der Strafprognose dürfen jedoch keine allzu hohen Anforderungen an den Grad der Wahrscheinlichkeit der späteren Verhängung von Jugendstrafe gestellt werden. Es muß ausreichen, wenn sie nach dem gegenwärtigen Stand der Ermittlungen als mögliche Reaktion ernsthaft in Betracht zu ziehen ist. Da A bereits wegen ähnlicher, jedoch weniger schwerwiegender Delikte zu Jugendarrest verurteilt worden ist und es nicht unwahrscheinlich ist, daß das Gericht in seinem späteren Urteil angesichts der gravierenden Störungen des persönlichen Werdegangs des A und seiner gesamten Lebensumstände eine negative Rückfallprognose stellt und „schädliche Neigungen" bejaht, kommt Jugendstrafe als Reaktion durchaus in Frage. Die Anordnung von Untersuchungshaft gegen A erscheint daher nicht unverhältnismäßig.

Subsidiarität der Untersuchungshaft bei Jugendlichen
Wegen der Schädlichkeit der Haftfolgen für Jugendliche sieht § 72 Abs. 1 S. 1 JGG vor, daß Untersuchungshaft nur dann angeordnet werden darf, wenn keine anderen Maßnahmen an ihrer Stelle ausreichen. Die Verhängung von U-Haft ist also gegenüber vorläufigen An-

---

[39] Kleinknecht/Meyer-Goßner § 112 Rdn. 11.
[40] Albrecht 1993, 233; Eisenberg § 72 Rdn. 5.

ordnungen über die Erziehung (§ 71 Abs. 1 JGG) oder der einstweiligen Unterbringung in einem geeigneten Heim der Jugendhilfe (§ 71 Abs. 2 JGG) subsidiär[41]. Bei Durchführung der Haftprüfung oder des Beschwerdeverfahrens hat der Haftrichter oder das Beschwerdegericht demnach zu prüfen, ob nicht der Zweck der Untersuchungshaft durch eine vorläufige Anordnung über die Erziehung des A oder durch andere Maßnahmen erreicht werden kann. Dabei ist die Unterbringung in einem Erziehungsheim wiederum subsidiär gegenüber vorläufigen Anordnungen nach § 71 Abs. 1 JGG, d. h. sie darf nicht verhängt werden, wenn vorläufige Anordnungen ausreichen[42]. Als vorläufige Anordnungen kommen z. B. eine zufriedenstellende mündliche Zusage des Jugendlichen gegenüber dem Richter, bestimmte Meldepflichten, Betreuungsweisungen nach § 10 Nr. 5 JGG oder die Aufnahme in eine Wohngemeinschaft, eine Familie oder ein offenes Heim in Betracht[43]. Das Gericht muß sich die Frage stellen, ob im Falle des A derartige Maßnahmen ausreichen, der Fluchtgefahr zu begegnen.

Die Gefahr einer Flucht besteht bei A ganz wesentlich deshalb, weil er keinen festen Wohnsitz hat. Zur Ausräumung der Fluchtgefahr muß es der V und dem Gericht daher in erster Linie darum gehen, eine feste Bleibe für A zu finden und seinen Aufenthalt an diesem Ort zu überwachen. Zunächst ist daran zu denken, daß A Aufnahme bei seiner Großmutter finden könnte. A und seine Großmutter müßten dabei freilich zu einer solchen Regelung bereit und seine Eltern müßten im Hinblick auf ihr Aufenthaltsbestimmungsrecht damit einverstanden sein. Zur Überwachung seines Aufenthalts können dem A Meldepflichten, z. B. die Pflicht zur regelmäßigen Meldung bei der örtlichen Polizeistation, auferlegt werden. Sollte eine Aufnahme des A durch seine Großmutter nicht möglich sein, muß geprüft werden, ob A anderweitig, z. B. in einer Wohngruppe der Jugendhilfe unterkommen kann. Das setzt freilich voraus, daß derartige Unterkunftsmöglichkeiten in O oder in der Nähe vorhanden sind. Auch die gesetzlich als subsidiär vorgesehene Möglichkeit der Unterbringung in einem geeigneten Heim der

---

[41] Vgl. Brunner § 72 Rdn. 3; Eisenberg § 72 Rdn. 3; Albrecht 1993, 234 ff.

[42] Brunner § 71 Rdn. 1; Eisenberg § 71 Rdn. 7; Albrecht 1993, 235.

[43] Vgl. Eisenberg § 71 Rdn. 6; Albrecht 1993, 235 f.; Lüthke 1982, 126.

Jugendhilfe (§§ 72 Abs. 4, 71 Abs. 2 JGG) setzt in der Praxis voraus, daß entsprechende Heimplätze zur Verfügung stehen. Hierüber macht der Sachverhalt keine Angaben. Tatsächlich sind nur wenige Einrichtungen vorhanden, in denen Aufgaben nach § 71 Abs. 2 JGG wahrgenommen werden[44]. Ob der Antrag auf Haftprüfung oder die Haftbeschwerde der V zu einer Aufhebung des Haftbefehls führen, hängt mithin davon ab, daß geeignete Möglichkeiten zur Unterbringung des A gefunden werden können.

Nach §§ 72 Abs. 1 JGG, 116 StPO muß jedenfalls die Vollstrekkung des Haftbefehls gegen A unterbleiben und sein Vollzug ausgesetzt werden, wenn sein Zweck durch mildere Maßnahmen erreicht werden kann. Da im Jugendstrafrecht bereits der Erlaß eines Haftbefehls zu unterbleiben hat, wenn mildere Mittel seinem Zweck genügen, stellt sich zunächst die Frage, welche Bedeutung der Haftverschonung nach § 116 StPO im Jugendstrafrecht zukommt. Die Aufhebung des Haftbefehls ist vorrangig vor der Haftverschonung. Wenn die Fluchtgefahr also durch andere mildere Maßnahmen beseitigt, d. h. auf das in jedem Falle bestehende Restriskio gesenkt werden kann, muß der Haftbefehl mangels Haftgrundes ganz aufgehoben und nicht nur außer Vollzug gesetzt werden. Bleibt ein immer noch erhöhtes Restrisiko, kann der Zweck der Untersuchungshaft durch entsprechende Maßnahmen aber jedenfalls annähernd erreicht werden[45], so ist der Vollzug auszusetzen. Ob der wegen Fluchtgefahr ergangene Haftbefehl aufgehoben oder lediglich außer Vollzug gesetzt wird, muß daher vom Grad der Sicherheit abhängig gemacht werden, mit der mildere Maßnahmen die Fluchtgefahr beseitigen. Wenn eine Unterbringungsmöglichkeit für A gefunden wird und sein Aufenthalt dort etwa durch die Anordnung von Meldepflichten überwacht werden kann, muß das Gericht also aufgrund seiner eigenen Einschätzung des verbleibenden Fluchtrisikos darüber entscheiden, ob der Haftbefehl ganz aufgehoben oder lediglich außer Vollzug gesetzt werden kann.

Im Ergebnis hängt der Erfolg eines Haftprüfungsantrags oder einer Haftbeschwerde der V also davon ab, zu welcher Beurteilung das Ge-

---

[44] Vgl. Albrecht 1993, 235 f.

[45] Vgl. Kleinknecht/Meyer-Goßner § 116 Rdn. 1.

richt hinsichtlich der Schuldfähigkeit des A gelangt und ob es bei Bejahung hinreichender Anhaltspunkte für die Schuldfähigkeit anderweitige Möglichkeiten findet, den A unterzubringen und seinen Aufenthalt zu überwachen.

II. Anklageerhebung gegen A und B

1. Möglichkeit der Aburteilung von A und B in demselben Verfahren

Ob A und B in demselben Verfahren abgeurteilt werden können, kann zweifelhaft sein, weil es sich bei den Taten von A und B um mehrere verschiedene Prozeßgegenstände handeln kann. Ein identischer Prozeßgegenstand liegt nur vor, wenn Identität des Beschuldigten und Identität der Tat bestehen[46]. Hier richtet sich das Strafverfahren gegen zwei Täter, A und B, und hat, da sich keine Hinweise auf das Vorliegen eines Fortsetzungszusammenhangs ergeben, jeweils drei Taten im prozessualen Sinne[47] zum Gegenstand. Da das JGG keine Spezialregelung für die Verbindung von Verfahren gegen Jugendliche und Heranwachsende enthält, beurteilt sich die Zulässigkeit einer Verbindung dieser Mehrheit von Prozeßgegenständen nach den allgemeinen Vorschriften des Strafverfahrensrechts (§§ 2, 3, 4, 13, 237 StPO). Am einfachsten ist die Verbindung mehrerer zusammenhängender Strafsachen, wenn dasselbe Gericht für sie zuständig ist. Wenn die Strafsachen – wie im Falle von A und B – noch nicht anhängig sind, kann die Staatsanwaltschaft sie in einer gemeinsamen Anklage (§ 170 Abs. 1 StPO) beim Gericht anhängig machen[48]. Aber auch Strafsachen für die verschiedene Gerichte sachlich oder örtlich zuständig sind, können gemeinsam zur Anklage gebracht werden. Dies ergibt sich aus §§ 2 Abs. 1, 13 Abs. 1 StPO, die die sachliche und örtliche Zuständigkeit für den Fall der Verbindung

---

[46] Roxin 1993, 132 f.

[47] Vgl. Kleinknecht/Meyer-Goßner § 264 Rdn. 1 - 6.

[48] Kleinknecht/Meyer-Goßner § 2 Rdn. 2.

regeln. Voraussetzung ist in jedem Fall, daß zwischen den Strafsachen ein Zusammenhang im Sinne des § 3 StPO besteht.

Ein persönlicher Zusammenhang liegt vor, wenn einem und demselben Beschuldigten mehrere Straftaten vorgeworfen werden. Da dem A drei Einbruchsdiebstähle, begangen am 29.06., 20.07. und 14.08.1994, zur Last gelegt werden, besteht ein persönlicher Zusammenhang zwischen diesen Einzeltaten. Das gleiche gilt für die verschiedenen Einzeltaten des B. Da an den Taten jeweils A und B beteiligt waren, stehen die Vorwürfe gegen A und B auch in einem sachlichen Zusammenhang (§ 3 2. Alt. StPO) zueinander. A und B können demnach in demselben Verfahren abgeurteilt werden.

2. Bestimmung des bei einer Verbindung zuständigen Gerichts und Zweckmäßigkeit der Verbindung

a. Zuständiges Gericht

Sofern für mehrere zusammenhängende Strafsachen nicht jeweils dasselbe Gericht sachlich zuständig ist, richtet sich die sachliche Zuständigkeit im Falle einer Verbindung nach § 2 Abs. 1 S. 1 StPO. Danach ist das Gericht der höheren Ordnung zuständig. Es ist deshalb zunächst getrennt für A und B zu prüfen, welches Gericht für die Aburteilung der von ihnen begangenen Straftaten zuständig wäre.

Taten des A

Da A Jugendlicher im Sinne des § 1 Abs. 2 JGG ist, hat gemäß § 33 Abs. 1 JGG über seine Verfehlungen ein Jugendgericht zu entscheiden. Nach § 39 Abs. 1 S. 1 JGG kann der Jugendrichter zuständig sein. Voraussetzung dafür ist die Erwartung, daß nur Erziehungsmaßregeln, Zuchtmittel, nach dem JGG zulässige Nebenstrafen oder -folgen oder die Entziehung der Fahrerlaubnis verhängt werden. A ist erst ein Jahr zuvor wegen ähnlicher Delikte verurteilt worden, und seine jetzt zur Aburteilung stehenden Straftaten sind schwerer. A ist also innerhalb relativ kurzer Zeit rückfällig und seine Rechtsbrüche sind erheblicher geworden. Auch wenn hier andere Sanktionen, wie z. B. die Verhängung von Dauerarrest gem. § 16 Abs. 4 JGG oder die Verpflichtung gem. §§ 9 Nr. 2, 12 Nr. 2 JGG, Hilfe zur Erziehung in Anspruch zu nehmen, durchaus in Frage kommen, ist es nicht unwahrscheinlich, daß das Gericht bei Beurteilung der Persönlichkeit und der Lebensverhältnisse des A „schädliche Neigungen" bei ihm feststellt und deshalb Jugendstrafe verhängt[49]. Zwar hat auch der Jugendrichter nach § 39 Abs. 2 JGG die Befugnis, auf Jugendstrafe bis zu einem Jahr zu erkennen. Diese Erweiterung der Rechtsfolgenkompetenz des Jugendrichters nach Eröffnung des Hauptverfahrens über das in § 39 Abs. 1 JGG festgelegte Maß hinaus, hat prozeßökonomische Gründe[50]. Es soll dem Jugendrichter ermöglicht werden, das Verfahren auch dann bis zur Erledigung durchzuführen, wenn erst in der Hauptverhandlung Umstände zu Tage treten, die die Verhängung von Jugendstrafe notwendig machen. Für die Frage, bei welchem Gericht der Jugendstaatsanwalt Anklage erhebt, ist diese erweiterte Rechtsfolgenkompetenz des Jugendrichters deswegen grundsätzlich ohne Bedeutung; maßgeblich ist die Rechtsfolgenerwartung im Sinne des § 39 Abs. 1 JGG[51]. Deshalb wird die Auffassung vertreten, daß der Jugendrichter auch schon dann nicht zuständig ist, wenn – wie im vorliegenden Fall – Zweifel bestehen, ob es bei den Rechtsfolgen des § 39 Abs. 1 JGG bewenden kann[52]. Gegen diese Ansicht wird eingewandt, daß solche Zweifel fast immer zu begründen seien, vor allem aber mit der Anklage vor dem Jugendschöffengericht immer bereits ein besonders Unwerturteil über die angeklagte Tat gefällt werde, das den jugendlichen Angeklagten stark belasten könne[53]. Nur wenn Zweifel an der Sanktionskompetenz gemäß § 39 Abs. 2 JGG bestünden, sei daher das höherstufige Gericht mit der Sache zu befassen. Dieser Ansicht kann insoweit gefolgt werden, als nicht jeder noch so entfernt liegende Zweifel hinsichtlich der Rechtsfolgenerwartung herangezogen werden darf, um die Zuständigkeit des Jugend-

[49] Vgl. oben I 2. c.

[50] Brunner §§ 39 - 41 Rdn. 18; Eisenberg § 39 Rdn. 12.

[51] Eisenberg § 39 Rdn. 8.

[52] Brunner § 39 Rdn. 7; Eisenberg § 39 Rdn. 8.

[53] Ostendorf § 39 Rdn. 4.

schöffengerichts zu begründen. Andernfalls würde die gesetzlich vorgesehene Zuständigkeitsverteilung zwischen Jugendrichter und Jugendschöffengericht unterlaufen. Sie würde freilich auch dann umgangen, wenn selbst dann Anklage beim Jugendrichter erhoben würde, wenn eine Jugendstrafe von bis zu einem Jahr ernsthaft in Betracht kommt. Über Rechtsbrüche, die Jugendstrafe zur Folge haben können, soll nach den Vorstellungen des Gesetzes, das Jugendschöffengericht entscheiden, sofern nicht die Jugendkammer zuständig ist. Hinzu kommt, daß sich die Dauer einer etwa zu erwartenden Jugendstrafe bei Anklageerhebung oft noch weniger sicher prognostizieren läßt als die Art der möglichen Sanktion. Demnach ist bereits dann Anklage beim Jugendschöffengericht zu erheben, wenn – neben anderen Sanktionen – die Verhängung von Jugendstrafe ernsthaft in Betracht kommt. Da im Falle des A einerseits eine Verurteilung zu Jugendstrafe nicht unwahrscheinlich ist und andererseits die Zuständigkeit der Jugendkammer nach § 41 JGG nicht gegeben ist, müßte eine Anklage, die sich alleine gegen ihn richtet, beim Jugendschöffengericht erhoben werden.

Taten des B

B ist gemäß § 1 Abs. 2 JGG Heranwachsender. Nach § 108 Abs. 1 JGG gelten die Vorschriften über die Zuständigkeit der Jugendgerichte auch bei Verfehlungen Heranwachsender, so daß auch über die Taten des B ein Jugendgericht zu entscheiden hat. Hier kann gemäß §§ 108 Abs. 1, 41 Abs. 1 Nr. 1 JGG die Jugendkammer zuständig sein, wenn die Sache nach den allgemeinen Vorschriften zur Zuständigkeit des Schwurgerichts gehörden würde. Unabhängig davon, ob die Tötung des Polizeibeamten durch B in der Anklage als Mord (§ 211 StGB), Totschlag (§ 212 StGB) oder lediglich als Körperverletzung mit Todesfolge (§ 226 StGB) gewertet wird, fällt die Verhandlung über eine solche Tat nach § 74 Abs. 2 Nr. 4, Nr. 5 oder Nr. 8 GVG jedenfalls in den Zuständigkeitsbereich der Schwurgerichte. Gegen B muß daher Anklage vor der Jugendkammer erhoben werden.

Falls die Strafsachen gegen A und B miteinander verbunden werden, ist demnach gemäß § 2 Abs. 1 S. 1 StPO die Jugendkammer als Gericht höherer Ordnung zuständig.

b. Zweckmäßigkeit der Verbindung

Die Entscheidung über die Verbindung der Verfahren gegen A und B ist eine Ermessensentscheidung. Allgemein dient die Verbindung unter prozeßökonomischen Gesichtspunkten der Arbeitsersparnis und soll darüber hinaus verhindern, daß derselbe Sachverhalt von mehreren Gerichten unterschiedlich beurteilt wird[54]. Dieser zweite Gesichtspunkt gewinnt in rechtlich und/oder tatsächlich schwierigen Fällen besonderes Gewicht. Soweit A und B ihre Taten, nämlich die Einbruchsdiebstähle, gemeinschaftlich verübt haben, sind aus dem Sachverhalt keine Umstände erkennbar, die die Bewertung durch das Gericht schwierig machen und eine erhöhte Gefahr unterschiedlicher Beurteilung begründen würden. Für die Frage der Verbindung der Verfahren gegen A und B werden daher in erster Linie Zweckmäßigkeitserwägungen ausschlaggebend sein.

Eine Verbindung kann einerseits sinnvoll sein, weil andernfalls zum Nachweis der Taten von A und B möglicherweise dieselben Beweise zweimal erhoben, insbesondere dieselben Zeugen zweimal vernommen werden müßten. Da A und B allerdings geständig sind, kann sich eine Beweisaufnahme zumindest im weniger schwerwiegenden Falle des A weitgehend erübrigen. Wenn andererseits die Verbindung zu einer Verlängerung des Verfahrens gegen A führen würde, weil gegen B noch weiter ermittelt werden müßte, während gegen A schon Anklage erhoben werden könnte, so würde dies für eine getrennte Anklage sprechen. Für eine getrennte Anklage können schließlich erzieherische Gesichtspunkte sprechen. Da der Unrechtsgehalt der von B alleine begangenen Tötungsdelikte denjenigen der gemeinsam begangenen Delikte stark überwiegt, ist zu erwarten, daß die Tötungsdelikte im Mittelpunkt eines verbundenen Strafverfahrens gegen A und B stehen würden und auf diese Weise dem A und seinen Taten zu wenig Aufmerksamkeit geschenkt würde.

---

[54] Kleinknecht/Meyer-Goßner § 2 Rdn. 2.

III. Einbeziehung des Urteils des Amtsgerichts Z bei einer Verurteilung des B zu einer Jugendstrafe von zehn Jahren

1. Grundlagen der Einbeziehung

Aus der Tatsache, daß das Gericht den Heranwachsenden B zu einer Jugendstrafe verurteilen will, geht hervor, daß es gemäß § 105 Abs. 1 JGG Jugendstrafrecht anwenden will. Bei der Bildung der Rechtsfolgen für die Taten des B hat das Gericht deshalb § 31 JGG zu beachten. Danach gilt im Jugendstrafrecht abweichend vom allgemeinen Strafrecht das Prinzip der Einheit der Unrechtsfolgen[55]: Auch bei mehreren selbständigen strafbaren Handlungen wird eine einheitliche Rechtsfolge verhängt. Der Sinn der Regelung liegt darin, daß sich Art und Höhe der Sanktion nicht nach den Taten, sondern entsprechend dem Charakter des Jugendstrafrechts als Täter- und Erziehungsstrafrecht nach der Gesamtpersönlichkeit des Täters richten sollen[56]. Nach § 31 Abs. 2 JGG ist daher bei dem Ausspruch von Rechtsfolgen grundsätzlich auch eine frühere Verurteilung einzubeziehen, die nicht vollständig erledigt ist.

Die Verurteilung des B durch das Amtsgericht Z vom August 1991 zu einem Jahr Jugendstrafe, die auf drei Jahre zur Bewährung ausgesetzt wurde, muß demnach grundsätzlich in das neue Urteil einbezogen werden, wenn die frühere Entscheidung rechtskräftig ist und die durch sie ausgeurteilten Maßnahmen noch nicht vollständig ausgeführt und jugendstrafrechtliche Maßnahmen auch wegen der neuen Taten zu verhängen sind[57]. Da aus dem rechtskräftigen Urteil des Amtsgerichts Z noch ein Jahr Jugendstrafe offensteht, die weder durch Verbüßung noch durch Erlaß (§ 56g StGB) erledigt ist, und in dem neuen Urteil

---

[55] Vgl. Potrykus 1959, 1064; Brunner § 31 Rdn. 1 ff.

[56] Albrecht 1993, 149; Brunner § 31 Rdn. 3.

[57] Vgl. Brunner § 31 Rdn. 5 ff.

ebenfalls auf Jugendstrafe zu erkennen ist, sind die Voraussetzungen erfüllt, unter denen eine Einbeziehung stattfinden muß.

2. Zulässigkeit des Absehens von einer Einbeziehung

Nur wenn dies aus erzieherischen Gründen zweckmäßig ist, kann das Gericht grundsätzlich gleichwohl gemäß § 31 Abs. 3 JGG von einer Einbeziehung absehen. Fraglich ist allerdings, ob von dieser Ausnahmeregel im Falle des B überhaupt Gebrauch gemacht werden darf. Da mit einem Widerruf der Bewährungsentscheidung des Amtsgerichts Z zu rechnen ist, hätte die Anwendung des § 31 Abs. 3 JGG bei einer Verurteilung zu einer zehnjährigen Jugendstrafe zur Folge, daß B insgesamt elf Jahre Jugendstrafe verbüßen müßte. Nach § 105 Abs. 3 JGG beträgt das Höchstmaß der Jugendstrafe für Heranwachsende aber zehn Jahre.

a. Meinungsstreit zur Zulässigkeit eines Absehens von einer Einbeziehung bei Überschreitung der gesetzlichen Höchstgrenze der Jugendstrafe

Es ist umstritten, ob ein Absehen von der Einbeziehung einer früheren Verurteilung nach § 31 Abs. 3 JGG zulässig ist, wenn es – wie hier – dazu führt, daß die Summe der in verschiedenen Verfahren verhängten Jugendstrafen die gesetzlichen Höchstgrenzen übersteigt[58].

Absolutheit der Begrenzung der Jugendstrafe
Eine von einem Teil der Literatur vertretene Auffassung sieht die in §§ 31 Abs. 1 S. 3, 18 Abs. 1, 105 Abs. 3 JGG vorgenommenen Begrenzungen des Höchstmaßes der Jugendstrafe als absolute an mit der Folge, daß § 31 Abs. 3 nicht angewandt werden darf, wenn sich die bestehen bleibenden Einzelstrafen zu einem Strafmaß addieren würden, das die

---

[58] So Potrykus 1959, 1064.

gesetzliche Höchststrafe überschreitet[59]. Zu einem ähnlichen Ergebnis gelangt die Ansicht, die eine Einbziehung grundsätzlich dann für erzieherisch geboten hält, wenn die in verschiedenen Entscheidungen festgelegten Rechtsfolgen in ihrer Aneinanderreihung die gesetzlich festgelegte Höchstgrenze des Strafmaßes überschreiten würden[60]. Auf der Grundlage dieser Auffassungen wäre das frühere Urteil des Amtsgericht Z bei einer Verurteilung des B zu einer zehnjährigen Jugendstrafe in jedem Fall einzubeziehen.

Zulässigkeit des Absehens von der Einbeziehung bei Ausschöpfung des gesetzlichen Höchstmaßes der Jugendstrafe durch die Vorverurteilung
Nach einer weiteren in Rechtsprechung und Literatur teilweise vertretenen Meinung können unter den Voraussetzungen des § 31 Abs. 3 JGG zwei Verurteilungen zu Jugendstrafe ausnahmsweise dann nebeneinander bestehen bleiben, wenn der Täter bereits zum gesetzlichen Höchstmaß verurteilt worden ist und danach eine neue Straftat begangen hat[61]. Denn die Verurteilung zu einer langjährigen Jugendstrafe dürfe kein Freibrief für die Begehung weiterer Taten während der Haft oder einer Bewährungszeit sein. Zum Teil wird dabei der Verzicht auf eine Einbeziehung noch weiter beschränkt auf Fälle der Verurteilung wegen neuer schwerster Verbrechen, nachdem bereits bei einer früheren Verurteilung die Höchststrafe ausgeschöpft worden ist[62]. Ein solcher Fall liegt hier freilich nicht vor, da die frühere Verurteilung des B relativ geringfügig ist und erst die zweite Verurteilung das Höchststrafmaß ausschöpfen soll.

Entwicklung der Rechtsprechung des BGH
Der BGH hat zunächst die Frage offengelassen, ob das Gesetz das Absehen von der Einbeziehung einer schon abgeurteilten Straftat aus erzieherischen Gründen auch dann gestattet, wenn dies eine Häufung von

---

[59] Frisch 1959, 1670; i. E. ebenso Böhm Anm. zu BGH StV 1986, 69, 70 ff.
[60] Eisenberg § 31 Rdn. 33, 34.
[61] KG JR 1981, 306, 307 f.; Schaffstein/Beulke 1993, 69 f.
[62] Ostendorf § 31 Rdn. 15.

Jugendstrafen bewirkt, die das gesetzliche Höchstmaß übersteigt[63]. Gerade in Fällen wie dem vorliegenden, in dem die Verurteilung zum gesetzlichen Höchstmaß der Jugendstrafe auf eine Verurteilung von Jugendstrafe von nur geringer Dauer folgt, sollte allerdings nach der vom BGH früher vertretenen Ansicht der Gesichtspunkt, daß schon das Absehen von der Einbeziehung erzieherischen Einfluß haben könnte, keine wesentliche Rolle spielen[64]. Dies wurde mit der Erwägung begründet, daß es in solchen Fällen auch bei Einbeziehung der Vorverurteilung zu einer Strafverschärfung in einem Ausmaß komme, daß ein etwaiger erzieherischer Einfluß alleine aufgrund des Absehens von der Einbeziehung außer Betracht bleiben könne. Danach galt also ein Verzicht auf die Einbeziehung bei Fallgestaltungen wie der hier vorliegenden regelmäßig als unzulässig.

Von dieser früheren Auffassung abweichend bejaht der BGH nunmehr in einer neueren Entscheidung die Zulässigkeit eines Absehens von der Einbeziehung gerade in einem solchen Fall, in dem die Vorverurteilung relativ geringfügig war und erst in dem neuen Urteil die Höchststrafe verhängt wurde. Für einen Verzicht auf die Einbeziehung verlangt er dabei Gründe, die „unter dem Gesichtspunkt der Erziehung von ganz besonderem Gewicht sind"[65]. Solche Gründe sollen vorliegen, wenn die Einbeziehung minder schwerer Taten dem Angeklagten die Bedeutung seiner neuen schweren Straftat nicht ausreichend bewußt macht. Daß eine Überschreitung des Höchststrafmaßes durch ein Absehen von der Einbeziehung gesetzlich zulässig sei, will der BGH daraus schließen, daß nur § 31 Abs. 2 JGG durch die Formulierung „in gleicher Weise" auf § 31 Abs. 1 JGG Bezug nehme, der eine ausdrückliche Bindung an die Höchstgrenzen vorsieht, und sich eine solche Bezugnahme in § 31 Abs. 3 JGG nicht finde. Dieser Schluß erscheint dem BGH auch im Hinblick darauf sinnvoll, daß zwischen der früheren Strafe und der Höchstgrenze im Einzelfall ein zu geringer Spielraum liegen könne, so daß bei absoluter Geltung der Höchstgrenze eine angemessene Reaktion auf die neue Tat nicht mehr möglich sei. Dieses Argument ist indes

[63] BGH StV 1986, 69, 70 = NStZ 1985, 410.
[64] BGH StV 1986, 69, 70 = NStZ 1985, 410.
[65] BGH NStZ 1989, 574; zustimmend Brunner § 31 Rdn. 23 ff.

gerade in Fällen wie dem vom BGH entschiedenen und dem hier vorliegenden nicht tragfähig, da auch bei Einbeziehung der Altstrafe eine erhebliche Strafschärfung einträte. Ob aus der Formulierung des Gesetzes Rückschlüsse auf die Zulässigkeit einer Überschreitung der Höchststrafen bei Anwendung des § 31 Abs. 3 JGG gezogen werden können, erscheint zweifelhaft. Ebensogut vertretbar ist die Auffassung, daß für § 31 Abs. 3 JGG als einschränkender Regel zur Grundregel des § 31 Abs. 2 JGG auch die in der Grundregel (i. V. m. § 31 Abs. 1 JGG) vorgesehenen Höchstbegrenzungen zu gelten haben[66].

b. Kritik: Brauchbarkeit des dem Absehen von der Einbeziehung zugrundeliegenden Erziehungskonzepts

Hinter der neueren BGH-Rechtsprechung steht das Konzept der Erziehung durch Beeindruckung mit der ungeschmälerten Höchststrafe[67]. Es ist fraglich, ob dieses Konzept brauchbar ist. Zum einen bestehen erhebliche Zweifel, ob Strafe, insbesondere die Höhe der Strafe als solche überhaupt in erzieherischer Weise beeindruckend wirkt. Selbst wenn man dies annimmt, kann aber kaum davon ausgegangen werden, daß der Eindruck, den eine zehnjährige Einheitsjugendstrafe auf den Jugendlichen macht, nennenswert geringer ist als derjenige der Verhängung von zwei Jugendstrafen von insgesamt elf Jahren. Für den Verurteilten und gerade für den Jugendlichen oder Heranwachsenden handelt es sich um eine schwere Strafe über einen subjektiv fast unabsehbaren Zeitraum[68]. Zum anderen ist eine solche Sanktionierung für eine positive Individualprävention ungeeignet und sogar schädlich[69]. Eine etwaige erzieherische Beeindruckung, die immer nur kurzfristig sein kann, tritt völlig hinter den entsozialisierenden Dauerwirkungen einer langfristigen Jugendstrafe zurück.

---

[66] Vgl. Ostendorf § 31 Rdn. 15.
[67] Vgl. Walter/Pieplow Anm. zu BGH NStZ 1989, 574, 577.
[68] Vgl. Böhm Anm. zu BGH StV 1986, 69, 71.
[69] Ostendorf § 31 Rdn. 15.

c. Ergebnis im Hinblick auf den Gesetzeszweck der Festlegung des Höchstmaßes der Jugendstrafe

Die Festlegung des Höchstmaßes der Jugendstrafe auf fünf Jahre in § 18 Abs. 1 S. 1 JGG beruht auf dem Gedanken, daß eine diesen Zeitraum übersteigende Anstaltsunterbringung nicht mehr für Erziehungsarbeit genutzt werden kann und spätestens danach die entsozialisierenden Wirkungen überwiegen[70]. Wegen des vom Gesetzgeber gewollten größeren Gewichts des Sühnegedankens erhöht sich zwar das Höchststrafmaß bei Heranwachsenden auf zehn Jahre (§ 105 Abs. 2 JGG). Im Ergebnis stellt dies aber immer noch eine erhebliche Herabsetzung der im allgemeinen Strafrecht gültigen Höchststrafen dar.

Die Herabsetzungen der Höchststrafen des allgemeinen Strafrechts orientieren sich freilich nicht nur am Erziehungsgedanken. Sie sollen die Wiedereingliederung des Verurteilten in noch jungem Alter nach der Strafentlassung erleichtern und dem jungen Menschen auch aus humanitären Gründen eine ausreichende Zukunftsperspektive belassen. Der letzte Gesichtspunkt wird insbesondere durch die in § 106 Abs. 1 JGG vorgesehene fakultative Milderung der lebenslangen Freiheitsstrafe gegenüber Heranwachsenden, auf die allgemeines Strafrecht Anwendung findet, zum Ausdruck gebracht. Im Hintergrund dieser Regelungen steht immer die Vorstellung, daß längere Freiheitsstrafen bei Jugendlichen und Heranwachsenden aus erzieherischen Gründen unerwünscht und aus humanitären Gründen unangemessen sind.

§ 105 Abs. 2 JGG ist daher als Regel anzusehen, die das Höchstmaß der im Zusammenhang zu vollstreckenden Jugendstrafe auf zehn Jahre begrenzt. Es kann dahinstehen, ob diese Grenze absolut gilt und ein Absehen von der Einbeziehung einer früheren Jugendstrafe auch dann ausschließt, wenn bei einer neuerlichen Verurteilung kein einigermaßen hinreichender Sanktionsspielraum mehr besteht. In Fällen wie dem vorliegenden, in dem es um die Einbeziehung einer relativ geringfügigen Jugendstrafe bei der späteren Verhängung der Höchststrafe geht, sind jedenfalls keine Gründe für ein Absehen von der Einbeziehung erkenn-

[70] Brunner § 18 Rdn. 3; Böhm Anm. zu BGH StV 1986, 69, 71.

bar, die die erzieherischen und humanitären Gründe überwiegen, die den Gesetzgeber zur Festlegung der Höchstgrenzen des Strafmaßes veranlaßt haben.

Wenn das Gericht den B zu einer Jugendstrafe von zehn Jahren verurteilt, muß es daher die frühere Verurteilung durch das Amtsgericht Z zu einem Jahr Jugendstrafe gemäß § 31 Abs. 2 JGG einbeziehen.

IV. Die Entwicklung der Jugenddelinquenz

1. Entwicklung des Umfangs

a. Tatverdächtigen- und Verurteiltenzahlen

Nach der polizeilichen Kriminalstatistik für das Land Nordrhein-Westfalen sind die Tatverdächtigenzahlen für Kinder, Jugendliche und Heranwachsende von Beginn bis Ende der 80er Jahre gleich geblieben oder sogar gesunken; erst seit Ende der 80er Jahre steigen die Zahlen der unter 21jährigen Tatverdächtigen wieder an.[71] Ähnliches gilt für das gesamte alte Bundesgebiet.[72] Die Verurteiltenzahlen für Jugendliche und Heranwachsende sind stark rückläufig[73]. Eine Gegenüberstellung zwischen Tatverdächtigenzahlen und Bevölkerungszahlen für die jeweiligen Altersgruppen läßt indes bereits erkennen, daß die Stagnation oder der Rückgang der Tatverdächtigenzahlen demographisch bedingt ist, da die Bevölkerungszahlen in den entsprechenden Altersgruppen abnehmen[74]. Der starke Rückgang der Verurteiltenzahlen dürfte zusätzlich auf vermehrten Diversionsbemühungen und häufigerem Sanktionsverzicht beruhen. Die Gerichte verurteilen und schicken in die Jugend-

---

[71] Landeskriminalamt NRW 1992, 64; 1994a, 68.
[72] Bundeskriminalamt 1994, 74 f.
[73] Statistisches Bundesamt 1991, 10 f.; 1990, 7.
[74] Landeskriminalamt NRW 1992, 64; 1994a, 68; vgl. auch Bundeskriminalamt 1994, 74.

strafanstalt in zunehmendem Maße nur noch mehrfach delinquent auffällig gewordene Jugendliche und Heranwachsende.

b. Delinquenzbelastungszahlen

Die Betrachtung der Tatverdächtigen- und Verurteiltenzahlen für Jugendliche und Heranwachsende allein genügt nicht, um die Entwicklung der Jugenddelinquenz deutlich zu machen. Die Einbeziehung der Bevölkerungszahlen der entsprechenden Altersgruppen ist unerläßlich. Sie drückt sich in den Delinquenzbelastungszahlen (= Anzahl registrierter Delinquenter auf 100 000 der jeweiligen Bevölkerungsgruppe) aus. In den Jahren 1982 bis 1993 stiegen die Delinquenzbelastungszahlen der jungen Menschen von 8 bis unter 21 Jahren in Nordrhein-Westfalen[75] um rund 25 % (von 3 508 auf 4 397). Die Kriminalitätsbelastungszahl der Erwachsenen wuchs demgegenüber um 19,5 % (von 1 729 auf 2 066). Sie nahm damit insgesamt weniger zu. Die Delinquenzbelastungszahl der Kinder von 8 bis unter 14 Jahren stieg von 1982 bis 1992 um 11 % (von 1 659 auf 1 844), fiel in 1993 allerdings wieder (auf 1 784). Die Delinquenzbelastungszahl der Jugendlichen stieg von 1982 bis 1993 um 35,5 % (von 4 448 auf 6 029), diejenige der Heranwachsenden wuchs um fast 45 % (von 5 054 auf 7 315) und damit am stärksten unter den Tätern aller Altersklassen.[76] Von 1984 bis 1993 sind die Delinquenzbelastungszahlen in der gesamten (alten) Bundesrepublik (seit 1991 einschließlich Gesamt-Berlin) bei Jugendlichen und Heranwachsenden in ähnlicher Weise gewachsen[77].

c. Probleme der Interpretation der amtlichen Zahlen

Freilich ist die Interpretation der amtlichen Zahlen, der registrierten Jugenddelinquenz, umstritten. Die einen behaupten, es werde nicht mehr

---

[75] Bearbeiter aus anderen Bundesländern sollten hier mit der jeweils für ihr Bundesland gültigen Kriminalstatistik arbeiten.

[76] Vgl. zum Vorstehenden Landeskriminalamt NRW 1994a, 68 f.

[77] Bundeskriminalamt 1994, 75.

Delinquenz begangen, sondern mehr angezeigt und intensiver verfolgt, die in Wirklichkeit Bagatellcharakter habe[78]. Was früher durch familiale oder nachbarschaftliche Sozialkontrolle aufgefangen und reguliert worden sei, würde heute vermehrt den formellen Instanzen sozialer Kontrolle gemeldet[79], und diese seien aufgrund verbesserter Verfolgungstechniken zu einer effektiveren Kontrolle in der Lage. Demgegenüber neigen andere dazu, einen realen Delinquenzzuwachs anzunehmen[80]. Eine vermittelnde Meinung macht geltend, zum Teil sei zwar die Delinquenzzunahme auf eine verstärkte Anzeigebereitschaft der Bevölkerung zurückzuführen; allein könne das Wachsen der Jugenddelinquenz aus diesem Gesichtspunkt jedoch nicht erklärt werden; vielmehr finde der offiziell registrierte Anstieg in der delinquenten Wirklichkeit zum Teil wenigstens seine Entsprechung[81].

Aufschluß über die Frage, ob der amtlich registrierte Delinquenzzuwachs bei jungen Menschen auf einer realen Delinquenzsteigerung oder lediglich auf einer Veränderung des Anzeigeverhaltens und der Effektivität der formellen Sozialkontrolle oder auf beidem beruht, können letztlich nur Dunkelfelduntersuchungen erbringen. Eine Selbstberichtuntersuchung hat zwar für den Zeitraum zwischen 1969 und 1974 ebenfalls einen Delinquenzanstieg nachgewiesen[82]. Das untersuchte Sample ist allerdings nicht repräsentativ für die damalige junge Bevölkerung des Bundesgebiets. Ob der einen, der anderen oder der vermittelnden Meinung zuzustimmen ist, läßt sich demnach gegenwärtig nicht klar entscheiden. Denn die Bundesrepublik verfügt noch über keine repräsentativen Dunkelfeldforschungen zur Delinquenzentwicklung über Jahre hinweg, aus der der wirkliche Delinquenzablauf entnommen werden könnte. Allerdings erscheint ein realer Delinquenzzuwachs wahrscheinlich[83]. Zum einen nimmt in vergleichbaren Industrieländern die Jugendkriminalität ebenfalls

[78] Albrecht/Lamnek 1975; Lamnek 1985, 64.
[79] Albrecht/Lamnek 1975, 174.
[80] Kaiser 1988, 512; Kreuzer 1983; 1993, 186 f.; Villmow 1980, 57.
[81] Heinz 1985.
[82] Kirchhoff 1975, 359.
[83] H. J. Schneider 1987, 609.

zu[84]. Es kann nicht ohne weiteres angenommen werden, daß dieser ausgewiesene Kriminalitätsanstieg überall ein Kunstprodukt des Anwachsens der formellen Sozialkontrolle ist oder daß, falls man diesen Delinquenzanstieg in anderen Ländern als real hinnimmt, die Bundesrepublik eine Ausnahme von diesem Trend bildet. Zum andern ist die Höhe der Kriminalitätsbelastungs- und Verurteiltenzahlen von der Aufklärungsquote abhängig. Diese hat in der Bundesrepublik in der Nachkriegszeit abgenommen[85] und ist beim Diebstahl, der über die Hälfte der Jugendkriminalität ausmacht[86], besonders niedrig[87]. Es ist daher zu erwarten, das junge Straftäter durch diese geringen Aufklärungsquoten eher begünstigt werden. Die Tatsache, daß die offiziell bekannt gewordene Kriminalitätsbelastung junger Menschen trotz dieses Geringerwerdens der polizeilichen Aufklärung steigt, spricht für ein tatsächliches Anwachsen der Jugendkriminalität.

2. Entwicklung der Schwere

Die Betrachtung der Deliktsstruktur der Jugenddelinquenz anhand der polizeilichen Kriminalstatistik des Bundes ergibt relativ hohe Anteile von Jungen unter 14 Jahren an der Gesamtzahl der Tatverdächtigen bei Brandstiftung (16,1 %), einfachem (5,8 %) und schwerem (4,9 %) Diebstahl und Sachbeschädigung (8,7 %) gegenüber einem Anteil dieser Geschlechts- und Altersgruppe von 3,3 % an der Gesamtzahl der Tatverdächtigen. Die Anteile männlicher jugendlicher Tatverdächtiger liegen bei Diebstahl unter erschwerenden Umständen (21,2 %), Raub (20,6 %) und Sachbeschädigung (17,9 %) gegenüber einem Gesamtanteil von 8 % an der Zahl aller Tatverdächtigen besonders hoch. Die männlichen Heranwachsenden weisen vor allem bei Diebstahl unter erschwerenden Umständen (19,2 %), Raub (17,2 %), Rauschgiftdelikten (15,7 %), Straftaten gegen das Waffen- und

[84] Vgl. Kaiser 1982b, 80 ff.; für die USA: U.S. Department of Justice 1989, 47; 1990, 54.
[85] Vgl. Kaiser 1982b, 85, 93; Kreuzer 1993, 183.
[86] Vgl. Albrecht 1993, 8 f.; vgl. auch Landeskriminalamt NRW 1994a, 68, 84.
[87] Vgl. Bundeskriminalamt 1994, 23.

das Kriegswaffenkontrollgesetz (13,8 %) sowie gefährlicher und schwerer Körperverletzung (13,8 %) Tatverdächtigenanteile auf, die deutlich über dem durchschnittlichen Anteil von 8,5 % männlicher Heranwachsender an der Gesamtzahl der Tatverdächtigen liegen[88]. Ein ähnliches Bild ergibt die polizeiliche Kriminalstatistik für das Land Nordrhein-Westfalen[89]. Allgemein fällt die überdurchschnittliche Belastung junger Menschen mit Raub- und Diebstahlsdelikten auf.

Die These, daß die Jugendkriminalität immer schwerer werde, findet auf den ersten Blick teilweise Bestätigung, wenn man die Entwicklung der Raub- und Körperverletzungsdelikte betrachtet. Sie weisen für junge Tatverdächtige überdurchschnittliche Steigerungsraten aus[90]. In Nordrhein-Westfalen sind die Kriminalitätsbelastungszahlen für die Gesamtbevölkerung von 1982 bis 1993 um 14 % (von 2 111 auf 2 405) gestiegen. Die Delinquenzbelastungszahlen für Kinder bei Raub sind von 1982 bis 1991 um 34 % (von 26 auf 35) angewachsen, bis 1993 jedoch wieder zurückgegangen (auf 27,5). Für Jugendliche sind die Delinquenzbelastungszahlen bei Raub von 1982 bis 1993 überdurchschnittlich stark um 58 % (von 109 auf 172) gestiegen gegenüber einem Anstieg von 20 % (von 157 auf 188) bei Heranwachsenden und einem Rückgang (von 24 auf 22) bei den Erwachsenen[91]. Bei der gefährlichen oder schweren Körperverletzung betrug das Anwachsen der Delinquenzbelastungszahlen im selben Zeitraum für Kinder sogar 114 % (von 35 auf 75) und für Jugendliche 96 % (von 257 auf 505), während es für Heranwachsende 24 % (von 455 auf 563) betrug und die Belastung Erwachsener mit diesen Delikten sogar abnahm (von 118 auf 102). Für den einfachen Diebstahl lagen die Steigerungsraten zum Vergleich bei 17 % (von 1 111 auf 1 298) für Kinder, 37 % (von 2 074 auf 2 847) für Jugendliche, 72 % (von 1 392 auf 2 397) für Heranwachsende und 28 % (von 555 auf 711) für Erwachsene.

Die Verurteiltenziffern für Jugendliche (14 bis einschließlich 17 Jahren) stiegen für Raub und Erpressung von 1955 bis 1980 um 616 %

[88] Bundeskriminalamt 1994, 77.
[89] Landeskriminalamt NRW 1994a, 72 ff.
[90] Albrecht 1993, 9.
[91] Eigene Berechnung auf der Grundlage der Daten des Landeskriminalamtes NRW 1994a, 68 ff.

(von 5,0 auf 35,8). Für Diebstahl und Unterschlagung wuchsen sie im selben Zeitraum um 122 % (von 399,4 auf 887,8)[92].

Dies scheint die These von einer Verschiebung der Delinquenzstruktur hin zu schwereren Delikten zumindest für die Altersgruppe der Jugendlichen für den Bereich der Raub- und vorsätzlichen Körperverletzungsdelikte zu bestätigen. Zu berücksichtigen bleibt dabei aber zweierlei: Zum einen müssen die prozentualen Steigerungsraten immer im Zusammenhang mit den Basiszahlen gesehen werden, die in Relation zueinander gesetzt werden. Die hohen Steigerungsraten bei der Raub- und der Körperverletzungskriminalität sind auch ein meßtechnisches Ergebnis der relativ geringen Ausgangszahlen, während die verhältnismäßig niedrigen Anstiegsraten bei der Diebstahlsdelinquenz einen in absoluten Zahlen bedeutsameren Anstieg verschleiern[93]. Der Gesamttrend der Jugendkriminalität bleibt durch die Eigentumsdelikte bestimmt, die ihren weitaus größten Anteil ausmachen[94]. Zum anderen ist zu vermuten, daß sich hinter der besonders niedrigen Aufklärungsquote bei der Diebstahlskriminalität ein weit höherer Anstieg der Delinquenzbelastung junger Menschen verbirgt. Die geringe Aufklärungsquote bei diesen Delikten kann damit zu einer Verzerrung der gesamten Kriminalitätsstruktur im Bild der offiziellen Statistiken führen. Bei der Entwicklung der Verurteilungsziffern ist darüber hinaus zu berücksichtigen, daß Diebstahlskriminalität sehr viel häufiger Ansätze für Diversionsmaßnahmen bietet als Gewaltkriminalität. Der vermehrte Sanktionsverzicht wird sich daher eher dämpfend auf den Anstieg der Verurteilungsraten im Bereich der Diebstahlsdelikte ausgewirkt haben.

[92] Eigene Berechnung aufgrund der Zahlen von Kaiser 1982b, 82.

[93] Vgl. Albrecht/Lamnek 1975, 162; Albrecht 1993, 4 ff.

[94] Albrecht 1993, 8 ff.

3. Teil
Strafvollzug

Einleitung

Strafvollzug als Gebiet des Studiums und der Wissenschaft setzt sich aus Strafvollzugsrecht und empirischer Sanktionsforschung zusammen. Die wichtigste Rechtsquelle des Strafvollzugsrechts ist das am 1. Januar 1977 in Kraft getretene Gesetz über den Vollzug der Freiheitsstrafe und der freiheitsentziehenden Maßregeln der Besserung und Sicherung (Strafvollzugsgesetz = StVollzG). Es geht auf die Beschlüsse des Bundesverfassungsgerichts vom 14. März 1972 (BVerfGE 33, 1) und vom 29. Oktober 1975 (BVerfGE 40, 276) zurück, in denen das Gericht feststellte, daß auch die Grundrechte von Strafgefangenen nur durch Gesetz oder aufgrund eines Gesetzes eingeschränkt werden dürfen. Das Strafvollzugsgesetz regelt nicht den Vollzug der Jugendstrafe (Ausnahme §§ 176, 178 StVollzG). Für ihn gelten §§ 91, 115 JGG, §§ 23 ff EGGVG.

Die unmittelbare Relevanz von Strafvollzugsfragen in der Praxis der Rechtspflege mag zwar weniger bedeutend sein als diejenige des Jugendstrafrechts[1]. Aber auch in diesem Bereich gilt: Wer einen Beruf in der Rechtspflege anstrebt, sollte zumindest mit Grundzügen des Strafvollzugsrechts vertraut sein. So muß ein Richter der ordentlichen Gerichtsbarkeit damit rechnen, in einer Strafvollstreckungskammer eingesetzt zu werden, die Entscheidungen auf dem Gebiet des Strafvollzugs zu treffen hat. Der Rechtsanwalt muß in der Lage sein, als Strafverteidiger Mandanten auch in Strafvollzugssachen zu vertreten. Über umfassende Kenntnisse auf diesem Gebiet muß selbstverständlich verfügen, wer als Jurist im Strafvollzug tätig werden möchte. Darüber hinaus ist ein umfassendes Verständnis des Strafrechts, seiner Möglichkeiten und Nachteile nur von denjenigen zu gewinnen, die auch über Kenntnisse darüber verfügen, wie der Staat mit verurteilten Personen weiter umgeht und welche eigendynamischen Prozesse sich im Strafvollzug entwickeln[2].

Das Strafvollzugsrecht ist seiner Natur nach (Justiz-)Verwaltungsrecht. Zwar enthält das Strafvollzugsgesetz umfassende (Sonder-)Regelungen zu den Vollzugszielen, den Gestaltungsgrundsätzen des Vollzugs,

---

[1] Vgl. oben Einleitung zum 2. Teil.
[2] Vgl. Eisenberg 1994, 27.

der Vollzugsorganisation und dem Vollzugsablauf sowie zu dem Rechtsschutz gegen Maßnahmen der Vollzugsbehörde. Fundierte Kenntnisse auf den Gebieten des Verwaltungs- und des Verwaltungsprozeßrechts sind allerdings bei der Lösung strafvollzugsrechtlicher Fragen sehr hilfreich. So sind z.B. zahlreiche Entscheidungen, die die Strafvollzugsbehörde zu treffen hat, Ermessensentscheidungen, z.B. die Gewährung von Lockerungen des Vollzuges (§ 11 StVollzG), Hafturlaub (§ 13 StVollzG) oder die Gestattung eines freien Beschäftigungsverhältnisses (§ 39 StVollzG)[3]. Für sie gilt die im Bereich des allgemeinen Verwaltungsrechts entwickelte Lehre über die Ermessensausübung.

Der *gerichtliche Rechtsschutz* in bezug auf „Maßnahmen zur Regelung einzelner Angelegenheiten auf dem Gebiet des Strafvollzugs" ist in §§ 109 ff StVollzG geregelt und obliegt den ordentlichen Gerichten. Er ist in seiner Struktur dem Verwaltungsgerichtsprozeß nachgebildet[4]. Häufig verlangt die Aufgabenstellung strafvollzugsrechtlicher Klausuren und Hausarbeiten die Würdigung der Erfolgsaussichten eines Antrags auf gerichtliche Entscheidung gem. § 109 StVollzG. Dann ist vor der materiellen Begründetheit eines solchen Antrags seine verfahrensrechtliche Zulässigkeit zu würdigen. Der gedankliche Aufbau der Prüfung orientiert sich an demjenigen verwaltungsprozessualer Rechtsbehelfe. Im Rahmen der Erörterung der Zulässigkeit eines Antrags auf gerichtliche Entscheidung ist dabei nur auf die Voraussetzungen einzugehen, die hierzu Anlaß geben. Namentlich sei auf folgende Voraussetzungen hingewiesen:

1. *Zuständigkeit*: Für Anträge auf gerichtliche Entscheidung ist nach § 78a Abs. 1 Nr. 2 GVG das Landgericht – Strafvollstreckungskammer – sachlich zuständig. Örtlich zuständig ist gem. § 110 StVollzG die Strafvollstreckungskammer, in deren Bezirk die beteiligte Vollzugsbehörde ihren Sitz hat.

2. *Antragsart*: Das mit dem Antrag auf gerichtliche Entscheidung verfolgbare Rechtsschutzbegehren muß gegen „eine Maßnahme zur Rege-

---

[3] Vgl. Examenshausarbeit.
[4] Callies/Müller-Dietz § 109 Rdn. 3.

lung einzelner Angelegenheiten auf dem Gebiete des Strafvollzugs" oder auf ihren Erlaß oder ihre Vornahme gerichtet sein. Der Begriff der Maßnahme knüpft an die Definition des Verwaltungsakts in § 35 Abs. 1 VwVfG an[5], ist allerdings weiter als dieser. Er umfaßt namentlich auch schlicht hoheitliches Handeln und Realakte, sofern sie auf die Lebensverhältnisse des Betroffenen einwirken[6]. Da eine Regelung des Einzelfalls erforderlich ist, können allgemeine Regelungen nicht zum Gegenstand gerichtlicher Überprüfung gemacht werden[7].

Die Typologie der Antragsarten entspricht derjenigen der Klagearten im Verwaltungsgerichtsprozeß[8]. Sie sind allerdings in § 109 StVollzG nicht abschließend aufgezählt. Im Verfahren nach §§ 109 ff StVollzG kann Anfechtungs-, Verpflichtungs-, Vornahme-, Unterlassungs- und Feststellungsantrag erhoben werden. Der Anfechtungsantrag richtet sich auf Aufhebung eines in einer Strafvollzugsangelegenheit erlassenen (Justiz-)Verwaltungsakts. Gegen Maßnahmen, die keine Verwaltungsakte sind, kommt ein Unterlassungs- oder Feststellungsantrag in Betracht. Im übrigen kann der Feststellungsantrag auch auf die Feststellung der Rechtswidrigkeit einer Maßnahme zielen, die sich zwischenzeitlich erledigt hat. Er setzt allerdings ein besonderes Rechtsschutzinteresse an der Feststellung der Rechtswidrigkeit der Maßnahme oder ihres Unterlassens (Feststellungsinteresse) voraus[9]. Ebenso ist der vorbeugende Unterlassungsantrag als Form des allgemeinen Leistungsantrags nur zulässig, wenn eine belastende Maßnahme droht und der Betroffene ein besonderes, rechtlich schützenswertes Interesse daran hat, die Rechtmäßigkeit der Maßnahme schon vor deren Erlaß überprüfen zu lassen und die Vollzugsbehörde zu deren Unterlassung zu verpflichten[10]. Der Verpflichtungsantrag richtet sich gegen die Ablehnung einer beantragten Maßnahme durch einen Bescheid und auf Verpflichtung der Vollzugsbehörde auf Vornahme der begehrten Maßnahme (§§ 109 Abs.

---

[5] Vgl. Schuler in Schwind/Böhm § 109 Rdn. 11.
[6] Vgl. Schuler in Schwind/Böhm § 109 Rdn. 18; Calliess/Müller-Dietz § 109 Rdn. 6.
[7] Vgl. Calliess/Müller-Dietz § 109 Rdn. 8.
[8] Vgl. auch zum folgenden Calliess/Müller-Dietz § 109 Rdn. 3 f.
[9] Vgl. Übungsklausur, Teil II.
[10] Vgl. Examensklausur, Teil II.

1 S. 2, 115 Abs. 4 StVollzG), während der Vornahmeantrag gegen das Unterlassen einer beantragten Maßnahme, die Untätigkeit der Vollzugsbehörde, zielt (§ 113 StVollzG).

3. *Antragsbefugnis*: Antragsbefugt ist nur, wer geltend macht, durch die Maßnahme, ihre Ablehnung oder ihre Unterlassung in seinen Rechten verletzt zu sein (§ 109 Abs. 2 StVollzG). Der Antragsteller muß Tatsachen behaupten, die eine Verletzung seiner Rechte als möglich erscheinen lassen, und muß außerdem zu erkennen geben, daß er sich in seinen Rechten verletzt fühlt[11]. Antragsberechtigt sind daher nicht nur Strafgefangene, sondern auch Dritte, sofern sie geltend machen, durch Vollzugsmaßnahmen oder ihre Unterlassung unmittelbar in ihren Rechten betroffen sein zu können, z.B. Angehörige, deren Besuchs- oder Briefkontakt zum Gefangenen eingeschränkt oder verboten wird.

4. *Verwaltungsvorverfahren*: § 109 Abs. 3 StVollzG ermächtigt die Länder, die Zulässigkeit eines Antrags auf gerichtliche Entscheidung von einem Verwaltungsvorverfahren (Widerspruchsverfahren) abhängig zu machen. Dieses wird im einzelnen durch die Vorschriften der betreffenden Länder geregelt, mit deren Inhalt sich Bearbeiter strafvollzugsrechtlicher Aufgaben eigenverantwortlich vertraut machen müssen.

Der *Ablauf der Begründetheitsprüfung* richtet sich nach dem Gegenstand des jeweiligen Rechtsschutzbegehrens. Wird z.B. die Aufhebung einer belastenden Maßnahme begehrt, so sollte zunächst dargelegt werden, in welche Rechte des einzelnen sie eingreift. Sodann müssen die möglichen Eingriffsgrundlagen erörtert werden. Wird der Erlaß einer Maßnahme erstrebt[12], so müssen ausgehend von möglichen Anspruchsgrundlagen deren Voraussetzungen geprüft werden. Verlangt die Aufgabenstellung lediglich die Überprüfung der Rechtmäßigkeit einer (beabsichtigten) Entscheidung der Vollzugsbehörde oder die Bearbeitung eines Antrags oder einer formlosen Beschwerde des Gefangenen an den Anstaltsleiter gem. § 108 StVollzG, so ist lediglich ein Gutachten zur materiellen Rechtslage zu erstatten. Gegenstand strafvollzugsrechtlicher

[11] Calliess/Müller-Dietz § 109 Rdn. 9.
[12] Vgl. Examenshausarbeit.

Fragestellungen in Studium und Examen sind dabei neben den Vollzugszielen und den allgemeinen Vollzugsgrundsätzen häufig die Gewährung von Vollzugslockerungen, insbesondere von Urlaub[13], Maßnahmen im Bereich der Besuchs- und Briefkontrolle[14], die Freizeitgestaltung in der Anstalt[15], Regelungen der Gefangenenmitverantwortung[16] und die Zulässigkeit von Disziplinar- oder Zwangsmaßnahmen[17].

[13] Vgl. Examenshausarbeit.
[14] Vgl. Übungs- und Examensklausur.
[15] Vgl. Examenshausarbeit.
[16] Vgl. Übungsklausur.
[17] Vgl. Examensklausur.

Übungsklausur

1. Problemkomplex: Gefangenenmitverantwortung – Überwachung des Schriftwechsels – Anhalten von Schreiben – Antrag auf gerichtliche Entscheidung – Antrag auf Aussetzung des Vollzugs der angefochtenen Maßnahme

Sachverhalt:
Der 40jährige A und der 45jährige B sind wegen Bandendiebstahls zu Freiheitsstrafen von jeweils 5 Jahren verurteilt worden. Ihre Strafen verbüßen sie seit Februar 1994 in der Justizvollzugsanstalt der Stadt S im Bundesland N, einer Anstalt mit höchstem Sicherheitsgrad, die im Durchschnitt mit 1 000 Gefangenen belegt ist.

I. Der Insassenvertreter
A ist in der Gefangenenmitverantwortung aktiv und ordnungsgemäß als Gefangenensprecher seiner Station gewählt worden. Er hat sich bereits mit einer Vielzahl von Beschwerden an den Anstaltsleiter L gewandt, die sämtlich als unbegründet zurückgewiesen wurden. Bei einer Vollversammlung aller Gefangenen im Juli 1994 bezeichnet er die Anstaltsbediensteten als „Büttel eines Unrechtssystems", „Schergen" und „Folterknechte". Außerdem fordert er die Gefangenen auf, die Arbeit niederzulegen, um eine Verkürzung der Arbeitszeit „mit vollem Lohnausgleich" durchzusetzen. Um die Entlassung des seiner Ansicht nach unfähigen Anstaltsarztes Dr. M zu erreichen, hat A in der Anstalt die unwahre Behauptung verbreitet, M sei drogensüchtig. Der Anstaltsleiter L schließt den A daraufhin von der Gefangenenmitverantwortung aus. Dabei stützt er sich auf eine vom Ministerium der Justiz des Landes N zu § 160 StVollzG erlassene Verwaltungsvorschrift, die hinsichtlich der Teilnahme an der Gefangenenmitverantwortung folgende Regelung trifft:

„Der Anstaltsleiter kann Gefangene von der Teilnahme oder der weiteren Teilnahme ausschließen,

1. bei denen zu befürchten ist, daß sie einen negativen Einfluß ausüben, insbesondere die Erreichung des Vollzugsziels bei anderen Gefangenen gefährden würden,
2. wenn dies aus Gründen der Behandlung notwendig ist oder
3. wenn es die Sicherheit oder Ordnung der Anstalt erfordert."[1]

A vertritt die Ansicht, daß ihm sein „Mandat" zur Teilnahme an der Gefangenenmitverantwortung als Gefangenensprecher nur von der Insassenversammlung und nicht vom Anstaltsleiter wieder entzogen werden könne, und beantragt gegen den Bescheid des L gerichtliche Entscheidung. Gleichzeitig beantragt er, den Vollzug des Bescheides auszusetzen, weil sonst für die Zeit bis zur Entscheidung in der Hauptsache sein Recht, als Sprecher der Gefangenenvertretung zu handeln, vereitelt werde. Insbesondere werde er daran gehindert, an der in zwei Wochen stattfindenden halbjährlichen Zusammenkunft zwischen der Sprecherkonferenz und dem Anstaltsleiter L teilzunehmen.

II. Der Brief

Im August 1994 kommt es in der Anstalt S zu einem gewalttätigen Streit zwischen einigen Insassen in dessen Verlauf ein Gefangener einen Mithäftling mit einem im Vollzug selbst gebastelten Schußapparat schwer verletzt und anschließend mit vorgehaltener Waffe einen Fluchtversuch unternimmt. Die Pläne für den Schußapparat hatte der Gefangene auf ungeklärte Weise von Personen außerhalb der Anstalt erhalten. Daraufhin ordnet der Anstaltsleiter L am 19.08.1994 die allgemeine Überwachung für die ausgehende Privatpost aller Gefangenen an. Obwohl B nicht zu den ausbruchswilligen oder sicherheitsgefährdenden Gefangenen gehört, ist auch seine Post von den Kontrollmaßnahmen betroffen.

Im Rahmen der Überwachungsmaßnahmen liest L am 20.08.1994 einen Brief, den B an seine Ehefrau F geschrieben hat und der u. a. fol-

[1] = RV d. JM NRW v. 10. Juli 1979.

genden Inhalt hat: „Die Zustände in diesem Knast werden immer unerträglicher. Der Anstaltsleiter L ist ein korrupter Saufbold, der seinen Pappkopf nur dazu gebraucht, sich jeden Tag neue Schikanen für die Gefangenen auszudenken.“ L ist über den Inhalt des Schreibens empört. Er teilt dem B mit, daß der Brief wegen der darin enthaltenen Ehrverletzungen und der unrichtigen Darstellung der Anstaltsverhältnisse nicht an F weitergeleitet werde, und droht ihm an, künftig in ähnlichen Fällen ebenso zu verfahren.

B hält die ihn betreffenden Maßnahmen des L für rechtswidrig und beantragt gerichtliche Entscheidung. Er ist der Ansicht, daß die Überwachung seiner Privatpost und das Nichtweiterleiten des Briefes an F ihn in seinen Rechten verletze. Zwar habe er an der Absendung des Briefes, dessen Inhalt inzwischen überholt sei, kein Interesse mehr. Jedoch erstrebe er „aus grundsätzlichen Erwägungen“ die Feststellung, daß das Anhalten rechtswidrig sei.

Aufgabe:
Wie wird das Gericht über die Anträge von A und B entscheiden?

Hinweis für die Bearbeitung: Soweit das Landesrecht ein Widerspruchsverfahren vorsieht, ist davon auszugehen, daß dieses ordnungsgemäß durchgeführt und erfolglos geblieben ist. Die Anträge auf gerichtliche Entscheidung sind fristgemäß gestellt.

Lösung

Gliederung

Teil I: Anträge des A

A. Antrag auf Aussetzung des Vollzugs
   - I. Zulässigkeit
      1. Zugelassener Rechtsbehelf
      2. Antragsfrist
      3. Antragsbefugnis

- II. Begründetheit
  - 1. Gefahr der Rechtsvereitelung
  - 2. Interessenabwägung
    - a. Grundlagen
    - b. Erfolgsaussichten des Antrags in der Hauptsache
      - – Rechtsanspruch des A
      - – Anspruch auf fehlerfreien Ermessensgebrauch

B. Antrag auf gerichtliche Entscheidung

Teil II: Anträge des B

A. Die Überwachung des Schriftverkehrs

- I. Zulässigkeit des Antrags auf gerichtliche Entscheidung
  - 1. Antragsart
  - 2. Antragsbefugnis
- II. Begründetheit des Antrags auf gerichtliche Entscheidung
  - 1. Eingriff in Rechte des B
  - 2. Rechtmäßigkeit des Eingriffs
    - a. § 29 Abs. 3 StVollzG als Ermächtigungsgrundlage für die generelle Überwachung des Briefverkehrs
    - b. Gebotenheit der allgemeinen Briefkontrolle

B. Das Anhalten des Briefes an F

- I. Zulässigkeit des Antrags auf gerichtliche Entscheidung
  - 1. Antragsart und Antragsbefugnis
  - 2. Feststellungsinteresse
- II. Begründetheit des Antrags auf gerichtliche Entscheidung
  - 1. Eingriff in Rechte des B
  - 2. § 31 Abs. 1 Nr. 3 StVollzG als Ermächtigungsgrundlage
  - 3. § 31 Abs. 1 Nr. 4 StVollzG als Ermächtigungsgrundlage

Gutachten

Teil I: Anträge des A

A. Antrag auf Aussetzung des Vollzugs

Die Strafvollstreckungskammer wird den Vollzug des Bescheides, durch den A von der Teilnahme an der Gefangenenmitverantwortung ausgeschlossen wird, aussetzen, wenn der hierauf gerichtete Antrag des A zulässig und begründet ist.

I. Zulässigkeit

1. Zugelassener Rechtsbehelf

Mit seinem Rechtsschutzbegehren will A erreichen, daß der Vollzug der belastenden Anordnung des L ausgesetzt wird. Dieses Begehren kann nur mit einem Aussetzungsantrag gemäß § 114 Abs. 2 S. 1 StVollzG verfolgt werden.[2] Der Antrag auf gerichtliche Entscheidung hat nach § 114 Abs. 1 StVollzG keine aufschiebende Wirkung.

2. Antragsfrist

Der Aussetzungsantrag muß im Hinblick auf ein Verfahren über die Hauptsache gestellt werden.[3] Zwar kann die Aussetzung schon vor Einreichung des Antrags zur Hauptsache beantragt werden. Jedoch muß

---

[2] Zur Abgrenzung von der einstweiligen Anordnung gem. § 114 Abs. 2 S. 2 StVollzG vgl. Schuler in: Schwind/Böhm § 114 Rdn. 3.
[3] AK-StVollzG Volckart § 114 Rdn. 5.

der Antrag auf gerichtliche Entscheidung noch zulässig sein.[4] Insbesondere darf die Antragsfrist noch nicht abgelaufen sein. A hat den Aussetzungsantrag gemeinsam mit dem fristgerechten Antrag auf gerichtliche Entscheidung gestellt, so daß diese Voraussetzung erfüllt ist.

3. Antragsbefugnis

Die Antragsbefugnis (§ 109 Abs. 3 StVollzG) des A ergibt sich bereits daraus, daß er Adressat der ihn belastenden Anordnung seines Ausschlusses von der Teilnahme an der Gefangenenmitverantwortung ist.[5]

Sein Aussetzungsantrag ist mithin zulässig.

II. Begründetheit

Der Antrag hat in der Sache Erfolg, wenn für A die Gefahr einer zeitweiligen Rechtsvereitelung besteht und der Aussetzung kein höher zu bewertendes Vollzugsinteresse entgegensteht.

1. Gefahr der Rechtsvereitelung

Durch die Anordnung des L wird A daran gehindert, an der halbjährlichen gemeinsamen Sitzung von Sprecherkonferenz und Anstaltsleiter teilzunehmen. Insoweit droht ihm ein Rechtsverlust, der nicht wieder rückgängig gemacht werden kann, und damit die Gefahr einer Rechtsvereitelung.

---

[4] AK-StVollzG Volckart § 114 Rdn. 5; Calliess/Müller-Dietz § 114 Rdn. 3.

[5] Sog. Adressatentheorie: vgl. Redeker/v. Oertzen § 42 Rdn. 15.

2. Interessenabwägung

a. Grundlagen

Die Gewährung einstweiligen Rechtsschutzes nach § 114 Abs. 2 S. 1 StVollzG ist indes von einer Interessenabwägung zwischen dem Vollzugsinteresse des Staates und dem Aussetzungsinteresse des Antragstellers abhängig.[6] Im Rahmen der Interessenabwägung ist vorrangig auf die Erfolgsaussichten des in der Hauptsache anhängigen Antrags auf gerichtliche Entscheidung abzustellen. Ist der angegriffene Bescheid des L offensichtlich rechtswidrig, so fehlt es an einem öffentlichen Vollzugsinteresse und der Antrag des A ist begründet.[7] Umgekehrt ist das Vollzugsinteresse grundsätzlich zu bejahen, wenn der Hauptsacheantrag voraussichtlich keinen Erfolg haben wird, weil der Bescheid offensichtlich rechtmäßig ist.[8] Nur wenn die überschlägige Prüfung der Erfolgsaussichten des Rechtsbehelfs zu keinem eindeutigen Ergebnis führt, müssen die Interessen der Beteiligten bewertet werden.

b. Erfolgsaussichten des Antrags in der Hauptsache

Rechtsanspruch des A

Sein Ausschluß von der Teilnahme an der Gefangenenmitverantwortung kann den A in einem Recht auf Mitwirkung an der Gefangenenmitverantwortung verletzen. § 160 StVollzG, der die Gefangenenmitverantwortung regelt, ist eine Soll-Vorschrift und enthält lediglich einen Auftrag an die Vollzugsbehörden. Die Norm begründet daher keinen Rechtsanspruch des Gefangenen auf Mitwirkung an Angelegenheiten von gemeinsamem Interesse im Strafvollzug.[9]

---

[6] Vgl. AK-StVollzG Volckart § 114 Rdn. 6.

[7] Vgl. Calliess/Müller-Dietz § 114 Rdn. 2.

[8] Vgl. Schuler in: Schwind/Böhm § 114 Rdn. 2; Calliess/Müller-Dietz § 114 Rdn. 2; LG Trier ZfStrVo SH 1977, 51.

[9] Calliess/Müller-Dietz § 160 Rdn. 1; AK-StVollzG Volckart § 160 Rdn. 2; BayObLG NStZ 1982, 84 (85); KG NStZ 1990, 208; OLG Hamm NStZ 1981, 118;

Anspruch auf fehlerfreien Ermessensgebrauch
Wenn die Vollzugsbehörde ihrer Verpflichtung nachgekommen ist, die Teilnahme der Gefangenen an solchen Angelegenheiten zu ermöglichen, so besteht allerdings für die Gefangenen im Rahmen der gesetzlichen Vorgaben und der Selbstbindung der Vollzugsbehörde ein Recht auf fehlerfreien Ermessensgebrauch.[10] Die angefochtene Anordnung des L ist demnach nur dann rechtmäßig, wenn L den A ohne Ermessensfehler von der Teilnahme an der Gefangenenmitverantwortung ausgeschlossen hat.

Die Justizvollzugsverwaltung des Landes N hat sich mit der vom Justizministerium erlassenen Verwaltungsvorschrift eine Selbstbindung ihres Ermessens auferlegt.[11] Die Anordnung des L ist daher zunächst an dieser Verwaltungsvorschrift zu messen. Da das Verhalten des A – seine beleidigenden Äußerungen über die Anstaltsbediensteten, sein Streikaufruf und seine unwahren Behauptungen über den Anstaltsarzt – die Gefahr einer negativen Beeinflussung der übrigen Gefangenen begründet und gleichzeitig die Ordnung der Anstalt gefährdet, sind die Bedingungen der Ziffern 1. und 3. der Verwaltungsvorschrift für den Ausschluß des A von der Gefangenenmitverantwortung erfüllt.

Voraussetzung einer wirksamen Ermessensbindung durch die Verwaltungsvorschrift ist freilich, daß die Vorschrift selbst nicht gesetzlichen Regelungen widerspricht oder auf sachfremden Erwägungen oder Willkür beruht.[12] § 160 StVollzG selbst sieht keine Einschränkungen der Gestaltungsmöglichkeiten für die Gefangenenmitverantwortung vor, sondern räumt den Vollzugsbehörden einen weiten Ermessensspielraum für die Ausgestaltung ein.[13] Ziff. 1. der Verwaltungsvorschrift stellt eine Anwendung und Konkretisierung des Behandlungsgedankens einerseits und des Schutzes von Sicherheit und Ordnung der Anstalt andererseits dar. Diese Kriterien bestimmen den gesamten Strafvollzug und bil-

OLG Frankfurt NStZ 1981, 79.

[10] Calliess/Müller-Dietz § 160 Rdn. 5; AK-StVollzG Feest/Hoffmann § 160 Rdn. 7.

[11] Vgl. OLG Celle NStZ 1981, 495 (496); OLG Hamm NStZ 1981, 118 (119).

[12] Vgl. KG NStZ 1990, 208; OLG Hamm NStZ 1982, 224.

[13] Vgl. OLG Hamm NStZ 1982, 224; 1981, 118; OLG Frankfurt ZfStrVo 1981, 254 (255); Calliess/Müller-Dietz § 160 Rdn. 2.

den in zahlreichen Normen des Strafvollzugsgesetzes (vgl. insbes. §§ 25, 27 Abs. 1, 28 Abs. 2, 29 Abs. 3, 31 Abs. 1 StVollzG) die Voraussetzungen für Eingriffe in Rechte des Gefangenen. Die Verwaltungsvorschrift steht daher im Einklang mit den Zielvorstellungen des Strafvollzugsgesetzes und beruht nicht auf sachfremden Erwägungen.

Der Anstaltsleiter L hat daher seine Befugnis zum Ausschluß des A von der Gefangenenmitverantwortung, die ihm durch die rechtmäßige Verwaltungsvorschrift eingeräumt ist, ermessensfehlerfrei ausgeübt. Da der Antrag des A auf gerichtliche Entscheidung mithin keine Erfolgsaussicht hat, ist das Interesse der Anstalt am Vollzug des Ausschlusses höher zu bewerten als das Aussetzungsinteresse des A. Sein Antrag auf Aussetzung des Vollzugs der Anordnung des L ist somit unbegründet.

B. Antrag auf gerichtliche Entscheidung

Der Hauptsacheantrag des A auf gerichtliche Entscheidung ist nach dem soeben Ausgeführten zwar zulässig, aber unbegründet.

Teil II: Anträge des B

A. Die Überwachung des Schriftverkehrs

I. Zulässigkeit des Antrags auf gerichtliche Entscheidung

1. Antragsart

Das Rechtsschutzbegehren des B richtet sich auf die Aufhebung einer belastenden Anordnung. Der Antragsart nach kommt somit ein Anfechtungsantrag (§ 109 Abs. 1 S. 1 StVollzG) in Frage.

Er muß sich gegen eine vollzugsbehördliche Maßnahme richten. „Maßnahme" ist ein behördliches Handeln zur Regelung eines Einzelfalls, das unmittelbare Rechtswirksamkeit für den Gefangenen oder für Dritte hat.[14] Fraglich ist, ob es sich bei der angegriffenen allgemeinen Anordnung des L um eine Einzelfallregelung handelt. Eine Einzelfallregelung liegt dann nicht vor, wenn die Anordnung für eine unbestimmte Vielzahl von Fällen gelten soll und nicht von vornherein auf einen bestimmten Personenkreis zugeschnitten ist. Demgegenüber wendet sich die Anordnung des L an einen nach allgemeinen Merkmalen bestimmten Personenkreis, nämlich die Gefangenen der Anstalt S. Es handelt sich demnach um eine Einzelfallregelung in Gestalt einer Allgemeinverfügung, die einer gerichtlichen Überprüfung zugänglich ist.[15]

2. Antragsbefugnis

Die Antragsbefugnis (§ 109 Abs. 3 StVollzG) des B ergibt sich daraus, daß die Überwachungsanordnung (auch) an ihn gerichtet ist.

Der gegen die Überwachungsanordnung des L gerichtete Antrag des B auf gerichtliche Entscheidung gemäß § 109 StVollzG ist somit zulässig.

II. Begründetheit des Antrags auf gerichtliche Entscheidung

Der Antrag des B ist begründet, wenn die angeordnete Überwachung des Schriftverkehrs rechtswidrig ist und den B in seinen Rechten verletzt (§ 115 Abs. 2 StVollzG).

---

[14] Calliess/Müller-Dietz § 109 Rdn. 6.
[15] Vgl. Calliess/Müller-Dietz § 109 Rdn. 8.

1. Eingriff in Rechte des B

Die Überwachung seiner Briefe greift in das grundgesetzlich geschützte Recht des B auf Wahrung des Briefgeheimnisses ein (Art. 10 GG). Beschränkungen dieses Rechts dürfen gemäß Art. 10 Abs. 2 S. 1 GG nur aufgrund eines Gesetzes angeordnet werden. Im Rahmen des Strafvollzugsgesetzes schränkt § 29 Abs. 3 StVollzG das Briefgeheimnis in verfassungsrechtlich zulässiger Weise[16] ein. Danach ist die Überwachung des Schriftverkehrs aus Gründen der Sicherheit oder Ordnung der Anstalt zulässig. Diese Ermächtigung deckt jedenfalls die individuelle Überwachung des Briefverkehrs, wenn konkrete Anhaltspunkte für eine Gefährdung durch den überwachten Gefangenen vorhanden sind. Ein solcher Fall liegt hier aber gerade nicht vor, da von B kein konkret erkennbares Risiko für die Sicherheit oder Ordnung der Anstalt ausgeht.

2. Rechtmäßigkeit des Eingriffs

a. § 29 Abs. 3 StVollzG als Ermächtigungsgrundlage für die generelle Überwachung des Briefverkehrs

Es ist zweifelhaft und umstritten, ob die generelle Anordnung zur Überwachung des Briefverkehrs, von der alle Gefangenen einer Anstalt ohne Ansehung ihrer Person und ihres Verhaltens betroffen sind, überhaupt zu den Maßnahmen gehört, die unter den Voraussetzungen des § 29 Abs. 3 StVollzG zulässig sein können. Zwar läßt sich dem Gesetzeswortlaut eine Einschränkung der zulässigen Überwachungsmöglichkeiten auf individuelle Maßnahmen, die nur einzelne konkret gefährliche Gefangene betreffen, nicht entnehmen. Eine einschränkende Auslegung kann aber im Hinblick auf den Zweck des Strafvollzuges geboten sein.

---

[16] Calliess/Müller-Dietz § 29 Rdn. 1; BVerfG ZfStrVo 82, 126.

Die Überwachung des Briefverkehrs stellt eine erhebliche Belastung der Kommunikation des Gefangenen mit Familienangehörigen und anderen Außenstehenden dar, die zur Verwirklichung des Strafvollzugsziels der Resozialisierung in der Regel wünschenswert ist und von der Anstalt sogar ausdrücklich gefördert werden soll (§ 23 S. 2 StVollzG). Durch eine generelle Überwachung des Briefverkehrs werden auch Gefangene, die nicht zu dem ausbruchswilligen oder sonst sicherheitsgefährdenden Personenkreis gehören, als Sicherheitsrisiko behandelt und erfahren damit eine mit Rücksicht auf ihr Verhalten nicht berechtigte soziale Abwertung. Teilweise wird deshalb eine einschränkende Auslegung des § 29 Abs. 3 StVollzG für erforderlich gehalten, die eine Kontrolle des Briefverkehrs nur bei einzelnen Gefangenen unter der Voraussetzung erlaubt, daß schwerwiegende Gründe in der Person oder dem Verhalten des Gefangenen eine Überwachung unerläßlich machen.[17]

Für eine solche einschränkende Auslegung und gegen die Zulässigkeit einer allgemeinen Überwachung spricht zum einen das Gebot differenzierender und individualisierender Behandlung der Gefangenen, das im Strafvollzug allgemein gilt und in §§ 141, 143 Abs. 1 StVollzG seinen deutlichsten Ausdruck gefunden hat. Zum andern entspricht die weitgehende Ermöglichung unüberwachten Briefverkehrs dem in § 3 Abs. 1 StVollzG formulierten Gestaltungsgrundsatz, daß das Leben im Vollzug den allgemeinen Lebensverhältnissen soweit als möglich angeglichen werden soll.

Insbesondere die Rechtsprechung hält gleichwohl auch eine generelle Überwachung des Briefverkehrs für eine unter den Voraussetzungen des § 29 Abs. 3 StVollzG zulässige Maßnahme.[18] Sie trägt damit Erfordernissen der Strafvollzugspraxis Rechnung. Insbesondere in großen Anstalten ist der Kreis der potentiell gefährlichen Gefangenen kaum

---

[17] Molketin 1981, 192 ff.; vgl. auch Calliess/Müller-Dietz § 29 Rdn. 3; AK-StVollzG Joester § 29 Rdn. 2.

[18] OLG Frankfurt NJW 1979, 2525; KG NStZ 1981, 368; OLG Hamm NStZ 1981, 368; OLG Zweibrücken NStZ 85, 236; so auch: Schwind in: Schwind/Böhm § 29 Rdn. 6 f.; Grunau/Tiesler § 29 Rdn. 5; einschränkend im Hinblick auf das Übermaßverbot Schöch in: Kaiser/Schöch 1994, 227.

hinreichend genau bestimmbar. Bei einer Überwachung nur einzelner Gefangener, die für gefährlich gehalten werden, läßt sich überdies angesichts der vielfältigen Kommunikationsmöglichkeiten unter den Insassen nicht ausschließen, daß sicherheitsgefährdende Kontakte zur Außenwelt über nicht überwachte Gefangene hergestellt werden. Im Hinblick auf den Normzweck des § 29 Abs. 3 StVollzG, die Sicherheit der Anstalt zu gewährleisten, erscheint es daher notwendig, diese Mißbrauchsmöglichkeiten auszuschließen und eine generelle Überwachung des Schriftverkehrs zuzulassen. Sie kann nicht zuletzt auch die nicht von vornherein als Sicherheitsrisiko einzustufenden Gefangenen selbst davor schützen, möglicherweise sogar gegen ihren Willen in illegale Handlungen verstrickt zu werden.

Auch eine allgemeine Briefüberwachung kann somit unter den Voraussetzungen des § 29 Abs. 3 StVollzG zulässig sein.

b. Gebotenheit der allgemeinen Briefkontrolle

Die Anordnung des L ist demnach rechtmäßig, wenn die allgemeine Briefkontrolle aus Gründen der Sicherheit oder Ordnung der Anstalt geboten ist. Ob dies für große Hochsicherheitsanstalten wie S bereits mit der Begründung bejaht werden kann, daß die dort untergebrachte Gefangenengruppe typischerweise als besonders gefährlich angesehen werden muß[19], erscheint zweifelhaft. Gründe der Sicherheit und Ordnung für eine allgemeine Überwachung des Schriftverkehrs liegen aber jedenfalls dann vor, wenn sich konkrete Hinweise auf Außenkontakte ergeben, die die Sicherheit der Anstalt in erheblichem Maße gefährden, und der Kreis der betroffenen Gefangenen nicht klar eingegrenzt werden kann. In der Strafanstalt S folgen solche Hinweise aus der Tatsache, daß bereits ein Gefangener von einem Mitinsassen schwer verletzt wurde, der anschließend einen Fluchtversuch unternahm, und daß der dabei verwendete Schußapparat nach Plänen gebaut wurde, die auf ungeklärte Weise von außen in die Anstalt gelangt waren. Da nicht ersichtlich ist,

---

[19] So wohl OLG Hamm NStZ 1981, 368.

daß der aufgezeigten Gefahr durch andere weniger einschneidende Maßnahmen hinreichend begegnet werden kann, erscheint die allgemeine Briefüberwachung zur Unterbindung unkontrollierter gefährlicher Außenkontakte der Strafgefangenen der Anstalt S auch geeignet und erforderlich.

Die Voraussetzungen des § 29 Abs. 3 StVollzG für eine allgemeine Überwachung des Briefverkehrs der Gefangenen in der Anstalt S liegen demnach vor. Die Anordnung des L ist daher rechtmäßig. Der hiergegen gerichtete Anfechtungsantrag des B ist unbegründet.

B. Das Anhalten des Briefes an F

I. Zulässigkeit des Antrags auf gerichtliche Entscheidung

1. Antragsart und Antragsbefugnis

Mit seinem Antrag auf gerichtliche Entscheidung wendet sich B gegen eine belastende Anordnung des L. Da er inzwischen kein Interesse an der Weiterleitung des Briefes mehr hat und ihm mit der Aufhebung der Anordnung des L folglich nicht gedient ist, kommt nur ein Antrag auf Feststellung der Rechtswidrigkeit der Verfügung in Betracht (§§ 109, 115 Abs. 3 StVollzG).

In dem Anhalten des Briefes liegt ein hoheitliches Handeln zur Regelung eines Einzelfalls und damit eine vollzugsbehördliche Maßnahme.

Als Adressat der belastenden Maßnahme ist B antragsbefugt.

2. Feststellungsinteresse

B muß ein berechtigtes Interesse an der Feststellung der Rechtswidrigkeit der Anordnung haben. Die nicht näher ausgeführten „grundsätzlichen Erwägungen“, aus denen B subjektiv an der Feststellung gelegen ist, begründen noch kein Feststellungsinteresse. Ein berechtigtes Interesse an der Feststellung der Rechtswidrigkeit einer Maßnahme ist freilich zu bejahen, wenn sich konkret eine Wiederholungsgefahr abzeichnet.[20] Die Ankündigung des L, daß künftig „in ähnlichen Fällen" Briefe des B ebenfalls angehalten würden, zeigt, daß eine konkrete Wiederholungsgefahr besteht. Aufgrund dieser Wiederholungsgefahr hat B ein berechtigtes Interesse an der begehrten Feststellung.

Sein Antrag auf gerichtliche Entscheidung ist zulässig.

II. Begründetheit des Antrags auf gerichtliche Entscheidung

1. Eingriff in Rechte des B

L hat in das grundgesetzlich geschützte Recht des B auf Meinungsfreiheit (Art. 5 Abs. 1 S. 1 GG) eingegriffen, indem er den Brief wegen der in ihm enthaltenen Äußerungen über die Anstalt und sich – den L – selbst angehalten hat. „Meinungen" i. S. d. Art. 5 Abs. 1 S. 1 GG sind wertende Betrachtungen von Tatsachen, Verhaltensweisen oder Verhältnissen. Sie sind grundsätzlich unabhängig von ihrer ethischen Qualität geschützt.[21]

2. § 31 Abs. 1 Nr. 3 StVollzG als Ermächtigungsgrundlage

Als Ermächtigungsgrundlage für den Eingriff des L kommt § 31 Abs. 1 Nr. 3 StVollzG in Betracht. Danach darf der Anstaltsleiter Briefe von Gefangenen anhalten, wenn sie eine grob unrichtige oder erheblich entstellende Darstellung von Anstaltsverhältnissen enthalten.[a] Die Äußerung, L sei ein korrupter Saufbold, der sich jeden Tag neue Schikanen

---

[20] Schuler in: Schwind/Böhm § 115 Rdn. 17; Calliess/Müller-Dietz § 115 Rdn. 11.
[21] BVerfG NJW 1972, 811 (813).

ausdenke, kann eine solche grob unrichtige oder erheblich entstellende Darstellung sein.

Der Begriff der „Darstellungen" umfaßt nicht nur reine Tatsachenbehauptungen, sondern auch abwertende kritische, ja beschimpfende Äußerungen, sofern sie zugleich Tatsächliches in sich schließen.[22] Die Bezeichnung „korrupter Saufbold" kann als zusammenfassende Wertung der Lebens- und Amtsführung des L gelten. Ebenso wie die Äußerung, L denke sich täglich neue Schikanen aus, enthält sie die allgemeine Behauptung, L sei persönlich haltschwach und mißbrauche seine Amtsbefugnisse. Da diese Behauptung auch den Stil der Leitung der Anstalt betrifft, ist sie auf „Anstaltsverhältnisse" bezogen.

Fraglich ist, ob die Ausführungen des B „grob unrichtig" oder „erheblich entstellend" sind. „Grob unrichtig" ist eine Darstellung, wenn sie der wahren Sachlage in keiner Hinsicht entspricht, „erheblich entstellend", wenn sie von der wahren Sachlage so weit abweicht, daß ein Wahrheitskern nur noch von einem Sachkundigen zu erkennen ist.[23] Die Unrichtigkeit muß also evident sein. Hier ist im Sachverhalt nichts über das tatsächliche Verhalten des L, insbesondere seinen Alkoholkonsum und seine Amtsführung, gesagt. Aber selbst wenn Lebens- und Amtsführung des L einem unbefangenen Beobachter keinen Anlaß zu Beanstandungen gäben, könnte die Evidenz der Unrichtigkeit der Behauptungen des B nicht festgestellt werden, weil sie wegen ihres stark wertenden Charakters in ihrem gemeinten Tatsachenkern unklar sind. Sie können nicht in eine sichere Beziehung zur Wirklichkeit gesetzt werden und sind einem Beweis ihres Wahrheitsgehalts nicht zugänglich. L konnte das Anhalten des Briefes somit nicht auf § 31 Abs. 1 Nr. 3 StVollzG stützen.

[22] Grunau/Tiesler § 31 Rdn. 5; vgl. auch OLG Hamm NStZ 1981, 239.
[23] Grunau/Tiesler § 31 Rdn. 5; Calliess/Müller-Dietz § 31 Rdn. 4.

3. § 31 Abs. 1 Nr. 4 StVollzG als Ermächtigungsgrundlage

Wenn der Brief „grobe Beleidigungen" enthielt, durfte L ihn jedoch gemäß § 31 Abs. 1 Nr. 4 StVollzG anhalten. Mit seinen Äußerungen hat B seine Mißachtung des L gegenüber F kundgetan und L in seiner Ehre verletzt.

Indes ist nicht jede Beleidigung als „grob" im Sinne des § 31 Abs. 1 Nr. 4 StVollzG zu werten. In der Regel reichen §§ 185 ff. StGB, 823 BGB als Schutz der persönlichen Ehre aus.[24] Im Hinblick auf das Recht des Gefangenen auf Meinungsfreiheit, das nur durch die unabdingbaren Erfordernisse des Vollzugs begrenzt werden soll[25], ist eine enge Auslegung des § 31 Abs. 1 Nr. 4 StVollzG geboten. B mußte daher die Möglichkeit eingeräumt werden, seinen subjektiv empfundenen Unmut auch in drastischen Begriffen zum Ausdruck zu bringen, zumal bei der Beurteilung seiner Äußerung auch ein allgemein derberer Umgangston von Strafgefangenen in Rechnung gestellt werden muß.[26]

Eine noch weitergehende Einschränkung des tatbestandlichen Anwendungsbereichs des § 31 Abs. 1 Nr. 4 StVollzG kann sich ferner für Schreiben ergeben, die – wie hier – von dem Gefangenen an ein nahes Familienmitglied gerichtet werden. Zwar sieht § 31 Abs. 1 Nr. 4 StVollzG – anders als § 28 Abs. 2 Nr. 2 StVollzG – keine Bevorzugung solcher Briefe vor.[27] Allerdings wird das Äußerungsrecht gegenüber nahen Angehörigen durch Art. 6 GG besonders geschützt. Das verfassungskräftige Gebot der Achtung der Privatsphäre, das in dem Recht auf freie Entfaltung der Persönlichkeit verbürgt ist, erfährt für den Bereich der Meinungsäußerung unter Ehegatten durch die Verfassungsgarantie von Ehe und Familie eine besondere Verstärkung.[28] Diese vom Bundesverfassungsgericht für den Briefverkehr von Untersuchungsgefangenen hervorgehobenen Grundsätze sind auch bei der Auslegung

---

[24] Vgl. AK-StVollzG Joester § 31 Rdn. 8.

[25] Vgl. BVerfG NJW 1972, 811 (813).

[26] Vgl. Grunau/Tiesler § 31 Rdn. 6.

[27] Darauf weisen Grunau/Tiesler § 31 Rdn. 6 hin.

[28] BVerfGE 35, 35 (39 f.); BVerfG NJW 1976, 1629; vgl. auch Neibecker 1984, 337.

des § 31 Abs. 1 Nr. 3 und Nr. 4 StVollzG zu beachten.[29] B hatte also das von L zu respektierende Recht, sich gegenüber seiner Ehefrau F offen und ungeschminkt über tatsächliche oder vermeintliche Mißstände auszusprechen und die Dinge aus seiner Sicht zu schildern und zu bewerten. Die abfälligen und beleidigenden Äußerungen des B über ihn berechtigten L somit nicht, den Brief des B an F anzuhalten.

Da die entsprechende Maßnahme des L rechtswidrig war, ist der Antrag des B auf Feststellung ihrer Rechtswidrigkeit begründet.

Anmerkung zur Lösung:

[a] Wer sich oben unter A. II. gegen die Zulässigkeit der Briefüberwachung entschieden hat, wird sich an dieser Stelle mit der Frage auseinandersetzen müssen, ob das Anhalten des Briefes nicht schon deshalb rechtswidrig ist, weil die Voraussetzungen einer zulässigen Kontrolle nicht vorlagen. Die Auffassung, daß eine Anhaltebefugnis nur bei zulässiger Kenntniserlangung vom Inhalt des Briefes bestehen kann, erscheint dabei gut vertretbar.

---

[29] So OLG Hamm NStZ 1981, 239 (240); AK-StVollzG Joester § 31 Rdn. 8; Calliess/Müller-Dietz § 31 Rdn. 4; a. A.: Grunau/Tiesler § 31 Rdn. 6; Schwind in: Schwind/Böhm § 31 Rdn. 13; OLG Bamberg ZfStrVo 1982, 127.

Examensklausur

2. Problemkomplex: Zwangsweise körperliche Untersuchung (HIV-Test) – Isolierte Unterbringung – Überwachung von Besuchen – Besuchsverbot – Anfechtbarkeit der Androhung einer Maßnahme – Vorbeugender Unterlassungsantrag

Sachverhalt:
Der homosexuelle H ist wegen Zuhälterei und Förderung der Prostitution rechtskräftig zu einer Freiheitsstrafe von drei Jahren verurteilt worden. Er hatte in mehreren deutschen Großstädten „Strichjungen-Ringe“ aufgebaut und unterhalten.

I. Der HIV-Test
Bei seinem Strafantritt in der Strafanstalt A verlangt der Anstaltsleiter L von H, daß er sich einem HIV-Antikörpertest unterzieht. Für den Fall der Weigerung droht L die zwangsweise Durchführung des Tests an. Außerdem ordnet L an, daß H bis zum Vorliegen der Testergebnisse nicht nur während der Ruhezeiten, sondern auch während der Arbeit und der Freizeit von der gemeinschaftlichen Unterbringung ausgeschlossen wird, wie dies in A für HIV-infizierte Gefangene üblich ist.

Da H starke Angst vor der mit dem HIV-Test verbundenen Blutabnahme hat, ist er mit der Durchführung des Tests nicht einverstanden. Er hält die Anordnung des Tests und seiner getrennten Unterbringung während der Arbeit und der Freizeit für rechtswidrig und beantragt gerichtliche Entscheidung.

II. Der hilfreiche Bruder
1. Nachdem H bereits einige Monate seiner Freiheitsstrafe verbüßt hat, erfährt L durch einen Hinweis der Polizei, daß gegen den Bruder B des H ebenfalls ein Ermittlungsverfahren wegen Förderung der Prostitution

eingeleitet worden sei. B habe bei seiner polizeilichen Vernehmung u. a. zugegeben, daß H ihm bei Besuchen in der JVA Hinweise gegeben habe, wie er die von H aufgebauten „Strichjungen-Ringe" erhalten und ausbauen könne. L ordnet daraufhin an, daß künftig alle Gespräche zwischen B und H überwacht werden sollen. Ferner weist er H darauf hin, daß er gegen B ein Besuchsverbot für mindestens drei Monate verhängen werde, falls H künftig versuchen sollte, dem B Hinweise zur Aufrechterhaltung seiner kriminellen Organisation zu geben.
H will die Überwachung seiner Gespräche mit B und die Androhung des Besuchsverbots nicht hinnehmen und beantragt gerichtliche Entscheidung.

2. Als H beim nächsten Besuch des B erneut versucht, ihm – diesmal verschlüsselt – Hinweise zu geben, verhängt L ein dreimonatiges Besuchsverbot gegen B. Auch gegen diese Anordnung beantragt H gerichtliche Entscheidung.

Aufgabe:
Wie wird das Gericht über die Anträge des H entscheiden?

Hinweis für die Bearbeitung: Soweit das Landesrecht ein Widerspruchsverfahren vorsieht, ist davon auszugehen, daß dieses ordnungsgemäß durchgeführt und erfolglos geblieben ist. Die Anträge auf gerichtliche Entscheidung sind fristgemäß gestellt worden.
Im Falle der Unzulässigkeit eines Antrages ist die Erstellung eines Hilfsgutachtens zu seiner Begründetheit *nicht* erforderlich.

Lösung

Gliederung

Teil I

I. Die Anordnung des HIV-Tests
   1. Zulässigkeit des Antrags auf gerichtliche Entscheidung

2. Begründetheit des Antrags auf gerichtliche Entscheidung
   a. Eingriff in Rechte des H
   b. Ermächtigung nach § 101 Abs. 1 S. 1 StVollzG
      – Abwehr von Eigengefahren
      – Abwehr von Gefahren für Mitgefangene und Anstaltsbedienstete
   c. Ermächtigung nach dem Bundesseuchengesetz
   d. Ermächtigung aufgrund des Notwehrrechts

II. Die Anordnung der getrennten Unterbringung während der Arbeit und Freizeit
   1. Zulässigkeit des Antrags auf gerichtliche Entscheidung
   2. Begründetheit des Antrags auf gerichtiche Entscheidung
      a. Das Recht des H auf gemeinschaftliche Unterbringung
      b. § 17 Abs. 3 Nr. 3 StVollzG als Eingriffsgrundlage
      c. Befugnis zur Absonderung des H

Teil II

I. Die Überwachung der Gespräche mit B
   1. Zulässigkeit des Antrags auf gerichtliche Entscheidung
   2. Begründetheit des Antrags auf gerichtliche Entscheidung: § 27 Abs. 1 S. 2 StVollzG als Ermächtigungsgrundlage für den Eingriff in Rechte des H
      a. Schutz der Sicherheit der Anstalt
      b. Gründe der Behandlung

II. Die Androhung eines Besuchsverbots für B
   1. Zulässigkeit eines Anfechtungs- oder eines Feststellungsantrags
   2. Zulässigkeit eines Unterlassungsantrags

III. Die Vehängung des Besuchsverbots
   1. Zulässigkeit des Antrags auf gerichtliche Entscheidung
   2. Begründetheit des Antrags auf gerichtliche Entscheidung
      a. § 25 Nr. 1 oder 2 StVollzG als Rechtsgrundlagen für das Besuchsverbot
      b. § 103 Abs. 1 Nr. 8 StVollzG als Rechtsgrundlage für das Besuchsverbot
      c. § 4 Abs. 2 S. 2 StVollzG als Rechtsgrundlage für das Besuchsverbot

Gutachten

Teil I

I. Die Anordnung des HIV-Tests

1. Zulässigkeit des Antrags auf gerichtliche Entscheidung

Mit seinem Antrag auf gerichtliche Entscheidung wendet sich H gegen eine belastende Anordnung. Ihre Aufhebung kann H mit einem Anfechtungsantrag gemäß § 109 Abs. 1 S. 1 StVollzG verfolgen.

Der Antrag muß gegen eine Maßnahme der Vollzugsbehörde gerichtet sein, also gegen ein behördliches Handeln zur Regelung eines Einzelfalls, das unmittelbare Rechtswirksamkeit für H selbst oder für Dritte hat[1]. Die Anordnung des HIV-Tests ist eine Einzelfallregelung. Daß dieser Regelung unmittelbare Rechtswirksamkeit für H zukommt und sie nicht etwa nur den Charakter eines Testangebots hat, zeigt sich darin, daß L seine Anordnung mit der Androhung von Zwangsmaßnahmen (§ 98 StVollzG) verbunden hat.

Als Adressat der Anordnung des L ist H antragsbefugt.

Somit ist der gegen die Anordnung des HIV-Tests gerichtete Antrag des H auf gerichtliche Entscheidung zulässig.

2. Begründetheit des Antrags auf gerichtliche Entscheidung

Der Antrag des H ist begründet, wenn die Anordnung des HIV-Antikörpertests rechtswidrig ist und den H in seinen Rechten verletzt (§ 115 Abs. 2 StVollzG).

---

[1] Calliess/Müller-Dietz § 109 Rdn. 6.

a. Eingriff in Rechte des H

Da der Test mit einer Blutentnahme verbunden ist, bedeutet er einen Eingriff in das Recht des H auf körperliche Unversehrtheit (Art. 2 Abs. 2 § 1 GG)[2]. Ein solcher Eingriff ist gemäß Art. 2 Abs. 2 S. 3 GG nur aufgrund eines Gesetzes zulässig. Die Untersuchung der Blutprobe auf HIV-Antikörper kann darüber hinaus das Recht des H auf informationelle Selbstbestimmung berühren, das sich aus Art. 1 Abs. 1 und Art. 2 Abs. 1 GG herleitet[3]. Es gewährleistet die Befugnis des einzelnen, selbst zu entscheiden, wann und innerhalb welcher Grenzen persönliche Lebenssachverhalte offenbart werden. Das Vorhandensein von HIV-Antikörpern im Blut ist ein solcher persönlicher Lebenssachverhalt, über dessen Feststellung und Offenbarung grundsätzlich H selbstverantwortlich zu entscheiden hat. Einschränkungen dieses Rechts auf informationelle Selbstbestimmung sind nur im überwiegenden Allgemeininteresse zulässig und bedürfen einer verfassungsmäßigen gesetzlichen Grundlage.

b. Ermächtigung nach § 101 Abs. 1 S. 1 StVollzG

Als Ermächtigungsgrundlage für die Anordnung des HIV-Tests kommt § 101 Abs. 1 S. 1 StVollzG in Betracht. Ihrem Wortlaut nach erlaubt diese Vorschrift innerhalb der Grenzen der Zumutbarkeit Zwangsuntersuchungen bei Lebensgefahr, bei schwerwiegender Gefahr für die Gesundheit des Gefangenen oder bei Gefahr für die Gesundheit anderer Personen. Entsprechend ihrem Gesetzeszweck deckt die Norm dabei sowohl den mit der Untersuchung verbundenen körperlichen Eingriff als auch die diagnostische Auswertung des Befundmaterials.

Abwehr von Eigengefahren
Der HIV-Test kann hier zur Abwehr von Eigengefahren für H selbst geboten sein, etwa um im Falle der Infektion durch entsprechende medizinische Behandlung versuchen zu können, den Ausbruch der Krank-

---

[2] Vgl. Dargel 1988, 148; Bottke 1988, 223; Eberbach 1988, 250.
[3] Vgl. BVerfGE 65, 1; AK-StVollzG Brühl § 101 Rdn. 25.

heit hinauszuschieben. Es ist indes fraglich, ob eine Eigengefahr – sofern sie vorliegt – den Zwangseingriff zu rechtfertigen vermag.

Zum einen bestehen Zweifel daran, ob gegen den wirksam geäußerten Willen des Gefangenen ein ärztlicher Eingriff zur Abwehr von Eigengefahren überhaupt zulässig ist. Bei Eigengefahren stehen dem Anspruch des Gefangenen auf Achtung seiner Menschenwürde, freie Entfaltung seiner Persönlichkeit und körperliche Unversehrtheit keine anderen Grundrechte oder Grundwerte gegenüber. Insbesondere gibt es keinen Anspruch des Staates gegenüber dem Leben des einzelnen[4]. Dies spricht dafür, dem Selbstbestimmungsrecht des Gefangenen in Fällen der Eigengefahr Vorrang einzuräumen und die Ermächtigungsnorm des § 101 Abs. 1 S. 1 StVollzG entsprechend einschränkend auszulegen.

Auch wenn man demgegenüber eine einschränkende Auslegung ablehnt und die Vollzugsbehörde aus Gründen sozialstaatlicher Fürsorge für berechtigt hält, sich über den entgegenstehenden Willen des Gefangenen hinwegzusetzen[5], ist zum anderen jedenfalls die Begrenzung dieser Berechtigung durch die Zumutbarkeits- und Gefahrenklausel des § 101 Abs. 1 S. 2 2. Hs. StVollzG zu beachten. Im Rahmen der Prüfung der Zumutbarkeit eines HIV-Tests muß dabei nicht nur der unmittelbare körperliche Eingriff durch die Venenpunktion berücksichtigt werden, der geringfügig ist. Der Test stellt darüber hinaus einen erheblichen Eingriff in die Intimsphäre dar. Seine Anordnung wirkt sozial diskriminierend. In die Zumutbarkeitsabwägungen müssen überdies die besonderen Risiken eines positiven Testergebnisses einfließen. Es kann bei dem Betroffenen eine hochakute psychische Ausnahmesituation hervorrufen, die sich bis zur Selbstmordgefahr steigern kann, und hat erhebliche Auswirkungen auf sein soziales Leben[6]. Im Hinblick auf diese Folgen rechtfertigt allein die Abwehr möglicher Eigengefahren für H die zwangsweise Durchführung des HIV-Tests nicht.

---

[4] AK-StVollzG Brühl § 101 Rdn. 10.

[5] So Calliess/Müller-Dietz § 101 Rdn. 3; Müller in: Schwind/Böhm § 101 Rdn. 20.

[6] Zur Berücksichtigung dieser Umstände vgl. StA Mainz NStZ 1987, 2946 (2947); Bruns 1987, 504 (506); AK-StVollzG Brühl § 101 Rdn. 27.

Abwehr von Gefahren für Mitgefangene und Anstaltsbedienstete

Ein zwangsweiser HIV-Test kann allerdings zur Abwehr von Infektionsgefahren für Mitgefangene des H und Bedienstete der Anstalt gemäß § 101 Abs. 1 S. 1 StVollzG zulässig sein.

Dann muß von H eine konkrete Fremdgefahr ausgehen. Eine konkrete Infektionsgefährdung anderer Personen durch H kann aufgrund seiner Zugehörigkeit zu einer besonders infektionsbelasteten Risikogruppe, den homosexuellen Männern[7], bestehen. Teilweise wird bereits die Zugehörigkeit zu einer Risikogruppe als eine hinreichend konkrete „Vertypung" der Infektionsgefahr angesehen und eine Zwangstestung der gruppenangehörigen Personen zugelassen[8]. Wohl überwiegend wird demgegenüber die Auffassung vertreten, daß die Zugehörigkeit eines Gefangenen zu einer Risikogruppe alleine noch nicht die zwangsweise Durchführung eines HIV-Tests rechtfertige, da sie keine konkrete Infektionsgefahr für Dritte begründe[9].

Zwar gehören die meisten HIV-Infizierten Risikogruppen an, zu denen insbesondere Homosexuelle, Bisexuelle, Drogensüchtige und Prostituierte gezählt werden[10]. Jedoch kann umgekehrt nicht davon ausgegangen werden, daß die meisten Angehörigen dieser Risikogruppen HIV-infiziert sind. Alleine aus der Zugehörigkeit zu einer Riskiogruppe folgt daher keine überwiegende Wahrscheinlichkeit, daß eine Person Virusträger ist[11]. Hinzukommt, daß für das HIV-Virus nur wenige relevante Übertragungsmöglichkeiten bestehen (im wesentlichen: ungeschützter Geschlechtsverkehr, unsterile Spritzbestecke beim Fixen und unsterile Nadeln beim Tätowieren). Ein alltäglicher sozialer Kontakt führt nicht

---

[7] Vgl. Maas 1988, 23.

[8] Bottke 1988, 233; Eberbach 1988, 252 und Anm. zu LG Bonn NStZ 1987, 140 (143).

[9] Bruns 1987, 506; Dargel 1988, 150 f.; OLG Koblenz ZfStrVo 1989, 182; Calliess/ Müller-Dietz § 101 Rdn. 7 u. § 56 Rdn. 8; AK-StVollzG Brühl § 101 Rdn. 56 und Lesting § 56 Rdn. 31; Müller in: Schwind/Böhm § 101 Rdn. 23; Loschelder 1987, 1469.

[10] Vgl. Eberbach 1988, 251 f.

[11] Vgl. AK-StVollzG Brühl § 101 Rdn. 26; Calliess/Müller-Dietz § 56 Rdn. 8; Dargel 1988, 151; Müller in: Schwind/Böhm § 101 Rdn. 23.

zur Weitergabe des Virus[12]. Entsprechend beruht die Übertragungsprophylaxe ganz wesentlich auf verantwortlichem Sozialverhalten nicht nur des möglichen Virusträgers, sondern auch der potentiellen Ansteckungsopfer.

Auch von einem Gefangenen, der einer Risikogruppe angehört, gehen demnach jedenfalls solange keine konkreten Infektionsgefahren für Dritte aus, als keine benennbaren Anhaltspunkte dafür bestehen, daß er sich – etwa durch Intimkontakte mit einer infizierten Person – selbst infiziert haben kann oder daß er zu verantwortungslosem Verhalten neigt, durch das eine erworbene Infektion weitergegeben werden kann. Da solche Anhaltspunkte im Falle des H fehlen, ist nicht konkret zu befürchten, daß von H Ansteckungsgefahren ausgehen.

Die Anordnung des L, daß sich H einem HIV-Test zu unterziehen habe, ist daher nicht durch die Ermächtigungsnorm des § 101 Abs. 1 S. 1 StVollzG gedeckt.

c. Ermächtigung nach dem Bundesseuchengesetz

Das Bundesseuchengesetz enthält in § 10 Abs. 3 eine Eingriffsgrundlage für Zwangsuntersuchungen. Für die Durchführung dieser Untersuchungen ist indes alleine das Gesundheitsamt zuständig. L kann seine Anordnung nicht auf § 10 Abs. 3 BSeuchG stützen.[13]

d. Ermächtigung aufgrund des Notwehrrechts

Als gesetzliche Grundlage für die Anordnung des L ist schließlich das Notwehrrecht des § 34 StGB in Betracht zu ziehen.

Allerdings ist umstritten, ob § 34 StGB überhaupt auf staatliche Eingriffe in Individualrechte des Bürgers anwendbar ist. Es läßt sich die

---

[12] Vgl. AK-StVollzG Lesting vor § 56 Rdn. 29; Bruns 1987, 504; OLG Koblenz 1989, 182; Loschelder 1987, 1469.

[13] Zu den Voraussetzungen eines Eingriffs nach § 10 Abs. 3 BSeuchG vgl. Loschelder 1987, 1468 f.; Dargel 1988, 151.

Auffassung vertreten, daß sich die Rechtmäßigkeit hoheitlicher Eingriffe in den Freiheitsbereich des Bürgers abschließend nach den im Verwaltungs-, Verfahrens- und Verfassungsrecht getroffenen Regelungen beurteilt und die dort vorgesehenen Eingriffsbefugnisse durch § 34 StGB nicht erweitert werden[14]. Wenn man § 34 StGB grundsätzlich auch auf staatliches Eingriffshandeln für anwendbar hält, ist zweifelhaft, ob im vorliegenden Falle der Rückgriff auf diese Norm nicht deswegen versperrt ist, weil der zu lösende Interessenkonflikt durch § 101 StVollzG als öffentlich-rechtliche Sondervorschrift abschließend geregelt ist[15]. Nur eine Mindermeinung wendet § 34 StGB auf hoheitliche Eingriffe ohne Beschränkungen an[16].

Dieser Meinungsstreit kann freilich offen bleiben, wenn für die Anordnung des HIV-Tests durch L bereits die Voraussetzungen des § 34 StGB nicht erfüllt sind. Zweifelhaft ist das Vorliegen einer gegenwärtigen Gefahr. Der Test soll erst ermitteln, ob von H eine Ansteckungsgefahr ausgeht. Derartige Gefahrerforschungseingriffe werden durch § 34 StGB jedenfalls nicht gerechtfertigt[17].

Weitere Ermächtigungsgrundlagen, die die Anordnung eines zwangsweisen HIV-Tests durch L decken könnten, sind nicht ersichtlich. Die Anordnung des L verletzt den H somit in seinen Rechten auf körperliche Unversehrtheit und informationelle Selbstbestimmung und ist mithin rechtswidrig. Der Anfechtungsantrag des H ist daher begründet.

---

[14] So LK-Hirsch § 34 Rdn. 6 ff.

[15] Für eine entsprechende Einschränkung der Anwendbarkeit des § 34 StGB: Sch-Sch-Lenckner § 34 Rdn. 7; Dreher/Tröndle § 34 Rdn. 24a.

[16] Vgl. BGHSt. 27, 260 ff., einschränkend aber BGHSt. 31, 304 (307); Gössel 1979, 162; Lange 1978, 784 ff.

[17] Dargel 1988, 151; Eberbach Anm. zu LG Bonn NStZ 1987, 142.

II. Die Anordnung der getrennten Unterbringung während der Arbeit und Freizeit

1. Zulässigkeit des Antrags auf gerichtliche Entscheidung

H kann die Aufhebung der Anordnung seiner getrennten Unterbringung während der Arbeit und Freizeit mit einem Anfechtungsantrag verfolgen.
Die Anordnung ist eine vollzugsbehördliche Maßnahme zur Regelung eines Einzelfalls, die den H als Adressaten in seinen Rechten verletzen kann.
Der Antrag des H ist mithin gemäß § 109 StVollzG zulässig.

2. Begründetheit des Antrags auf gerichtliche Entscheidung

Der Antrag ist begründet, wenn H einen Anspruch auf gemeinschaftliche Unterbringung während der Arbeit und der Freizeit hat und die Maßnahmen des L diesen Anspruch verletzen.

a. Das Recht des H auf gemeinschaftliche Unterbringung

§ 17 Abs. 1 S. 1 StVollzG sieht vor, daß die Gefangenen gemeinsam arbeiten. Die Vorschrift entspricht dem in § 3 Abs. 1 StVollzG niedergelegten Angleichungsgrundsatz[18] und steht im Dienste eines sozialen Trainings[19]. Aus § 17 Abs. 1 StVollzG ergibt sich daher ein grundsätzlicher Anspruch des Gefangenen, während der Arbeitszeit in Gemeinschaft mit anderen Gefangenen beschäftigt zu werden[20]. Gemäß § 17 Abs. 2 S. 1 StVollzG steht den Gefangenen darüber hinaus auch

---

[18] Calliess/Müller-Dietz § 17 Rdn. 1.
[19] Böhm in: Schwind/Böhm § 17 Rdn. 3.
[20] AK-StVollzG Pécic/Feest § 17 Rdn. 1.

ein Recht zur gemeinsamen Freizeitgestaltung zu[21]. In diese Rechte des H hat L mit seiner Anordnung eingegriffen.

b. § 17 Abs. 3 Nr. 3 StVollzG als Eingriffsgrundlage

Eine Berechtigung des L, die getrennte Unterbringung des H während der Arbeit und der Freizeit anzuordnen, kann sich aus § 17 Abs. 3 Nr. 3 StvollzG ergeben. Indes erlaubt diese Vorschrift nur eine Einschränkung der gemeinschaftlichen Unterbringung aus Gründen der Sicherheit oder Ordnung der Anstalt, nicht jedoch die ununterbrochene Trennung von den Mitgefangenen, die eine Kommunikation weitestgehend ausschließt[22]. L kann seine Anordnung also nicht auf § 17 Abs. 3 Nr. 3 StVollzG stützen.

c. Befugnis zur Absonderung des H

Eine Isolierung des Gefangenen von seinen Mitinsassen ist als einfache Absonderung (§ 88 Abs. 2 Nr. 3 StvollzG) nur unter den Voraussetzungen des § 88 Abs. 2 und 3 StVollzG, als unausgesetzte Absonderung (Einzelhaft) unter den Bedingungen des § 89 Abs. 1 StVollzG zulässig. Im Unterschied zur unausgesetzten Absonderung wird die einfache Absonderung als vorübergehende Trennung von anderen Mitgefangenen bis zu 24 Stunden[23] oder als zeitweise Isolierung während der Arbeits- oder der Freizeit oder einem Teil davon[24] definiert. Da H nach der Anordnung des L ununterbrochen und für unbestimmte Dauer getrennt untergebracht werden soll, liegt nach beiden Definitionen Einzelhaft i.S.d. § 89 Abs. 1 StvollzG vor.

---

[21] Calliess/Müller-Dietz § 17 Rdn. 1.

[22] Böhm in: Schwind/Böhm § 17 Rdn. 5; AK-StVollzG Pécic/Feest § 17 Rdn. 7 und Lesting vor § 56 Rdn. 33; Calliess/Müller-Dietz § 17 Rdn. 6.

[23] Schwind in: Schwind/Böhm § 88 Rdn. 12; Calliess/Müller-Dietz § 88 Rdn. 5.

[24] So AK-StVollzG Brühl § 88 Rdn. 13, § 89 Rdn. 2.

Sie ist nur zulässig, wenn sie aus Gründen, die in der Person des Gefangenen liegen, unerläßlich ist. Es ist fraglich, ob diese Voraussetzungen im Falle des H erfüllt sind. Als Grund, der in der Person des Gefangenen liegt und eine Einzelunterbringung unerläßlich macht, kann zwar eine ansteckende Krankheit in Frage kommen[25]. Im vorliegenden Falle ist indes zum einen gerade ungewiß, ob H an einer HIV-Infektion leidet. Die Tatsache, daß H einer Risikogruppe angehört, begründet keine überwiegende Wahrscheinlichkeit für eine Infektion und rechtfertigt es daher nicht, den H wie einen Kranken zu behandeln. Zum anderen erscheint es selbst für den Fall, daß H sich als HIV-infiziert erweist, zweifelhaft, ob eine Einzelhaft unerläßlich ist. Da die Infektion nicht durch normale soziale Kontakte übertragen werden kann, bestehen gegen gemeinschaftliche Arbeit und Freizeitgestaltung im allgemeinen keine Bedenken. Es gibt daher auch keinen Anlaß, HIV-infizierte Gefangene generell von Gemeinschaftsaktivitäten auszuschließen[26]. Auch wenn H HIV-infiziert wäre, dürfte er daher nicht während der Arbeits- und Freizeit von anderen Gefangenen isoliert werden.

Die entsprechende Anordnung des L ist somit in jedem Fall rechtswidrig. Der gegen sie gerichtete Antrag des H auf gerichtliche Entscheidung ist begründet.

---

[25] AK-StVollzG Brühl § 89 Rdn. 3; Schwind in: Schwind/Böhm § 89 Rdn. 2.

[26] Eberbach Anm. zu LG Bonn NStZ 1987, 143. Entsprechend sehen auch die zur Gesundheitsfürsorge wegen AIDS im Strafvollzug ergangenen Erlasse der Justizminister der Länder eine Teilnahme der HIV-Infizierten am allgemeinen Vollzugsgeschehen vor.

Teil II

I. Die Überwachung der Gespräche mit B

1. Zulässigkeit des Antrags auf gerichtliche Entscheidung

Der Antragsart nach handelt es sich um einen Anfechtungsantrag (§ 109 Abs. 1 S. 1 StVollzG), da H die Aufhebung einer ihn belastenden Maßnahme begehrt. Als Adressat der Maßnahme ist H antragsbefugt gemäß § 109 Abs. 2 StVollzG.

2. Begründetheit des Antrags auf gerichtliche Entscheidung: § 27 Abs. 1 S. 2 StVollzG als Ermächtigungsnorm für den Eingriff in Rechte des H

Die Anordnung, die Gespräche zwischen H und B zu überwachen, greift in das Recht des H auf Achtung seiner Privatsphäre (Art. 2 Abs. 1 i.V.m. Art. 1 Abs. 1 GG) ein. Dieser Eingriff kann durch die Ermächtigungsnorm des § 27 Abs. 1 S. 2 StVollzG gedeckt sein. Die Überwachung der Unterhaltung muß danach aus Gründen der Behandlung oder der Sicherheit oder Ordnung der Anstalt geboten sein.

a. Schutz der Sicherheit der Anstalt

Die Überwachung kann hier bereits aus Sicherheitsgründen geboten sein, da H die Gespräche mit B offenbar nutzt, um sich aus der Anstalt heraus an der Planung weiterer Straftaten zu beteiligen. Indes sind Überwachungsmaßnahmen nach § 27 Abs. 1 S. 2 StVollzG nur zulässig, wenn Gefahren für die innere und äußere Sicherheit der Anstalt selbst abgewendet werden sollen. Der Schutz der Sicherheit der Anstalt umfaßt einerseits die Abwehr von konkreten Gefahren für Personen und

Sachen in der Anstalt, andererseits die Sicherung des durch Freiheitsentzug begründeten Gewahrsams, gleichviel ob dieser durch Flucht oder Befreiung von außen gefährdet ist[27]. Die von H eingeleiteten Straftaten gefährden demgegenüber die Sicherheit außerhalb der Anstalt. Die Überwachung seiner Gespräche mit B kann also nicht auf Sicherheitsgründe gestützt werden.

b. Gründe der Behandlung

Sie kann aber aus Gründen der Behandlung geboten sein. Aus Behandlungsgründen sollen Gespräche überwacht werden dürfen, um in erster Linie Informationen über den Gefangenen und seine Verhältnisse zu gewinnen, aus denen sich Konsequenzen für die Behandlung ergeben können[28]. Die Besuchsüberwachung kann freilich auch zweckmäßig und geboten sein, um einer Verfestigung und Weiterentwicklung krimineller Verhaltensstile entgegenzuwirken[29]. Das Vollzugsziel der Resozialisierung wäre gefährdet, wenn H gestattet würde, aus der Anstalt heraus weitere strafbare Aktivitäten zu entfalten. Daher liegen für die Gesprächsüberwachung Gründe der Behandlung vor. Da eine bloße Sichtüberwachung der Besuche nicht ausreicht, um konspirative Gespräche von H und B zu verhindern, ist die akustische Kontrolle der Unterhaltung zwischen beiden auch geboten.

Die angeordnete Gesprächsüberwachung ist damit nach § 27 Abs. 1 S. 2 StVollzG zulässig. Der gegen sie gerichtete Antrag des H auf gerichtliche Entscheidung ist unbegründet.

---

[27] Calliess/Müller-Dietz § 81 Rdn. 4; OLG Koblenz ZfStrVo SH 1979, 45.

[28] Calliess/Müller-Dietz § 27 Rdn. 3.

[29] Vgl. Schwind in: Schwind/Böhm § 27 Rdn. 8;
OLG Koblenz ZfStrVo SH 1979, 45.

II. Die Androhung eines Besuchsverbots für B

1. Zulässigkeit eines Anfechtungs- oder eines Feststellungsantrags

Welches Ziel H mit seinem Antrag verfolgt, ist nach dem Sachverhalt nicht ganz klar. Das Begehren des H kann sich zum einen gegen die reine Androhung des Besuchsverbots richten. Dann kommen als Antragsarten ein Anfechtungs-, möglicherweise auch ein Feststellungsantrag in Betracht.
Beide Antragsarten sind indes nur gegen „Maßnahmen“ im Sinne des § 109 Abs. 1 StVollzG statthaft. Ob es sich bei der bloßen Androhung eines Besuchsverbot bereits um eine Maßnahme handelt, erscheint zweifelhaft. Eine Maßnahme ist nur dann gegeben, wenn eine Regelung getroffen wird. Sie muß in rechtlich gestaltender Weise auf Lebensverhältnisse einwirken[30]. Da die Androhung des Besuchsverbots noch keine Rechtswirkungen entfaltet, fehlt es an einer Maßnahme im Sinne von § 109 StVollzG.
Ein gegen die Androhung gerichteter Anfechtungs- oder Feststellungsantrag ist also unzulässig.

2. Zulässigkeit eines Unterlassungsantrags

Zum anderen kann es dem H darum gehen, die künftig drohende Anordnung des Besuchsverbots zu verhindern. Zur Abwehr künftiger belastender Maßnahmen ist ein vorbeugender Unterlassungsantrag statthaft. Er wird zwar in §§ 109 ff. StVollzG nicht geregelt, aber von der Rechtsprechung und Literatur zugelassen[31]. Der Antrag auf Unterlas-

[30] Vgl. Calliess/Müller-Dietz § 109 Rdn. 7; Schuler in: Schwind/Böhm § 109 Rdn. 12 ff.
[31] OLG Celle NStZ 1981, 250; Schuler in: Schwind/Böhm § 109 Rdn. 25; Calliess/Müller-Dietz § 109 Rdn. 4; AK-StVollzG Volckart § 109 Rdn. 26.

sung bedarf allerdings eines qualifizierten Rechtsschutzbedürfnisses[32]. H muß danach ein besonderes rechtlich schützenswertes Interesse daran haben, die Vollzugsbehörde schon vor Verhängung des Besuchsverbots zu seiner Unterlassung zu verpflichten. Dieses besteht nur dann, wenn es für H unzumutbar ist, abzuwarten, ob und bis es zur möglichen Rechtsverletzung kommt und gegebenenfalls erst dann Rechtsbehelfe einzulegen. Das ist der Fall bei einer sich kurzfristig erledigenden Maßnahme, gegen die der H in der Zeitspanne zwischen Anordnung und Erledigung nicht rechtzeitig Rechtsschutz erlangen kann. Hier ist indes ein effektiver Rechtsschutz auch noch möglich, nachdem das Besuchsverbot verhängt worden ist. H kann gemäß § 114 Abs. 2 StVollzG binnen kürzester Frist eine Entscheidung über die Aussetzung des Besuchsverbots erreichen. Im Hinblick auf diese Möglichkeit des vorläufigen Rechtsschutzes ist es dem H zumutbar den Erlaß des Besuchsverbots abzuwarten.
Sein Antrag ist damit auch als Unterlassungsantrag unzulässig.

III. Die Verhängung des Besuchsverbots

1. Zulässigkeit des Antrags auf gerichtliche Entscheidung

Der Antragsart nach handelt es sich um einen Anfechtungsantrag, da H die Aufhebung einer belastenden Maßnahme begehrt (§ 109 Abs. 1 S. 1 StVollzG).
Die Antragsbefugnis des H ergibt sich daraus, daß er durch das Besuchsverbot in seinem Recht, regelmäßig Besuche zu empfangen (§ 24 StVollzG), verletzt sein kann.
Sein Antrag ist damit zulässig.

[32] Vgl. Schuler in: Schwind/Böhm § 109 Rdn. 25; für die Unterlassungsklage im Verwaltungsprozeß: Redeker/v. Oertzen § 42 Rdn. 162 f.

2. Begründetheit des Antrags auf gerichtliche Entscheidung

Aus § 24 Abs. 1 S. 1 StVollzG ergibt sich ein Anspruch des Gefangenen auf Zulassung eines jeden Besuchers, dessen Besuch er wünscht[33]. Diesen Anspruch des H hat L mißachtet, wenn für die Verhängung des Besuchsverbots gegen B keine Rechtsgrundlage bestand.

a. § 25 Nr. 1 oder 2 StVollzG als Rechtsgrundlagen für das Besuchsverbot

Nach § 25 Nr. 1 StVollzG kann der Anstaltsleiter Besuche untersagen, wenn die Sicherheit oder Ordnung der Anstalt gefährdet wird. Durch die gemeinschaftliche Planung der Erhaltung und des Ausbaus ihres „Strichjungen-Rings" gefährden H und B demgegenüber ausschließlich die Sicherheit außerhalb der Anstalt. Auf § 25 Nr. 1 StVollzG kann das Besuchsverbot also nicht gestützt werden.
Da B als Bruder Angehöriger des H ist (§ 11 Abs. 1 Nr. 1 a) StGB), kann sein Besuch auch nicht nach § 25 Nr. 2 StVollzG wegen seines „schädlichen Einflusses" auf H verboten werden.

b. § 103 Abs. 1 Nr. 8 StVollzG als Rechtsgrundlage für das Besuchsverbot

Eine Beschränkung des Verkehrs des H mit B in Form eines Besuchsverbots kann gemäß § 103 Abs. 1 Nr. 8 StVollzG als Disziplinarmaßnahme gegen H verhängt werden, wenn die Voraussetzungen für die Anordnung einer Disziplinarmaßnahme erfüllt sind.

Mit Disziplinarmaßnahmen können nach § 102 Abs. 1 StVollzG nur Verstöße des Gefangenen gegen Pflichten geahndet werden, die ihm durch das Strafvollzugsgesetz oder aufgrund dieses Gesetzes auferlegt

---

[33] Calliess/Müller-Dietz § 24 Rdn. 3; AK-StVollzG Joester § 24 Rdn. 11; Schwind in: Schwind/Böhm § 24 Rdn. 4.

sind. H kann durch die Planung weiterer Straftaten einen solchen Pflichtverstoß begangen haben. Die Pflicht, strafbare Handlungen zu unterlassen, ergibt sich indes ausschließlich aus den allgemeinen Strafgesetzen. Zwar ist es erklärtes Ziel des Strafvollzuges, den Gefangenen zu einem Leben ohne Straftaten zu befähigen (§ 2 S. 1 StVollzG). Insoweit kennt das Strafvollzugsgesetz aber keine Mitwirkungspflicht des Gefangenen[34]. Daher ist nicht jede Straftat eines Gefangenen während des Vollzuges eine Pflichtverletzung i.S.d. § 102 Abs. 1 StVollzG[35]. Eine disziplinarrechtliche Verfolgung von Verstößen gegen die allgemeinen Strafgesetze ist vielmehr nur insoweit zulässig, als durch sie die Sicherheit und das geordnete Zusammenleben im Vollzug betroffen sind[36]. Da die Planungen von H und B die Sicherheit oder Ordnung der Anstalt nicht berühren, können sie nicht zum Anlaß für Disziplinarmaßnahmen gegen H genommen werden.

c. § 4 Abs. 2 S. 2 StVollzG als Rechtsgrundlage für das Besuchsverbot

Als Rechtsgrundlage für die Verhängung des Besuchsverbots kommt schließlich die Generalklausel des § 4 Abs. 2 S. 2 StVollzG in Betracht. Nach ihr dürfen dem Gefangenen Beschränkungen auferlegt werden, die zur Aufrechterhaltung der Sicherheit oder zur Abwendung einer schwerwiegenden Störung der Ordnung der Anstalt unerläßlich sind. § 4 Abs. 2 S. 2 StVollzG findet allerdings nur subsidiär Anwendung, soweit das Gesetz besondere Regeln nicht enthält. Hier kann § 25 StVollzG als Sonderregelung der Generalklausel vorgehen und den Rückgriff auf sie verwehren. § 25 StVollzG regelt die Verhängung von Besuchsverboten, trifft allerdings keine ausdrücklichen Bestimmungen für den vorliegenden Fall, daß der Gefangene und sein Besucher den Besuch dazu mißbrauchen, neue Straftaten zu planen. Es stellt sich daher die Frage, ob § 4 Abs. 2 S. 2 StVollzG angewendet werden darf, wenn – wie hier – das Gesetz zwar die angeordnete Rechtseinschrän-

[34] Calliess/Müller-Dietz § 102 Rdn. 2.
[35] Böhm in: Schwind/Böhm § 102 Rdn. 15; AK-StVollzG Brühl § 102 Rdn. 6.
[36] Calliess/Müller-Dietz § 102 Rdn. 2.

kung in einer Eingriffsnorm regelt, der zu beurteilende Sachverhalt sich aber nicht unter die vorgesehenen Eingriffsvoraussetzungen subsumieren läßt.[37]

Als Generalklausel dient § 4 Abs. 2 S. 2 StVollzG zur Abwendung von Gefährdungsfällen, die vom Gesetzgeber nicht vorhergesehen und im Gesetz daher nicht berücksichtigt wurden[38]. Deshalb kommt eine Anwendung der Norm jedenfalls dann nicht in Betracht, wenn der Gesetzgeber die zu entscheidende Frage unter offenbarer Abwägung der widerstreitenden Rechte und Interessen abschließend regeln wollte[39]. Aber auch dort, wo der Wille des Gesetzgebers, einen Fall abschließend zu regeln, nicht offenkundig zutage tritt, begründet das in § 4 Abs. 2 S. 1 StVollzG enthaltene Enumerationsprinzip eine Vermutung für die Vollständigkeit der gesetzgeberischen Regelung. Soweit eine Rechtseinschränkung geregelt und an tatbestandliche Voraussetzungen geknüpft ist, muß also im Zweifel davon ausgegangen werden, daß der Gesetzgeber es bei dieser Bestimmung hat belassen und unter anderen Voraussetzungen eine Einschränkung eben nicht hat gestatten wollen[40].

Die Regelung des § 25 StVollzG ist daher als abschließend zu betrachten, es sei denn, der Gesetzgeber hat die Gefahr nicht erkannt, daß der Gefangene mit Hilfe seiner Kontaktmöglichkeiten nach außen sein kriminelles Treiben fortsetzt. Da es sich hierbei um eine naheliegende Gefahr handelt und der Gesetzgeber benachbarte Sachverhalte, nämlich die Gefährdung der Sicherheit der Anstalt und die schädliche Beeinflussung des Gefangenen durch den Besucher, in § 25 StVollzG geregelt hat, kann nicht unterstellt werden, daß diese Gefahr bei der Gesetzgebung übersehen wurde. Für eine Wahrnehmung dieser Gefahr durch den Gesetzgeber spricht auch die Regelung des § 34 Abs. 1 Nr. 1 und Abs. 2 StVollzG hinsichtlich der Verwertung von Kenntnissen aus der Überwachung von Besuchen zum Zwecke der Verhütung von Strafta-

---

[37] Solche Fälle sind entschieden durch: BGHSt. 30, 38; KG NStZ 1981, 77; OLG Celle NStZ 1981, 116; OLG München NStZ 1981, 36; OLG Hamm ZfStrVo 1980, 57; OLG Nürnberg 1981, 186; LG Nürnberg-Fürth ZfStrVo SH 1979, 45.

[38] Vgl. Grunau/Tiesler § 4 Rdn. 4; Calliess/Müller-Dietz § 4 Rdn. 18.

[39] Vgl. Böhm in: Schwind/Böhm § 4 Rdn. 22.

[40] Calliess/Müller-Dietz § 4 Rdn. 18.

ten, die auch die Planung weiterer Straftaten anläßlich von Besuchen berührt. § 25 StVollzG ist demnach als Sonderregelung zu werten, die die Verhängung eines Besuchsverbots in Fällen wie dem vorliegenden gerade nicht vorsieht und den Rückgriff auf den subsidiären § 4 Abs. 2 S. 2 StVollzG als Eingriffsgrundlage verwehrt.[a)]
Wegen der Planung weiterer Straftaten kann gegen H und B somit nur mit den Mitteln des allgemeinen Strafrechts vorgegangen werden. Die Verhängung eines Besuchsverbots gegen B ist rechtswidrig und verletzt den H in seinen Rechten. Der hiergegen gerichtete Anfechtungsantrag des H ist begründet.

Anmerkung zur Lösung:

[a)] Wer die Ansicht vertritt, § 25 StVollzG enthalte keine Sonderregelung gegenüber § 4 Abs. 2 S. 2 StVollzG, muß im folgenden prüfen, ob die Eingriffsvoraussetzungen des § 4 Abs. 2 S. 2 StVollzG vorliegen. Dabei stellt sich die Frage, ob der im Gesetzestext verwendete Begriff der Sicherheit auch die Sicherheit außerhalb der Anstalt umfaßt. Calliess/Müller-Dietz (§ 4 Rdn. 16) und Feest (AK-StVollzG § 4 Rdn. 13) vertreten die Auffassung, daß § 4 Abs. 2 S. 2 StVollzG nur die Sicherheit der Anstalt meine. Der Schutz der Allgemeinheit vor Straftaten ist nach dieser Ansicht nicht von § 4 Abs. 2 S. 2 StVollzG erfaßt, so daß das Besuchsverbot mangels einer geeigneten Ermächtigungsgrundlage rechtswidrig wäre. Demgegenüber ist nach Auffassung von Böhm (in: Schwind/Böhm § 4 Rdn. 20) unter „Sicherheit" i.S.d. § 4 Abs. 2 S. 2 StVollzG auch die Sicherheit der Allgemeinheit vor weiteren Straftaten des Gefangenen zu verstehen. Schon der Wortlaut der Vorschrift, die den Begriff der Sicherheit von demjenigen der Ordnung der Anstalt trenne und nicht in der sonst üblichen Formulierung „Sicherheit oder Ordnung der Anstalt" verwende, lege diese Auslegung nahe. Diese Argumentation vermag indes gerade deshalb nicht zu überzeugen, weil der Gesetzgeber mit der auch in anderen Normen vielfach verwendeten feststehenden Formel von „Sicherheit oder Ordnung" sonst immer nur die Sicherheit der Anstalt meint. Hätte er diesem Begriff in § 4 Abs. 2 S. 2 StVollzG eine andere Bedeutung geben wollen, hätte er dies mit Rücksicht auf das Erfordernis der Bestimmtheit von Eingriffsnormen deutlicher zum Ausdruck bringen müssen. Der Gesetzeszweck, eine

Auffangnorm zu bilden, spricht ebenfalls dagegen, daß in § 4 Abs. 2 S. 2 StVollzG völlig neue Eingriffsvoraussetzungen aufgestellt werden sollten. Wenn das Gesetz fordert, der Eingriff müsse „zur Aufrechterhaltung der Sicherheit oder zur Abwendung einer schwerwiegenden Störung der Ordnung der Anstalt" unerläßlich sein, so will es damit nicht den Begriff der Sicherheit ausdehnen, sondern Eingriffe zum Schutz der Ordnung der Anstalt auf solche zur Abwehr schwerwiegender Störungen beschränken.

Examenshausarbeit

3. Problemkomplex: Freies Beschäftigungsverhältnis – Zweck der Arbeit im Rahmen des Vollzugsziels – Anspruch auf Bereitstellung von Freizeitangeboten – Anspruch auf Zulassung eines eigenen Fernsehgerätes – Berechnung des Hafturlaubs – Ermessensüberprüfung – Ermessensreduzierung auf Null – Selbstbindung der Verwaltung – Verpflichtungsantrag – Bescheidungsurteil

Sachverhalt:
Der 45jährige frühere leitende Beamte B verbüßt seine Haftstrafe in der Justizvollzugsanstalt (JVA) der Stadt S im Bundesland L. Er ist wegen Unterschlagung und Bestechlichkeit zu einer Freiheitsstrafe von drei Jahren verurteilt worden. In Strafhaft befindet er sich seit dem 01.10.1993.

I. Der „Leiharbeiter"
Seit seiner Entlassung aus dem Staatsdienst im Januar 1993 arbeitet B als Angestellter in einer Rechtsanwaltskanzlei in S. Für diese Tätigkeit bezog B vor seiner Inhaftierung zuletzt ein Gehalt von 5 000 DM brutto monatlich. Kurz nach dem Strafantritt des B wandte sich dessen Arbeitgeber, Rechtsanwalt R, an den Leiter A der Strafanstalt, und bot an, den B als Bürovorsteher weiterzubeschäftigen, wenn B alsbald in den offenen Vollzug verlegt werde. B wurde daraufhin zum 01.12.1993 in die offene Abteilung der JVA S verlegt. Auf der Grundlage eines entsprechenden Beschlusses der Vollzugsplankonferenz erlaubte A dem B, die Anstalt im Wege des Freigangs ohne Beaufsichtigung zur Arbeitsaufnahme als „Rechtsanwaltsgehilfe" zu verlassen, um in einer „Einzelmaßnahme" – einem anstaltsvermittelten Beschäftigungsverhältnis nach § 41 StVollzG – zu arbeiten. Daraufhin begann B am 03.12.1993 wieder die

Tätigkeit in der Rechtsanwaltspraxis. Zwischen Rechtsanwalt R und dem Land L wurde am selben Tag ein „Vertrag über die Beschäftigung eines Strafgefangenen“ abgeschlossen, der u. a. folgende Bestimmungen enthält:

„Rechtsanwalt R beschäftigt einen Gefangenen mit Büroarbeiten in der Anwaltspraxis.
...
Der Gefangene darf nicht zum Führen von Kraftfahrzeugen eingesetzt werden.
...
Der Gefangene darf die Büroräume nur während der Mittagspause für eine Stunde zur Einnahme der Mittagsmahlzeit verlassen.“

Das für die Arbeitsleistung des B in den darauffolgenden Monaten auf ein Konto der Strafanstalt überwiesene Entgelt i. H. v. 12,– DM pro Arbeitsstunde floß dem Land L zu. B wurde für seine Tätigkeit durch die Strafanstalt entlohnt und erhielt monatlich rund 180,– DM.
Mit Schreiben vom 04.03.1994 bat B den A um die Erlaubnis, seiner „Arbeit des Bürovorstehers“ auf der Grundlage eines freien Beschäftigungsverhältnisses gemäß § 39 Abs. 1 StVollzG nachgehen zu dürfen. Zur Begründung seines Gesuchs trug er vor, daß die Tätigkeit als Bürovorsteher weit über den im Vertrag zwischen der Anwaltsgemeinschaft und dem Land festgelegten Beschäftigungsrahmen einer „Bürotätigkeit in der Anwaltspraxis“ hinausgehe. Sie umfasse insbesondere die Wahrnehmung von Aufgaben außerhalb der Büroräume, wie Einsichtnahmen in Grundbücher, Ortsbesichtigungen, persönliche Rücksprachen bei Geldinstituten, Transport von Zahlungsmitteln und Wertgegenständen und die Auswahl und Beschaffung von technischen Bürogeräten und Büromaterialien, und mache auch die Führung von Kraftfahrzeugen notwendig. Er, B, laufe Gefahr, seinen Arbeitsplatz deswegen zu verlieren, weil die von ihm nicht zu erfüllenden Aufgaben anderen Angestellten übertragen werden müßten. Darüber hinaus könne er mit dem Arbeitsentgelt, das ihm bei Eingehen eines freien Beschäftigungsverhältnisses zur Verfügung stehen würde, seiner Unterhaltspflicht gegenüber seiner Ehefrau und seinen beiden minderjährigen Töchtern nachkom-

men und die Tilgung seiner erheblichen Zahlungsverpflichtungen und Schulden aufnehmen bzw. fortsetzen. Seine Familie sei zwar noch nicht völlig mittellos. Die Ersparnisse, von denen sie seit seiner Inhaftierung lebe, seien aber bald erschöpft.
A erlaubte dem B daraufhin das Verlassen der Büroräume und das Führen von Kraftfahrzeugen im Rahmen seiner beruflichen Tätigkeit. Im übrigen lehnte er das Gesuch jedoch ab, da die Frist für die Gestattung eines freien Beschäftigungsverhältnisses noch nicht erfüllt sei und keine Gründe für eine Ausnahme von dieser Frist vorlägen. Mit dieser Begründung nahm er Bezug auf eine Rundverfügung des Justizministeriums des Landes L zu § 39 Abs. 1 StVollzG, die u. a. folgende Regelung trifft:

„Die Erlaubnis zur Eingehung eines freien Beschäftigungsverhältnisses kommt nur in Betracht für Gefangene,
...
gegen die bis zum voraussichtlichen Entlassungszeitpunkt in der Regel nicht mehr als 9 Monate Freiheitsstrafe zu vollziehen sind.“[1]

B hält die Ablehnung seines Antrags für rechtswidrig.

II. Kulturelle Bedürfnisse
Darüber hinaus ist der kulturell und politisch besonders interessierte B mit dem Freizeitangebot in der JVA nicht zufrieden. Da er leidenschaftlich gern Theater spielt, möchte er in der JVA eine Laienspiel-Theatergruppe gründen und beantragt bei A deren Einrichtung. Außerdem bemängelt er den gemeinschaftlichen Fernsehempfang: Aufgrund der Programmauswahl – hauptsächlich „leichtere Unterhaltung“ – werde sein Informationsbedürfnis in keiner Weise befriedigt. Zudem sei der gemeinschaftliche Fernsehempfang aus gesundheitlichen Gründen bedenklich, da er ständig als Nichtraucher durch die hohe Anzahl der Raucher im Gemeinschaftsraum dem Risiko der durch Passivrauchen verursachten Krankheiten ausgesetzt sei. Ebenfalls im März 1994 beantragt B aus

---

[1] = Ziff. 1.3. der RV des JM NRW vom 18. März 1981, inzwischen geändert.

diesem Grunde die Zulassung eines eigenen Fernsehgerätes, wobei er sich zusätzlich auf eine Verwaltungsregelung des Bundeslandes P beruft, wonach den Gefangenen unter den für Hörfunkgeräte geltenden Voraussetzungen ein eigener Fernseher gestattet wird.

A lehnt beide Anträge ab. Zur Begründung verweist er darauf, daß in der JVA genügend Freizeitgruppen existierten, u. a. Musik-, Literatur- und Malkurse, Gesprächskreise, Rollenspiel- und Sportgruppen. Für weitere Aktivitäten fehle es zudem an Räumlichkeiten, schon jetzt gebe es – was zutreffend ist – Schwierigkeiten, allen Gruppen die nötigen Räume bereitzuhalten. Ein eigenes Fernsehgerät könne nicht gestattet werden, da das Vorbringen des B die Annahme eines begründeten Ausnahmefalles nicht zu rechtfertigen vermöge und da B sich auf die Praxis im Bundesland P nicht berufen könne. Darüber hinaus könne er, B, sich als Abonnent einer Tageszeitung und einer Wochenzeitschrift hinreichend informieren.

Diese Ablehnung seiner Anträge hält B ebenfalls für rechtswidrig.

III. Der Weihnachtsurlaub

Im September 1994 hat B erneut Probleme mit L. B hatte nämlich vom 01.04.1994 bis zum 09.04.1994 und vom 19.07.1994 bis zum 28.07.1994 Hafturlaub erhalten, den er bei seiner Familie in dem Nachbarort X-Stadt verbracht hat. Da die JVA jeden Morgen um 8.00 Uhr aufgeschlossen wird und der Nachteinschluß auf 20.00 Uhr festgelegt ist, können die Gefangenen – so auch B – den Urlaub erst um 8.00 Uhr antreten und haben sich am letzten Urlaubstag zu der entsprechenden Uhrzeit (20.00 Uhr) wieder in der JVA einzufinden. Im September beantragt B, der sich schon jetzt auf ein harmonisches Weihnachten im Kreise seiner Lieben freut, die Erteilung von 4 Tagen Weihnachtsurlaub. Anstaltsleiter L bewilligt ihm unter Hinweis auf die Anzahl der dem B bereits erteilten Urlaubstage nur 3 Tage Hafturlaub.

Über diese Ablehnung ist B empört: Seiner Ansicht nach besteht ein Urlaubstag aus 24 Stunden. Da er aber den jeweiligen Urlaub erst um 8.00 Uhr habe antreten dürfen und zudem jeweils am letzten Urlaubstag schon um 20.00 Uhr wieder in der Anstalt habe zurückkehren müssen, habe er – gemessen an der Zahl von 24 Stunden pro Tag –

eine zeitliche Einbuße von insgesamt 24 Stunden Urlaub erlitten. Demnach stehe ihm noch ein ganzer Urlaubstag zusätzlich zu.

Aufgabe:
Nach Durchführung erfolgloser Widerspruchsverfahren – wie im Bundesland L durch Rechtsverordnung vorgeschrieben – beantragt B jeweils fristgemäß gerichtliche Entscheidung gegen alle Bescheide des L. Das Gericht beschließt im Mai 1994 über seine Anträge zu Teil I. und II. und im November 1994 über seinen Antrag zu Teil III.
Wie wird das Gericht entscheiden?

Hinweis für die Bearbeitung: Im Land L sind für den offenen Vollzug keine besonderen Urlaubszeitregelungen getroffen worden.

Lösung

Gliederung

A. Literaturverzeichnis

B. Abkürzungsverzeichnis

C. Gutachten

I. Gestattung eines freien Beschäftigungsverhältnisses
   1. Zulässigkeit des Antrags auf gerichtliche Entscheidung
      a. Antragsart
      b. Antragsbefugnis
   2. Begründetheit des Antrags auf gerichtliche Entscheidung
      a. Anspruch aus § 39 Abs. 1 StVollzG
      b. Anspruch aufgrund einer Ermessensreduzierung auf Null
         – Tatbestandliche Voraussetzungen des § 39 Abs. 1 StVollzG
            – Ziel im Rahmen des Vollzugsplans

- Entgegenstehende überwiegende Gründe des Vollzugs
- Vorliegen der Voraussetzungen des § 11 StVollzG
- Ermessensleitung durch die Rundverfügung des Justizministers
- Voraussetzungen einer Ermessensreduzierung auf Null
  - Umfang des Ermessensspielraums
  - Bestmögliche Verwirklichung des Vollzugsziels

II. Einrichtung einer Theatergruppe
1. Zulässigkeit des Antrags auf gerichtliche Entscheidung
   a. Antragsart
   b. Antragsbefugnis
2. Begründetheit des Antrags auf gerichtliche Entscheidung
   a. Anspruch aus § 67 S. 1 StVollzG
   b. Anspruch aus § 67 S. 2 StVollzG
   c. Ermessensüberprüfung
      - Ermessensüberschreitung
      - Ermessensfehlgebrauch

III. Zulassung eines eigenen Fernsehgeräts
1. Zulässigkeit des Antrags auf gerichtliche Entscheidung
2. Begründetheit des Antrags auf gerichtliche Entscheidung
   a. Beschränkung des Rechts auf Informationsfreiheit durch § 69 Abs. 2 StVollzG
   b. Anspruch des B auf Zulassung eines eigenen Fernsehgeräts aus § 69 Abs. 2 StVollzG
      - Vorliegen eines begründeten Ausnahmefalles im Hinblick auf die Programmzusammenstellung des Gemeinschaftsfernsehens
      - Vorliegen eines begründeten Ausnahmefalls im Hinblick auf die Rauchbelästigung während des gemeinschaftlichen Fernsehempfangs
   c. Anspruch des B auf Zulassung eines eigenen Fernsehgeräts aus Art. 3 Abs. 1 GG

IV. Gewährung eines weiteren Tages Weihnachtsurlaub
1. Zulässigkeit des Antrags auf gerichtliche Entscheidung

2. Begründetheit des Antrags auf gerichtliche Entscheidung
   a. Anspruch auf Urlaub aus § 13 Abs. 1 StVollzG
   b. Anspruch auf fehlerfreien Ermessensgebrauch
      - Ermessensunterschreitung aufgrund fehlerhafter Berechnung des Urlaubs
        - Zulässigkeit von Beschränkungen aus Gründen der Vollzugsorganisation
        - Der Kalendertag als Maßeinheit von 24 Stunden
        - Die Berechnung der Urlaubszeit nach den Fristvorschriften des BGB
        - Das Mittagessen mit den Bezugspersonen als Kriterium für die Urlaubsberechnung
        - Eigene Stellungnahme und Ergebnis
      - Ermessensreduzierung auf Null

Ausarbeitung

A. Literaturverzeichnis

An dieser Stelle ist in die Examenshausarbeit ein Verzeichnis der Literatur aufzunehmen, die im Gutachten zitiert ist. Aus Gründen der Raumersparnis wird hier auf ein gesondertes Literaturverzeichnis verzichtet. Die im Gutachten verwendete Literatur ist in dem zentralen Literaturverzeichnis dieses Buches festgehalten, auf das – auch als Muster für die Form eines Literaturverzeichnisses – verwiesen wird.

B. Abkürzungsverzeichnis

An dieser Stelle ist in die Examenshausarbeit ein Verzeichnis der im Text des Gutachtens, in den Fußnoten und im Literaturverzeichnis verwendeten Abkürzungen aufzunehmen, auf das aus Gründen der Raumersparnis hier ebenfalls verzichtet wird. Die benutzten Abkürzungen sind aus dem Abkürzungsverzeichnis dieses Buches ersichtlich, das als Muster dienen soll.

C. Gutachten

I. Gestattung eines freien Beschäftigungsverhältnisses

1. Zulässigkeit des Antrags auf gerichtliche Entscheidung

a. Antragsart

B wendet sich mit seinem Antrag auf gerichtliche Entscheidung gemäß § 109 StVollzG gegen die Ablehnung der Erlaubnis zur Eingehung eines freien Beschäftigungsverhältnisses. Die Erlaubnis stellt eine außenwirksame Regelung eines Einzelfalls durch die Vollzugsbehörde dar. Mithin erfüllt sie die Merkmale einer „Maßnahme" nach § 109 StVollzG[2]. Was für die Bewilligung eines freien Beschäftigungsverhältnisses gilt, trifft auch für ihre Ablehnung zu: Auch sie stellt damit gleichermaßen eine „Maßnahme" dar.

Da es sich bei der Maßnahme des A um einen Verwaltungsakt handelt, scheint ein Anfechtungsantrag zulässig zu sein. Zu beachten ist allerdings, daß B mit einem Anfechtungsantrag nur die Aufhebung des ablehnenden Bescheids des A erreichen kann. Damit alleine ist B jedoch nicht gedient, denn es geht ihm augenscheinlich darum, nicht nur die Beseitigung der Ablehnung, sondern die Gestattung eines freien Beschäftigungsverhältnisses zu erzielen. Diese kann er nur mit einem Verpflichtungsantrag nach § 109 Abs. 1 S. 2 StVollzG erreichen. Es entsteht daher die Frage, ob ein Verpflichtungsantrag alleine ausreicht oder ob er – da ein ablehnender Bescheid bereits ergangen ist – mit einem Anfechtungsantrag verbunden werden muß. Da sich der Verpflichtungsantrag sowohl gegen die Ablehnung einer beantragten Maßnahme durch einen Bescheid als auch auf Verpflichtung der Vollzugsbehörde zur Vornahme der begehrten Maßnahme richtet (§§ 109 Abs. 1 S. 2, 115 Abs. 4)[3], ist dies nicht erforderlich. Der Verpflichtungsantrag schließt den

[2] Vgl. Calliess/Müller-Dietz § 109 Rdn. 6.

[3] Calliess/Müller-Dietz § 109 Rdn. 4; AK-StVollzG Volckart § 109 Rdn. 25.

Anfechtungsantrag als ein auf eine Nebenfolge gerichtetes Begehren in sich und hat somit eine Doppelnatur[4]. Er ist demnach hier die statthafte Antragsart.

b. Antragsbefugnis

Nach § 109 Abs. 2 StVollzG muß B eine Verletzung seiner subjektiven Rechte geltend machen. Im Sinne der „Möglichkeitstheorie“[5] bedeutet dies, daß B substantiiert behaupten muß, ein Recht auf Vornahme der abgelehnten Maßnahme zu haben. Ein Recht des B auf Gestattung eines freien Beschäftigungsverhältnisses kann sich aus § 39 Abs. 1 StVollzG ergeben. Da B eine Verletzung dieses Rechts geltend macht, ist er antragsbefugt.

Da auch das landesrechtlich vorgeschriebene Vorverfahren (§ 109 Abs. 3 StVollzG) ordnungsgemäß durchgeführt und der Antrag auf gerichtliche Entscheidung fristgemäß (§ 112 Abs. 1 StVollzG) gestellt worden sind, ist der Antrag zulässig.

2. Begründetheit des Antrags auf gerichtliche Entscheidung

Der Verpflichtungsantrag des B ist begründet, wenn B einen Anspruch auf Gestattung eines freien Beschäftigungsverhältnisses hat.

a. Anspruch aus § 39 Abs. 1 StVollzG

Als Grundlage für einen Anspruch des B auf Gestattung eines freien Beschäftigungsverhältnisses kommt § 39 Abs. 1 StVollzG in Betracht. Ein Anspruch des Gefangenen auf Erteilung der Erlaubnis ergibt sich aus dieser Norm dann, wenn die Vollzugsbehörde unter den Voraus-

---

[4] Schuler in: Schwind/Böhm § 109 Rdn. 24.
[5] Vgl. Ule 1987, 202.

setzungen des § 39 Abs. 1 StVollzG verpflichtet ist, ein freies Beschäftigungsverhältnis zu gestatten.

Bereits der Wortlaut des § 39 Abs. 1 StVollzG spricht gegen die Annahme einer bindenden Verpflichtung der Anstalt und eines entsprechenden subjektiven Rechts des Gefangenen. § 39 Abs. 1 StVollzG ist eine „Soll"-Vorschrift, räumt der Behörde ihrem Wortlaut nach also ein Entscheidungsermessen ein[6]. Die gesetzliche Regelung will eine flexible, dem Einzelfall und seinen Bedürfnissen angepaßte Entscheidung des Anstaltsleiters ermöglichen. Auch der Gesetzeszweck steht daher der Annahme einer Verpflichtung der Behörde zur Erteilung der Erlaubnis entgegen. Aus § 39 Abs. 1 StVollzG läßt sich somit kein Anspruch des B auf Gestattung eines freien Beschäftigungsverhältnisses ableiten. Vielmehr ergibt sich aus dieser Norm lediglich ein Recht des Gefangenen auf ermessensfehlerfreie Entscheidung[7].

b. Anspruch aufgrund einer Ermessensreduzierung auf Null

Freilich mußte A die Eingehung eines freien Beschäftigungsverhältnisses erlauben, wenn B aufgrund des ihm zustehenden subjektiven öffentlichen Rechts auf ermessensfehlerfreie Entscheidung die Gewährung der Zustimmung als einzige im Rahmen eines rechtsfehlerfreien Ermessensgebrauchs zulässige Alternative beanspruchen konnte. Eine solche Reduzierung des Ermessens der Behörde auf Null tritt nach allgemeinen verwaltungsrechtlichen Grundsätzen dann ein, wenn sich aus dem Zusammenhang der Ermessensnorm mit anderen Rechtsvorschriften oder angesichts der besonderen Umstände des konkreten Falles ergibt, daß aus rechtlichen Gründen nur eine einzige Entscheidung in Frage kommt.[8]

---

[6] Schuler in: Schwind/Böhm § 115 Rdn. 20; Grunau/Tiesler § 39 Rdn. 1; Calliess/Müller-Dietz § 39 Rdn. 2.

[7] Matzke in: Schwind/Böhm § 39 Rdn. 5; Calliess/Müller-Dietz § 39 Rdn. 2; AK-StVollzG Däubler/Pécic § 39 Rdn. 7; LG Wuppertal NStZ 1988, 476.

[8] Kopp VwVfG § 40 Rdn. 6.

Tatbestandliche Voraussetzungen des § 39 Abs. 1 StVollzG
Die Grundvoraussetzung einer möglichen Ermessenseinschränkung ist demnach zunächst, daß auf der Tatbestandsseite der Ermessensnorm alle Bedingungen erfüllt sind, unter denen überhaupt eine Ermessensentscheidung der Behörde ergehen darf. Eine Reduzierung des Ermessens des Anstaltsleiters zugunsten der Erteilung der begehrten Erlaubnis ist daher nur dann in Betracht zu ziehen, wenn die tatbestandlichen Voraussetzungen des § 39 Abs. 1 StVollzG gegeben waren.

Ziel im Rahmen des Vollzugsplans
Die von B angestrebte Tätigkeit im freien Beschäftigungsverhältnis mußte im Rahmen des Vollzugsplans dem Ziel dienen, Fähigkeiten für eine Erwerbstätigkeit nach der Entlassung zu vermitteln, zu erhalten oder zu fördern.

Es können Zweifel daran bestehen, ob sich die Beschäftigung des B als Bürovorsteher im Rahmen des vom Vollzugsplans vorgesehenen Arbeitseinsatzes als Rechtsanwaltsgehilfe hielt. B hat insoweit vorgetragen, daß seine Arbeit als Bürovorsteher über eine untergeordnete Gehilfentätigkeit hinausgehe. Es ist allerdings fraglich, ob der Vollzugsplan den B von vornherein auf eine reine Gehilfentätigkeit festlegen wollte. Grundsätzlich soll der Vollzugsplan dem Gefangenen und den Mitarbeitern des Behandlungsstabes einen Orientierungsrahmen bieten[9] und ist daher seiner Natur nach flexibel. Er soll die Entwicklung des Gefangenen zu sozialer Verantwortung und Wiedereingliederung fördern. Dieser Zielsetzung widerspräche es, wenn der Vollzugsplan den B ohne Notwendigkeit auf untergeordnete Arbeiten beschränken würde. Die Bezeichnung „Rechtsanwaltsgehilfe" ist daher als ein Sammelbegriff für alle innerhalb einer Rechtsanwaltskanzlei anfallenden vorbereitenden und unterstützenden Arbeiten zu verstehen, der grundsätzlich auch die Tätigkeit eines Bürovorstehers zuläßt.
Mit seiner Arbeit als Bürovorsteher hatte B bereits vor seiner Inhaftierung seinen eigenen Unterhalt und den Unterhalt seiner Familie bestritten, und er wollte und konnte diese Arbeit auch nach seiner Haftentlas-

[9] Calliess/Müller-Dietz § 7 Rdn. 2.

sung weiterhin ausführen. Die erstrebte Tätigkeit war daher dem vom Strafvollzugsgesetz festgelegten Zweck der Arbeit des Gefangenen förderlich.

Entgegenstehende überwiegende Gründe des Vollzugs
Der Gestattung eines freien Beschäftigungsverhältnisses durften keine überwiegenden Gründe des Vollzugs entgegenstehen. Sie liegen vor, wenn die Anstalt durch die Erteilung der Erlaubnis vor große, nur schwer lösbare organisatorische Schwierigkeiten gestellt war[10]. Aus dem Sachverhalt ergeben sich keinerlei Hinweise auf solche Schwierigkeiten.

Vorliegen der Voraussetzungen des § 11 StVollzG
Die Erlaubnis zur Eingehung eines freien Beschäftigungsverhältnisses ist schließlich davon abhängig, daß gemäß § 11 StVollzG die Voraussetzungen für Freigang oder Außenbeschäftigung des Gefangenen vorlagen. Nach § 11 Abs. 2 StVollzG darf insbesondere keine Flucht- oder Mißbrauchsgefahr bestehen. Da der Anstaltsleiter dem B bereits im Dezember 1990 Freigang erteilt hatte, kann davon ausgegangen werden, daß die Bedingungen für die Gewährung von Freigang erfüllt sind.

Demnach liegen sämtliche gesetzlichen Voraussetzungen vor, unter denen B zu einem freien Beschäftigungsverhältnis zugelassen werden darf.

Ermessensleitung durch die Rundverfügung des Justizministers
Der Gestattung eines freien Beschäftigungsverhältnisses kann die Rundverfügung des Justizministers des Landes L entgegenstehen, auf die A sich beruft. Bei ihr handelt es sich freilich um eine Verwaltungsvorschrift, die nicht den Charakter einer Rechtsquelle hat und das Gericht nicht bindet[11]. Sie stellt lediglich eine an die nachgeordneten Vollzugsbehörden gerichtete Ermessensrichtlinie dar. Rechte, die dem Gefangenen aufgrund des Strafvollzugsgesetzes oder anderer Gesetze zustehen, vermag sie nicht zu beschränken. Im Interesse der Gleichbehandlung

---

[10] Calliess/Müller-Dietz § 39 Rdn. 2.
[11] Vgl. Wolff/Bachof 1974, 118 f.; Ossenbühl 1967.

und der Vermeidung von Willkür verdient sie allerdings auch im gerichtlichen Verfahren Beachtung, soweit sie die Rechte des Gefangenen nicht zusätzlich beschneidet oder in sonstiger Weise gesetzlichen Regelungen widerspricht.

Ob die Rundverfügung des Justizministers mit der Regelung des Strafvollzugsgesetzes über das freie Beschäftigungsverhältnis im Einklang steht, begegnet erheblichen Bedenken. § 39 StVollzG knüpft die Zulassung zu einem freien Beschäftigungsverhältnis nicht an die Erfüllung irgendwelcher Fristen, sondern sieht sie regelmäßig für den Fall vor, daß sich unter den Voraussetzungen des Abs. 1 der Zweck der Arbeit durch ein freies Beschäftigungsverhältnis besser erreichen läßt als durch die Zuweisung von Arbeit. Die Frage der Rechtmäßigkeit der Rundverfügung bedarf jedoch dann keiner Entscheidung, wenn sie in ihrer geltenden Fassung eine Zulassung des B zu dem begehrten freien Beschäftigungsverhältnis ermöglicht.[a)]

Die Rundverfügung sieht vor, daß nur solchen Gefangenen ein freies Beschäftigungsverhältnis erlaubt werden kann, gegen die bis zum voraussichtlichen Entlassungszeitpunkt in der Regel nicht mehr als 9 Monate Freiheitsstrafe zu vollziehen sind. Selbst unter Berücksichtigung der Möglichkeit einer vorzeitigen Strafentlassung nach Verbüßung von zwei Dritteln der Freiheitsstrafe gemäß § 57 Abs. 1 StGB kann mit einer Entlassung des B erst zum 01.10.1995 gerechnet werden, so daß zwar die in der Rundverfügung für den Regelfall vorgesehene Frist noch nicht erfüllt ist. Im Falle des B können aber Voraussetzungen vorliegen, die von dem in der Rundverfügung zugrundegelegten Regelfall abweichen und daher die Zulassung des B zu einem freien Beschäftigungsverhältnis jenseits der vorgesehenen Frist rechtfertigten. B bildet insofern eine Besonderheit, als er bereits im Rahmen des anstaltsvermittelten Arbeitsverhältnisses eine Tätigkeit verrichtet, die im wesentlichen der im freien Beschäftigungsverhältnis angestrebten Arbeit entspricht. Der Arbeitsplatz bleibt derselbe, und der Inhalt der Arbeit ist der bereits ausgeübten Tätigkeit wesensmäßig zumindest nahe verwandt. Äußerliche, für die Behandlung des B oder die Ordnung des Strafvollzugs erhebliche Änderungen würden mit der Zulassung zum freien Beschäftigungsverhältnis kaum einhergehen. Diese Umstände unterscheiden den Fall des B von den im Strafvollzug typischerweise auftretenden Fällen, in denen Gefangene bei Antritt gerade einer mehrjährigen Freiheitsstrafe ihren Arbeitsplatz verlieren und zunächst in Eigen- oder Unternehmerbetrieben im Wege eines anstaltsvermittelten Arbeitsverhältnisses beschäftigt werden müssen. Da es unter diesen Voraussetzungen sinnvoll sein mag, die Gefangenen erst innerhalb eines gewissen Zeitraums vor ihrer Entlassung zur Sicherung ihrer weiteren beruflichen Zukunft in ein freies Beschäftigungsverhältnis zu vermitteln, ist die in der Rundverfügung des Justizministers vorgesehene Fristenregelung gerade auf diese Fälle zugeschnitten. Im Falle des B besteht demgegenüber die dargestellte, vom Sinn der Regelung nicht erfaßte Ausnahmelage, die ein Abgehen von der Neun-Monats-Frist nicht nur erlaubt, sondern nahelegt.

Die Regelung der Rundverfügung des Justizministers steht der Zulassung des B zu einem freien Beschäftigungsverhältnis somit nicht entgegen.

Voraussetzungen einer Ermessensreduzierung auf Null

Zweifelhaft bleibt freilich, ob dem B im Rahmen einer fehlerfreien Ermessensausübung die begehrte Erlaubnis erteilt werden mußte.

Umfang des Ermessensspielraums

Dies hängt zunächst von der Größe des Ermessensspielraums ab, den das Gesetz dem Anstaltsleiter allgemein für seine Entscheidung einräumt.

Die Formulierung des § 39 Abs. 1 StVollzG als „Soll"-Vorschrift kann darauf hinweisen, daß ihm das Gesetz einen sehr geringen Freiraum für die Ausübung seines Ermessens geben will. Allerdings ist die Ermessensregelung des § 39 Abs. 1 StVollzG im Zusammenspiel mit § 11 StVollzG zu sehen, auf den sie verweist[12]. § 11 StVollzG gibt als „Kann"-Vorschrift dem Anstaltsleiter bei seiner Entscheidung über die Gewährung von Freigang ein weites Ermessen[13]. Indem § 39 Abs. 1 StVollzG die Zulassung zum freien Beschäftigungsverhältnis von der Gewährung von Freigang abhängig macht, läßt er dem Anstaltsleiter bei

---

[12] OLG Celle NStZ 1981, 35.

[13] Calliess/Müller-Dietz § 11 Rdn. 1.

seiner Entscheidung über die Zulassung des Gefangenen zum freien Beschäftigungsverhältnis daher jedenfalls so lange einen erheblichen Ermessensspielraum, wie dem Gefangenen noch nicht die Erlaubnis zu Freigang oder Außenbeschäftigung erteilt worden ist[14]. Da der B bereits seit Dezember 1993 im Freigang arbeitet, bestimmt sich der Umfang des Ermessens des A bei seiner Entscheidung über die Gestattung einer freien Beschäftigung alleine nach der Soll-Vorschrift des § 39 Abs. 1 StVollzG.

Die Gestaltung einer Ermessensnorm als Soll-Vorschrift bedeutet im allgemeinen eine strenge Bindung der Behörde für den Regelfall und erlaubt eine Abweichung nur in atypischen Fällen, in denen besondere, angebbare, nicht von der Behörde selbst zu vertretende Gründe für ein Abgehen von der Norm sprechen[15]. Der Vorschrift des § 39 Abs. 1 StVollzG liegt der Wille des Gesetzgebers zugrunde, die Arbeit des Gefangenen im Rahmen des Strafvollzugs den Arbeitsbedingungen des freien Lebens weitgehend anzupassen, um so die Wiedereingliederung des Gefangenen zu fördern[16]. Diesem gesetzgeberischen Willen entspricht es, das Ermessen der Vollzugsbehörde durch die Schaffung einer Soll-Vorschrift einzuschränken und sie so dazu anzuhalten, unter den Voraussetzungen des § 39 Abs. 1 StVollzG im Regelfall jedenfalls denjenigen Gefangenen die Eingehung eines freien Beschäftigungsverhältnisses zu gestatten, die ohnehin als Freigänger oder Außenbeschäftigte arbeiten.

Bestmögliche Verwirklichung des Vollzugsziels

Der somit geringe durch das Gesetz zugelassene Ermessensspielraum des Anstaltsleiters kann sich weiter verengt haben, wenn sich im Falle des B der vom Strafvollzugsgesetz vorgesehene Zweck der Arbeit innerhalb eines freien Beschäftigungsverhältnisses besser verwirklichen läßt als im Rahmen der anstaltsvermittelten Tätigkeit. Dann soll nach dem Willen des Gesetzgebers eine weitestgehende Beschränkung des Ermessens der

---

[14] Schöch in: Kaiser/Kerner/Schöch 1992, § 6 Rdn. 94.
[15] Kopp VwVfG § 40 Rdn. 11.
[16] BT-Dr. 7/918, 63; Calliess/Müller-Dietz § 37 Rdn. 3; AK-StVollzG Däubler/Pécic § 37 Rdn. 1.

Vollzugsbehörde zugunsten einer Gestattung des freien Beschäftigungsverhältnisses eintreten[17].

Der Zweck der vom Kläger innerhalb des Strafvollzugs geleisteten Arbeit wird durch das Vollzugsziel bestimmt, das die oberste Auslegungsrichtlinie für die Einzelbestimmungen des Strafvollzugsgesetzes und Richtschnur für das Handeln der Vollzugsbehörden ist[18]. Danach soll der Gefangene zu einem straffreien Leben in sozialer Verantwortung befähigt werden (§ 2 S. 1 StVollzG). Die Arbeit gilt als wichtiges Mittel der Resozialisierung[19]. Einerseits soll sie – vordergründig – dem persönlichen beruflichen Fortkommen und der sozialen Sicherung des Gefangenen nach seiner Haftentlassung dienen[20]. Sie soll daher die Entwicklung beruflicher Fertigkeiten und Kenntnisse fördern. Darüber hinaus erfüllt die Arbeit des Gefangenen andererseits auch einen übergeordneten sozialen und symbolischen Zweck. Durch Erhöhung seines gesellschaftlichen Status und soziale Anerkennung soll der Gefangene zu konformem Verhalten angehalten werden[21]. Ihm soll nicht nur die Fähigkeit, sondern auch der Wille zu verantwortlicher Lebensführung und zur Erbringung gesellschaftlich angemessener Leistungen vermittelt werden[22].

Es muß demnach geprüft werden, ob diese aus dem Strafvollzugsziel hergeleiteten Zwecke der Arbeit des Gefangenen im Falle des B besser im Rahmen eines freien Beschäftigungsverhältnisses hätten verwirklicht werden können als innerhalb des anstaltsvermittelten Arbeitsverhältnisses.

Eine Tätigkeit innerhalb eines freien Beschäftigungsverhältnisses ist zur Förderung der sozialen und beruflichen (Wieder-)Eingliederung des B geeigneter, wenn sie ihm eine bessere Entfaltung und Schulung seiner Fähigkeiten ermöglicht. Hierauf beruft sich der B in seinem Antrag an

---

[17] BT-Dr. 7/918, 67; Calliess/Müller-Dietz § 39 Rdn. 2; Matzke in: Schwind/Böhm § 39 Rdn. 5.

[18] Calliess/Müller-Dietz § 2 Rdn. 4 ff.

[19] Böhm 1986, 167; H.J. Schneider 1992b, 231; Kerner in: Kaiser/Kerner/Schöch 1992, § 14 Rdn. 20 ff.

[20] Vgl. BT-Dr. 7/918, 65.

[21] H.J. Schneider 1987, 805 f.

[22] Vgl. BVerfG JZ 1973, 509 (510).

die Anstaltsleitung, indem er darlegt, daß sein Tätigkeitsbereich durch die Zuweisung reiner Büroarbeit in der Anwaltskanzlei stark eingeschränkt sei. Diese von B innerhalb des anstaltsvermittelten Arbeitsverhältnisses erlebte Begrenzung seiner Aufgaben läßt freilich noch nicht den Schluß zu, daß die Eingehung eines freien Beschäftigungsverhältnisses zu seiner beruflichen Förderung von vornherein besser geeignet gewesen wäre. Nur wenn die dargelegte Funktionsbeschränkung wesensmäßig mit einer nach § 41 StVollzG zugewiesenen anstaltsvermittelten Tätigkeit verbunden und alleine durch die Zulassung des B zu einem freien Beschäftigungsverhältnis zu beseitigen ist, kann das freie Beschäftigungsverhältnis seiner Natur nach dem beruflichen Fortkommen des Klägers mehr dienen als die durch die Anstalt zugewiesene Arbeit.

Welchen Einschränkungen die Tätigkeit des B unterworfen wird, ist nicht in erster Linie eine Frage der Art des Beschäftigungsverhältnisses. Vielmehr ergeben sich die von B beanstandeten Begrenzungen zum einen aus dem zwischen der Anstalt und Rechtsanwalt R abgeschlossenen Vertrag und zum anderen im unmittelbaren Verhältnis des B zur Vollzugsbehörde aus den Weisungen, die ihm gemäß § 14 StVollzG hinsichtlich der Ausübung seiner Arbeit erteilt werden konnten. Einerseits können die Beschränkungen, denen B unterliegt, durch eine Änderung des bestehenden Beschäftigungsvertrages und durch eine Rücknahme entsprechender Weisungen des Anstaltsleiters aufgehoben werden, ohne daß deswegen die Zulassung des Klägers zu einem freien Arbeitsverhältnis notwendig ist. Demgemäß hat A auch dem B auf seinen Antrag hin die Erlaubnis zum Verlassen seiner Arbeitsstelle für Boten- und Geschäftsgänge erteilt und der Benutzung eines Pkw auf Dienstfahrten zugestimmt. Andererseits könnte A auch dem frei beschäftigten B gemäß §§ 39 Abs. 1 S. 2., 14 Abs. 1 StVollzG Weisungen erteilen und ihm untersagen, die Büroräume der Anwaltskanzlei während der Arbeitszeit zu verlassen oder einen Pkw zu benutzen[23]. Für die im konkreten Fall des B getroffene Begrenzung seiner beruflichen Aufgaben ist daher die Art des Beschäftigungsverhältnisses, innerhalb

---

[23] Vgl. Matzke in: Schwind/Böhm § 39 Rdn. 10.

dessen er seine Arbeit verrichtete, weitestgehend unerheblich. Der Zweck, dem B die gewünschte Entfaltung und Schulung seiner beruflichen Fähigkeiten zu bieten, läßt sich innerhalb des bestehenden anstaltsvermittelten Arbeitsverhältnisses ebensogut verwirklichen wie auf der Grundlage eines freien Beschäftigungsvertrags.

Gleichwohl ist es möglich, daß der Tätigkeit des B im Rahmen eines freien Beschäftigungsverhältnisses deshalb den Vorrang eingeräumt werden muß, weil diese Arbeit besser geeignet ist, den B zur Erbringung sozial-adäquater Leistungen und zur Übernahme sozialer Verantwortung zu ermutigen und zu befähigen. Für die Erreichung dieses Vollzugsziels kann es eine wesentliche Rolle spielen, wem der Lohn für die Arbeit des Gefangenen in der Hauptsache zufließt. Insoweit unterscheidet sich die Arbeit des B in einem anstaltsvermittelten Beschäftigungsverhältnis wesentlich von einer Tätigkeit auf der Grundlage eines freien Arbeitsvertrages. Während B mit Abschluß eines freien Beschäftigungsvertrages einen Gehaltsanspruch gegen seine Arbeitgeber erlangen würde, wird er für seine zugewiesene Tätigkeit lediglich auf der Grundlage des § 43 StVollzG von der Anstalt mit einem erheblich geringeren Entgelt entlohnt.

Diesen Gesichtspunkt kann der Anstaltsleiter bei seiner Entscheidung bereits deswegen zu berücksichtigen haben, weil die Arbeit nach den Zielvorstellungen des Strafvollzugsgesetzes zumindest auch den Zweck hat, den Gefangenen und seine Familie finanziell abzusichern. Eine entsprechende Zielsetzung der Gefangenenarbeit leitet sich aus § 37 Abs. 2 StVollzG ab. Danach soll dem Gefangenen wirtschaftlich ergiebige Arbeit zugewiesen werden. Der Gesetzgeber ist hier davon ausgegangen, daß die Ergiebigkeit ein Anzeichen für sinnvolle Arbeit ist, die den Gefangenen zu Leistungsbereitschaft motiviert und dadurch sowohl die gesetzlich geforderte Angleichung des Lebens im Vollzug an die allgemeinen Lebensbedingungen (§ 3 Abs. 1 StVollzG) als auch die Wiedereingliederung des Gefangenen (§ 3 Abs. 3 StVollzG) fördert[24].

Da die Arbeit im Rahmen des Strafvollzugs auf eine Hebung der Arbeitsmotivation des Gefangenen angelegt und der Berufstätigkeit im

[24] Matzke in: Schwind/Böhm § 37 Rdn. 11.

freien sozialen Leben angeglichen sein soll[25], gehört es zum einen zu ihren Zielen, die wirtschaftliche Versorgung des Gefangenen und seiner Familie zu sichern. Dieser Gesichtspunkt kann die Vollzugsbehörde insbesondere dann zur Gestattung eines freien Beschäftigungsverhältnisses zwingen, wenn der Gefangene und seine Familie bedürftig sind. Hier erheben sich Zweifel, ob eine solche Bedürftigkeit des B und seiner Angehörigen vorliegt, da die Familie jedenfalls zur Zeit noch von Ersparnissen leben kann. Freilich muß innerhalb des Strafvollzugs – soweit möglich – auch der Verschuldung des wirtschaftlich weniger oder (noch) nicht bedürftigen Gefangenen vorgebeugt werden, die stark entsozialisierend wirkt. Darüber hinaus soll der Gefangene zum anderen in die Lage versetzt werden, den durch die Straftat angerichteten Schaden wiedergutzumachen[26] und so durch Erbringen einer positiven, verantwortungsbewußten sozialen Leistung zu seiner eigenen (Re-)Sozialisierung kreativ beizutragen.

Soweit sich im Rahmen des Strafvollzugs überhaupt die Möglichkeit zu wirtschaftlich ertragreicher Arbeit bietet, darf der Gefangene daher nicht durch Vorenthaltung des wesentlichsten Teils des von ihm erwirtschafteten Lohnes sozial degradiert und damit an der Entwicklung seiner Fähigkeit und seines Willens zur Übernahme sozialer Verantwortung im Sinne des Strafvollzugsziels (§ 2 S. 1 StVollzG) gehindert werden. Diese einerseits sozialintegrativen, andererseits konkret wirtschaftlichen Aspekte rücken um so stärker in den Vordergrund der Entscheidung der Vollzugsbehörde, je mehr die zugewiesene Arbeit inhaltlich der im Rahmen eines freien Beschäftigungsverhältnisses zu leistenden Arbeit gleicht.

Wenn – wie im Falle des B – die Tätigkeiten für denselben Unternehmer ausgeübt werden und einander wesensmäßig nahe verwandt sind, steht im Hintergrund der Entscheidung der Vollzugsbehörde über die Gestattung eines freien Beschäftigungsverhältnisses – zumindest objektiv – auch immer ein Konflikt zwischen den wirtschaftlichen Interessen des Gefangenen an einer direkten Entlohnung durch seinen

---

[25] Vgl. Calliess/Müller-Dietz § 37 Rdn. 3; AK-StVollzG Däubler/Pécic § 37 Rdn. 1; Matzke in: Schwind/Böhm § 37 Rdn. 11; BT-Dr. 7/918, 63.

[26] BT-Dr. 7/918, 65; Calliess/Müller-Dietz § 37 Rdn. 3.

Arbeitgeber und den fiskalischen Interessen des Staates an einer Verwertung der Arbeitskraft des Gefangenen zugunsten einer Senkung der Haftkosten. In diesem Konflikt erkennt das Strafvollzugsgesetz alleine das wirtschaftliche Interesse des Gefangenen als im Dienste seiner sozialen Wiedereingliederung stehend und damit schutzwürdig an[27]. Dies läßt sich auch aus dem rechtsstaatlichen vom Gesetzgeber bei Schaffung des Strafvollzugsgesetzes ausdrücklich bekräftigten Grundsatz herleiten, daß der Vollzug der Freiheitsstrafe keine weiteren Einschränkungen für den Gefangenen mit sich bringen soll, als es für den Freiheitsentzug und die für die zukünftige straffreie Lebensführung erforderliche Behandlung notwendig ist[28].

Alleine mit der Zulassung des B zu dem begehrten freien Arbeitsverhältnis kann demnach in vollem Umfang dem durch das Strafvollzugsgesetz anerkannten und geschützten Interesse des B Rechnung getragen werden, in den Genuß der wirtschaftlichen Früchte seiner Arbeit zu kommen, und dadurch gleichzeitig dem Strafvollzugsziel genügt werden, den B zur Entwicklung einer sozial-verantwortlichen Haltung zu ermutigen.

Der Ermessensspielraum des Anstaltsleiters hat sich mithin auf diese Entscheidungsmöglichkeit verengt. B hat einen Anspruch auf Zulassung zu dem begehrten freien Beschäftigungsverhältnis als einzige ermessensfehlerfreie Alternative. Der Verpflichtungsantrag des B ist demnach begründet.

---

[27] Vgl. H.J. Schneider 1987, 834.

[28] BT-Dr. 7/918, 67.

II. Einrichtung einer Theatergruppe

1. Zulässigkeit des Antrags auf gerichtliche Entscheidung

a. Antragsart

B kann seine Begehren mit einem Verpflichtungsantrag gemäß § 109 Abs. 1 S. 2 StVollzG verfolgen, wenn dessen Voraussetzungen gegeben sind. Der Verpflichtungsantrag richtet sich gegen die Ablehnung einer beantragten Maßnahme durch Bescheid und auf Verpflichtung der Vollzugsbehörde zur Vornahme der begehrten Maßnahme[29]. Es stellt sich die Frage, ob die Einrichtung einer Theatergruppe eine Maßnahme i. S. d. § 109 Abs. 1 StVollzG, also ein behördliches Handeln zur Regelung eines Einzelfalls mit unmittelbarer Rechtswirkung für Dritte[30], ist. Erforderlich ist die rechtliche Gestaltung von Lebensverhältnissen. Die beantragte Maßnahme braucht freilich kein Verwaltungsakt zu sein, sondern kann auch in einer schlichten Leistungsgewährung bestehen[31]. Die Einrichtung einer Theatergruppe wirkt sich gestaltend auf die Lebensverhältnisse in der Anstalt aus. Da mit ihr gleichzeitig das Recht des Gefangenen auf Freizeitbeschäftigung (§ 67 StVollzG) geregelt wird, hat dieser gestaltende Akt auch rechtliche Qualität.

B verlangt somit eine Maßnahme der Vollzugsbehörde. Für diese Forderung ist der Verpflichtungsantrag die statthafte Antragsart.

b. Antragsbefugnis

B muß geltend machen, durch die Ablehnung des Aufbaus einer Theatergruppe in seinen Rechten verletzt zu sein. Das heißt, daß B dann nicht antragsbefugt ist, wenn lediglich seine kulturellen Interessen ver-

---

[29] Calliess/Müller-Dietz § 109 Rdn. 4; AK-StVollzG Volckart § 109 Rdn. 25.
[30] Vgl. Calliess/Müller-Dietz § 109 Rdn. 6.
[31] AK-StVollzG Volckart § 109 Rdn. 25.

letzt sein können[32]. Da B aus § 67 StVollzG ein Recht auf Bereitstellung von Freizeitangeboten haben kann, berührt die Versagung der Theatergruppe nicht nur seine kulturellen Neigungen, sondern beeinträchtigt auch rechtlich geschützte Interessen.

Zweifel an der Antragsbefugnis des B können sich gleichwohl deshalb ergeben, weil sich die von B erstrebte Maßnahme als Angebot an eine Vielzahl anderer Gefangener richten würde. Wenn B sich lediglich zum Wahrer der Interessen anderer Gefangener aufwerfen würde, ohne auch selbst an der Theatergruppe teilnehmen zu wollen, kann eine Antragsbefugnis des B fraglich sein. Indessen erstrebt B die Einrichtung der Theatergruppe gerade auch für sich selbst. Er ist daher antragsbefugt.

Da auch die übrigen Zulässigkeitsvoraussetzungen erfüllt sind, ist der Antrag des B auf gerichtliche Entscheidung mithin zulässig.

2. Begründetheit des Antrags auf gerichtliche Entscheidung

a. Anspruch aus § 67 S. 1 StVollzG

B kann aus § 67 S. 1 StvollzG einen Anspruch auf Einrichtung der Theatergruppe haben. Diese Norm gibt dem Gefangenen das Recht, sich individuell in seiner ihm persönlich zur Verfügung stehenden Freizeit zu beschäftigen[33]. Dem Gefangenen steht danach das Recht auf eigene Aktivitäten zu[34]. § 67 S. 1 StVollzG normiert damit zum einen ein Abwehrrecht des Gefangenen: Die Vollzugsbehörde darf ihn an eigenen Freizeitaktivitäten im Rahmen des Strafvollzugs nicht hindern. Zum anderen gibt er dem Gefangenen einen Rechtsanspruch auf Wahrnehmung des von der Anstalt bereitgehaltenen Angebots von Freizeitbeschäftigungen, jedenfalls soweit es sich um Angebote zur individuellen Betätigung handelt[35]. B erstrebt demgegenüber nicht lediglich eine indi-

---

[32] Vgl. Ule 1987, 203.
[33] Calliess/Müller-Dietz § 67 Rdn. 2.
[34] AK-StVollzG Huchting/Lesting § 67 Rdn. 3.
[35] Vgl. OLG Nürnberg ZfStrVo 1989, 374.

viduelle Beschäftigung, wie z. B. Lesen oder Briefeschreiben, und will auch nicht die Zulassung zu einem bestehenden Freizeitangebot erreichen. Vielmehr fordert er die Neuschaffung eines Angebots zur gemeinschaftlichen Freizeitgestaltung. Diese Forderung kann er nicht auf § 67 S. 1 StVollzG stützen.

b. Anspruch aus § 67 S. 2 StVollzG

Die Bereitstellung von Freizeitangeboten wird von § 67 S. 2 StVollzG geregelt, der damit als Anspruchsgrundlage für das Begehren des B in Betracht zu ziehen ist. § 67 S. 2 StVollzG verpflichtet die Anstalt, ein möglichst umfassendes und differenziertes Angebot für die Gestaltung der Freizeit zu machen[36].

Fraglich ist, ob sich aus dieser Vorschrift ein korrespondierendes Recht des Gefangenen ableiten läßt. Bereits ihr Wortlaut, ihre Ausgestaltung als „Soll"-Vorschrift, läßt den Schluß zu, daß der Pflicht der Anstalt kein subjektives Recht des Gefangenen auf Bereitstellung der dort aufgezählten Freizeitangebote entspricht. Die Gelegenheiten zu Freizeitangeboten im Strafvollzug hängen vom Personalbestand und den räumlichen und finanziellen Möglichkeiten der Anstalten ab. Zwar sollen diese objektiven Begrenzungen möglichst überwunden werden[37]. Gleichzeitig zeigt aber die Regelung des § 17 Abs. 2 S. 2 StVollzG, daß der Gesetzgeber bestehende Beschränkungen berücksichtigen will. Überdies ist zu erwarten, daß angesichts der Vielfalt der Freizeitinteressen eine Anstalt auch bei guter personeller und sachlicher Ausstattung nicht jedem Wunsch nachgehen kann. Der Gesetzgeber wollte deshalb dem Gefangenen lediglich einen Anspruch darauf einräumen, daß ihm überhaupt verschiedenartige Freizeitangebote gemacht werden. Ein An-

[36] Calliess/Müller-Dietz § 67 Rdn. 2 u. 3; Koepsel in: Schwind/Böhm § 67 Rdn. 5.
[37] Vgl. AK-StVollzG Huchting/Lesting § 67 Rdn. 6; Kerner in: Kaiser/Kerner/Schöch 1992, § 14 Rdn. 49.

spruch auf Bereitstellung bestimmter Freizeitangebote läßt sich demgegenüber aus § 67 S. 2 StVollzG nicht herleiten[38].

c. Ermessensüberprüfung

Die Ablehnung, eine Theatergruppe zu schaffen, kann gleichwohl rechtswidrig sein, wenn A bei seiner Entscheidung ein ihm eingeräumtes Ermessen fehlerhaft ausgeübt hat. Gemäß § 115 Abs. 5 StVollzG überprüft das Gericht die Entscheidung der Vollzugsbehörde auch auf Ermessensfehler. Wenn die von B angerufene Strafvollstreckungskammer einen Ermessensfehler des A feststellt, so erläßt sie ein Bescheidungsurteil, durch das die angefochtene Entscheidung aufgehoben und der A angewiesen wird, den B unter Beachtung der Rechtsauffassung des Gerichts neu zu bescheiden (§ 115 Abs. 4 S. 2 StVollzG). Nur wenn im Ausnahmefall eine Ermessensreduzierung auf Null eingetreten ist, ergeht ein Verpflichtungsurteil[39].

Ermessensüberschreitung
Ein Ermessensfehler liegt vor, wenn A bei seiner Entscheidung die Grenzen des ihm eingeräumten Ermessens verkannt hat[40]. A hat die gesetzlichen Ermessensgrenzen überschritten, wenn das Gesetz die Ablehnung des Wunsches nach Schaffung eines bestimmten Freizeitangebots nur im Ausnahmefall zuläßt und A in den Gründen seines Bescheids nicht dargelegt hat, daß ein solcher Ausnahmefall gegeben ist.

Die Ausgestaltung des § 67 S. 2 StVollzG als „Soll"-Vorschrift spricht für eine Einengung der Auswahlmöglichkeiten der Vollzugsbehörde bei ihrer Entscheidung auf ein Regel-Ausnahme-Verhältnis[41]. Es ist aber fraglich, ob dies bedeutet, daß die Anstalt in der Regel jedem Freizeitwunsch nachgehen muß und ihn nur ausnahmsweise ablehnen

---

[38] Koepsel in: Schwind/Böhm § 67 Rdn. 15; AK-StVollzG Huchting/Lesting § 67 Rdn. 5; Calliess/Müller-Dietz § 67 Rdn. 2; OLG Koblenz ZfStrVo 1986, 253 (254).
[39] Vgl. Calliess/Müller-Dietz § 115 Rdn. 13.
[40] Vgl. Calliess/Müller-Dietz § 115 Rdn. 15.
[41] Vgl. Calliess/Müller-Dietz § 115 Rdn. 15.

darf[42], oder ob sich die Verpflichtung der Anstalt nur darauf bezieht, in der Regel ein möglichst weitgefächertes Freizeitangebot vorzuhalten. Die Klärung dieser Frage kann allerdings dahinstehen, wenn für den speziellen Bereich der Einrichtung von Freizeitgruppen, um den es hier geht, § 17 Abs. 2 S. 2 StVollzG gilt, der als „Kann"-Vorschrift das Ermessen des Anstaltsleiters erweitert[43].

Nach § 17 Abs. 2 S. 2 StVollzG können für die „Teilnahme an gemeinschaftlichen Veranstaltungen" vom Anstaltsleiter mit Rücksicht auf die räumlichen, personellen und organisatorischen Verhältnisse der Anstalt besondere Regelungen getroffen werden. Es ist zu prüfen, ob damit nur Regelungen der Teilnahme an bereits bestehenden Gemeinschaftsveranstaltungen gemeint oder auch Regelungen hinsichtlich der Neueinrichtung gemeinschaftlicher Freizeitangebote erlaubt sind. § 17 Abs. 2 S. 2 StVollzG will den objektiven Problemen der Anstalt Rechnung tragen. Auf seiten der Anstalt wirft dabei gerade die Neueinrichtung von Freizeitgruppen typischerweise größere Schwierigkeiten auf als die Tätigkeit von und die Teilnahme an bereits bestehenden Gruppen. Dem steht eine Rechtsposition des Gefangenen gegenüber, die stärker ist, wenn es um die Erhaltung und Nutzung des „status quo" geht, als wenn die Neuschaffung von Freizeitangeboten in Rede steht. Wenn das Gesetz demnach Regelungen zur Teilnahme an bestehenden Gruppen angesichts vergleichsweise geringerer objektiver Probleme der Anstalt und trotz einer stärkeren Rechtsposition der Gefangenen zuläßt, so muß der Anstaltsleiter auch die Neuschaffung von Freizeitgruppen regeln dürfen, die größere objektive Schwierigkeiten der Anstalt aufwirft.

Bei der Entscheidung über die Errichtung neuer Freizeitgruppen hat der Anstaltsleiter demnach ein durch § 17 Abs. 2 S. 2 StVollzG erweitertes Ermessen. §§ 67 S. 2, 17 Abs. 2 S. 2 StVollzG stellen die Entscheidung über den Antrag des B auf Errichtung einer Theatergruppe somit in das freie Ermessen des A. Die Grenzen dieses Ermessens hat A nicht überschritten.

---

[42] So wohl AK-StVollzG Huchting/Lesting § 67 Rdn. 5 ff.

[43] So AK-StVollzG Huchting/Lesting § 17 Rdn. 16.

Ermessensfehlgebrauch

A muß sein Ermessen pflichtgemäß ausgeübt haben. Er war verpflichtet seine Entscheidung nach sachlichen Gesichtspunkten unter gerechter und billiger Abwägung des öffentlichen Interesses und der Belange des B zu treffen. Wenn A seine Entscheidung auf unsachgemäße Gründe gestützt hat oder die Entscheidung die gesetzlich gebotene Abwägung aller relevanten Umstände vermissen läßt, liegt ein Ermessensfehlgebrauch vor[44].

A hat seine Ablehnung zum einen mit dem Bestehen vielfältiger anderer Freizeitgruppen und zum anderen mit Raumproblemen begründet. Es ist daher zu prüfen, ob diese Gründe sachgemäß sind. Die von A angegebenen räumlichen Schwierigkeiten gehören zu den in § 17 Abs. 2 S. 2 StVollzG genannten und damit gesetzlich anerkannten Einschränkungsgründen. Freilich darf der räumliche Engpaß als Grund für die Ablehnung der Theatergruppe nicht lediglich vorgeschoben sein. A hat seine Begründung damit belegt, daß es schon jetzt Schwierigkeiten gebe, für alle Gruppen Räume bereitzustellen. Da dies den Tatsachen entspricht, kann nicht davon ausgegangen werden, daß der Hinweis auf Raumprobleme lediglich vorgeschoben ist. Soweit A sich darauf beruft, daß bereits genügend Freizeitgruppen bestünden, ist zwar zweifelhaft, ob dieser Grund alleine die Ablehnung der Einrichtung einer Theatergruppe rechtfertigen könnte. In Ergänzung zu dem Hinweis auf Raumprobleme kann dieser Grund jedoch sachgemäß sein. Wenn bereits vielfältige Freizeitgruppen bestehen, so zeigt dies, daß die Anstalt ihrer aus § 67 S. 2 StVollzG folgenden Verpflichtung bereits nachgekommen ist und daher kein gesetzlich begründeter Handlungsbedarf mehr besteht.

A muß diese sachgemäßen Gründe für die Ablehnung der Schaffung einer Theatergruppe in einer dem Sinn und Zweck der Ermächtigung entsprechenden Weise gegen die Interessen des B und der übrigen Gefangenen an ihrer Einrichtung abgewogen haben. Für die Bildung einer Theatergruppe kann sprechen, daß es sich bei dem Theaterspiel um eine im Hinblick auf die Funktion der Freizeit besonders wertvolle Form

---

[44] Vgl. Calliess/Müller-Dietz § 115 Rdn. 17.

ihrer Gestaltung handeln kann. Neben anderen Funktionen soll die Freizeit eine Selbstentfaltung des einzelnen ermöglichen. Diese „existentielle Funktion“[45] der Freizeit gewinnt im Strafvollzug, in dem der Gefangene vielfältigen Einschränkungen seiner Selbstverwirklichung unterliegt, eine besondere Bedeutung. Das Theaterspiel kann zur Selbstentfaltung beitragen, indem es kreative Fähigkeiten weckt und entwikkelt. Es fördert nicht nur die Beschäftigung mit Literatur und kulturellen Werten, sondern kann im Einzelfall sogar zur Verarbeitung persönlicher Probleme des Gefangenen beitragen. Indes gibt es in der Anstalt S bereits Freizeitgruppen, die den kreativen, kulturellen und Selbsterfahrungssektor abdecken. Vor diesem Hintergrund läßt sich nicht feststellen, daß A bei seiner ablehnenden Entscheidung den besonderen Wert des Theaterspiels für die Freizeitgestaltung des B und der übrigen Gefangenen verkannt hat.

Im Sinne des Vollzugsziels ist es zwar als besonders positiv anzusehen, daß die Initiative für die Schaffung eines bestimmten Freizeitangebots von einem Gefangenen, B, ausgeht. Aus lernpsychologischen Gründen ist diese Form von Eigeninitiative fördernswert. Es handelt sich aber um eine von einem ausgerpägten Einzelinteresse getragene Eigeninitiative. In diesem Fall kann es nicht als sachwidrig berurteilt werden, wenn A die Anerkennung und Förderung der Eigeninitiative des B hinter die allgemeinen Belange der Anstalt zurückstellt.

Die Entscheidung des A läßt mithin kein Abwägungsdefizit erkennen. Sie ist nicht ermessensfehlerhaft. Daher ist der auf Zulassung einer Theatergruppe gerichtete Antrag des B auf gerichtliche Entscheidung insgesamt unbegründet.

[45] Vgl. Kerner in: Kaiser/Kerner/Schöch 1992, § 14 Rdn. 53.

III. Zulassung eines eigenen Fernsehgeräts

1. Zulässigkeit des Antrags auf gerichtliche Entscheidung

Da B eine begünstigende Maßnahme auf dem Gebiet des Strafvollzugs erstrebt, handelt es sich der Antragsart nach um einen Verpflichtungsantrag (§ 109 Abs. 1 S. 2 StVollzG).

Die Versagung eines eigenen Fernsehgeräts kann den B in seinem Grundrecht auf Informationsfreiheit (Art. 5 Abs. 1 GG) verletzen. Da er die Zulassung eines Fernsehers für sich selbst begehrt, ist er antragsberechtigt (§ 109 Abs. 2 StVollzG).

Sein Antrag auf gerichtliche Entscheidung ist damit zulässig.

2. Begründetheit des Antrags auf gerichtliche Entscheidung

a. Beschränkung des Rechts auf Informationsfreiheit durch § 69 Abs. 2 StVollzG

Die Verweigerung der Benutzung eines eigenen Fernsehers greift in das grundgesetzlich geschützte Recht des B aus Art. 5 Abs. 1 GG ein und ist an diesem Grundrecht zu messen[46]. Danach hat jeder das Recht, sich aus allgemein zugänglichen Quellen ungehindert zu unterrichten. Die Grenze der Informationsfreiheit bilden gem. Art. 5 Abs. 2 GG die Vorschriften der allgemeinen Gesetze.

Als allgemeines Gesetz kann das StVollzG danach das Grundrecht der Informationsfreiheit beschränken. Die Beschränkungen müssen freilich selbst stets im Lichte des Grundgesetzes gesehen werden und dürfen den Kern des Grundrechts nicht berühren[47]. Das Grundrecht aus Art. 5 Abs. 1 GG wird durch § 69 Abs. 2 StVollzG eingeschränkt. Danach ist die Zulassung eines eigenen Fernsehgerätes nur „in begründe-

---

[46] Vgl. OLG Hamburg ZfStrVo 1980, 127; OLG Nürnberg ZfStrVo 1987, 379; LG Mannheim ZfStrVo 1980, 255; OLG Frankfurt NStZ 1982, 350.

[47] BVerfGE 7, 198 (208).

ten Ausnahmefällen" möglich. Da den Gefangenen ausreichende andere Informationsmöglichkeiten – Bezug von Zeitungen und Zeitschriften, Hörfunk, gemeinschaftlicher Fernsehempfang – offenstehen, durch die im Regelfall die Informationsfreiheit hinlänglich gewährleistet ist, greift die Beschränkung der Zulassung eigener Fernsehgeräte durch § 69 Abs. 2 StVollzG nicht in den Wesensgehalt des Art. 5 Abs. 1 GG ein und ist daher verfassungsrechtlich unbedenklich[48].

b. Anspruch des B auf Zulassung eines eigenen Fernsehgerätes aus § 69 Abs. 2 StVollzG

B kann aus § 69 Abs. 2 StVollzG einen Anspruch auf Zulassung eines eigenen Fernsehgeräts haben. Die Entscheidung über die Zulassung ist keine Ermessensentscheidung. Vielmehr ist die Voraussetzung des „begründeten Ausnahmefalles" ein unbestimmter Rechtsbegriff, der der vollen gerichtlichen Nachprüfung unterliegt[49]. Bei Vorliegen eines „begründeten Ausnahmefalls" hat der Gefangene daher einen Anspruch auf Zulassung eines eigenen Fernsehgerätes.

Es ist daher zunächst zu prüfen, ob im Falle des B ein „begründeter Ausnahmefall" gegeben ist. Bei der Auslegung dieses unbestimmten Rechtsbegriffs ist davon auszugehen, daß § 69 Abs. 2 StVollzG eine Härte- und Ausnahmeklausel ist, an deren Vorliegen strenge Anforderungen zu stellen sind[50]. Der Gesetzgeber ging davon aus, daß wegen des Freizeitangebots in Justizvollzugsanstalten und wegen der sonstigen Informationsmöglichkeiten eine Unterrichtung in der Regel ausreichend gewährleistet sei, so daß bei der Zulassung privateigener Fernsehgeräte Zurückhaltung gerechtfertigt erscheine[51]. Ein begründeter Ausnahmefall ist demnach grundsätzlich nur dann anzunehmen, wenn das Grund-

[48] BVerfG Justiz 1980, 489; BVerfGE 7, 198 (208).
[49] Schwind in: Schwind/Böhm § 69 Rdn. 6; Calliess/Müller-Dietz § 69 Rdn. 4; OLG Hamburg ZfStrVo 1980, 127; OLG Celle ZfStrVo 1990, 307; OLG Hamm NStZ 1990, 560.
[50] Schwind in: Schwind/Böhm § 69 Rdn. 6 und 1990, 362; OLG Koblenz ZfStrVo 1988, 315 = NStZ 1988, 199; OLG Nürnberg NStZ 1987, 383.
[51] Vgl. Begr. des RegE zum StVollzG, BT-Dr. 7/918, 74.

recht auf Informationsfreiheit im Einzelfall aufgrund der besonderen Verhältnisse in der Vollzugsanstalt oder besonderer Umstände in der Person des Gefangenen nicht gewahrt ist[52].

Vorliegen eines begründeten Ausnahmefalles im Hinblick auf die Programmzusammenstellung des Gemeinschaftsfernsehens
Ein begründeter Ausnahmefall aufgrund der besonderen Verhältnisse der JVA S kann vorliegen, weil – wie B vorträgt – die Programmzusammenstellung des Gemeinschaftsfernsehens seinem Informationsbedürfnis nicht hinreichend Rechnung trägt. Die Strafvollstreckungskammer müßte ggf. die Wahrheit dieses Sachvortrags aufklären, wenn er einen Ausnahmefall i. S. d. § 69 Abs. 2 StVollzG zu begründen vermag.

Überwiegend wird angenommen, daß ein Ausnahmefall erst dann bejaht werden kann, wenn durch die Gesamtheit der übrigen in der Anstalt vorhandenen allgemeinen Informationsquellen etwaige Programmlücken des gemeinschaftlichen Fernsehprogramms nicht ausgeglichen werden können[53]. Zumindest nach dem Sachvortrag des L bestehen in der JVA S für den B solche hinreichenden anderweitigen Informationsmöglichkeiten. Es ist allerdings fraglich, ob diesem „Kompensationsmodell" gefolgt werden kann und B sich auf andere Informationsquellen verweisen lassen muß. Das Grundrecht auf Informationsfreiheit ist nicht lediglich auf eine bestimmte Menge an Informationen gerichtet, sondern garantiert eine ungehinderte Unterrichtung aus allgemein zugänglichen Quellen. In diesem Rahmen hat der Bürger auch das Recht, seine Informationsquelle selbst zu wählen. Gerade das Fernsehen nimmt dabei auf dem Gebiet der Unterrichtung und Meinungsbildung eine bedeutende Stellung ein und ist überdies in besonderem Maße dazu geeignet, Menschen die von der Außenwelt abgeschnitten sind oder die sich mit dem Verständnis geschriebener Texte schwer tun, Nachrichten bildhaft und verständlich zu vermitteln. Demnach er-

---

[52] Calliess/Müller-Dietz § 69 Rdn. 4; OLG Koblenz ZfStrVo 1988, 315 = NStZ 1988, 199.

[53] Calliess/Müller-Dietz § 69 Rdn. 5; Schwind in: Schwind/Böhm § 69 Rdn. 7; OLG Nürnberg NStZ 1987, 383 u. ZfStrVo 1987, 379; OLG Frankfurt 1982, 350, 351; LG Mannheim ZfStrVo 1980, 255; OLG Hamburg ZfStrVo 1980, 127.

scheint es unzulässig, Gefangene auf andere Informationsmittel zu verweisen, wenn eine Unterrichtung durch das Gemeinschaftsfernsehen wegen Programmlücken nicht ausreichend gewährleistet ist[54]. Die Möglichkeit, sich aus anderen Quellen zu informieren, schließt daher die Annahme einer Verletzung des Informationsrechts des B noch nicht aus.

Da § 69 Abs. 2 StVollzG eine Ausnahmeregelung ist, begründet eine Verletzung des Informationsrechts des B freilich dann keinen Anspruch auf Zulassung eines eigenen Fernsehgerätes, wenn seinem Grundrecht auf andere Weise Geltung verschafft werden kann. B hat gem. § 69 Abs. 1 S. 2 StVollzG einen Anspruch darauf, daß neben Unterhaltung auch staatsbürgerliche Informationen und bildende Sendungen in das Gemeinschaftsprogramm aufgenommen werden[55]. Zwar ist für die Programmauswahl ausschließlich die Vollzugsbehörde zuständig. Sie hat aber auf die Wünsche und Bedürfnisse der Gefangenen Rücksicht zu nehmen. B kann sich daher mit seinen Wünschen unmittelbar an L wenden oder die Gefangenenmitverantwortung zur Geltendmachung seiner Wünsche einschalten. Sollten seine Bemühungen ergebnislos verlaufen, so stünde ihm der Rechtsweg nach §§ 109 ff. StVollzG zur Durchsetzung seines Anspruchs auf gesetzmäßige Programmauswahl offen. B muß sich daher darauf verweisen lassen, sein Recht auf eine gesetzmäßige Programmauswahl durchzusetzen. Ein sofortiger Rückgriff auf § 69 Abs. 2 StVollzG ist unzulässig[56]. Aus dem Sachverhalt ergeben sich keine Hinweise darauf, daß B irgendwelche Bemühungen zur Durchsetzung seines Anspruchs auf gesetzmäßige Programmauswahl unternommen hat. „Programmlücken" alleine vermögen daher nicht, einen Ausnahmefall i. S. d. § 69 Abs. 2 StvollzG zu begründen.

---

[54] So auch AK-StVollzG Huchting/Lesting § 69 Rdn. 14; OLG Koblenz ZfStrVo 1988, 315 = NStZ 1988, 199.

[55] Vgl. Calliess/Müller-Dietz § 69 Rdn. 2; OLG Frankfurt NStZ 1982, 350 (351); OLG Koblenz ZfStrVo 1988, 315, 316 = NStZ 1988, 199 (200).

[56] OLG Koblenz ZfStrVo 1988, 315 f. = NStZ 1988, 199 f.; OLG Nürnberg ZfStrVo 1987, 379 u. NStZ 1987, 383; OLG Celle ZfStrVo 1982, 183.

Vorliegen eines begründeten Ausnahmefalls im Hinblick auf die Rauchbelästigung während des gemeinschaftlichen Fernsehempfangs

Ein Ausnahmefall, der dem B Anspruch auf ein eigenes Fernsehgerät gibt, kann deswegen vorliegen, weil B während des gemeinschaftlichen Fernsehempfangs starker Rauchbelästigung ausgesetzt ist.

Gemäß § 56 StVollzG hat die Anstalt die Pflicht, für die Gesundheit der Gefangenen Sorge zu tragen. Daraus und aus seinem Recht auf Teilnahme am Gemeinschaftsfernsehen, ergibt sich auch ein Anspruch des Gefangenen, während des gemeinschaftlichen Fernsehempfangs vor „Passivrauchen" geschützt zu werden[57]. Gleichwohl ist fraglich, ob die Belästigung durch rauchende Mitgefangene beim Gemeinschaftsfernsehen bereits einen Anspruch auf Zulassung eines eigenen Fernsehgeräts begründet. Aus dem Charakter des § 69 Abs. 2 StVollzG als Ausnahmeregelung ergibt sich, daß zunächst geprüft werden muß, ob der Rauchbelästigung nicht durch andere Maßnahmen der Vollzugsbehörde, z. B. Einrichtung getrennter Fernsehräume für Raucher und Nichtraucher oder gute Belüftung des Fernsehraumes, abgeholfen werden kann. Auf solche Vorkehrungen hat B einen Anspruch, den er notfalls gerichtlich durchsetzen kann[58]. Als „ultima ratio" ist auch die Verhängung eines Rauchverbots im Fernsehraum zulässig[59]. Ein Ausnahmefall i. S. d. § 69 Abs. 2 StVollzG ist daher nur dann anzunehmen, wenn organisatorische Maßnahmen zur Eindämmung der Rauchbelästigung nicht möglich oder nicht ausreichend sind[60] und die Verhängung eines Rauchverbots unter Gesichtspunkten der Interessenabwägung etwa deshalb nicht in Betracht kommt, weil nur ein einziger Gefangener Nichtraucher ist[61]. Demnach muß sich B darauf verweisen lassen, sich zunächst – notfalls auf dem Rechtsweg – darum zu bemühen, daß die Anstaltsleitung ihn bei der Teilnahme am Gemeinschaftsfernsehen durch geeignete Maßnahmen vor Rauchbelästigung schützt. Einen An-

---

[57] Calliess/Müller-Dietz § 69 Rdn. 1; OLG Frankfurt NStZ 1989, 96, 425; OLG Hamm NStZ 1984, 574 (575) u. ZfStrVo 1982, 183; LG Heilbronn MDR 1984, 427.

[58] Vgl. OLG Hamm ZfStrVo 1982, 183 u. NStZ 1984, 574.

[59] OLG Nürnberg ZfStrVo 1988, 91.

[60] OLG Frankfurt NStZ 1989, 96; LG Heilbronn MDR 1984, 427 (428); OLG Hamm NStZ 1984, 574 (575); AK-StVollzG Huchting/Lesting § 69 Rdn. 12.

[61] Vgl. OLG Zweibrücken NStZ 1986, 429; Calliess/Müller-Dietz § 69 Rdn. 1.

spruch auf Zulassung eines eigenen Fernsehgeräts hat er wegen der Rauchbelästigung nicht.

c. Anspruch des B auf Zulassung eines eigenen Fernsehgeräts aus Art. 3 Abs. 1 GG

Ein solcher Anspruch des B kann sich schließlich aus Art. 3 Abs. 1 GG i. V. m. der im Bundesland P erlassenen Verwaltungsregelung ergeben, nach der Gefangenen unter den für Hörfunkgeräte geltenden Voraussetzungen (§ 70 StVollzG) ein eigener Fernseher gestattet wird[62].

Es ist fraglich, ob sich B insoweit auf eine Selbstbindung der Verwaltung berufen kann. Zum einen ist für eine Selbstbindung nur dann Raum, wenn es um die Ausübung eines der Verwaltung zustehenden Ermessens geht. § 69 Abs. 2 StVollzG ist indes keine Ermessensvorschrift[63] und sieht ausdrücklich vor, daß ein eigenes Fernsehgerät nur unter anderen und strengeren Voraussetzungen als denen des § 70 StVollzG zugelassen werden darf. Bei der davon abweichenden Verwaltungsregelung im Bundesland P handelt es sich demnach nicht um die Ausübung eines den Vollzugsbehörden eingeräumten Ermessens, sondern um einem Rechtsetzungsakt, der dem Gesetzgeber vorbehalten ist[64]. Zum anderen vermag die – gesetzeswidrige – Verwaltungspraxis im Bundesland P jedenfalls nicht, die Verwaltung im Bundesland L zu binden. Aus dem Gleichheitsgrundsatz ist kein Recht herzuleiten, daß Verwaltungsregelungen eines Bundeslandes auch in anderen Bundesländern Anwendung finden[65]. Eine Ungleichbehandlung in verschiedenen Bundesländern ist durch die bundesstaatliche Kompetenzordnung des Grundgesetzes gedeckt[66]. B kann daher auch aus Art. 3 Abs. 1 GG keinen Anspruch auf Zulassung eines eigenen Fernsehgerätes ableiten.

---

[62] So die Verwaltungspraxis in Hamburg und Bremen; vgl. Schwind 1990, 362.
[63] Vgl. oben unter III. 2 b.
[64] LG Hamburg MDR 1981, 76.
[65] LG Mannheim ZfStrVo 1980, 255 (256).
[66] Calliess/Müller-Dietz § 69 Rdn. 5; OLG Nürnberg NStZ 1987, 383; BVerfG Justiz 1980, 489.

Da B keinen Anspruch auf Zulassung eines eigenen Fernsehgeräts hat, ist sein Antrag auf gerichtliche Entscheidung unbegründet.

IV. Die Gewährung eines weiteren Tages Weihnachtsurlaub

1. Zulässigkeit des Antrags auf gerichtliche Entscheidung

Bei dem Antrag auf Bewilligung eines weiteren Urlaubstages für das laufende Urlaubsjahr handelt es sich um einen Verpflichtungsantrag gemäß § 109 Abs. 1 S. 2 StVollzG.

Für die Antragsbefugnis genügt nach der „Möglichkeitstheorie“[67] die schlüssige Behauptung des B, daß gerade er und nicht etwa ein anderer durch die Versagung eines weiteren Urlaubstages in seinen Rechten verletzt werde, falls sich die Ablehnung als objektiv rechtswidrig erweise.

2. Begründetheit des Antrags auf gerichtliche Entscheidung

a. Anspruch auf Urlaub aus § 13 Abs. 1 StVollzG

Der Antrag ist begründet, wenn B einen Anspruch auf Gewährung eines weiteren Tages Weihnachtsurlaub hat. Als Grundlage für einen solchen Anspruch kommt § 13 Abs. 1 StVollzG in Betracht. Die Ausgestaltung der Norm als „Kann“-Vorschrift läßt indes deutlich werden, daß § 13 Abs. 1 StVollzG keinen Anspruch auf Urlaub gibt. Der Gefangene hat lediglich ein Recht auf fehlerfreien Ermessensgebrauch[68]. Die Ermessenskompetenz der Vollzugsbehörde erstreckt sich dabei darauf,

---

[67] Vgl. Ule 1987, 202.

[68] Calliess/Müller-Dietz § 13 Rdn. 3; AK-StVollzG Hoffmann/Lesting § 13 Rdn. 24; Kühling in: Schwind/Böhm § 13 Rdn. 22; OLG Frankfurt ZfStrVo 1981, 188.

ob überhaupt Urlaub zu gewähren ist und ggf. zu welchem Zeitpunkt, in welchen zeitlichen Abständen und für welchen Zeitraum[69]. § 13 Abs. 1 StVollzG gibt dem B demnach keinen Anspruch auf einen weiteren Urlaubstag.

b. Anspruch auf fehlerfreien Ermessensgebrauch

Ermessensunterschreitung aufgrund fehlerhafter Berechnung des Urlaubs
Fraglich ist, ob L sein Ermessen fehlerfrei ausgeübt hat, als er dem B den beantragten Urlaub unter Hinweis auf die Anzahl der bereits erteilten Urlaubstage um einen Tag gekürzt hat. L hat seine Entscheidung damit auf die Erwägung gestützt, daß dem B nach den durch das Gesetz in § 13 Abs. 1 StVollzG gezogenen Grenzen nur noch drei und keine vier Urlaubstage mehr gewährt werden können. Dabei ist L ersichtlich davon ausgegangen, daß B bereits 18 Kalendertage Urlaub erhalten hat. Diese Gründe stellen eine rechtsfehlerhafte Ermessensunterschreitung dar, wenn L die bislang zugebilligten Urlaubszeiten falsch berechnet hat und dem B tatsächlich noch ein Resturlaub von mehr als drei Tagen gewährt werden kann. Da B seine jeweiligen Urlaube erst um 8 Uhr des ersten Tages antreten konnte und am letzten Urlaubstag immer bereits um 20 Uhr in die Anstalt zurückkehren mußte, ist zweifelhaft, ob B im April und Juli – wovon L offenkundig ausgeht – tatsächlich jeweils neun Kalendertage Urlaub erhalten hat. Infolge der in der Anstalt herrschenden organisatorischen Beschränkungen können die Urlaubszeiten des B im April und Juli in rechtswidriger Weise verkürzt worden sein.

In Rechtsprechung und Lehre ist streitig, wie der Hafturlaub zu berechnen ist.

Zulässigkeit von Beschränkungen aus Gründen der Vollzugsorganisation
Teilweise wird angenommen, daß Beschränkungen des Urlaubsantritts und der -rückkehr aus Gründen der Vollzugsorganisation hingenommen werden müssen und im Bereich des der Vollzugsbehörde eingeräumten

---

[69] Kühling in: Schwind/Böhm § 13 Rdn. 4.

Ermessens liegen[70]. Da ein Gefangener keinen Rechtsanspruch auf Urlaub habe, brauche die Vollzugsbehörde weder die gesetzliche Obergrenze von 21 Kalendertagen auszuschöpfen, noch werde dem Gefangenen an jedem Urlaubstag eine 24stündige Abwesenheit von der Anstalt garantiert. Diese Auffassung führt im Ergebnis dazu, daß auch An- und Abreisetage in jedem Falle als volle Kalender- und Urlaubstage gewertet werden.

Der Kalendertag als Maßeinheit von 24 Stunden

Bei dem Begriff des „Kalendertages" handelt es sich indessen um einen bestimmten Rechtsbegriff, dessen Auslegung der Vollzugsbehörde nicht freisteht[71]. Die Vollzugsbehörde handelt rechtswidrig, wenn der Begriff des Kalendertages im Sinne eines 24-Stunden-Tages zu verstehen ist und sie aus organisatorischen Gründen eine Ausschöpfung dieser 24 Stunden generell nicht zuläßt[72]. Ein solches Verständnis des Kalendertages als 24-Stunden-Zeitraum soll zum einen bereits aus dem Wortsinn des Begriffs folgen[73]. Wenn das Gesetz von „Kalendertagen" spricht, so kann dies allerdings nicht bedeuten, daß der Urlaub jeweils von 0 bis 24 Uhr oder für gleich lange Zeitabschnitte im 24-Stunden-Rhythmus erteilt werden muß. Es soll lediglich besagen, daß im Gegensatz zu der Regelung des Arbeitsurlaubs im freien Leben auch Wochenenden und Feiertage, die in die Urlaubszeit fallen, für Gefangene Urlaubstage sind[74].

Freilich können zum anderen Sinn und Zweck des Urlaubs aus der Haft dafür sprechen, den „Kalendertag" als Maßeinheit von 24 Stunden zu verstehen. Der Hafturlaub ist eine der wichtigsten Behandlungsmaßnahmen im Vollzug. Er soll den Gefahren vorbeugen, die sich aus den Einschränkungen des Anstaltslebens, der Prisonisierung und der Isolation in der Anstalt für die Psyche des Gefangenen ergeben. Vor allem soll er dem Gefangenen die Gelegenheit bieten, seine Beziehungen zu

---

[70] OLG Celle JZ 1979, 205; Stilz 1979, 69 f.

[71] Müller-Dietz Anm. zu OLG Koblenz NStZ 1987, 95; Keller 1979, 171.

[72] So OLG Koblenz NStZ 1987, 93 f.

[73] OLG Koblenz NStZ 1987, 93 (94).

[74] BGH NStZ 1988, 148.

Angehörigen und nahestehenden Personen aufrechtzuerhalten und neue Kontakte aufzubauen, sowie Belastungen der Angehörigen mindern[75]. Wird der Urlaub in kleinen Abschnitten gewährt, so kann der Zweck des Urlaubs verfehlt werden, wenn die erlaubte Abwesenheit aus der Anstalt deutlich kürzer ist, als sie bei einem im 24-Stunden-Rhythmus erteilten Urlaub wäre[76]. Gerade bei der Bewilligung von Wochenendurlauben, wie sie im Vollzugsalltag häufig beantragt werden, können organisatorisch begründete Beschränkungen der Urlaubszeit sich zu nicht geringfügigen Einbußen summieren[77]. Der vom Gesetz verfolgte Behandlungszweck darf nicht durch vollzugsorganisatorische Sachzwänge untergraben werden. Vielmehr muß grundsätzlich die Vollzugspraxis so eingerichtet werden, daß sie dem Gesetzeszweck Rechnung trägt[78].

Freilich kann die Anstalt den Gefangenen auch in seinem eigenem Interesse nicht um Mitternacht entlassen und wieder aufnehmen, da um diese Zeiten kaum Reise- und Unterkunftsmöglichkeiten bestehen. Ein solches Vorgehen könnte auch die Sicherheit der Allgemeinheit gefährden. Um einerseits diesen praktischen Bedürfnissen und andererseits dem Sinn und Zweck des Hafturlaubs als Behandlungsmaßnahme Rechnung zu tragen, wird teilweise die Ansicht vertreten, daß der Urlaub zwar nach 24-Stunden-Einheiten zu bemessen sei, aber auch im Tagesverlauf beginnen oder enden könne. Dabei solle eine Aufaddierung von „Fehlstunden" zu Urlaubstagen möglich sein. Diese Lösung setzt voraus, daß Urlaub nicht nur in ganzen, sondern auch in Teilen von Kalendertagen gewährt werden kann. Dies sieht das Gesetz bereits seinem Wortlaut nach nicht vor[79]. Außerdem würde die Abgrenzung zwischen Ausgang, der nur für eine bestimmte Tageszeit gewährt wird (§ 11 Abs. 1 Nr. 2 StVollzG), und Urlaub aufgehoben. Eine solche Abgrenzung ist notwendig, da das Gesetz die Gewährung von Ausgang oder Urlaub unter unterschiedlichen Voraussetzungen vorsieht.

---

[75] AK-StVollzG Hoffmann/Lesting § 13 Rdn. 3; Keller 1979, 167; Calliess 1977, 197; OLG Koblenz NStZ 1987, 93, 94.

[76] Vgl. BGH NStZ 1988, 148 f.

[77] So auch Calliess/Müller-Dietz § 13 Rdn. 22; Calliess 1977, 197; AK-StVollzG Hoffmann/Lesting § 13 Rdn. 33 ff.

[78] OLG Koblenz m. Anm. Müller-Dietz NStZ 1987, 93 ff.; Keller 1979, 169.

[79] Vgl. BGH NStZ 1988, 148.

Die Berechnung der Urlaubszeit nach den Fristvorschriften des BGB

Um diese Einwände zu berücksichtigen, hat der BGH[80] die Lösung entwickelt, daß der Urlaub zwar nach vollen Tagen und nicht nach Bruchteilen berechnet werde. Dabei sind Urlaubstage alle Kalendertage, auf die der Urlaub sich erstreckt. Auf die Berechnung der Urlaubszeit will der BGH aber die Fristvorschriften des BGB anwenden mit der Folge, daß der Tag des Urlaubsantritts nach § 187 BGB nicht als Urlaubstag mitgezählt wird, wohl aber der Tag des Urlaubendes.

Mit dieser Lösung wird dem Zweck des Hafturlaubs zwar Genüge getan. Es bestehen aber erhebliche Zweifel daran, ob der Urlaub als Frist i. S. d. §§ 186 ff. BGB begriffen werden kann[81]. Fristen sind abgegrenzte Zeiträume, die unterschiedlichen Zwecken dienen nämlich, Rechte zu begründen oder erlöschen zu lassen, eine dauernde Einrede gegen einen Anspruch zu schaffen oder den Zeitraum abzugrenzen, in dem eine Leistung zu erbringen ist[82]. Ein solches Verständnis wird dem Begriff des Urlaubs, der einen in der Gestaltung der Zeit liegenden Eigenwert hat, nicht gerecht.

Das Mittagessen mit den Bezugspersonen als Kriterium für die Urlaubsberechnung

Abweichend von der Rechtsprechung des BGH will das Landgericht Heilbronn[83] deshalb über die Anrechnung von An- und Abreisetagen ausgehend vom Zweck des Urlaubs danach entscheiden, ob unter Berücksichtigung von Abreise und Reisezeit der Gefangene am ersten Urlaubstag das Mittagessen mit seinen Bezugspersonen einnehmen kann und ob er auch am letzten Urlaubstag mittags noch am Urlaubsort essen kann. Diese Differenzierung erscheint indes ungeeignet, da sie sich nicht an den individuellen familiären Gepflogenheiten ausrichtet, die sehr unterschiedlich sind. Außerdem dürfte es für die meisten Gefangenen besonders wichtig sein, den Abend und die Nacht Zuhause ver-

[80] NStZ 1988, 148.

[81] Vgl. LG Heilbronn NStZ 1989, 47; AK-StVollzG Hoffmann/Lesting § 13 Rdn. 36; Rothfischer 1988, 81 f.

[82] Palandt-Heinrichs § 186 Rdn. 3.

[83] NStZ 1989, 47 f.

bringen zu können. Gerade die Abwesenheit über Nacht ist auch ein kennzeichnendes Merkmal von Urlaub gegenüber Ausgang[84].

Eigene Stellungnahme und Ergebnis

Zwar ist Urlaub keine Frist i. S. der §§ 186 ff. BGB. Jedoch kann es einer am Gesetzeszweck ausgerichteten Auslegung des § 13 StVollzG am nächsten kommen, § 187 BGB für die Berechnung der Urlaubstage entsprechend anzuwenden[85]. Dem wird entgegengehalten, daß die Anwendung der Fristvorschriften zu einer Ausweitung der Urlaubshöchstmengen führen könne, die weder vom Gesetzeswortlaut noch vom Willen des Gesetzgebers gedeckt sei[86]. Der Vorteil, der sich für den Gefangenen ergibt, ist dabei um so größer, je häufiger der Gefangene für kurze Zeiten beurlaubt wird. Einer solchen unangemessenen Ausweitung der Urlaubsmengen kann jedoch durch einen sinnvollen Ermessensgebrauch in der Praxis begegnet werden. Zum einen wird eine frühe Entlassung am Anreisetag, der bei der Urlaubsberechnung nicht mitgezählt wird, insbesondere für Gefangene in Frage kommen, die einen weiten Weg haben und daher an „Kurzurlauben" weniger interessiert sind. Zum anderen ist eine Mißbrauchskontrolle auch in der Weise möglich, daß Urlaub in der Regel nur in längeren Abschnitten von z. B. mindestens drei Tagen gewährt wird[87]. Im Ergebnis ist daher der Lösung des BGH zu folgen, nach der der Tag des Urlaubsantritts bei der Berechnung des Urlaubs nicht mitgezählt wird.

Daraus ergibt sich, daß L fälschlicherweise den 01.04.1994 und den 19.07.1994 als Urlaubsantrittstage in die Bemessung des Urlaubs des B einbezogen hat. Das bedeutet gleichzeitig, daß B über die drei bewilligten Tage hinaus noch zwei weitere Urlaubstage zugebilligt werden können und zudem ein weiterer Tag als Tag des Urlaubsantritts in die Berechnung des zu gewährenden Urlaubs nicht einfließen würde. Wenn L den Urlaub des B unter Hinweis auf die Erreichung der Urlaubs-

---

[84] AK-StVollzG Hoffmann/Lesting § 13 Rdn. 6.

[85] So auch OLG Stuttgart NStZ 1989, 94.

[86] Rothfischer 1988, 82.

[87] Vgl. hierzu Kühling in: Schwind/Böhm § 13 Rdn. 4.

höchstgrenze verkürzt, so liegt darin demnach eine rechtsfehlerhafte Unterschreitung des ihm gesetzlich eingeräumten Ermessens.

Ermessensreduzierung auf Null

Fraglich ist, welche Rechtsfolge sich aus der Feststellung des Ermessensfehlgebrauchs ergibt. Da es sich bei der Entscheidung über die Urlaubsgewährung um eine Ermessensentscheidung handelt und das Gericht sein Ermessen nicht an die Stelle desjenigen der Vollzugsbehörde setzen darf, hat es gemäß § 115 Abs. 4 S. 2 StVollzG grundsätzlich nur die Möglichkeit, den Bescheid des L aufzuheben und ihn zur Neubescheidung unter Beachtung der Rechtsauffassung des Gerichts zu verpflichten. Eine eigene Sachentscheidung kann das Gericht allerdings dann treffen, wenn nur eine einzige Entscheidung als ermessensfehlerfrei anzusehen ist.

Eine solche Ermessensreduzierung auf Null ist dann anzunehmen, wenn § 11 Abs. 2 StVollzG eine Urlaubsgewährung nicht ausschließt und entgegenstehende Behandlungserwägungen nicht ersichtlich sind[88]. Da dem B von L Urlaub tatsächlich gewährt wurde – allerdings in geringerem als dem beantragten Umfang – kann davon ausgegangen werden, daß die Ablehnungsgründe des § 11 Abs. 2 StVollzG nicht erfüllt sind. Auch zuvor ist der Urlaub gewährt und offenbar ohne Beanstandungen abgewickelt worden. Daß der Bewilligung des weiteren beantragten Urlaubstags Behandlungsgründe entgegenstünden, ist von der Vollzugsbehörde nicht geltend gemacht worden und auch sonst nicht ersichtlich. Für die Erteilung des vollen beantragten Urlaubs spricht schließlich, daß das Bedürfnis, gerade die Weihnachtszeit mit der eigenen Familie zu verbringen, gesellschaftsweit besonders ausgeprägt ist und daß eine Beschneidung dieser Möglichkeit als besondere Belastung empfunden wird.

Die Bewilligung des vollen beantragten Weihnachtsurlaubs ist daher hier als die einzige ermessensfehlerfreie Entscheidung anzusehen. Das Gericht wird daher die Verpflichtung der Vollzugsbehörde aussprechen, dem B den vollen beantragten Jahresurlaub zu gewähren.

---

[88] Vgl. Keller 1979, 170.

Anmerkung zur Lösung:

[a] Unter Aufbaugesichtspunkten zulässig und inhaltlich gut vertretbar ist es auch, an dieser Stelle die Rechtmäßigkeit der Rundverfügung abschließend zu prüfen und im Hinblick auf die unter I 2 b dargelegten Argumente zu verneinen. Für die weitere Lösung zu beachten ist allerdings, daß sich aus der Rechtswidrigkeit der Rundverfügung selbstverständlich noch nicht positiv ein Anspruch des B auf Gestattung eines freien Beschäftigungsverhältnisses im Rahmen fehlerfreier Ermessensausübung ergibt.

Sachregister

(Die Zahlen bezeichnen die Seiten.)

Walter de Gruyter
Berlin • New York

Hans Joachim Schneider

Einführung in die Kriminologie

3., völlig neu bearbeitete Auflage

Jura Studienbuch

Oktav. LVI, 369 Seiten. 1993. Kartoniert.
ISBN 3 11 009756 7

Die "Einführung in die Kriminologie" erscheint in 3. Auflage, mit erweitertem und vertieftem Inhalt, der auf jüngstem Forschungsstand völlig neu bearbeitet worden ist. Der Leser soll anhand ausgewählter Beispiele mit den Grundlagen der Kriminologie vertraut gemacht werden. Der Inhalt der 14 Kapitel und der 23 "Kästen" ist hierbei nach dem aktuellen Diskussionsstand ausgewählt worden.

Zweck des Buches ist es darüber hinaus, zur aktiven eigenständigen Auseinandersetzung mit den Themen anzuregen. Problementfaltung und -lösung sollen dazu ermuntern, weiterführende Literatur heranzuziehen und eigene Stellungnahmen zu entwikkeln. Mit didaktischem Ziel hat sich der Autor bemüht, in zahlreichen Zitaten und in einem umfangreichen Literaturverzeichnis auf Monographien und Aufsätze zu den einzelnen Bereichen aufmerksam zu machen. Zur Veranschaulichung ist eine zweite Informationskette eröffnet: Die "Kästen" sollen Schlaglichter auf Probleme werfen, zum Nachdenken und zum weiteren Studium anregen.

Angesichts der europäischen Vereinigung und der internationalen Verflechtung, die sich in gleicher Weise auf die Begehung wie auf die Kontrolle des Verbrechens bezieht, hat der Verfasser großen Wert darauf gelegt, auch den internationalen Forschungsstand zu berücksichtigen. Das Buch will nicht nur in die deutsche, sondern auch in die internationale Kriminologie einführen.

www.ingramcontent.com/pod-product-compliance
Lightning Source LLC
LaVergne TN
LVHW010552300926
849162LV00002B/312